Uma história social do conhecimento • II

Peter Burke

Uma história social do conhecimento • II

Da Enciclopédia à Wikipédia

Tradução:
Denise Bottmann

ZAHAR

Ao Emmanuel College,
em agradecimento pelo apoio à minha pesquisa por mais de trinta anos

Tradução autorizada da primeira edição inglesa, publicada em 2012
por Polity Press, de Cambridge, Inglaterra.

Grafia atualizada segundo o Acordo Ortográfico da Língua Portuguesa de 1990, que entrou em vigor no Brasil em 2009.

Título original
A Social History of Knowledge II: From the *Encyclopédie* to Wikipedia

Capa
Sérgio Campante

Preparação
Lucas Bandeira de Melo

Indexação
Nelly Praça

Revisão
Eduardo Farias
Joana Milli

CIP-Brasil. Catalogação na fonte
Sindicato Nacional dos Editores de Livros, RJ

Burke, Peter, 1937-
B973h Uma história social do conhecimento - II: da Enciclopédia à Wikipédia / Peter Burke; tradução de Denise Bottmann. — 1ª ed. — Rio de Janeiro: Zahar, 2012.

Tradução de: A Social History of Knowledge II: From the *Encyclopédie* to Wikipedia.
Inclui índice e bibliografia
ISBN 978-85-378-0875-7

1. Sociologia do conhecimento. I. Título.

CDD: 306.42
12-3221 CDU: 316.74

EDITORA SCHWARCZ S.A.
Praça Floriano, 19, sala 3001 — Cinelândia
20031-050 — Rio de Janeiro — RJ
Telefone: (21) 3993-7510
www.companhiadasletras.com.br
www.blogdacompanhia.com.br
facebook.com / editorazahar
instagram.com / editorazahar
twitter.com / editorazahar

Sumário

Lista e créditos das ilustrações

Introdução

"Não existe uma história do conhecimento", declarou o futurólogo e teórico da administração Peter Drucker em 1993, prevendo que ela se tornaria uma importante área de estudos "nas próximas décadas".[1] Desta vez ele estava um pouco atrasado, pois o interesse pela história do conhecimento já vinha surgindo: prova disso são livros de historiadores com títulos como *Saber é poder* (1989), *Campos de conhecimento* (1992) ou *O colonialismo e suas formas de conhecimento* (1996).[2]

Quando escrevi *Uma história social do conhecimento: De Gutenberg a Diderot* (2000), ainda pensava que era uma iniciativa individual, baseada num longo interesse pelo húngaro Karl Mannheim, um pioneiro na "sociologia do conhecimento".[3] Mas, retrospectivamente, ficou claro que eu era apenas um entre muitos estudiosos motivados, consciente ou inconscientemente, pelos debates correntes sobre a "sociedade do conhecimento" que haviam levado à previsão de Drucker (adiante, p.273). Em 1998, dois autores que escreveram sobre o tema já mencionavam uma "explosão do conhecimento".[4] Desde 2000, essa tendência se fortaleceu ainda mais, refletindo-se não só em publicações como também em programas de pesquisas, sobretudo, embora não exclusivamente, no mundo de língua alemã.

O presente livro pode ser lido sozinho ou como uma continuação do *Gutenberg a Diderot* (espero fazer em breve uma versão revista dos dois volumes, com o título *De Gutenberg ao Google*). A obra nasceu de uma curiosidade pessoal, procurando responder à pergunta "Por quais caminhos chegamos ao nosso estado atual de conhecimento coletivo?". Como me vi liberado das "matérias" e dos "períodos letivos" pela aposentadoria, foi mais fácil me entregar a essa curiosidade.

Dando continuidade a *De Gutenberg a Diderot*, este volume apresenta uma visão geral das transformações no mundo do saber desde a *Enciclopédia* (1751-66) até a Wikipédia (2001). Seus temas principais são processos, entre eles quantificação, secularização, profissionalização, especialização, democratização, globalização e tecnologização.

Não se devem esquecer, porém, as tendências contrárias. De fato, se há uma tese neste ensaio, é a importância da coexistência e da interação de correntes em direções opostas, um equilíbrio de antagonismos que, de vez em quando, pende para o desequilíbrio (adiante, p.223, 265, 313). A nacionalização do conhecimento coexiste com sua internacionalização; a secularização, com a contrassecularização; a profissionalização, com a amadorização; a padronização, com a personalização; a especialização, com projetos interdisciplinares; a democratização, com movimentos contrários ou restritivos a ela. Mesmo a acumulação de conhecimento é, em certa medida, contrabalançada por perdas (adiante, Cap.5). Apenas a tecnologização parece avançar sem encontrar maiores obstáculos.

As histórias de determinados aspectos do conhecimento, como as histórias de várias outras coisas, geralmente são escritas dentro de um arcabouço nacional, que muitas vezes transmite aos leitores uma impressão exagerada das conquistas dos cidadãos daquele país. Veja-se o caso da exploração polar: nesse contexto, os ingleses pensam em Robert Scott e Ernest Shackleton, os americanos em Robert Peary, os russos em Otto Shmidt, os noruegueses em Fridtjof Nansen e Roald Amundsen, os suecos em Alfred Nathorst, os finlandeses em Adolf Nordenskiöld, os dinamarqueses e os groenlandeses em Knud Rasmussen.[5] Numa tentativa de compensar os ângulos nacionais, o presente estudo adota uma abordagem explicitamente comparativa.

O livro se concentra no Ocidente, tentando não se limitar aos "Cinco Grandes" – Inglaterra, França, Alemanha, Rússia e Estados Unidos – e procurando incluir o restante da Europa e também a América Latina, pelo menos de vez em quando. Por exemplo, um país pequeno como a Holanda tem desenvolvido uma quantidade considerável de estudos sobre a história de seus conhecimentos – o conhecimento colonial, a história da ciência, a história dos museus e assim por diante.[6]

Há muitas monografias excelentes sobre aspectos do vasto tema aqui examinado, sobretudo no caso da história da ciência. A maioria delas se restringe à história de apenas uma disciplina acadêmica. Aqui, porém, adoto uma abordagem comparativa para evitar não apenas os ângulos nacionais acima citados, mas também os disciplinares. O que se segue é uma tentativa de síntese geral, um trabalho de destilação ou, mais precisamente, daquilo que um historiador da ciência descreveu como "invadir, rearranjar e às vezes corrigir as obras de meus colegas historiadores".[7] Preencher lacunas também faz parte da tarefa, visto que alguns tópicos têm recebido muito menos estudos do que outros. E ainda fazer ligações entre desenvolvimentos em lugares ou campos diferentes.

O objetivo é apresentar um grande quadro de um gênero muitas vezes invisível para os especialistas, um quadro que inclui uma descrição geral da própria especialização em si. Esse panorama do período c.1750-2000 será definido por contraste com o período inicial da Modernidade, c.1450-1750, ao qual me dediquei durante a maior parte de minha vida acadêmica. No entanto, não serão esquecidas as continuidades entre o início e a fase mais avançada da Modernidade, entre elas a consciência contemporânea do problema agora conhecido como "excesso de informação".[8] Espero incentivar o diálogo entre dois tipos de estudiosos que nem sempre conversam entre si: os historiadores do período inicial e os do período avançado da Modernidade.[9]

O título do livro coloca duas perguntas que exigem uma discussão preliminar. O que é história social? O que é conhecimento?

Histórias sociais

Em primeiro lugar, o termo "social" é evidentemente problemático. Aqui, ele é utilizado para diferenciar este estudo de uma história intelectual geral do período 1750-2000.

Os pensadores individuais que se destacam nas histórias intelectuais não serão excluídos – realmente exerceram influência, e nas páginas a seguir serão mencionados quase oitocentos deles: talvez um número um pouco excessivo para alguns leitores, mas servem de contrapeso à abstração sem rosto das tendências gerais. Ainda assim, os protagonistas deste estudo são o que os sociólogos chamam de "grupos portadores de conhecimento", sobretudo, mas não exclusivamente, pequenos grupos de contato direto, e de "instituições geradoras de conhecimento", entendidas como grupos de indivíduos que se encontram regularmente em vista de objetivos comuns, seguindo regras que produzem diferentes papéis sociais, de bispos a professores, de primeiros-ministros a presidentes de empresas.[10]

Enquanto o sociólogo polonês Florian Znaniecki escreveu sobre "o papel social do homem de conhecimento", este ensaio tratará dos vários papéis sociais de indivíduos instruídos, papéis gerados por organizações do conhecimento, como universidades, arquivos, bibliotecas, museus, grupos de discussão, sociedades eruditas e revistas científicas. Também serão abordados os processos pelos quais se institucionaliza o conhecimento.[11]

Este estudo não omitirá as ideias – é impossível entender as instituições sem elas –, mas irá privilegiar sua história mais externa à interna, os ambientes intelectuais aos problemas intelectuais. Assim, por exemplo, a tônica recairá sobre o Instituto de Estudos Avançados em Princeton, ao qual Albert Einstein pertenceu em certa época, e não tanto sobre suas teorias da relatividade; recairá sobre a crítica de Edward Thompson à Universidade de Warwick, e não tanto sobre seu estudo da formação da classe operária inglesa.

Também serão abordados os pequenos grupos de contato direto, sejam equipes ou concorrentes, visto que muitas vezes são esses grupos que fazem o trabalho creditado a apenas um indivíduo. Apesar do mito, por exemplo, do explorador heroico da segunda metade do século XIX, se não de antes, "os agentes de exploração eram grupos, não indivíduos".[12] Da mesma forma, no decorrer do período, tornou-se cada vez mais frequente que as pesquisas de laboratório fossem feitas por equipes.

Em suma, este livro é uma história social à maneira de outras histórias sociais anteriores, por exemplo da arqueologia, da cartografia ou da medicina.[13] Pode-se defini-lo também como uma sociologia histórica do conhecimento. Como fazem os sociólogos, ressalta-se aqui que o conhecimento é "situado", no lugar da imagem tradicional dos cientistas distantes do mundo, fechados em laboratórios, observatórios, bibliotecas e outras torres de marfim. Os estudiosos realmente precisam de "um espaço próprio" para trabalhar sem se distrair, mas esse afastamento é apenas relativo. Levam o mundo, inclusive a política, para seus gabinetes ou laboratórios, e seus resultados, como mostra o Capítulo 4, são frequentemente utilizados para fins mundanos.

Assim, o título do livro também poderia ser "uma história política do conhecimento", como se chama uma de suas seções, não fosse pelo fato de ter um objetivo mais amplo, em que o termo "social" funciona como uma qualificação abrangente, que, além da história social em sentido mais estrito, inclui ainda a história econômica e a história política. Outra possibilidade seria chamá-lo de "uma ecologia histórica do conhecimento", em vista de sua preocupação com a concorrência pelos recursos, a diferenciação e os ambientes ou nichos favoráveis para instituições, disciplinas ou tipos particulares de estudiosos, como o polímata (adiante, p.204s.).[14]

Um terceiro título possível seria "uma história cultural do conhecimento". A expressão "culturas do conhecimento" (ou "culturas epistêmicas", em alemão *Wissenskulturen*) é cada vez mais corrente e, sem dúvida, tem sua utilidade, reforçando a ideia de conhecimentos no plural.[15] Esta obra trata várias vezes de práticas como a observação, o mapeamento ou a anotação, as quais também poderiam ser qualificadas de culturais ou sociais. Ainda assim, a tônica sobre as instituições parece exigir o termo "social", que tem a vantagem adicional de evocar a tradição da sociologia do conhecimento, que possui quase um século de existência.

Conhecimentos

A segunda pergunta, "O que é conhecimento?", incomodamente faz lembrar muito a pergunta que fez o "Pilatos trocista", o qual, segundo Francis Bacon, "não esperou pela resposta": o que é a verdade? Um primeiro passo seria diferenciar o conhecimento daquilo que o antropólogo polonês Bronisław Malinowski chamou de "o material bruto da informação".[16]

Dizem-nos que "estamos nos afogando em informação", mas somos "pobres de conhecimento". Podemos virar "gigantes da informação", mas corremos o risco de nos tornar "anões do conhecimento".[17]

Tomando de empréstimo uma metáfora famosa de outro antropólogo, Claude Lévi-Strauss, poderíamos pensar na informação como o cru, enquanto o conhecimento seria o cozido. É claro que a informação é apenas relativamente crua, visto que os "dados" não são de maneira nenhuma "dados" objetivamente, e sim percebidos pelas mentes humanas, repletas de suposições e preconceitos. Mas o conhecimento é "cozido", no sentido de ser processado. Os processos, discutidos longamente no Capítulo 2, incluem a verificação, a crítica, a medição, a comparação e a sistematização.

As tradições do ou dos conhecimentos devem ser concebidas no plural, como já fez o filósofo Michel Foucault nos anos 1970, embora ainda sejam frequentemente vistas no singular, tomando-se uma parte conhecida pelo todo. Para citar Drucker outra vez, "passamos do conhecimento para os conhecimentos".[18] Os taxistas de Londres, que falam de "conhecimento" referindo-se à topografia da capital, não são de maneira nenhuma os únicos a adotar o postulado maliciosamente atribuído a Benjamin Jowett (catedrático do Balliol College, Oxford) de que "o que não conheço não é conhecimento".[19] Os conhecimentos podem se dividir em explícitos e implícitos (ou tácitos), puros e aplicados, locais e universais. Embora sejam raras as histórias das habilidades práticas, é evidente que "saber como" merece um lugar ao lado de "saber que".[20] Da mesma forma, os conhecimentos dominados ou submetidos (*savoirs assujettis*) merecem um lugar ao lado, e não abaixo dos dominantes.[21] Há um aspecto político na pergunta "o que é conhecimento?". Quem tem a autoridade para decidir o que é conhecimento?

Este livro trata sobretudo do conhecimento acadêmico, tal como se dá com o conhecimento no Ocidente. Assim, um título mais exato seria "uma história social do conhecimento acadêmico ocidental". O problema é que, além de ser um título um tanto pesado, dá a falsa impressão de que esse tipo de conhecimento seria tratado isoladamente.

Na verdade, a interação entre diversos conhecimentos é um dos temas centrais deste estudo. Daí as constantes referências a detetives e espiões, ou a governos e grandes empresas, além da discussão sobre os vínculos entre novas disciplinas acadêmicas, como a química, a economia ou a geologia, e o conhecimento prático de farmacêuticos, comerciantes, mineiros e assim por diante. Por exemplo, Adam Smith pertencia ao Clube de Economia Política em Glasgow, e suas conversas com os comerciantes da associação foram muito úteis para seu famoso *A riqueza das nações* (1776). Com efeito, há quem sustente que o desenvolvimento da economia na Inglaterra se deu "em larga medida sem o benefício do reconhecimento oficial, acadêmico ou de qualquer outra espécie".[22]

Ademais, era frequente atravessar-se a fronteira entre o trabalho acadêmico e o serviço secreto, sobretudo, mas não só, em tempos de guerra. Nos Estados Unidos, o Departamento de Serviços Estratégicos durante a guerra recrutou vários professores (adiante, p.154). Na Inglaterra, Peter Russell, mais conhecido por sua importante contribuição aos estudos espanhóis, ingressou no serviço secreto nos anos 1930, enquanto o historiador da arte Anthony Blunt trabalhou tanto para o MI5 quanto para seu equivalente soviético, a NKVD.

Passando para a geografia, este livro, apesar de concentrar o foco na Europa e nas Américas, também aborda outras partes do mundo, como o Egito, a China e o Japão no século XIX. Tal discussão é necessária porque foi nesse período que o conhecimento ocidental se espalhou para além do Ocidente – embora o verbo "espalhar" não seja o mais apropriado, por sugerir um movimento sem mudanças. Seria mais realista pensar em termos de uma recepção ativa, em que grupos e indivíduos fora do Ocidente se apropriaram do conhecimento ocidental e o adaptaram a suas próprias finalidades. Em segundo lugar, o mundo além do Ocidente precisa ser discutido, pois havia um trânsito na direção contrária, cuja importância só recentemente veio a ser reconhecida no Ocidente. Os exploradores, porém, tanto neste período quanto no início da Modernidade, dependiam de mapas e guias nativos. O mesmo se aplica a botânicos, linguistas e outros estudiosos, mesmo que apresentassem os resultados como "descobertas" suas.[23]

É evidente que o assunto é vastíssimo, difícil de caber em um volume com algumas centenas de páginas, e só posso esperar que os leitores não julguem que, ao discutir o excesso de informação, eu tenha contribuído para aumentar essa sobrecarga. Sendo uma breve apresentação de um vasto tema, este livro privilegia descobertas relativamente súbitas, em detrimento da acumulação lenta e paciente do conhecimento que leva gradualmente a grandes mudanças de interpretação. É igualmente óbvio que ele foi escrito de um ponto de vista pessoal. Meu conhecimento do conhecimento é, para dizer o mínimo, desigual, e muitas vezes fiquei dividido entre a vontade de fazer justiça às ciências naturais e a atração por estudos de caso em campos que conheço melhor, da história da arte à antropologia. A abordagem é tanto mais pessoal porque me envolvi e passei por mudanças nos regimes de conhecimento durante os últimos cinquenta anos, que correspondem a 20% do período coberto pelo livro, vendo essas mudanças da perspectiva de uma disciplina – a história – e de três lugares: as universidades de Oxford, Sussex e Cambridge.

Em outras palavras, o que se segue, apesar de sua extensão, deve ser visto como um ensaio, impressionista nos métodos e provisório nas conclusões, sem nenhuma pretensão de cobrir todo o terreno de seu vasto tema, oferecendo basicamente uma panorâmica. Em certo sentido, é uma sequência de ensaios. Os quatro primeiros capítulos se concentram nos processos de coleta, análise, disseminação e aplicação dos conhecimentos, frisando a historicidade de atividades muitas vezes entendidas como invariáveis. Os Capítulos 5 e 6 procuram combater a suposição comum de um progresso contínuo do conhecimento, ou do "avanço do saber", reconhecendo o aspecto problemático da acumulação. Os Capítulos 7 e 8 examinam a história do conhecimento dos pontos de vista geográfico, econômico, político e sociológico, enquanto o último capítulo apresenta de maneira mais explícita a preocupação essencial do livro com a mudança ao longo do tempo.

A especialização afetou não só a história, mas também a historiografia do conhecimento. A história da ciência, por exemplo, constitui um departamento autônomo em muitas universidades. Além disso, foi fundada uma

International Intelligence History Association (1993), bem como um *Journal of Intelligence History* (2001). A bibliografia secundária sobre a história do conhecimento, em sua maioria, costuma ser organizada segundo nações ou disciplinas. Em contraposição, o objetivo e, na verdade, a justificativa deste ensaio é transpor fronteiras – nacionais, sociais e disciplinares –, tendo em mente o conselho de E.M. Forster "Apenas conecte" – e procurando evitar o que Aby Warburg chamou de "polícia de fronteira" intelectual, na esperança de produzir uma história polifônica dos conhecimentos, uma história vista de múltiplas perspectivas.

Embora este livro não pretenda recomendar nenhuma atitude e muito menos uma política particular em relação ao conhecimento, os leitores devem estar avisados de que o autor é um pluralista, no sentido de acreditar que conhecimentos no plural, tal como as opiniões, são desejáveis, visto que o entendimento surge do diálogo e mesmo do conflito intelectual.

PARTE I

Práticas do conhecimento

1. Colhendo conhecimentos

Uma história social do conhecimento precisa, evidentemente, abordar as maneiras como os diferentes grupos adquirem, processam, difundem e utilizam o conhecimento, sequência esta que, no mundo do serviço secreto – em outras palavras, na espionagem –, às vezes é dividida em quatro fases principais: coleta, análise, disseminação e ação (ou, abreviado, Cada).[1] Claro, é impossível separar totalmente esses estágios.[2] Não se faz coleta ou observação com a mente vazia. Como disse o antropólogo Clifford Geertz, "no estudo da cultura, a análise penetra no próprio corpo do objeto", ponto que tem sido reiterado, quando não exagerado, por estudiosos que falam da "construção cultural" de praticamente tudo.[3] A disseminação amiúde envolve a análise.[4] Os estágios podem parecer atemporais; pelo contrário, todos eles estão situados no tempo e no espaço.

Esses quatro estágios serão tratados nesta ordem, na Parte I, e outras distinções serão apresentadas ao longo do livro. Este capítulo enfoca o primeiro estágio, o processo de colher ou coletar conhecimento.

Colhendo conhecimento

Metáforas expressivas como "colher" ou "coletar" conhecimento evocam um quadro que, evidentemente, é simplificado demais, como se o conhecimento pudesse ser catado como concha na praia, colhido como fruto de uma árvore, apanhado na rede como borboleta. A mesma observação se aplica à metáfora de "caçar" ou "capturar" (uma das favoritas nos atuais estudos de administração de empresas).[5] Aqui, tais termos são utilizados como simples designações sucintas para uma série de processos que incluem a exploração, a observação, o levantamento e a experimentação, para não citar a aquisição, a pilhagem e, também importante, a consulta a informantes locais, seja perguntando ou ouvindo.

Em linguagem acadêmica, tais processos correspondem a fazer "pesquisa" [*research*]. A palavra "*research*", antes de 1750 empregada apenas ocasionalmente, passou a ser cada vez mais frequente nos títulos dos livros a partir de meados do século XVIII, em várias línguas europeias – *recherches, ricerche, Forschung* e assim por diante –, para descrever investigações em uma variedade de campos intelectuais, entre eles a anatomia, a astronomia, a economia política, a demografia, a geografia, a física, a química, a paleontologia, a medicina, a história e os estudos orientais. Para citar apenas alguns exemplos famosos:

1768 De Pauw, *Recherches philosophiques sur les américains*
1788- revista *Asiatic Researches*
1794 Lamarck, *Recherches sur les principaux faits physiques*
1799 Davy, *Researches, Chemical and Philosophical*
1812 Cuvier, *Recherches sur les ossemens fossiles*
1838 Cournot, *Recherches sur les principes mathématiques de la théorie des richesses*

Esses casos se referem a pesquisas realizadas em arquivos, museus e laboratórios, mas outros exemplos incluíam o que agora chamamos de "trabalho de campo", como no caso óbvio da exploração. John Barrow, ministro do Almirantado britânico, posição que lhe permitia encomendar e autorizar expedições, publicou um relato de algumas delas com o título *Voyages of Discovery and Research in the Arctic Regions* (1846). Os exploradores oferecem exemplos memoráveis de coleta de conhecimento, motivando reflexões sobre o processo pelo qual se produz o conhecimento.[6]

A segunda era de descobrimentos

A quantidade de conhecimento novo colhido ou coletado no primeiro século de nosso período de estudo, 1750-1850, foi assombrosa, sobretudo o conhecimento coletado por europeus sobre a fauna, a flora, a geografia e a história de outras partes do mundo. Assim, não é de surpreender que alguns historiadores se refiram a esse período como uma "segunda grande era de descobrimentos".[7]

A primeira era dos descobrimentos, que se iniciou com Vasco da Gama e Cristóvão Colombo, caracterizou-se pela exploração extensiva das costas. A segunda era levou a exploração costeira aos mares do Sul e a outras localidades, mas também incluiu a exploração intensiva do interior da África, das Américas do Norte e do Sul, da Austrália, da Sibéria, da Ásia Central e de outros lugares, preenchendo o que Joseph Conrad, numa expressão famosa, chamou de "espaços em branco" no mapa. Um desses exploradores, Alexander von Humboldt (figura 1), cujo nome reaparecerá várias vezes nestas páginas, é chamado de "o Colombo alemão".

John Hemming, ele próprio explorador, definiu quem se aventura na atividade como "alguém que avança além do mundo conhecido de sua sociedade, descobre o que há por lá e volta para descrevê-lo a seu povo".[8] A definição de Hemming exclui algumas mulheres (adiante, p.297 8), bem como os vários exploradores que não retornaram, mas sua ênfase sobre o retorno do explorador trazendo um novo conhecimento condiz com os objetivos deste livro.

Os episódios de dificuldades, sucessos e tragédias dos exploradores se prestam a narrativas heroicas, que têm sido incansavelmente recontadas. Entre os nomes mais famosos estão James Cook e Louis-Antoine de Bougainville nos mares do Sul, Mungo Park e David Livingstone na África, Meriwether Lewis e William Clark no Oeste dos Estados Unidos, Alexander von Humboldt na América do Sul, Robert Burke e William Wills na Austrália, Alexander von Middendorff na Sibéria e Nikolai Przhevalsky na Ásia Central. Hoje, as contribuições desses exploradores ao conhecimento vêm recebendo destaque cada vez maior.[9]

FIGURA 1. Alexander von Humboldt, estátua em Berlim (1883).

Humboldt, por exemplo, com seu amigo botânico Aimé Bonpland, passou cinco anos explorando a América Espanhola (1799-1804), escalando montanhas (inclusive o vulcão do monte Chimborazo) e viajando por rios (o Orenoco e o Amazonas). A expedição rendeu contribuições para a geologia, a botânica, a zoologia (com o estudo das enguias elétricas, por exemplo), a meteorologia e uma série de outras disciplinas (mais precisamente, como explicará o Capítulo 6, contribuições ao que depois se tornariam disciplinas).[10]

Mas houve muitos outros exploradores daquele período que não conquistaram tanta fama. Franceses e alemães, além dos ingleses, investigaram o interior da África: René Caillié, por exemplo, que respondeu ao desafio lançado pela Sociedade Geográfica de Paris e alcançou Timbuktu em 1828; Pierre de Brazza, de quem veio o nome de Brazzaville; Henri Duveyrier, que aos dezenove anos explorou o deserto do Saara; o amigo alemão de Duveyrier, o geógrafo Heinrich Barth, outro explorador do Saara; o botânico alemão George Schweinfurth, que descobriu os azandes da África Central.[11]

Nos mares do Sul, ao lado de figuras famosas como Cook e Bougainville, Jean-François de La Pérouse, Nicolas Baudin e Matthew Flinders comandaram viagens de descobrimento. Baudin, por exemplo, iniciou sua viagem ao redor do mundo em 1800, entre outras coisas para mapear a costa australiana, com o apoio de uma grande sociedade erudita, o Institut de France, e com o auxílio de alguns cientistas a bordo, incluindo astrônomos, botânicos, mineralogistas, zoólogos e um médico que também atuava como o que chamaríamos de etnógrafo.

Em paralelo corriam as explorações russas e norte-americanas do interior desses imensos países, os russos indo para o leste e os americanos para o oeste. Entre 1803 e 1806, Meriwether Lewis e William Clark, escolhidos pelo presidente Jefferson para comandar o "Corpo de Descobrimento", foram e voltaram de Pittsburgh à Costa Pacífica, explorando dois terços da América do Norte. Sobre a expedição programada, Lewis disse que estava "prestes a penetrar numa região com pelo menos 3.200 quilômetros de largura, jamais pisada pelo homem civilizado". Clark fez o levantamento e o mapeamento, enquanto Lewis se encarregou da história natural.

Os exploradores encontraram animais desconhecidos pela ciência ocidental, como o cão-da-pradaria, o lagarto-de-chifre das planícies e o roedor silvestre do gênero Neotoma, e remeteram espécimes botânicos, zoológicos e minerais. Lewis e Clark também tinham instruções de aprender os nomes, as línguas, as ocupações, as ferramentas e os costumes das tribos indígenas que encontrassem. Descreveram os siouxes, os shoshones e os nez perce, e voltaram com alguns vocabulários de línguas nativas.[12]

Os relatos do empreendimento de Lewis e Clark nem sempre fazem justiça ao papel dos informantes índios, como Sacajawea (adiante, p.257), para orientar a expedição, bem como "o conhecimento geográfico americano nativo codificado nos vários mapas que moldaram e guiaram sua jornada".[13] Ainda assim, a proeza da dupla, como a de muitos outros exploradores, foi considerável e permitiu que os estudiosos tivessem a visão geral – neste caso, de todo o Oeste americano – que faltava aos locais.

Na Rússia, a Sociedade Geográfica, a Academia de Ciências, o Museu Etnográfico Russo e outras instituições organizaram expedições para mapear e explorar áreas distantes do império, inclusive a Sibéria e o Ártico. O estudioso alemão Peter Pallas foi enviado à Sibéria por Catarina a Grande, para investigar os recursos naturais da região (1768-74); o botânico russo Mikhail Adams empreendeu pesquisas na região (1806); o norueguês Christopher Hansteen foi à Sibéria estudar o magnetismo da Terra (1828-30), e Alexander von Humboldt também lhe prestou uma visita (1829).

Mas a primeira grande expedição científica à Sibéria foi a do zoólogo Alexander von Middendorff (1842-45), financiada pelo governo russo e apoiada pela Academia de Ciências russa, a fim de estudar a vida orgânica num ambiente ártico. Na verdade, Middendorff fez muito mais do que isso, liderando o que tem sido definido como "a expedição científica russa mais importante do século XIX" e abrangendo uma área tão vasta quanto Lewis e Clark haviam coberto no Oeste americano. Middendorff e sua reduzida equipe mapearam a região, estudaram o clima, mediram a temperatura do solo, e coletaram não só espécimes da flora e da fauna, mas também as ferramentas, as canções, as narrativas e os vocabulários dos povos autóctones, entre eles os ostiaques, os iacutes e os tungus.[14] A expansão russa até o Turquistão resultou numa série de expedições geográficas, arqueológicas e etnográficas na Ásia Central, comandadas por Nikolai Przhevalsky (1872), Samuil Dudin (1900-2) e outros.[15] A Ásia Central foi finalmente mapeada pelo geógrafo sueco Sven Hedin, após uma série de expedições entre 1894 e 1908.

Expedições científicas

Na terra e no mar, houve grandes contribuições ao conhecimento, sobretudo o geográfico, dadas por indivíduos sem qualquer pretensão científica, os próprios exploradores, com o auxílio – muitas vezes não reconhecido – de alguns autóctones das regiões que estavam explorando.

No entanto, houve uma diferença importante entre a primeira e a segunda era dos descobrimentos. Os navios da primeira era tinham levado soldados, comerciantes, missionários e administradores. Os da segunda, de especialização crescente (abordada adiante, p.203s.), levavam também astrônomos, naturalistas e outros estudiosos. Era cada vez maior o número do que chamaríamos de expedições "científicas", organizadas em parte ou mesmo principalmente para coletar dados não só sobre as rotas marítimas de importância estratégica, política ou econômica, mas também sobre o mundo natural em geral e (com menor frequência) as diferentes culturas.

Tem-se sugerido algumas vezes que a expedição científica foi inventada no final do século XVIII.[16] Essa sugestão desconsidera ocorrências similares no período inicial da Modernidade, como o caso de Francisco Hernández, médico do rei Filipe II de Espanha, que foi enviado ao México e às Filipinas numa missão de sete anos (1571-78) para estudar ervas medicinais. Apesar disso, sem dúvida é correto situar o surgimento da expedição científica ou de coleta de conhecimento como fenômeno recorrente e organizado – em outras palavras, como uma instituição – na segunda metade do século XVIII.

No caso das viagens de exploração, os nomes de alguns navios indicam a importância dos interesses científicos, pelo menos na maneira como se apresentavam. James Cook viajou no navio *Discovery*, Alessandro Malaspina no *Descubierta*, La Pérouse no *Astrolabe*, Baudin no *Naturaliste* e no *Géographe*, Flinders no *Investigator*, enquanto as expedições francesas ao Pacífico (1792) e ao Ártico (1835) foram a bordo do *Recherche*.

A coleta de conhecimento fazia parte das instruções dadas aos capitães dos navios, e uma equipe de estudiosos podia seguir a bordo. Por exemplo, um astrônomo foi com o capitão Cook em sua primeira viagem, incumbido pela Royal Society de observar a passagem de Vênus pelo Sol, que deveria ocorrer em 1769. O navio também levou o botânico Joseph Banks e seu colega sueco Daniel Solander (daí o nome Botany Bay, que Cook deu à área que agora faz parte da cidade de Sidney). Analogamente,

La Pérouse recebeu instruções detalhadas da Geographer Royal e da Academia de Ciências sobre o conhecimento que devia coletar. Levou dez estudiosos, entre eles astrônomos, geólogos, botânicos e zoólogos – sem contar artistas contratados para registrar as paisagens, a flora, a fauna e os indígenas dos locais visitados.[17]

Na tradição de Filipe II e Hernández, a Espanha promoveu mais de sessenta expedições no século XVIII, sobretudo expedições botânicas ao Novo Mundo, e a França ainda mais. Entre elas estavam a expedição ao Orenoco (1754-61), a expedição franco-espanhola ao Peru (1777-88), a expedição a Nova Granada, atual Colômbia (1783-1808), e a expedição à Nova Espanha, atual México (1787-1803).[18] Em outras palavras, embora a expedição de Humboldt à América espanhola atraísse maior atenção internacional e resultasse em descobertas numa maior variedade de campos, não foi de maneira nenhuma a primeira, nem a mais longa.

Uma terceira era de descobrimentos?

A concentração nos cem anos que vão da década de 1760 à de 1860, ou de Cook a Livingstone, deixa de fora algumas das mais épicas narrativas da luta entre exploradores e ambientes hostis, no Ártico e na Antártida (embora o capitão Constantine Phipps já em 1773 tivesse feito uma expedição ao polo Norte). Aqui também, a busca de conhecimento é parte importante da história. Em 1895, o VI Congresso Geográfico Internacional declarou que "a maior obra de exploração geográfica ainda a se realizar" estava na Antártida, e resultaria em "acréscimos ao conhecimento em quase todos os ramos da ciência".[19] O famoso químico Dimitri Mendeleiev insistiu com o primeiro-ministro russo para que apoiasse a "conquista" dos polos Norte e Sul, em prol do "triunfo do conhecimento".[20] Nansen era zoólogo e oceanógrafo. Nathorst era geólogo e paleobotânico. Na expedição de Amundsen ao Ártico, em 1918-25, foi erguido um observatório geofísico no gelo.

Quando finalmente chegou-se ao polo Norte e ao polo Sul, parecia que não restara nenhum lugar do mundo a conquistar ou, pelo menos, a explorar, e em 1904 o geógrafo britânico Halford Mackinder anunciou pesaroso o fim da era "colombiana", como a definiu, e o advento do "espaço fechado".

Mas estava se abrindo outra fronteira: o mundo submarino. A exploração das profundezas marítimas começou com a expedição do navio britânico *Challenger* (1872-76; figura 2), que fez um mapa geológico do fundo do oceano, mediu a temperatura da água em diversas profundidades e descobriu cerca de 4.700 formas de vida marinha antes desconhecidas. A partir dos anos 1930, a exploração das profundezas marítimas passou a ser feita por cientistas em submergíveis especialmente projetados, com amplas janelas para observação: a batisfera (baixada do navio por um cabo) e o batiscafo (que era autopropelido).[21]

Depois da terra e do mar, veio a exploração do espaço, a "terceira grande era" dos descobrimentos.[22] O lançamento do satélite artificial russo Sputnik (1957), rapidamente seguido pela criação da Nasa (National Aeronautics and Space Administration, 1958) nos Estados Unidos, visava a "promover o avanço do conhecimento científico fundamental" e do prestígio nacional. O nome da nave espacial americana *Challenger* (em operação em 1983-86) foi uma homenagem ao navio do século XIX.

Tal como no caso da exploração polar, a natureza épica das proezas de Iuri Gagarin e Neil Armstrong (para não citar a tragédia dos astronautas mortos em acidentes) foi toldada pelo conhecimento adquirido durante as várias missões realizadas por naves tripuladas e não tripuladas: a coleta de amostras geológicas da Lua, por exemplo, o estudo da oceanografia por meio de instrumentos no espaço, a transmissão de dados de Vênus, Marte, Júpiter, Saturno, Urano e Netuno para a Terra e, recentemente, a análise do solo de Marte, coletado pela sonda espacial Phoenix (2008).[23]

Em busca de culturas do passado

Algumas expedições em busca de conhecimento estavam menos interessadas na natureza e mais na cultura, do passado e do presente. Um dos primeiros exemplos foi a expedição de Niebuhr à Arábia (incluindo os

FIGURA 2. HMS *Challenger* (1858).

atuais Egito e Síria) entre 1761 e 1767. Sugerida pelo estudioso bíblico alemão Johann David Michaelis, para lançar luz sobre os povos descritos no Antigo Testamento, examinando-os em seu próprio meio, a expedição foi financiada pelo rei da Dinamarca e incluía o topógrafo alemão Carsten Niebuhr, o botânico sueco Peter Forsskål, um filólogo e um artista. A maioria dos participantes teve um destino trágico, como o de muitos exploradores na África ou na Antártida, mas Niebuhr sobreviveu e publicou uma famosa descrição da Arábia, com novas informações sobre as línguas, os costumes locais e as esculturas remanescentes nas ruínas de Persépolis.[24] A expedição individual do filólogo Rasmus Rask, que visitou a Suécia, a Finlândia, a Rússia, a Pérsia e a Índia em busca de manuscritos (1816-23), também foi financiada por um rei dinamarquês.

Uma geração depois, a expedição de Niebuhr foi vastamente superada pelo grupo de mais de 150 estudiosos que acompanhou o exército de Napoleão, quando a França invadiu o Egito em 1798.[25] Seguindo esse modelo, a Mission Scientifique de Morée (1828-33), designada pelo Institut de France, acompanhou o Exército francês na intervenção durante a Guerra de Independência da Grécia. Além disso, a "exploração científica" da Argélia, como era oficialmente conhecida, foi empreendida entre 1841 e 1843 em nome do governo francês. Alguns estudiosos também acompanharam o Exército francês em sua intervenção no México, em 1862, apoiando o imperador Maximiliano.[26] As aplicações do conhecimento na construção e na manutenção dos impérios serão tratadas adiante, no Capítulo 4.

Alguns dos estudiosos que acompanharam as expedições ao Egito, à Grécia, à Argélia e ao México eram arqueólogos. No século XVIII, já haviam sido feitas várias descobertas notáveis dos restos materiais de civilizações do passado, entre elas as ruínas das cidades romanas antigas de Herculaneum (1738) e Pompeia (1748) e da cidade maia de Palenque, no México (1773).

No entanto, várias das mais famosas expedições e escavações arqueológicas datam dos meados e do final do século XIX. A antiga cidade assíria de Nínive foi escavada pelo diplomata inglês Austin Layard (1845 em diante), e a cidade de Troia (perto de Hısarlık, na Anatólia) pelo alemão Heinrich

Schliemann (1870-). A civilização suméria foi descoberta pelo arqueólogo francês Ernest de Sarzec em Telloh, no Iraque (1877-). Muitos sítios antigos no Egito foram escavados pelo inglês Flinders Petrie (1880-). A cidade da Babilônia foi escavada pelo alemão Robert Koldewey, e o complexo dos palácios de Cnossos em Creta por Arthur Evans (ambos a partir de 1899).

Houve outras descobertas espetaculares no começo do século XX. A civilização dos hititas começou a ser descoberta em 1906, em escavações em Boğazkale, na Anatólia. Khara-Khoto, cidade tangute na China ocidental, foi escavada pelo russo Piotr Kozlov em 1907-09. A cidade inca de Machu Picchu foi descoberta em 1911 pelo historiador americano Hiram Bingham (com a ajuda de um agricultor local), enquanto as escavações sistemáticas dos restos maias em Palenque começaram em 1934.

Nessa época também se realizaram expedições antropológicas. Entre as mais conhecidas estão a Expedição Jesup ao Pacífico Norte (1897-1902), da qual Franz Boas participou; a Expedição Antropológica de Cambridge ao Estreito de Torres (1898), na verdade um empreendimento interdisciplinar; e a Missão Dacar-Djibuti, francesa (1931-33), que incluiu um importante antropólogo, Marcel Griaule. Como os folcloristas mais perto de casa, os antropólogos tinham sua curiosidade intensificada por acreditarem que estavam presenciando os últimos dias de culturas tradicionais ou "primitivas", que estavam fadadas à extinção no mundo moderno. Como declarou Adolf Bastian em 1880: "O que pode ser feito tem de ser feito já. Do contrário, a possibilidade de etnologia está anulada para sempre."[27] Segundo Malinowski, a tragédia da etnologia é que, no exato momento em que está "pronta para operar", "o material de seu estudo se dissolve com rapidez irreversível".[28]

A descoberta do tempo

Os arqueólogos eram apenas um dos grupos que contribuíram para a chamada "descoberta do tempo", principalmente do "tempo profundo".[29] Tais grupos poderiam se chamar "exploradores do tempo", e por isso são tratados neste capítulo junto com os exploradores do espaço, embora a descoberta de camadas temporais cada vez mais profundas tenha resultado de uma trabalhosa análise, e não tanto da simples observação.

Em 1750, muitos europeus cultos ainda sustentavam a visão tradicional de que o mundo tinha 6 mil anos de existência. Desde então, a ideia de um mundo com 6 mil anos foi continuamente contestada por arqueólogos, paleontólogos, geólogos e astrônomos. Na metade do século XIX, o termo *"prehistory"*, em inglês, entrou em uso entre arqueólogos e outros estudiosos para descrever o passado humano antes da invenção da escrita – em francês, *"préhistoire"* apareceu um pouco mais tarde, em 1876, mas o termo *"antehistorique"* recuava aos anos 1830.

O período conhecido como "pré-história" se expandiu gradualmente. A Idade da Pedra foi dividida entre antiga e nova, o Paleolítico e o Neolítico. Então foi introduzido um período intermediário, conhecido como Mesolítico, e o Paleolítico foi subdividido em Inferior, Médio e Superior, para distinguir as mudanças ao longo de um período que passou a ser considerado cada vez mais extenso.

Nos últimos 150 anos, aproximadamente, graças aos arqueólogos e paleontólogos, a data de surgimento dos humanos como mamíferos capazes de usar ferramentas tem recuado cada vez mais. Em 1942, Louis e Mary Leakey descobriram um sítio de ocupação humana no Quênia, Olorgesailie, que tinha machadinhas de pedra e ossadas de animais que datavam de 700 a 900 mil anos atrás. Os Leakey também trabalharam na região da garganta de Olduvai, na Tanzânia, onde ficou demonstrado que a invenção de ferramentas se iniciou há cerca de 2,5 milhões de anos. Mesmo esse achado foi superado pela descoberta de "Lucy", um esqueleto humano com 3 milhões de anos encontrado na Etiópia, mostrando que andar sobre as duas pernas foi anterior à fabricação de ferramentas.

O tempo humano, mesmo com 3 milhões de anos, parece pequeno comparado ao tempo animal, como têm revelado os paleontólogos desde o começo do século XIX. Em suas *Recherches* (1812), o paleontólogo francês Georges Cuvier afirmou que as sequências fósseis revelavam uma sucessão de organismos, os répteis antecedendo os mamíferos. Ele descobriu o mamute e o mastodonte e em 1809 identificou e nomeou o pterodátilo, descoberto meio século antes. Desde Cuvier, os fósseis têm sido datados em períodos muito mais recuados. Os dinossauros, agora, datam de 66 a 245 milhões de anos atrás, e os primeiros fósseis de cerca de 3,5 bilhões de anos atrás. Atualmente acredita-se que a vida na Terra surgiu há cerca de 3,8 bilhões de anos.

A paleontologia, por sua vez, foi superada pela geologia. Em suas *Époques de nature* (1779), o conde de Buffon distinguiu seis épocas, que somavam cerca de 75 mil anos, o que agora parece uma cifra modesta, mas naquela época chocou muita gente. Mais tarde, estudando o processo de sedimentação, Buffon ampliou a idade da Terra para 3 milhões de anos, mas não publicou esse achado. Baseando suas estimativas em cálculos de perda de calor, como Buffon, o físico britânico William Thomson (lorde Kelvin) sugeriu em 1862 que a Terra teria de 20 a 400 milhões de anos. Todavia, essas cifras não foram suficientes para estudiosos mais jovens, como o físico Robert Strutt, que datou uma pedra em 2 bilhões de anos, ou o geólogo Arthur Holmes, que afirmou que algumas pedras de Moçambique tinham 1,5 bilhão de anos. Formou-se um comitê sobre a idade do planeta, no qual Holmes defendeu uma data de 1,5 a 3 bilhões. A estimativa atual gira em torno de 4,5 bilhões de anos.[30]

A geologia, por fim, foi superada pela astronomia, apresentando-nos um universo com idade não de milhões, mas de bilhões de anos. Nos anos 1920, o astrônomo americano Edwin P. Hubble lançou a ideia de que o universo teria se iniciado com uma grande explosão, um *big bang* – como a denominou um oponente da teoria, o astrônomo britânico Fred Hoyle, numa expressão que ficou famosa. Quando? As estimativas variam, mas algumas chegam a 10 bilhões de anos.

Levantamentos

Fazer um levantamento permite ver alguma coisa de uma posição mais alta. O levantamento topográfico, no sentido de fazer medições para determinar a distância entre diferentes pontos, remonta pelo menos ao Egito antigo, e alguns dos instrumentos usados foram inventados pelos árabes na Idade Média, mas a topografia veio a se tornar mais exata em nosso período e também se estendeu a um número muito maior de lugares na Terra. Os exploradores muitas vezes eram topógrafos nesse sentido técnico. O capitão Cook, por exemplo, recebeu o encargo de fazer viagens ao Pacífico por sua habilidade em levantamentos topográficos, demonstrada na Marinha Real.

O levantamento das costas era especialmente importante como auxílio à navegação numa época de expansão europeia e americana. A Espanha e a Grã-Bretanha estavam interessadas na costa noroeste do Pacífico (quase chegando às vias de fato na disputa pela posse do braço de Nootka), e nos anos 1790 os dois países montaram expedições para fazer um levantamento da área. O Levantamento da Costa feito pelos Estados Unidos em 1808 oferece um exemplo inicial do apoio governamental à pesquisa. Os governos imperiais tinham especial interesse em fazer o levantamento de seus territórios. A Índia, por exemplo, foi objeto de levantamento a partir de 1764, por uma equipe encabeçada pelo major James Rennell, que logo seria nomeado topógrafo-geral.

Nesse período, foram feitos muitos outros tipos de levantamentos (ou, como diziam os franceses, *enquêtes*): geológicos, etnográficos, arqueológicos, botânicos e assim por diante. Entre os exemplos iniciais têm-se o levantamento geológico do Canadá (1842), o levantamento etnográfico conduzido pela Sociedade Geográfica russa (1848) e os Levantamentos da Ferrovia do Pacífico no Oeste americano, nos meados do século XIX. O Levantamento do Estado-Maior Britânico começou em 1791, o Levantamento Arqueológico da Índia em 1861 e o Levantamento dos Lagos em 1841.

Entre os levantamentos sociais (a expressão data apenas de 1927), o mais famoso é certamente o censo. O censo tem uma longa história – os pais de Jesus foram a Belém para participar de um censo, que agora é datado de 6 d.C. –, mas foi em nossa época que o censo periódico, feito pelos governos a cada cinco ou dez anos, se estabeleceu como prática. A Suécia foi a primeira (em 1749), seguida pela Espanha (1768), pelos EUA (1790), pela França e pela Inglaterra (ambas em 1801).[31]

Inspirados ou não pelo censo, logo se seguiram levantamentos sociais mais especializados. Na França, por exemplo, os exames das condições econômicas da nação começaram em 1806, e os levantamentos das condições operárias em 1830, enquanto em 1852 realizou-se uma *enquête* oficial sobre a poesia popular.[32] Na Grã-Bretanha, um dos levantamentos mais famosos foi a investigação da saúde pública que resultou no *Report on the Sanitary Condition of the Labouring Population* (1842), de Edwin Chadwick, a quem logo se seguiu Friedrich Engels, com *A condição da classe operária na Inglaterra em 1844*. Na Noruega, o sociólogo Eilert Sundt fez levantamentos pioneiros sobre os pescadores e moradores das florestas, na metade do século XIX.[33]

Na Alemanha, os levantamentos de fábricas e de trabalhadores rurais remontam aos anos 1870 e 1890, logo após a unificação do país. Mas o país mais intimamente associado ao levantamento social, sem dúvida, são os Estados Unidos. Os levantamentos americanos incluíram *The Philadelphia Negro* (1899), estudo da situação social e econômica dos negros na cidade, conduzido por W.E.B. du Bois, que mais tarde veio a ser o diretor da National Association for the Advancement of Coloured People; o Levantamento de Pittsburgh (1909-14); o Levantamento de Springfield (1918-20); e, os mais conhecidos de todos, os levantamentos de Alfred Kinsey *Comportamento sexual do homem* (1948) e *Comportamento sexual da mulher* (1953).

A acumulação de espécimes

Pode-se dizer que os participantes de muitas das expedições mencionadas acima estavam colhendo conhecimento em sentido quase literal. Não raro os líderes das expedições, desde a segunda metade do século XVIII, tinham instruções de retornar com artefatos locais e espécimes científicos. As bibliotecas e os museus, em particular na Europa e nos Estados Unidos, ficaram repletos de quantidades crescentes de "aquisições": fósseis, esqueletos animais e humanos, caveiras, conchas, insetos, armas, ferramentas, pinturas, máscaras, mastros totêmicos, estátuas de Buda ou Shiva, fragmentos arquitetônicos, como o Portão de Ishtar (da Babilônia), e, por vezes, edifícios inteiros. Aqui devem ser incluídas as obras de arte, não só porque eram objetos de conhecimento para os *connaisseurs*, mas também porque até data relativamente recente colecionavam-se obras estranhas à tradição ocidental menos por razões estéticas e mais pela luz que se julgava lançarem sobre as culturas "exóticas" de que provinham.

Graças a Banks e Solander, mais de mil plantas e centenas de espécimes de minerais, mamíferos, aves e peixes vieram na primeira viagem de Cook. Os espécimes vegetais vivos foram enviados a jardins botânicos como o de Kew, enquanto as plantas secas foram preservadas em museus ou herbários. Dos estudiosos participantes da expedição napoleônica ao Egito, mais notadamente do naturalista Etienne Geoffroy St.-Hilaire, o Museu de História Natural de Paris, onde St.-Hilaire dava aulas, recebeu milhares de espécimes, ocupando de quarenta a cinquenta caixas no transporte de Marselha a Paris.[34]

A Expedição de Exploração aos Mares do Sul, dos Estados Unidos (1838-42), superou as anteriores e retornou com mais de 160 mil espécimes; 50 mil deles foram remetidos do Rio de Janeiro, no começo da expedição, ao passo que, "nos três anos seguintes, chegaram caixas de metal e madeira, barris e barriletes de uísque, cestas e sacos de lona às centenas".[35] O naturalista Alfred Wallace voltou com mais de 125 mil espécimes após oito anos no Bornéu estudando a fauna e a flora, talvez um recorde de coleta individual de um cientista.

Outro resultado espetacular veio com a expedição britânica às profundezas marinhas no HMS *Challenger* (1872-76). O material foi remetido, durante a viagem, de vários lugares: Bermudas, Halifax, o Cabo da Boa Esperança, Sidney, Hong Kong e Japão. Em sua introdução aos relatórios científicos, o cientista que encabeçava a expedição escreveu:

> Depois que o conteúdo do navio foi finalmente desembarcado em Sheerness, descobrimos, vistoriando nossos estoques, que eles consistiam em 563 caixas, contendo 2.270 frascos grandes de vidro com espécimes em álcool,

> 1.749 garrafas menores com rolha, 1.860 tubos de vidro e 176 caixas de metal, todos com espécimes em álcool; 180 caixas de metal com espécimes secos; e 22 tonéis com espécimes em salmoura.[36]

Essas aquisições foram para o Museu de História Natural.

Entre os espécimes coletados havia não só ossos de espécies animais existentes, mas também fósseis de espécies extintas muito tempo antes, inclusive dos famosos dinossauros, descobertos no começo do século XIX. Encontraram-se fósseis de animais extintos em muitas partes do mundo – gliptodontes na América do Sul, iguanodontes na Bélgica, alossauros na América do Norte, *Rhoetosaurus* na Austrália e assim por diante – e seus esqueletos foram cuidadosamente reconstruídos por paleontólogos.

A ideia de espécime se estendia aos artefatos humanos. Um catálogo inglês de vendas pelo correio, de 1896, oferecia uma lista dos chamados Espécimes Etnológicos. Caveiras e esqueletos humanos, sobretudo de povos não ocidentais, eram tratados como espécimes e removidos dos túmulos sem autorização. O Museum für Naturkunde em Berlim ainda abriga mais de 6 mil caveiras, coletadas no final do século XIX, no auge da "craniologia" (adiante, p.87, 196).[37] Os "espécimes" mais notáveis, porém, certamente são os corpos humanos inteiros, preservados em lama ou gelo, entre eles o Homem de Tollund, um cadáver do século IV a.C. descoberto na Dinamarca em 1950, e o Homem do Gelo, de c.3300 a.C., descoberto nos Alpes em 1991, fornecendo aos arqueólogos informações sobre as roupas, as ferramentas e até a alimentação daqueles tempos.[38]

De vez em quando, mesmo seres humanos vivos podiam ser tratados como espécimes, fotografados para demonstrar características raciais ou levados à Europa ou aos Estados Unidos para ser exibidos em mostras de culturas exóticas, por vezes com reconstrução das aldeias.[39] No século XVI, alguns tupinambás foram levados do Brasil para a França, apresentados como curiosidades ou troféus, e não propriamente para proporcionar conhecimento (embora Montaigne aproveitasse a oportunidade para lhes fazer perguntas por intermédio de um intérprete). Em 1893, por outro lado, Franz Boas levou um grupo de kwakiutles do noroeste do Canadá até Chicago "para mostrar o que se pergunta sobre eles em relação a seus costumes e modo de vida".[40]

As coleções arqueológicas e etnográficas cresceram a uma velocidade vertiginosa, sobretudo no século XIX. As salas egípcias e assírias em grandes galerias e museus europeus atestam a quantidade do material trazido do Oriente Médio desde a invasão napoleônica do Egito, em 1798. As enormes esculturas assírias no Museu Britânico, por exemplo, foram enviadas de Nínive por Layard, chegando em 1852. Alguns tesouros famosos, como a máscara de Agamênon (descoberta por Schliemann em Micenas, em 1876) ou o busto de Nefertiti, a esposa do faraó Akhenaton (descoberto em 1912), são mais lembrados por suas qualidades estéticas, mas também contribuíram para o conhecimento.

Existe um contraste evidente entre espécimes da natureza e artefatos humanos. "Colher" não é um termo muito impróprio quando se coletam conchas ou se colhem flores. Por outro lado, embora alguns artefatos fossem colhidos no sentido de ser desenterrados do solo onde estiveram por milhares de anos, outros eram propriedade de alguém e só podiam ser adquiridos por meio do comércio ou da pilhagem. Cook descobriu que os habitantes do estreito de Nootka se dispunham de bom grado a vender máscaras, lanças e até canoas, mas outros povos se mostravam mais relutantes.[41] Quanto à pilhagem, o enriquecimento do Louvre com obras de artes tomadas a cidades na Itália, na Espanha e em outros países invadidos pelos exércitos de Napoleão é um exemplo famoso, mas de maneira alguma um caso isolado. Na Segunda Guerra Mundial, alemães, russos e americanos seguiram o exemplo.

O processo de confisco, "anexação" ou "conquista científica" se estendeu a arquivos, bibliotecas e museus. Os arquivos papais, por exemplo, foram levados a Paris como parte do butim napoleônico.[42] Seguindo-se à invasão francesa dos Países Baixos austríacos em 1794, cinco carregamentos de manuscritos, plantas, fósseis e minerais foram remetidos a Paris. Após a invasão francesa da Holanda, livros da Biblioteca Real holandesa foram remetidos a Paris, e uma coleção de fósseis de elefantes de Haia foi enviada ao Museu de História Natural de Paris. Quando os franceses ocuparam Verona, uma coleção de seiscentos fósseis foi despachada para o mesmo destino. Um botânico e um mineralogista acompanhavam o exército para aconselhar o que deveria ser recolhido. É difícil imaginar qualquer outro período, antes ou depois, em que os exércitos tenham levado os fósseis tão a sério.[43] Mesmo dentro dos Estados ocorriam redistribuições que bem podiam ser vistas como pilhagens, como o confisco de bibliotecas monásticas. Analogamente, depois de 1789, o que veio a ser descrito como a "desapropriação de patrimônios vegetais" dos jardins em Paris foi abastecer o Museu de História Nacional francês.[44]

A descoberta do mundo antigo fornece alguns dos exemplos mais famosos do processo de pilhagem. O exército de Napoleão trouxe obeliscos e múmias do Egito, e teria trazido também a famosa Pedra de Roseta se os ingleses não a tivessem pegado antes. Lorde Elgin, embaixador britânico no Império otomano (que na época incluía a Grécia), obteve permissão oficial para retirar esculturas clássicas do Partenon, encontradas tanto acima quanto abaixo do solo, em Atenas (mas não para despojar o próprio templo, como realmente aconteceu). Os "Mármores de Elgin", como ainda são conhecidos, foram comprados pelo governo britânico em 1816 e expostos no Museu Britânico, onde continuam até hoje, apesar das tentativas de sucessivos governos gregos de repatriá-los.

Não era raro, na época, utilizar o termo "pilhagem" para designar a coleta de antiguidades, como mostra o célebre exemplo de Lord Byron, que, em seu poema *Childe Harold's Pilgrimage* (1812-18), descreveu os Mármores de Elgin como "a última pobre pilhagem de uma terra sangrando". O termo chegava a ser usado pelos coletores, geralmente referindo-se aos rivais, embora um deles, um embaixador francês no Império otomano, tenha aconselhado seu próprio agente a não desperdiçar nenhuma oportunidade de pilhar Atenas e seu território (*"Ne négligez aucune occasion de piller dans Athènes et dans son territoire"*).[45]

Vários museus ocidentais adquiriram muitos artefatos de outras culturas por meios duvidosos, sobretudo no século XIX. Por exemplo, algumas peças importantes de arte pré-colombiana mexicana chegaram a museus da França e de outros países após a invasão do México por Napoleão III. Arqueólogos e também um negociante de antiguidades acompanhavam

FIGURA 3. Oficiais britânicos da expedição de 1897 ao Benin, com bronzes e marfins tirados do complexo da realeza.

o Exército. Ademais, as famosas esculturas de bronze da cidade de Benin na África Ocidental começaram a chegar a museus na Inglaterra depois da "expedição punitiva" de 1897, quando a cidade foi incendiada (figura 3). Alguns dos "espólios do Benin", como foram chamados na época pelo jornal *Illustrated London News*, foram expostos no Museu Britânico naquele mesmo ano.[46] Analogamente, as forças das oito nações aliadas que intervieram na China em 1900, para sufocar o chamado Levante dos Boxers, saquearam Pequim, levando várias estátuas e peças de porcelana e jade para museus ocidentais. Logo depois, uma expedição britânica ao Tibete (1903-04) resultou no saque de vários mosteiros, para enriquecer as coleções ocidentais.[47] Como observou o antropólogo alemão Adolf Bastian com satisfação, "as campanhas militares podem render frutos para os campos de pesquisa científica e ser aproveitadas para esta finalidade".[48]

Expedições arqueológicas rivais, organizadas por diferentes nações, rendiam frutos semelhantes. Por exemplo, foram despachadas dezesseis toneladas de manuscritos, estátuas e murais (recortados e retirados das paredes) de Turfan, no Turquistão chinês, para Berlim, seguindo-se a quatro expedições alemãs que ocorreram entre 1902 e 1914.[49] Na segunda metade do século XIX, os museus etnográficos alemães, em especial, estavam aumentando seus acervos com uma rapidez notável, impelidos pela vontade de concorrer com outros museus e também de resgatar artefatos tradicionais antes que suas culturas desaparecessem por completo. Em 1886, já havia cerca de 15 mil itens nas seções dedicadas à África e à Oceania no Museu Etnológico de Berlim, e em 1899 esse número tinha quadruplicado. Um único coletor profissional, em suas expedições à América do Norte, à Sibéria e à Indonésia, adquirira cerca de 16 mil itens para o museu berlinense, mas mesmo esse arrastão foi obscurecido pelos 40 mil objetos, de esqueletos a peças de cerâmica, que Bingham retirou de Machu Picchu.

Assim como outros tipos de artefatos, nesse período descobriram-se muitos textos, que foram adquiridos por bibliotecas e museus. A coleção de manuscritos tem uma longa tradição no Ocidente, associada especialmente aos humanistas da Renascença, mas persistindo desde então. Ainda havia uma grande demanda por manuscritos de autores da Antiguidade grega e romana. O exército de Napoleão retirou cerca de 1.500 manuscritos dos Países Baixos austríacos e outros 1.500 da Itália, sobretudo de Bolonha e do Vaticano.[50] Houve iniciativas de localizar e catalogar as fontes manuscritas para as histórias nacionais. Foi por isso, por exemplo, que se criou a Comissão de Manuscritos Históricos na Inglaterra, em 1869.

A novidade nesse período eram o interesse crescente por outras tradições culturais e a aquisição de livros e manuscritos em árabe, sânscrito, chinês, japonês e outras línguas não europeias. Entre os textos descobertos mais famosos estavam a Pedra de Roseta no Egito, encontrada em 1799, e o código de leis do governante babilônico Hamurabi, descoberto no Irã em 1901. No caso da Assíria, foi desenterrado meio milhão de tábuas com inscrições cuneiformes, o suficiente para manter os especialistas ocupados por séculos.[51]

Manuscritos em pergaminho, papel e papiro continuaram a afluir para museus, bibliotecas e arquivos. Em 1886, a biblioteca da Universidade de Berlim possuía cerca de 2 mil manuscritos em sânscrito, em sua maioria adquiridos em data recente.[52] O arqueólogo russo Kozlov retornou com 2 mil textos de sua escavação da cidade de Khara-Khoto em 1908. O Museu Britânico recebeu cerca de 2 mil livros e manuscritos tibetanos, coletados para o museu pelo oficial-chefe da equipe médica da expedição militar britânica de 1903.[53] Em 1907, o arqueólogo Aurel Stein descobriu e transportou cerca de 40 mil rolos, inclusive o famoso Sutra do Diamante, retirado das Cavernas de Dunhuang, um conjunto de templos budistas na fronteira ocidental da China. Stein pagou apenas 220 libras pelos rolos, que também foram para o Museu Britânico.

No campo crescente da "administração do conhecimento", às vezes utiliza-se a metáfora de "capturar" o conhecimento. Ocasionalmente, porém, esse termo precisa ser utilizado no sentido literal. Depois que Varsóvia foi invadida pelas tropas russas em 1794, cerca de 400 mil volumes foram levados para a Biblioteca Imperial em São Petersburgo, fundada pouco tempo antes. Além disso, durante a Segunda Guerra Mundial, o Exército russo retirou muitos livros das bibliotecas alemãs, entre elas a Staatsbibliothek em Berlim; alguns volumes continuam em Moscou. Um famoso esconderijo de documentos capturado durante operações militares foi o arquivo do Partido Comunista na cidade de Smolensk; os documentos foram tomados pelos alemães em 1941 e depois pelos americanos em 1945, e então transferidos para o Federal Records Center, para serem utilizados por um estudioso da história soviética num estudo chamado *Smolensk under Soviet Rule* (1958), oferecendo ao autor o que ele definiu como "uma oportunidade ímpar de examinar por dentro os processos do governo regional e local na União Soviética".

Nessa época, foi cada vez maior a quantidade de manuscritos reunidos em arquivos. A história dos arquivos recua muito no tempo, mas nesse período surgiram inovações importantes. Uma delas foi a prática de abrigar documentos em locais construídos para tal finalidade. Outra foi a profissionalização dos arquivistas. Uma terceira inovação – posta em prática apenas gradualmente – foi tornar os documentos acessíveis aos estudiosos e, mais tarde, ao público em geral. Nos anos 1780, por exemplo, Juan Bautista Muñoz, um historiador com extrema consciência da importância das fontes primárias, persuadiu o Conselho das Índias a criar um arquivo para fins de estudo.[54] Em 1794, um decreto da Convenção francesa abriu os arquivos do governo, conhecidos a partir de 1800 como Arquivos Nacionais da França. Em outras partes, a criação e a abertura de arquivos governamentais ocorreram, pelo menos em parte, como consequências inesperadas das conquistas napoleônicas, que puseram fim a regimes tradicionais, do Sacro Império Romano à República de Veneza, tornando seus documentos obsoletos.

Fundados os arquivos, os documentos chegaram torrencialmente. Os arquivos do Estado italiano, criados após a unificação do país em 1861 (mas incluindo materiais coletados por regimes anteriores), em 1905 já contavam com 3.736.802 itens.[55] Hoje, os Arquivos Nacionais britânicos em Kew anunciam que seus catálogos dispõem de 11 milhões de descrições de documentos.

As grandes bibliotecas públicas se tornaram ainda maiores, muitas vezes incorporando bibliotecas particulares menores. Mesmo bibliotecas institucionais podiam ser engolidas dessa maneira. Quando a Companhia de Jesus foi extinta em 1773, por exemplo, as bibliotecas dos colégios jesuítas em várias partes do mundo foram, em muitos casos, transferidas para outras instituições, entre elas as universidades de Freiburg e Olmütz (Olomouc). Além disso, quando os mosteiros alemães foram dissolvidos em 1802-03, seus livros e manuscritos foram, em muitos casos, enviados a bibliotecas laicas, como a bávara Staatsbibliothek em Munique. O que os bibliotecários chamam de "aquisições" amiúde são transferências.

Assim, não admira que as principais bibliotecas tenham ampliado rapidamente seus acervos. Por volta de 1800, a biblioteca da Universidade de Göttingen, com 200 mil livros, era considerada uma das melhores da Europa. O Museu Britânico tinha 235 mil livros em 1837, mas em 1856 essa quantidade mais do que dobrara, passando para 540 mil. Em 1914, a Staatsbibliothek bávara continha quase 700 mil livros, enquanto a Biblioteca Bodleian de Oxford alcançara 1 milhão. Hoje, a Biblioteca Widener em Harvard contém praticamente 5 milhões de livros; a Biblioteca Nacional da França, 13 milhões; a Biblioteca Britânica, 14 milhões; a Biblioteca do Congresso, 30 milhões de livros e a quantidade desconcertante de 100 milhões de itens, incluindo manuscritos e imagens – fotografias, desenhos, gravuras etc.[56]

Variedades de trabalho de campo

O mundo fora dos museus e das universidades não era tido apenas como um depósito onde era possível se apropriar de objetos; era visto também como um campo de estudo e observação.[57] O trabalho de campo veio a se firmar cada vez mais como prática estabelecida na segunda metade do século XVIII, gerando conflitos entre o "campo" (*terrain*) e o gabinete (*cabinet*), e rivalidades entre estudiosos nômades e sedentários, entre profissionais na periferia e profissionais no centro.

Os pesquisadores de campo frequentemente manifestavam desprezo pelo estudioso "de poltrona", considerando-se mais próximos da realidade, fosse natural ou cultural. Por outro lado, no domínio da história natural, Cuvier – apesar do trabalho de campo geológico que realizou – afirmava a superioridade do estudioso em seu gabinete, capaz de ver o todo, em relação ao *naturaliste-voyageur*, que enxergava apenas uma parte da realidade.[58]

Às vezes os antropólogos pensam que detêm o monopólio do trabalho de campo, definido pelo inglês Alfred Haddon, em 1910, como "o estudo intensivo de áreas limitadas", e enfocarei mais à frente a disciplina deles como estudo de caso.[59] De fato, Haddon, que havia passado algum tempo na estação zoológica de Nápoles, tomou o termo "trabalho de campo" de empréstimo à história natural e, quando participou da expedição de Cambridge ao estreito de Torres, pretendera examinar não só os costumes locais, mas também a fauna e os recifes de coral. A prática ou conjunto de práticas é comum a pesquisadores de uma variedade de "ciências de

FIGURA 4. Malinowski nas ilhas Trobriandesas (1918).

campo": naturalistas com binóculos e redes de borboletas, arqueólogos desenterrando o passado com pás, geólogos com martelos, ecologistas, etologistas, geógrafos, sociólogos e mesmo hidrógrafos – cujo "campo" é a água – e astrônomos (aqueles que viajam aos trópicos ou ao espaço, para diferenciar de quem observa em casa).

Fora do mundo acadêmico, pode-se encontrar uma oposição semelhante entre campo e gabinete no jornalismo, entre os repórteres investigativos ou correspondentes estrangeiros de um lado e os editores de outro, e também na espionagem, entre os "agentes de campo" e seus quartéis generais em Whitehall ou Langley, na Virgínia (sede do Departamento Executivo da CIA). O filme *Rede de mentiras* (2008) mostrava o choque entre um agente de campo (Leonardo DiCaprio) e seu chefe na agência (Russell Crowe).

Por muito tempo correu uma história que poderia se chamar "o mito de Malinowski", dizendo que seu trabalho nas ilhas Trobriandesas (1914-18) deu origem ao método que caracterizou a antropologia (figura 4).[60] Malinowski fez um manifesto em defesa desse método na introdução a seu livro *Argonautas do Pacífico Ocidental* (1922), no qual sugeria que "o segredo do trabalho de campo eficiente" consistia em sair de casa e "ir viver sem

FIGURA 5. Escultura de Edward Lane (1829).

outros brancos, diretamente entre os nativos", para observar, perguntar e colher "dados concretos" sobre as regras da cultura, remodelando "a informação bruta anterior de viajantes, missionários etc.". O método definia-se em oposição à prática do antropólogo mais famoso da época, sir James Frazer, um homem de gabinete.

Como tantos mitos de origem estudados pelos antropólogos, este tem importância simbólica, mas não deve ser tomado ao pé da letra. Na verdade, a mudança foi mais gradual do que súbita. Malinowski nem sempre armou sua tenda "entre os nativos". Inversamente, alguns missionários já haviam morado durante anos numa determinada região, tendo aprendido a língua e observado cuidadosamente os habitantes, como fariam antropólogos posteriores. Alguns missionários se tornaram antropólogos acadêmicos, entre eles o francês Maurice Leenhardt, que trabalhou entre os canaques da Nova Caledônia.[61]

A pesquisa histórica recente sugere ser impossível traçar distinções nítidas entre a viagem de outrora e o "trabalho de campo" posterior.[62] Quando Edward Lane (figura 5) morou no Egito nos anos 1820, por exemplo, declarou que estava "falando a língua do país e adotando as maneiras de meus vizinhos muçulmanos", inclusive "renunciando a facas e garfos".[63] Frank Cushing, quando viveu entre os zunis (a partir de 1879), iniciou-se no Sacerdócio do Arco e disse que estudava os zunis "a partir de dentro". Franz Boas estudou cuidadosamente as culturas locais nos períodos relativamente curtos que passou entre os esquimós em 1883 e na ilha de Vancouver em 1886.

Mesmo a distinção explícita entre antropólogos de campo e estudiosos de gabinete é anterior a Malinowski, remontando à *História da antropologia* de Alfred Haddon (1910). W.H. Rivers, em seu relatório ao Instituto Carnegie em 1911, recomendava "trabalho intensivo", definido como "um ano ou mais em meio a uma comunidade".[64] Na verdade, a própria declaração de Malinowski demanda uma análise em termos malinowskianos, como um relato sobre o passado que funciona como "carta patente" de instituições do presente e preserva a fronteira entre a antropologia e outras disciplinas.[65]

Voltando às ciências de campo em geral, é claro que a oposição entre campo e gabinete muitas vezes é traçada de maneira demasiado incisiva. Por exemplo, ela omite espaços intermediários, como museus, jardins botânicos ou zoológicos, e o laboratório, um ambiente experimental controlado. As experiências não começaram nesse período: elas desempenharam papel fundamental na revolução científica do século XVII, sobretudo as experiências em física, de Galileu a Newton. De qualquer modo, em nosso período foi muito maior o número de experiências realizadas e numa variedade muito mais ampla de campos do conhecimento.

Muitas vezes realizam-se experiências para testar hipóteses (adiante, p.100) ou para apresentar os resultados em público (p.118), mas elas também permitem um tipo especial de observação e, assim, contribuem para a coleta de conhecimento. O que se costuma chamar de "experiência mimética", por exemplo, procura reproduzir fenômenos naturais em laboratório, como no caso da criação de uma nuvem na chamada câmara de nuvens, construída em 1895.[66]

A antítese entre campo e gabinete foi importante para muitos atores no palco do conhecimento, mas exige nuances para permitir o diálogo e a interação. Ao lado da rivalidade entre duas espécies de estudiosos, também encontramos a complementaridade, uma divisão de trabalho.

Por exemplo, os mesmos estudiosos podem fazer trabalho de campo no começo da carreira e se dedicar ao "trabalho de gabinete" quando ficam mais velhos. Joseph Banks viajava quando jovem, mas depois ficou "amarrado", como disse, à sua poltrona.[67] O jovem Lineu trabalhou em campo na Lapônia durante os anos 1730, mas depois se retirou para seu jardim botânico, uma espécie de gabinete ao ar livre, confiando nos discípulos para viajarem por ele (da China ao Peru, literalmente) e em correspondentes locais para lhe enviarem informações e espécimes. Da mesma forma, Alexander von Humboldt fez sua famosa expedição à América do Sul com trinta e poucos anos, antes de se recolher ao gabinete, primeiro em Paris e depois em Berlim. O sociólogo americano William F. Whyte fez trabalho de campo num cortiço de Boston para seu livro *Sociedade de esquina* (1943), mas trocou as ruas pelo gabinete depois de contrair poliomielite.

Os questionários permitiam aos estudiosos de gabinete exercer influência sobre os pesquisadores em campo, como no caso das perguntas aos viajantes elaboradas pelo botânico sueco Carl Linnaeus (Lineu) e pelo antropólogo vitoriano Edward Tylor.[68] No sentido inverso, as descobertas feitas em campo levavam a um refinamento dos questionários, a uma "arte de fazer perguntas" mais deliberada.[69] Aqui, também, pode-se e certamente deve-se fazer uma distinção relativa, e não absoluta, entre o trabalho de campo formal e a observação e conversa informal. O "trabalho de campo" supõe mais rigor, mais sistematicidade e mais tempo de convívio com os locais.

No longo prazo, parece possível detectar uma mudança no equilíbrio entre campo e gabinete, com o campo adquirindo uma importância cada vez maior dos meados do século XVIII aos meados do século XX. Mais recentemente, porém, o movimento parece ter se invertido, pelo menos em algumas áreas. As mudanças nos meios de comunicação têm atenuado o antigo contraste. Enquanto Cook passou anos sem contato com sua base natal, Armstrong, andando na Lua, manteve contato constante com a central de controle da missão em Houston. O filme citado acima, *Rede de mentiras*, mostrava com muita clareza como a tecnologia moderna, por meio de satélites, permite que uma pessoa, a milhares de quilômetros de distância, observe a ação em andamento em tempo real, parecendo estar em contato direto, e assim intervenha, retirando pelo menos uma parte da iniciativa dos agentes locais.

Variedades de observação

Um dos principais argumentos sobre a superioridade do campo em relação ao gabinete é que o campo oferece um posto de observação mais próximo. "Quando eu percorria a aldeia em minha caminhada matinal", escreveu Malinowski sobre o tempo que passou nas ilhas Trobriandesas, "podia ver detalhes íntimos da vida familiar, do asseio corporal, da culinária, das refeições; podia ver os preparativos para o trabalho do dia, as pessoas saindo para suas tarefas ou grupos de homens e mulheres ocupados em alguma atividade artesanal."[70]

O termo "observação" parece simples e inequívoco – apenas mais uma palavra para "olhar" – e a prática pode parecer atemporal, quer pensemos em viajantes, curandeiros ou contempladores do firmamento. Mas, a seguir, eu gostaria de chamar a atenção para a historicidade da observação, incluindo não só o aumento cada vez mais acelerado de recursos auxiliares, mas também a consciência crescente dos problemas levantados pela prática.[71]

Desde os meados do século XVIII, é possível perceber um interesse cada vez maior pela observação exata, sistemática ou disciplinada, quer fosse tida como arte ou como ciência. Em 1740, a famosa enciclopédia alemã organizada pelo editor Johann Heinrich Zedler incorporou um artigo sobre a observação. Em 1770, uma sociedade erudita situada em Haarlem (a Hollandsche Maatschappij der Wetenschappen) ofereceu um prêmio ao melhor ensaio sobre a arte da observação. Ao que parece, no século XVIII houve uma ênfase crescente sobre a observação clínica na França e outros lugares.[72]

Em 1799, foi fundada a Société des Observateurs de L'Homme em Paris, e entre seus membros incluíam-se Cuvier, o *abbé* Sicard (um pioneiro na observação dos surdos-mudos) e o filósofo Joseph-Marie Degérando.

Em 1800, Degérando escreveu seus comentários sobre "a observação dos povos selvagens" (*Considérations générales sur les diverses méthodes à suivre dans l'observation des peuples sauvages*), para auxiliar o capitão Baudin e seus companheiros na expedição à Austrália. Criticando a superficialidade da maioria dos viajantes anteriores, Degérando – como os antropólogos posteriores – acentuou a necessidade de ficar algum tempo em território desconhecido e aprender a língua dos habitantes (sobretudo para verificar se os "selvagens" tinham ou não ideias abstratas, questão de especial interesse para o filósofo).[73]

No começo do século XIX, o astrônomo William Herschel definiu a observação como uma arte que precisava ser aprendida e praticada. Compositor e instrumentista, Herschel comparou olhar por um telescópio a tocar um instrumento musical.[74] O polímata Alexander von Humboldt, observador nada medíocre, discorreu sobre o que chamava de "compreensão observacional" (*der beobachtende Verstand*).

No final do século XIX, era possível notar a ênfase dada à importância de detalhes aparentemente triviais em campos intelectuais tão distantes quanto a crítica de arte, a psicanálise e a detecção. O método do *connaisseur* italiano Giovanni Morelli para identificar pintores se concentrava na maneira como eles representavam detalhes como as orelhas. A *Psicopatologia da vida cotidiana* (1901) de Freud tratava ocorrências miúdas – lapsos de linguagem, por exemplo – como indicadores de estados psicológicos. Sherlock Holmes, o personagem de Conan Doyle que apareceu em letra impressa em 1887, reclamava com seu amigo Watson que "nunca consigo fazê-lo entender a importância das mangas, o que há de sugestivo nas unhas do polegar ou as grandes questões que podem depender de um cadarço de sapato".[75]

Poderíamos acrescentar outro exemplo notável do campo da paleografia, dominado nesse período pelo estudioso alemão Ludwig Traube. Dedicando grande atenção a um manuscrito da Alta Idade Média, do historiador da Antiguidade Amiano Marcelino, inclusive aos deslizes da pena do escriba, Traube pôde mostrar em 1903 "que ele foi copiado de um exemplar escrito provavelmente em Fulda por um escriba inglês ou irlandês, e que o escriba tinha diante de si um códice escrito em maiúsculas".[76] Todos esses exemplos podem ser vistos como variedades de diagnósticos, e certamente não é por acaso que Conan Doyle, Freud e Morelli tinham formação em medicina, enquanto Ludwig Traube era filho de um médico famoso. A distinção entre observadores da natureza e observadores da cultura não exclui empréstimos.

Apesar de tais analogias, cabe ressaltar as variedades de observação. Os observadores da cultura geralmente se baseiam no "olho nu", mas passou-se a enfatizar cada vez mais a necessidade de observar e a dificuldade de fazê-lo corretamente. Na primeira metade do século XIX, publicaram-se manuais sobre o tema, entre eles *How to Observe* (1838), da reformadora inglesa Harriet Martineau, e *What to Observe* (1841), do geógrafo coronel Julian Jackson. Em seus estudos da família, publicados em meados do século XIX, o sociólogo francês Frédéric Le Play notou a necessidade de uma "observação direta dos fatos", enquanto seu colega alemão Ferdinand Tönnies, posteriormente, defendia a criação do que chamou de "observatórios sociográficos, financiados pelo governo".[77] A entidade Mass-Observation, criada na Inglaterra em 1937, empregando uma equipe de investigadores para registrar a vida cotidiana, é um indicador da persistência dessa tradição.[78]

Conforme os observadores da sociedade procuravam se tornar mais precisos e sistemáticos, os problemas foram se evidenciando com mais clareza. Havia o velho problema da "perspectiva" ou do "ponto de vista", discutido em data mais recente em termos do "olhar" (*the gaze, le regard, der Blick* etc.). Indivíduos diferentes, com interesses, conhecimentos e preconceitos diferentes, e tipos diferentes de pessoas observam de modos diferentes. Num estudo de política comparada, o historiador alemão August von Schlözer escreveu sobre o "olhar estatístico".[79] Mais recentemente, os estudiosos distinguem o olhar médico (descrito por Foucault), o olhar masculino e o olhar feminino, o olhar do turista, o olhar colonial, o olhar científico, o olhar do *connaisseur*, o olhar militar (apreendendo as possibilidades táticas num relance, chamado de "golpe de vista" ou *coup d'oeil*), e assim sucessivamente.[80]

No caso da sociologia, o debate sobre os problemas da observação tem sido especialmente intenso. No final do século XIX, a socióloga inglesa Beatrice Webb comentou que a observação fica "viciada se as pessoas observadas sabem que estão sendo observadas".[81] Foi em resposta a esse problema que os antropólogos se voltaram para o trabalho de campo, ficando tanto tempo no lugar que sua presença se tornava normal. Conforme explicou Malinowski, "como os nativos me viam constantemente todos os dias, deixaram de se interessar, de se alarmar ou se constranger com minha presença, e deixei de ser um elemento perturbador na vida tribal que eu iria estudar, alterando-a com minha própria aproximação".[82] Enquanto isso, os sociólogos praticavam a "observação participante", como veio a se chamar na metade do século XX.[83] A própria Beatrice Webb estudou o ramo de confecções judaico em East London nos anos 1880, juntando-se à força de trabalho e fazendo-se passar por judia.[84]

De modo semelhante, um estudante de teologia alemão, Paul Göhre, empregou-se numa fábrica em Chemnitz durante três meses, em 1891, para estudar as condições sociais dali. O objetivo de Göhre era "ouvir com meus próprios ouvidos e ver com meus próprios olhos", "incógnito", como disse ele, "com barba e cabelo arrepiados, em toda a aparência um genuíno operário diarista", passando os serões e os domingos com seus camaradas e lhes perguntando sobre suas posições políticas e religiosas.[85]

Os exemplos de participação do observador na atividade observada não se limitavam à antropologia ou à sociologia. Pensa-se em orientalistas como Edward Lane, que se vestia como árabe, ou em Christiaan Snouck Hurgronje, o estudioso holandês que visitou Meca em 1884 disfarçado como peregrino muçulmano. Os espiões também praticam a observação participante, para não mencionar os disfarces.

No decorrer do último século, multiplicaram-se os recursos técnicos de auxílio à observação. A aviação foi usada para reconhecimento militar na Primeira Guerra Mundial, o que nos anos 1930 deu a Griaule, ex-aviador, a ideia de usar aviões na pesquisa antropológica.[86] Mas é a espionagem ou, em termos mais gerais, a vigilância que oferece os exemplos mais notáveis dos recursos técnicos para observar as pessoas, em especial nas últimas décadas. Os Estados Unidos e a União Soviética utilizaram aviões de espionagem durante a Guerra Fria, levando a um incidente internacional quando um U2 americano foi abatido no espaço aéreo soviético em 1960. A eles se seguiram os UAVs (veículos aéreos não tripulados). No jargão dos espiões, a Humint (*human intelligence*) tem sido progressivamente substituída pela Techint (*technical intelligence*).

Voltando ao solo, os sistemas de vigilância por vídeo, ou CCTV, foram desenvolvidos nos anos 1960 e 1970, começando nas estações de trem e em manifestações políticas e se estendendo a lojas e shoppings centers. O desenvolvimento dos satélites de comunicações nos anos 1950 e 1960 facilitou a observação aérea tanto para as agências de informação quanto para os geógrafos – o Google Earth (lançado em 2005) é apenas a parte mais visível dos chamados Sistemas de Informação Geográfica (GIS, na sigla em inglês). No nível micro, há o *spyware*, termo que data de 1995, definido como "programa que transmite informações pessoais a um terceiro sem o conhecimento ou o consentimento do usuário". Instalado em computadores pessoais, esse programa transmite informações sobre o proprietário que podem ser usadas para fins políticos ou econômicos.

Voltando à natureza, a observação precisa e sistemática recua muito no tempo, até a medicina hipocrática na Grécia antiga, por exemplo, ou a tradição dos observatórios astronômicos no mundo islâmico. Como ferramentas de auxílio ao "olho nu", tanto os telescópios quanto os microscópios passaram a ser usados regularmente no século XVII.

De qualquer modo, a observação da natureza se modificou à medida que instrumentos cada vez mais potentes foram inventados. Os telescópios ficaram maiores; o famoso telescópio refletor de William Herschel, que ficou pronto em 1789, manteve-se como o maior telescópio do mundo por meio século, até ser superado por uma série de instrumentos mais potentes, como o telescópio de sessenta polegadas inaugurado no Mount Wilson Observatory na Califórnia (1908), que por sua vez foi o maior do mundo em sua época; o de cem polegadas, também em Monte Wilson (1917; figura 6); o de duzentas polegadas, no Monte Palomar, também na Califórnia (1949). Os telescópios também se sofisticaram em outros recur-

FIGURA 6. Telescópio Hooker, Observatório Monte Wilson (1917).

sos, possibilitando, por exemplo, a observação dos raios infravermelhos, ao passo que as lentes variavam entre côncavas e convexas, esféricas e elípticas, de metal e de pirex, sólidas e líquidas.

Hoje, alguns telescópios são montados no espaço, como o Telescópio Espacial Hubble (lançado em 1990) e o Telescópio Espacial Herschel (lançado em 2009). As estações espaciais permitem que os astronautas observem as estrelas, o Sol e mesmo a Terra, o que levou um deles a comentar a respeito do surpreendente vazio do planeta: "Não ocupamos muito nosso mundo."[87] Veículos espaciais não tripulados transmitem dados que podem ser observados pelos cientistas em terra, como os redemoinhos e nevascas em Marte transmitidos pela Phoenix.

A medicina é outro domínio em que a observação humana tem contado com um arsenal de máquinas e métodos sofisticados em rápido crescimento, sobretudo no último século e em especial nas últimas décadas. Os raios X foram descobertos em 1895, seguidos por óculos que permitiam aos médicos enxergar as imagens de raio X em tempo real. Os corantes facilitaram a observação médica de órgãos internos. O escaneamento com radionuclídeos começou nos anos 1950, o ultrassom (traduzindo sons em imagens) nos anos 1960 e a tomografia computadorizada, gerando imagens de seções do corpo, nos anos 1970.

Escutando e interrogando

É bastante evidente que, ao colher informações, os ouvidos são tão úteis quanto os olhos. Podem-se distinguir dois tipos principais de escuta – ouvir a conversa de terceiros e interrogar –, não como categorias próximas, e sim como extremos opostos num leque de possibilidades.

Ouvir a conversa dos outros é tão antigo quanto a própria fala, mas é possível perceber várias mudanças em nosso período. A observação participante incluía escutar. Os investigadores que trabalhavam para o Mass-Observation nos anos 1930 recebiam instruções de tentar ouvir secretamente as conversas cotidianas, e tornaram-se notórios os dispositivos de escuta desenvolvidos pelos serviços secretos de diversas nações – remontando a 1912 à invenção do "dictógrafo", um microfone oculto, que era usado não só pelos espiões e pela polícia secreta mas também durante os processos de divórcio. Além disso, uma grande parte do trabalho dos sociolinguistas consiste em escutar conversas do cotidiano, notando quando, onde e em quais situações os falantes passam de uma linguagem ou de uma variante linguística a outra.

Para um exemplo do terreno intermediário entre a bisbilhotice e o interrogatório, podemos voltar ao conceito de Malinowski sobre o trabalho de campo, que incluía deixar os locais "lhe contarem itens do folclore", conversar sobre seus costumes e assim por diante – conversas estas que muitas vezes se transformavam em interrogatórios. Desde o começo do século XIX, época em que a classe média "descobriu o povo", um exército inteiro de coletores percorreu aldeias europeias atrás de tradições rurais populares, que estavam passando a ser conhecidas em inglês e em algumas outras línguas como "folclore" – o interesse pelas tradições urbanas era menor.[88] Nessa época, compilaram-se dicionários de dialetos regionais.

Os coletores incluíam musicólogos, entre eles Béla Bartók, mais conhecido internacionalmente como compositor. No início do século XX, Bartók e seu amigo Zoltán Kodály começaram a percorrer a Hungria rural em busca de músicas folclóricas locais. Um exemplo relativamente tardio, mas excepcionalmente cabal de um empreendimento para a coleta de tradições orais foi a Irish Folklore Commission, fundada em 1935, com centenas de coletores em tempo integral ou parcial e seus 40 mil informantes, entre os quais crianças em idade escolar e professores.[89]

O interrogatório também tem uma longa história, como o exemplo dos inquisidores da Idade Média e do início da Modernidade talvez baste para nos lembrar. No século XIX, comissões reais britânicas, como a Commission on Children Employment (1842), chamavam testemunhas, ouviam seus depoimentos e, além disso, faziam a inquirição, como se estivessem num tribunal. Marcel Griaule empregava um método de interrogatório mais próximo ao estilo de um magistrado num inquérito do que de um etnógrafo na tradição anglo-americana, pois ele supunha que os informantes estavam lhe escondendo conhecimento importante e tentava apanhá-los em contradições, para forçá-los a revelar o que sabiam.[90] Edward Evans-Pritchard, o colega britânico de Griaule, afirmou ter obtido informação de um feiticeiro azande dizendo-lhe que seu rival sabia mais do que ele. Os sociolinguistas também usam o interrogatório, como num famoso estudo sobre a linguagem dos funcionários de lojas de departamento de Nova York, em que os pesquisadores faziam perguntas cuja resposta seria "quarto andar" (*fourth floor*), para descobrir se os auxiliares de vendas usavam o (r) final ou pré-consonantal.[91]

A entrevista, tal como é praticada por jornalistas, sociólogos, médicos ou psicólogos, pode ser vista como uma forma – geralmente – mais branda de interrogatório, e que aos poucos foi se tornando sistemática em nosso período, principalmente quando seu objetivo era a seleção de candidatos. Já no século XVIII, os jornalistas empregavam esse método de extrair informações: o balonista Lunardo, por exemplo, deu uma entrevista ao *Morning Post* em 1784. Quando o jornalista Henry Mayhew investigou as condições de vida e trabalho dos pobres de Londres para o *Morning Chronicle*, nos meados do século XIX, sua vívida matéria se baseou numa espécie de "trabalho de campo" na cidade, falando com pessoas comuns na rua e reproduzindo as respostas a suas perguntas em discurso direto.[92] Émile Zola, jornalista que virou romancista, colhia material para suas obras literárias entrevistando gente simples – camponeses, mineiros, prostitutas e auxiliares de comércio. Algumas de suas anotações foram publicadas.[93]

A difusão do termo "entrevista" marca a maior compenetração desse método de extrair informação. Em 1884, um artigo no jornal britânico *Pall Mall Gazette* mencionou "a aclimatação da 'entrevista' no jornalismo inglês". Era um sinal do surgimento do "jornalismo investigativo", um novo gênero em que o repórter não esperava a ocorrência dos acontecimentos, mas saía para descobrir como eram as coisas. Nos anos 1880, por exemplo, W.T. Stead publicou artigos na *Pall Mall Gazette* sobre os cortiços londrinos e a prostituição juvenil na cidade, que qualificou de "escravidão branca". Seu equivalente nos Estados Unidos foi Lincoln Steffens, famoso por suas investigações da corrupção política e por um livro intitulado *The Shame of the Cities*.

Dos jornais, a entrevista naturalmente se estendeu para outros meios de comunicação – o rádio e a televisão – e outros domínios, o comercial, o político e o acadêmico. Na segunda metade do século XIX, durante o surgimento do levantamento social (acima, p.34), passou a ser cada vez mais comum que os entrevistadores, armados com uma lista de perguntas, visitassem os informantes em casa ou no local de trabalho. Na primeira metade do século XX, os pesquisadores do mercado e da opinião pública nos Estados Unidos ocasionalmente faziam entrevistas, e os sociólogos seguiram o exemplo.

Durante a entrevista, ficaram cada vez mais claros os problemas de método. Quando alguém de posição social mais alta entrevista alguém de posição mais baixa, pode ter como resposta o que o informante crê que o entrevistador quer ouvir. O americano William I. Thomas, importante sociólogo da primeira metade do século XX, não ocultou seu ceticismo ao definir as entrevistas como "um corpo de erros a ser usado com finalidades comparativas em futuras observações".[94]

Questionários

Uma alternativa à entrevista, e que também serve como recurso auxiliar aos entrevistadores, é o questionário, um conjunto de perguntas iguais feitas a pessoas diferentes, permitindo comparar ou mesmo tabular as respostas. Hoje, o questionário, sobretudo em forma impressa, passou a fazer parte do cotidiano do Ocidente, mas esse gênero literário tem uma história muito mais antiga. Na Idade Média e no começo da era moderna, por exemplo, os bispos visitavam suas dioceses, em pessoa ou por meio de representantes, com uma lista de perguntas na mão sobre o estado das igrejas e a conduta dos pastores e de seus rebanhos. Em nosso período, os questionários passaram a ser mais extensos e mais frequentes, usados para investigar – quando não para invadir – um maior número de aspectos da vida das pessoas.

Pode ser útil distinguir duas fases na história do questionário entre 1750 e o presente. Na fase inicial, as perguntas eram dirigidas a integrantes das elites, entre eles sacerdotes, participantes de expedições científicas, viajantes, inspetores de ensino e antropólogos, para orientá-los em suas observações ou interrogatórios. Em 1762, por exemplo, o orientalista alemão Johann David Michaelis montou uma lista de perguntas para uso dos integrantes da expedição Niebuhr à Arábia (acima, p.29-31). Em 1789, o conde Leopold von Berchtold da Boêmia compilou 2.500 perguntas para o "viajante patriótico". Em 1790, o abade francês Henri Grégoire elaborou um questionário sobre o uso do dialeto *patois* em diversas partes da França, e em 1805 a Académie Celtique formulou uma lista de 51 perguntas sobre costumes populares.[95] Tal como o uso da palavra "*enquête*" em alemão, o emprego do termo "*questionnaire*" em inglês parece indicar uma inspiração francesa. Ao longo do século XIX, foi incontável a quantidade de questionários elaborados por estudiosos e funcionários públicos da Irlanda à Rússia para obter informações sobre o folclore, as condições de trabalho, a filiação religiosa e assim por diante.

Numa fase posterior na história do questionário, com a difusão da alfabetização, as perguntas eram feitas diretamente às pessoas investigadas: operários, soldados, consumidores de diversos produtos ou, no caso do censo, chefes de família de todas as casas num determinado país. Como na história da entrevista, os problemas se patentearam com maior clareza ao longo do tempo – os erros de entendimento, por exemplo. O chefe do Massachusetts Bureau of Statistics of Labour (fundado em 1869) declarou preferir que seus agentes utilizassem entrevistas em vez de questionários, pois, a seu ver, assim se evitariam os erros de entendimento. Da mesma forma, em 1872, a entidade alemã Verein für Sozialpolitk criticou os questionários lançados pelo governo, sugerindo que, em vez de usá-los, enviassem experts para percorrer o país e ouvir as opiniões locais.[96]

Registrando

Na prática, não se pode traçar uma distinção nítida demais entre campo e gabinete, coleta e análise, porque o processamento da informação se inicia no mesmo momento da coleta. As anotações geralmente começam em campo. Capitães de navio como James Cook mantinham seus diários de bordo, antropólogos e naturalistas tomavam suas "notas de campo", arqueólogos escreviam relatórios sobre os avanços diários das escavações. Estavam não só registrando suas experiências para que outros as interpretassem e usassem, mas já estavam traduzindo em palavras o que haviam visto.

A escrita, evidentemente, não era a única maneira de registrar o que se encontrava em campo; pense-se na importância dos mapas e dos gráficos, por exemplo. Os exploradores e os participantes das expedições de coleta de conhecimento, descritos neste capítulo, voltavam do campo com rascunhos mais ou menos grosseiros que depois eram convertidos em mapas nos escritórios e nos gabinetes. A *carte topographique* francesa do Egito, publicada em 1825, é um exemplo famoso. Aos mapas terrestres somavam-se mapas marítimos e mapas celestes, como o *Uranographia* (1801), publicado por Johann Bode, diretor do Observatório de Berlim. Outro importante desenvolvimento no século XIX foi o surgimento de mapas temáticos: mapas de distribuição das línguas, por exemplo, mapas de alfabetização, mapas de criminalidade, mapas geológicos, mapas demográficos, mapas etnográficos, mapas de doenças, mapas de pobreza etc.[97] No final do século XIX, passou-se a usar a fotografia para mapear as estrelas.[98]

A importância das imagens era reconhecida pelos organizadores das expedições de coleta de conhecimento, que incluíam artistas (e, depois, fotógrafos) como membros das equipes. Em suas três famosas viagens, Cook foi acompanhado por artistas, notadamente William Hodges e John Webber, que pintaram as paisagens dos Mares do Sul e desenharam os povos indígenas.[99] Nos anos 1830, George Catlin fez expedições por conta própria, para registrar a aparência das tribos indígenas do Oeste americano. Nos anos 1840, o artista francês Eugène Flandin participou de uma expedição arqueológica, registrando antigos monumentos persas e assírios. Da mesma forma, jornais e governos enviavam escritores e artistas para registrar os acontecimentos no exterior, em especial as guerras – a Guerra da Crimeia, por exemplo, a Primeira Guerra Mundial e mesmo a Segunda (na qual Edward Ardizzone e Edward Bawden, entre outros, serviram oficialmente como artistas de guerra).[100]

A essa altura, evidentemente, já fazia tempo que os fotógrafos registravam os eventos. Mathew Brady, um exemplo inicial do que mais tarde se chamaria "fotojornalista", ficou famoso por suas imagens da Guerra Civil americana, tal como Dorothea Lange com suas imagens da Depressão nos Estados Unidos. Os antropólogos também usaram o filme. Franz Boas utilizou uma máquina fotográfica em campo nos anos 1890 – e uma filmadora nos anos 1930 –, enquanto o etnógrafo russo Samuil Dudin provavelmente é mais conhecido por suas fotos do cotidiano na Ásia Central, tiradas no começo do século XX. Os arquivos visuais podem ter ganhado destaque em data relativamente recente, mas remontam a muito antes.

O equipamento fotográfico, com um grau de sofisticação cada vez mais acentuado, permitiu coletar uma quantidade muito maior de informação. Cientistas fotografaram átomos e mesmo elétrons, enquanto câmeras de vídeo registram constantemente a vida cotidiana. A fotografia aérea, desenvolvida na Primeira Guerra Mundial para obter informação sobre as posições inimigas, revelou sua utilidade em tempo de paz. Como vimos, Griaule recorreu a ela em seu trabalho de campo na África, ao passo que o geólogo dinamarquês Lauge Koch a utilizou durante seu trabalho de campo na Groenlândia.[101] O arqueólogo Kenneth St. Joseph, oficial da Força Aérea Real que tinha analisado fotografias aéreas durante a Segunda Guerra Mundial, adaptou o método ao estudo das ruínas romanas e de sítios monásticos medievais.

Os registros sonoros são mais recentes do que as fotografias, mas desde 1904 Bartók registrou a música folclórica húngara em discos de cera, enquanto a Irish Folklore Commission utilizava o "edifone" (um aperfeiçoamento dos anos 1920).[102] A disponibilidade crescente de gravadores nos anos 1950 foi uma bênção para musicólogos, folcloristas e também historiadores, e facilitou que surgisse o movimento da "história oral". Os arquivos sonoros agora contêm milhares de fitas de entrevistas, por exemplo as gravadas durante o Projeto de História dos Veteranos dos Estados Unidos, conservadas na Biblioteca do Congresso. Também sobreviveram algumas gravações de conversas entreouvidas: o arquivo da Stasi inclui fitas de várias conversas com o ex-*Bundeskanzler* Helmut Kohl, embora os historiadores ainda não tenham acesso a elas.

Notas e arquivos

Como alguns historiadores do período inicial da Modernidade assinalaram recentemente, a prática cotidiana de estudantes e especialistas de anotar informações no papel está sujeita a mudanças no decorrer do tempo. Um sistema popular de anotação no começo da modernidade, incentivado em algumas escolas, utilizava os chamados "livros de lugares-comuns", em que se registravam anedotas e outras informações sob várias rubricas, amiúde as dos vícios e virtudes, dispostas em ordem alfabética para facilitar a consulta, quando o dono precisasse fazer um discurso.[103]

Na maior parte de nosso período, o mundo dos estudos, sobretudo na área de humanidades, baseou-se em notas manuscritas – notas de campo, notas de biblioteca, notas de leitura – registradas em cadernos, em blocos de folhas soltas, em fichas e mesmo no verso de envelopes ou no punho engomado das camisas. Darwin, por exemplo, trouxe quase 1.400 páginas de notas de sua viagem no *Beagle*. Pode não ser uma enormidade em cinco anos de expedição (cerca de uma página por dia), mas foi o suficiente para criar uma dificuldade extrema para localizar informações sobre um item específico.

No século XIX, aumentou muito o uso de papeletas avulsas, como no caso famoso do *Oxford English Dictionary*, cuja elaboração foi iniciada em 1858. O primeiro editor organizou 100 mil papeletas com citações ilustrativas em 54 escaninhos. Desde então, foram coletadas duas toneladas de citações. Para o *Dialect Dictionary* (1896-1905), também feito em Oxford, foi necessário mais de 1 milhão de papeletas.[104] As papeletas também eram coladas nas páginas dos pesados catálogos in-fólio que, até uma geração atrás, constituíam um elemento central dos acessórios das principais bibliotecas.

A papeleta se rasgava com demasiada facilidade, e assim a informação começou a ser registrada em fichas, não só para o uso dos estudiosos, mas também a fim de fornecer informação sobre clientes, pacientes e suspeitos para os registros comerciais, médicos e policiais. Soubessem ou não, todos esses usuários estavam seguindo os passos dos bibliotecários. Em 1790, a Assembleia francesa tinha determinado que funcionários do governo fizessem o inventário das bibliotecas locais no verso de cartas de baralho, para criar um catálogo unificado.[105] A primeira grande biblioteca universitária a introduzir um catálogo de fichas foi a de Harvard (1861). As fichas eram produzidas especificamente para finalidades de registro e arquivamento de informação, e foram padronizadas por iniciativa de Melvil Dewey, um bibliotecário com ambições empresariais (ele abriu uma empresa para vender as fichas). As fichas mediam cinco por três polegadas ou, mais exatamente, 7,5 por 12,5 centímetros (Dewey era um entusiasta do sistema métrico decimal). Seguiu-se um longo período de relativa continuidade nos sistemas de anotação e arquivamento, interrompido nos anos 1980 pelo surgimento do computador pessoal e da base de dados digital.

Armazenagem

A coleta de conhecimento gera problemas de armazenagem evidentes e cada vez maiores, como fica óbvio no caso dos museus. O Museu de Ciência em Londres contém 200 mil objetos, e o Louvre, o dobro. O Museu Britânico contém 13 milhões de objetos, e o Museu de História Natural, cerca de 70 milhões de espécimes. O que vemos exposto em muitos museus é apenas a ponta de um iceberg, o restante do acervo ficando submerso nos porões e em outros depósitos. O Louvre, por exemplo, expõe menos de 10% de seu acervo.

Tome-se novamente o caso das enciclopédias, que em certo sentido são depósitos de conhecimento. O filósofo alemão Bernard Groethuysen, certa vez, definiu a *Enciclopédia* como expressão do desejo burguês de acumular bens. "Os enciclopedistas pegam o homem pelo patrimônio. …

Eis o que os sábios adquiriram para você ... Doravante considere-o como algo que é seu."[106]

Esses depósitos precisavam se ampliar cada vez mais, para acolher novas informações. A grande *Enciclopédia* já consistia em 71.818 artigos em 35 volumes e levou mais de vinte anos para ser publicada. Sua sucessora, a *Encyclopédie méthodique*, chegou a 210 volumes, enquanto a *Ökonomische Encyklopädie* abrangia 242 volumes, publicados ao longo de 85 anos (1773-1858). A *Enciclopedia universal ilustrada europeo-americana* agora conta com 118 volumes, publicados ao longo de mais de um século (1905-2009). O próprio armazenamento desses depósitos se tornou um problema em si, solucionado em alguns casos com a digitalização on-line, como fez a *Enciclopédia britânica* em 1994. Se a Wikipédia, em expansão contínua, fosse impressa, ocuparia uma casa inteira.

Os arquivistas enfrentavam e continuam a enfrentar problemas de armazenagem, e às vezes calculam seus acervos em quilômetros. O website do Arquivo Nacional holandês, por exemplo, se refere a "93 quilômetros de documentos, mapas, desenhos e fotografias". O final do século XVIII viu nascerem os arquivos, entendidos como edifícios projetados para armazenar documentos. Um exemplo inicial é a Register House, de Edimburgo, projetada pelos irmãos Adam e inaugurada em 1789. Mas logo começou a faltar espaço. Nos arquivos públicos italianos, já em 1882 havia cerca de 127 mil metros quadrados de prateleiras, mas em 1906 essa área já havia aumentado para cerca de 164 mil metros quadrados.[107]

Hoje, como vimos, o catálogo dos Arquivos Nacionais britânicos (o antigo Departamento de Registro Público) conta com 11 milhões de descrições de "documentos", que vieram a abranger fotos, fitas e vídeos. Do ponto de vista dos arquivistas, pode-se dizer que a armazenagem on-line chegou na hora exata, primeiro nos computadores de grande porte nos anos 1970 e depois, nos anos 1990, na internet.

Os bibliotecários enfrentam problemas semelhantes aos dos arquivistas. As prateleiras da Biblioteca Britânica se estendem por 625 quilômetros (388 milhas), e as da Biblioteca do Congresso, por 850 quilômetros (530 milhas). Além disso, o fluxo de livros aumenta velozmente: em 1960, foram publica-

FIGURA 7. Interior do salão de leitura da Biblioteca Nacional francesa, rue de Richelieu, Paris (1868).

dos 332 mil títulos, mas em 1990 o total chegou a 842 mil.[108] A necessidade de mais espaço de armazenagem, e não só por uma questão de prestígio nacional, foi a inspiração para substituir a antiga Biblioteca Nacional na rue de Richelieu (figura 7) pela nova Biblioteca Nacional da França.

Um pequeno consolo para os bibliotecários é que o espaço antes tomado pelos arquivos com fichas manuscritas ou datilografadas, em gaveteiros de madeira, agora foi liberado, graças à catalogação on-line. Uma biblioteca norte-americana comemorou a mudança incendiando as fichas de arquivo, e outra realizando um funeral de brincadeira.[109] A transferência para bases de dados permitiu a eliminação de fichários em outras instituições, como o MI5 ou a CIA, bem como dos gabinetes pessoais dos acadêmicos. A armazenagem on-line, ou "na nuvem", como diz Bill Gates, parece uma solução ideal, mas mesmo aqui estão surgindo problemas na era da explosão de informações, como veremos adiante.

Conclusão

É uma tentação narrar a história da coleta de conhecimento como um épico, com seu elenco de heróis, sobretudo exploradores, e sua dose de episódios violentos, como no caso das pilhagens. O processo coletivo de análise, que será descrito no próximo capítulo, é uma história mais pacífica, mas igualmente fascinante. Se a armazenagem tem se tornado um problema cada vez mais grave, é fácil imaginar a dificuldade de analisar a montanha ininterruptamente crescente de informação que se tem acumulado nos últimos 250 anos.

2. Analisando conhecimentos

ENQUANTO O CAPÍTULO ANTERIOR tratou basicamente do "campo", este se concentra no gabinete, aí incluídos a biblioteca, o museu e o laboratório. Alguns grandes estudiosos nunca foram a campo. O geógrafo francês Jules Sion, por exemplo, fez observações originais sobre a geografia da Ásia sem jamais visitar o continente. Quanto ao "homem que seria por quase meio século o semitista mais importante da Alemanha", Theodor Nöldeke, "o lugar mais a leste que ele visitou foram as coleções de manuscritos em Viena".[1] Arthur Waley, que foi talvez o mais famoso intérprete britânico das culturas do Japão e da China no século XX, nunca pôs os pés em nenhum dos dois países. Esses estudiosos – e outros como eles, por exemplo classicistas eminentes como Wilamowitz-Moellendorf – destacam-se pela qualidade de suas análises de materiais colhidos por outros.

Pode-se dizer que é o processo de análise que converte a informação relativamente crua em conhecimento efetivo. O termo "análise" entrou em uso na fase inicial da Modernidade e, depois de 1750, foi muito utilizado em várias disciplinas. Ele se refere, por exemplo, a um ramo da matemática pura. Os químicos falam em "análise orgânica", "análise espectroscópica", "análise de amostra" e "química analítica". Os geólogos realizam "análise da terra". Botânicos, zoólogos e físicos fazem "análise de tecido", ao passo que geneticistas e biólogos moleculares fazem "análise genética".

Os cientistas sociais também falam a linguagem da análise: "análise de trilha" em estatística, por exemplo, "análise de sistemas" ou "análise econômica". A "filosofia analítica" é um ramo – ou uma escola – da filosofia, enquanto "Arqueologia analítica" foi o título de um manifesto dos anos 1960 defendendo uma nova abordagem. Os linguistas falam em "análise linguística", e alguns deles falam em "análise de discurso". Os editores de textos falam em "análise textual", para diferenciar da "análise literária" feita pelos críticos. Os geógrafos fazem "análise espacial", os arqueólogos empreendem a "análise serial" e a "análise de agrupamento" dos artefatos, enquanto os freudianos exercem a psicanálise. Antropólogos e engenheiros se dedicam igualmente à "análise estrutural"; engenheiros e empresários fazem "análise de riscos".

Desnecessário dizer que o termo "análise" não é empregado da mesma maneira em todos os contextos, ponto que deveria nos deixar alertas quanto à plausibilidade da ideia de que o período 1780-1850 teria sido a "era da análise".[2] O matemático suíço Leonhard Euler, por exemplo, fez uma distinção entre o método "analítico" (em outras palavras, algébrico) e o método "geométrico". Muitas vezes – mas nem sempre – a análise implica a decomposição de algo em partes, como fazem os químicos para identificar a composição de uma substância. Para o físico britânico J.J. Thomson, o que diferenciava a nova filosofia natural da história natural mais antiga era que ela afastava a natureza para chegar à explicação. Muitas vezes – mas nem sempre – a análise implica ir abaixo da superfície das coisas, como fazem os anatomistas ou os botânicos ao dissecar, ou os psicanalistas ao distinguir entre os verdadeiros motivos ou impulsos inconscientes e os superficiais ou conscientes, ou os sociólogos funcionalistas ao distinguir entre a "função latente" e a "função patente" de uma instituição.[3] A análise, quando se opõe à descrição, supõe a explicação.

Neste capítulo, a palavra "análise" será utilizada como uma espécie de notação taquigráfica ou uma expressão abrangente que se refere a uma sequência de operações intelectuais que, embora não sejam universais, têm sido compartilhadas por muitas disciplinas diferentes (ou o que veio a se configurar como disciplinas diferentes no decorrer do período estudado). Essas operações, descritas no capítulo anterior como uma forma de processamento ou "cozimento", incluem a descrição, a classificação, a codificação, a datação, a mensuração, o teste, a narração e a teorização. O objetivo principal deste capítulo é ressaltar e ilustrar a historicidade – em outras palavras, a que ponto e como as formas de análise se multiplicaram e se transformaram, mesmo que apenas gradualmente, ao longo do tempo.

É claro que, com essa afirmação, não pretendo sugerir que os estudiosos anteriores não descreviam, não classificavam, não datavam e assim por diante. Mas muitos desses procedimentos realmente se tornaram mais elaborados, mais formais e mais sistematizados no decorrer de nosso período. Para empregar um termo setecentista, eles foram "metodizados". Alguns arqueólogos comentam a "perda da inocência" de sua disciplina nos anos 1960 – em outras palavras, uma consciência crescente de que a objetividade era impossível e de que os diversos métodos tinham, além de benefícios, também seus custos.[4] Essa perda da inocência, também conhecida como "revolta contra o positivismo", ocorreu em diferentes momentos nas diferentes disciplinas, assim se tornando um tema de grande importância na história do conhecimento em nosso período.

Classificando

A classificação, no sentido de encaixar fenômenos dentro de categorias, ocorre o tempo todo, mas o que interessa ao historiador é a reclassificação. São raras as grandes mudanças nos sistemas de classificação, mas em nosso período aconteceram algumas.

Num de seus maiores *tours de force*, Michel Foucault analisou a preocupação, na segunda metade do século XVIII, com os sistemas classificatórios, tomando os exemplos da linguagem, da história natural e da economia política.[5] Baseando-se em Foucault, mas ampliando a análise, um historiador da ciência sugeriu recentemente que "O século XVIII foi a grande era da classificação – não só como ferramenta, mas como modelo para todo o conhecimento".[6]

Ao discutir a linguagem, Foucault se concentrou no que se conhecia como "gramática geral", mas a linguística comparada oferece exemplos ainda mais notáveis das tentativas de classificar as línguas agrupando-as em "famílias". A segunda metade do século XVIII foi a época em que os estudiosos descobriram que as línguas românicas, germânicas, eslavas e celtas pertenciam a uma família "indo-europeia", que por sua vez descendia do sânscrito, ao passo que o húngaro e o finlandês, a despeito das diferenças de vocabulário, podiam ser classificados, a partir de suas estruturas gramaticais, como pertencentes ao ramo fino-ugriano da família ural-altaica.

No entanto, o estudo de caso mais óbvio para abordarmos neste momento é, sem dúvida, a botânica. Lineu tentou substituir Aristóteles. Seu sistema era hierárquico, situando cada planta primeiro numa classe geral, depois numa ordem, então num gênero, aí numa espécie e finalmente numa variedade específica. Seu famoso sistema de classificação em binômios, que veio a público em 1753, dava a cada planta dois nomes em latim, um para o gênero e outro para a espécie, como no caso da *Rosa banksiae*, uma espécie de rosa nomeada a partir de Joseph Banks. Lineu classificou os animais e os humanos seguindo a mesma linha. Seu nome para o "humano" era *Homo sapiens*, subdividido em quatro variedades, correspondentes aos quatro continentes conhecidos: *Europeanus*, *Asiaticus*, *Africanus* e *Americanus*.[7]

O sistema de classificação de Lineu foi de grande inspiração para estudiosos de outros campos. O médico e botânico francês François Sauvages de Lacroix, amigo de Lineu, utilizou seu sistema para reformar a "nosologia" – isto é, a classificação das doenças, dividindo-as em classes, ordens, gêneros e, finalmente, 2.400 espécies. Seguindo o sistema de Lineu, seu ex-aluno Torbern Bergman dividiu os minerais em classes, gêneros, espécies e variedades. Inspirado pelo trabalho de Bergman, um grupo de químicos franceses, entre eles Antoine Laurent Lavoisier, estendeu o sistema de binômios à química. O naturalista francês Jean-Baptiste Lamarck descreveu seu livro sobre os invertebrados como um "*tableau générale des classes, des ordres et des genres de ces animaux*" (quadro geral de classes, ordens e gêneros dos animais), para usar os termos de Lineu.[8] Outro que seguiu Lineu foi o químico britânico Luke Howard em sua classificação das nuvens, introduzindo termos como "cirro" ou "cúmulo".

Alguns estudiosos contestaram ou, pelo menos, corrigiram Lineu, levantando objeções, por exemplo, à sua escolha dos órgãos reprodutivos das plantas como elemento central para a classificação. Surgiram alternativas ao sistema de Lineu, oferecidas por Antoine Laurent de Jussieu na França (baseando-se no trabalho de seu tio Bernard), pelo botânico suíço Augustin de Candolle e pelo americano Asa Gray. Enquanto Lineu diferenciou quatro raças humanas, Johann Friedrich Blumenbach, um estudioso de anatomia comparada em Göttingen, distinguiu cinco raças – a branca, a amarela, a parda, a negra e a vermelha –, nomeando-as respectivamente como caucasiana, mongólica, malaia, etíope e americana.

Como sugere este último exemplo, a reclassificação foi um processo contínuo em nosso período, pelo menos em alguns domínios. Voltando à medicina, por exemplo, encontramos novas classificações de doenças propostas por Emil Kraepelin e Jacques Bertillon. O psiquiatra alemão Kraepelin reclassificou as doenças mentais em seu *Compendium* (1883), tomando como base as síndromes em vez dos sintomas – ou seja, agrupamentos em vez de fenômenos individuais. O médico francês Bertillon classificou as causas da morte. Sua obra ganhou continuidade na *Classificação Estatística Internacional de Doenças e Problemas Relacionados à Saúde* (CID), publicada pela Organização Mundial da Saúde (OMS) e regularmente atualizada.

Os arquivos são outro domínio com disputas entre classificações rivais. Pierre Camille Le Moine, arquivista na Catedral de Toul e depois em Lyon, propôs, em sua *Diplomatique pratique* (1765), uma nova modalidade do que chamava de "*l'arrangement des archives*", defendendo a classificação dos documentos por temas, e não por ordem cronológica. Em seu *Nouvel archiviste* (1775), Jean Guillaume de Chevrières, arquivista do príncipe de Mônaco, criticou a "*nouvelle manière*" de Le Moine e defendeu a organização tradicional por datas. Nos anos 1850, Francesco Bonaini, superintendente dos arquivos da Toscana, adotou um terceiro critério, o "princípio da proveniência", classificando os documentos de acordo com a instituição que os produzira.

Era inevitável que esse grande movimento de reclassificação viesse a incluir, mais cedo ou mais tarde, os ramos do próprio conhecimento.[9] No "prospecto" que iniciava a *Enciclopédia*, os editores, Denis Diderot e Jean d'Alembert, utilizaram a imagem tradicional da "árvore do conhecimento", mas, à diferença dos predecessores, não tomaram nenhuma ramificação da árvore como uma divisão natural ou dada. Pelo contrário, ela "poderia se formar de diversas maneiras", de modo mais ou menos arbitrário. Os editores decidiram retornar ao sistema de Francis Bacon – modificando-o aqui e ali – e dividiram o conhecimento de acordo com as três faculdades do intelecto humano: a memória (abrangendo a história e a história natural), a razão (filosofia, matemática e direito) e a imaginação (as artes).[10]

Ao longo do século XIX, houve várias tentativas de modificar esse esquema, a maioria delas esquecida faz muito tempo; entre elas, encontram-se as propostas pelos polímatas Auguste Comte e Herbert Spencer. Em *Curso de filosofia positiva* (1830-42), Auguste Comte dividiu o que chamava de "as ciências positivas" em dois grupos: as ciências abstratas (matemática, astronomia, física, química, biologia e sociologia), dedicadas ao estabelecimento de leis gerais, e as ciências concretas, que utilizavam essas leis gerais para explicar fenômenos particulares. Segundo Comte, a sociologia, a ciência abstrata mais recente, devia ocupar o topo de sua "grande hierarquia" – já o inglês William Whewell, por sua vez, atribuiu a posição de "supremacia inconteste" à astronomia.

Numa réplica a Comte, Spencer negou a possibilidade de dispor as ciências em "qualquer ordem serial". Sua divisão preferida era tríplice: de um lado as "ciências abstratas", restritas à lógica e à matemática; de outro lado, as "ciências concretas", a astronomia, a geologia, a biologia, a psicologia e a sociologia; no meio delas, as "ciências concretas abstratas", a saber, a mecânica, a física e a química.[11] Após 1900, começaram a rarear novos esquemas gerais, como se se tivesse alcançado um consenso sobre a ordem das disciplinas.

À diferença do que aconteceu com a botânica, a geologia e a medicina, há muitas dúvidas se essas tentativas de reclassificar os ramos de conhecimento chegaram a ter algum efeito nas práticas intelectuais. A reclassificação dos livros, por outro lado, realmente teve consequências práticas, e poderíamos aventar que nossa imagem mental da árvore do conhecimento – tanto por parte dos estudiosos quanto do público em geral – tem uma grande dívida para com a organização das bibliotecas, mais do que com qualquer outra coisa.

Até os anos 1870, cada biblioteca tinha seu próprio sistema de classificação, baseado em mapas do conhecimento ao estilo dos apresentados na *Enciclopédia*, e às vezes continuava a usá-los muito depois de serem considerados obsoletos. Nas décadas finais do século XIX, porém, temos duas tentativas rivais – ambas americanas, ambas bem-sucedidas – de padronizar a classificação dos livros. O sistema de classificação decimal (DDC) foi inventado por Melvil Dewey em 1876. Fanático por eficiência, Dewey se sentiu atraído por várias formas de padronização, desde a grafia simplificada até o sistema métrico. Tal como o mapa do conhecimento na *Enciclopédia*, a classificação de Dewey se baseava nas ideias de Francis Bacon, desta vez não por vias diretas, mas por intermédio do educador e filósofo hegeliano William T. Harris. Essa classificação foi aprofundada pelo bibliógrafo belga Paul Otlet.[12] O sistema rival foi criado para a Biblioteca do Congresso por seu bibliotecário Herbert Putnam, que lá trabalhou por mais de quarenta anos (1899-1939). O Sistema de Classificação da Biblioteca do Congresso (LCC, na sigla em inglês) tem sido adotado sobretudo por bibliotecas acadêmicas nos Estados Unidos e em outros lugares.

As imagens apresentavam problemas de classificação mais sérios do que os livros. Quando se adotou a prática de tirar impressões digitais dos criminosos, em Bengala, as fichas com a impressão do polegar (cerca de 7 mil em 1897) foram arquivadas num armário enorme, com 1.024 escaninhos. Com a expansão da prática de tirar impressões digitais, o cientista Francis Galton, entre outros, deu a sugestão de classificá-las em categorias como "espirais", "laços", "arcos" e assim por diante. Um policial argentino, Juan Vucetich, utilizou a sugestão de Galton para organizar os arquivos de impressões digitais que criara em 1892.[13]

Os arquivos policiais muitas vezes tinham retratos dos criminosos, mas a classificação dessas imagens se mostrou mais difícil do que a das impressões digitais. Embora Otlet, "o homem que queria classificar o mundo", já em 1905 estivesse pensando num "repertório iconográfico universal", foram historiadores da arte os primeiros a desenvolver sistemas de classificação de imagens, entre eles o Índex de Arte Cristã de Princeton (1917) e o Iconclass, esquema que o estudioso holandês Henri van de Waal inventou quando era prisioneiro durante a Segunda Guerra Mundial, mas que veio a publicar apenas a partir de 1973. Em data mais recente, a Corbis, um banco de dados criado por Bill Gates (1989) e agora com mais de 4 milhões de imagens digitais, tem utilizado seu próprio sistema de classificação, amigável para o usuário.[14]

Em resposta à acumulação e à fragmentação cada vez mais aceleradas do conhecimento, com a resultante proliferação de esquemas rivais para classificar tudo – proliferação esta por vezes descrita como uma "crise da classificação" –, em 1964 foi fundada uma Classification Society, à qual se seguiu a revista *International Classification* (1974), dirigida basicamente aos bibliotecários e a outros profissionais das "ciências da informação". Em 1993, o periódico mudou de nome, passando para *Knowledge Organization*, na esperança de alcançar um público mais amplo, à medida que se espalhava uma sensação de crise.

A importância de todos os sistemas classificatórios acima citados tem diminuído com o surgimento recente de mecanismos de busca, que empregam os chamados sistemas "facetados", permitindo que o material seja classificado e etiquetado de várias maneiras, de acordo com as necessidades do usuário. Mas ainda é muito cedo para dizer se uma nova "ordem" ou "desordem digital" virá a substituir ou simplesmente coexistir com a tradicional "ordem no papel".[15]

Decifrando

Em algumas disciplinas, a tarefa de análise deve ser precedida pelo deciframento do texto. Desde a Renascença, os estudiosos europeus passaram a ter contato com hieróglifos egípcios – embora geralmente os considerassem mais como imagens simbólicas do que como uma forma de escrita – e alguns chegaram a ver exemplos de inscrições cuneiformes. Mesmo assim, o deciframento sistemático de escritas desconhecidas só começou na segunda metade do século XVIII, cada avanço amparado nos avanços anteriores. O relato desses deciframentos renderia uma boa novela de detetive, ainda mais porque, no campo das humanidades, é relativamente raro poder dizer, como nesses casos, que se solucionou um enigma.

Foi exatamente nos anos 1750 que dois estudiosos – um francês, Jean-Jacques Barthélemy, e outro inglês, John Swinton – decifraram, em iniciativas independentes e quase simultâneas, a escrita usada em antigas inscrições em Palmira, na Síria, para escrever uma forma de aramaico. A chave para a solução foi dada por algumas inscrições bilíngues, sendo a segunda língua o grego. Posteriormente, se repetiriam várias vezes os temas das inscrições bilíngues ou trilíngues, das investigações independentes e das descobertas praticamente simultâneas.

Os hieróglifos já eram estudados havia séculos, mas a história do deciframento sistemático deles começa com a chamada Pedra de Roseta, com inscrições em hieróglifos, em egípcio demótico e em grego, descoberta em 1799 por soldados do exército napoleônico no Egito. O famoso orientalista francês Sylvestre de Sacy e seu ex-aluno, o diplomata sueco Johan David Åkerblad, decifraram o texto demótico. O problema dos hieróglifos foi solucionado nos anos 1820 pelo estudioso francês Jean-François Champollion, que percebeu que os sinais às vezes eram fonéticos, mas às vezes eram ideogramáticos.[16]

A próxima grande escrita ou família de escritas a ser decifrada foi a cuneiforme, cujos sinais pareciam cunhas e que era usada na antiga Pérsia e na Mesopotâmia, gradualmente decifrada por um conjunto de estudiosos rivais de diversos países (Alemanha, França, Dinamarca e Noruega, além da Inglaterra e da Irlanda). A inscrição trilíngue em Behistun, no atual Irã, escrita em persa antigo, elamita e babilônico, foi para o cuneiforme o equivalente da Pedra de Roseta para os hieróglifos. Ocorreu um grande avanço em 1857, quando a Royal Asiatic Society de Londres organizou um concurso ao qual quatro participantes, inclusive um clérigo, Edward Hincks, e um general, Henry Rawlinson, submeteram traduções seladas de uma inscrição assíria. Felizmente, os resultados foram parecidos.[17]

Desde então, vários estudiosos têm conseguido ler e traduzir muitas escritas antigas antes incompreensíveis, entre elas o urartiano, o ugarítico e o hitita, geralmente sem saber de antemão em qual a língua aquela escrita fora usada. Os exemplos mais famosos de decodificação no século XX são a Linear B e a escrita maia. A Linear B foi uma escrita descoberta em Creta e decifrada no começo dos anos 1950 por um diletante talentoso, o arquiteto Michael Ventris, embora na mesma época houvesse outros estudiosos, como a americana Alice Kober, trabalhando com algum sucesso no problema. No caso do maia, quem teve um papel central foi o russo Yuri Knorozov, também no começo dos anos 1950. Knorozov sustentou que os glifos não eram ideogramas, como pensavam outros estudiosos, e sim uma escrita silábica. A estudiosa americana Linda Schele também deu uma contribuição.[18]

Tal tipo de deciframento oferece aos estudiosos da área de humanas o raro prazer (mais comum para seus colegas nas ciências naturais) de encontrar a solução correta para um problema. Há quem diga que decifrar uma escrita é como quebrar um código, e as analogias com a criptografia são bastante evidentes. Dois dos estudiosos que decifraram o ugarítico nos anos 1920, o alemão Hans Bauer e o francês Edouard Dhorme, tinham servido como criptógrafos – em lados opostos – durante a Primeira Guerra Mundial, e a análise de frequência das letras, método de decodificação bastante conhecido, havia levado Bauer a algumas descobertas, ao se concentrar nos sinais que apareciam no começo e no fim das palavras. Da mesma forma, a experiência de decodificação durante a Segunda Guerra Mundial ajudou o classicista britânico John Chadwick a contribuir para o deciframento da Linear B.[19] No caso das cifras, "a solução geralmente começa com a identificação dos grupos que significam *pare*", assim tornando visível a estrutura da mensagem.[20] Como no caso da escrita cuneiforme, a identificação do sinal que dividia as palavras foi um grande avanço.

Mesmo assim, cabe assinalar algumas diferenças entre o trabalho dos criptógrafos modernos e o dos estudiosos do mundo antigo. Os estudiosos têm a vantagem de dispor de tempo, apesar da pressão da concorrência. Os criptógrafos, por sua vez, têm tido possibilidades cada vez maiores – e têm precisado cada vez mais delas – de utilizar os recursos da tecnologia moderna, como no famoso caso do Enigma, o código alemão decifrado por uma equipe em Bletchley Prak, em Buckinghamshire, durante a Segunda Guerra Mundial.[21]

Reconstruindo

Muita informação vem em fragmentos, e uma parte do processo de produção do conhecimento consiste em encaixar e juntar esses fragmentos como se fossem um quebra-cabeça. Essa reconstrução ou reconstituição exige conhecimento, mas também gera conhecimento.

Encontram-se alguns exemplos espetaculares de reconstrução no domínio da paleontologia, iniciando-se por volta de 1800. Foi a época da descoberta de ossos enormes, que pareciam não pertencer a nenhum animal conhecido e vieram a ser identificados como de "dinossauros" (o nome data de 1842). Em Paris, Georges Cuvier estudou animais extintos, como mamutes e pterodátilos, usando métodos de anatomia comparada para reconstituir os esqueletos. Acreditando que todas as partes de um organismo guardavam relações de dependência mútua, ele chegou a afirmar que era possível inferir o gênero e a espécie de um animal a partir de um simples fragmento de osso, assim conferindo novo significado ao adágio clássico, "um leão se conhece pelas garras" (*ex ungue leonem*).[22]

Em Londres, Richard Owen, que batizou os dinossauros, seguiu o exemplo de Cuvier, embora suas famosas reconstruções para uma exposição no Palácio de Cristal inaugurada em 1854, apresentando esculturas dos animais em tamanho natural, tenham despertado muitas controvérsias. Baseando-se na descoberta dos esqueletos de 31 iguanodontes em 1878, na Bélgica, o paleontólogo Louis Dollo demonstrou que o esporão que Owen havia colocado no focinho do iguanodonte (numa analogia com os rinocerontes) na verdade ficaria no lugar do polegar.

Esse processo de reconstrução é análogo à restauração de edifícios antigos, outra grande atividade oitocentista. Entre os exemplos mais famosos estão as restaurações do arquiteto francês Eugène Viollet-le-Duc para o governo, feitas em edifícios medievais em Vézelay (1840-), Notre Dame em Paris (1845-) e na cidade fortificada de Carcassonne (1853-). Como no caso da paleontologia, essas reconstruções foram objeto de controvérsias. Viollet pretendia construir o que chamou de "uma condição de completude que talvez nunca tenha existido em momento algum".[23] Tal foi o modelo seguido no caso da Catedral de Colônia, na qual, a partir de 1842, construiu-se uma segunda torre, seguindo o projeto original.

Essa abordagem da restauração era especialmente problemática quando os edifícios apresentavam uma mistura de estilos. Viollet-le-Duc, por exemplo, eliminou os acréscimos setecentistas a Notre Dame. Sua teoria e sua prática sofreram grandes críticas com base no princípio de que só se deveria reconstruir o que algum dia existiu.[24] Mas, quer aprovemos ou não essas restaurações, é difícil negar que elas exigiam conhecimento ou mesmo que geravam certo tipo de conhecimento. Hoje, é difícil ver Carcassonne a não ser pelos olhos de Viollet-le-Duc.

Muitos outros artefatos têm sido reconstruídos por especialistas. Não raro, os arqueólogos encontram seus achados aos pedaços. A montagem dos fragmentos das tabuinhas assírias foi comparada a "um quebra-cabeça gigantesco".[25] A restauração de mosaicos, em especial, das *villas* romanas antigas à basílica de São Marco, em Veneza, faz lembrar tais quebra-cabeças com peças de formatos irregulares.

Em termos comparativos, a tarefa dos restauradores de quadros pode parecer fácil, apenas removendo o velho verniz. Mas os restauradores também precisam distinguir entre a pintura original e as tentativas posteriores de repintura. Houve muitas tentativas dessas na história da famosa *Última ceia* de Leonardo da Vinci, por exemplo, cuja restauração mais recente se deu entre 1978 e 1999. Os restauradores atuais contam com a vantagem de novas técnicas, como a reflectoscopia com raios infravermelhos, que lhes permite enxergar sob a superfície de uma pintura e ver o esboço original do artista.

O processo de reconstrução também foi importante no estudo das línguas e literaturas nesse período. No caso das línguas, o objetivo era recuar, partindo das línguas faladas atualmente e então, retrocedendo, reconstruir formas iniciais (ou a forma original, como pretendiam alguns estudiosos oitocentistas). O filólogo alemão August Schleicher, por exemplo, comparou palavras em várias línguas indo-europeias (o germânico, o românico, o celta, o eslavo etc.) para chegar ao que ele chamava de "protoindo-europeu", que agora se acredita ter sido falado na Anatólia antes de 6500 a.C. Usando uma metáfora genealógica – corrente muito antes de Foucault –, Schleicher traçou o que chamou de "árvore genealógica" (*Stammbaum*) linguística.[26]

Se os linguistas oitocentistas praticavam o que poderíamos chamar de genealogia da língua, muitos colegas seus (inclusive o professor de Schleicher, o filólogo alemão Friedrich Ritschl) procediam à genealogia dos textos, prática conhecida como "crítica textual".[27] O objetivo era reconstruir o texto original escrito por determinado autor. Mesmo que manuscritos autógrafos tivessem sobrevivido, era preciso identificar reflexões posteriores, ao passo que outros textos famosos, desde o Novo Testamento até Platão, só são conhecidos por intermédio de manuscritos muito posteriores à morte dos autores. Gerações sucessivas de copistas introduziram erros ou "corruptelas" nos textos, tornando necessário corrigi-los, num processo não muito diferente da limpeza de uma pintura antiga.

Esse tipo de crítica textual já era praticado no começo da Modernidade europeia por estudiosos como Lorenzo Valla no século XV e Richard Bentley no século XVIII. Por vezes, suas retificações eram brilhantes, mas não eram sistemáticas. O que houve de novo em nosso período foi o desenvolvimento do método genealógico, dividindo, por exemplo, os 5 mil e poucos manuscritos do Novo Testamento em "famílias" – em outras palavras, diferenciando entre manuscritos que simplesmente reproduzem outros manuscritos remanescentes e manuscritos que oferecem testemunho independente.

Na busca do original perdido – ou do "arquétipo", como se diz –, os críticos textuais reconstruíam o processo pelo qual os manuscritos que estavam estudando surgiram, às vezes por meio da cópia de outro manuscrito que o escriba tinha diante de si (caso em que é muito fácil pular uma letra, uma palavra ou uma linha), às vezes por ditado (caso em que o escriba no fundo do aposento pode ter ouvido mal determinada palavra).[28]

Entre os marcos da história da crítica textual estão a edição do poeta romano Tibulo feita pelo classicista alemão Christian Heyne (1755) e as edições do Novo Testamento (1830) e do poeta Lucrécio (1855) feitas por outro estudioso alemão, Karl Lachmann, que demonstrou que os três manuscritos principais derivavam de um mesmo arquétipo, um manuscrito em minúsculas copiado de um manuscrito anterior escrito em maiúsculas.[29] O método, que inicialmente se desenvolveu nos domínios gêmeos dos estudos bíblicos e dos estudos clássicos, foi depois empregado para editar textos em vernáculo, sobretudo medievais, mas também as peças de Shakespeare, que têm sido publicadas em edições "críticas" desde a segunda metade do século XVIII.

Avaliação

Outra tarefa da crítica textual é a detecção de fraudes. Tal como as próprias fraudes, esse tipo de detecção tem uma longa história, que remonta no mínimo à Antiguidade clássica. Alguns estudiosos do começo da Modernidade criaram falsificações, ao passo que outros – por exemplo, Lorenzo Valla, Isaac Casaubon e Richard Bentley – procederam a seu desmascaramento.[30] A novidade no período estudado é a passagem da falsificação de textos clássicos para a de textos em vernáculo, medievais ou modernos. Na Inglaterra, na segunda metade do século XVIII, por exemplo, houve três casos famosos de fraude: os poemas de "Ossian", escritos por James Macpherson; os poemas de "Thomas Rowley", escritos por Thomas Chatterton; e os documentos relacionados a Shakespeare escritos por Henry Ireland.

Na década de 1760, o poeta escocês James Macpherson publicou o que disse serem traduções "colhidas da tradição e de alguns manuscritos" de poemas compostos em gaélico por um bardo cego do século III chamado "Ossian". Os poemas despertaram grande entusiasmo e logo foram traduzidos para várias línguas. Também despertaram dúvidas, visto que Macpherson nunca apresentou os manuscritos que dizia ter usado. A Highland Society nomeou um comitê para examinar a questão. Seu *Relatório* (1805) sugeriu que os poemas publicados eram construções em vez de traduções, mas que também incorporavam elementos extraídos da tradição oral.[31]

"Thomas Rowley", monge quatrocentista de Bristol, era o pretenso autor de alguns poemas que, na verdade, tinham sido escritos pelo adolescente Thomas Chatterton e publicados em 1777, após sua morte prematura. Esse exemplo ilustra claramente o tipo de conhecimento que precisa ter um falsificador literário. No aspecto linguístico, Chatterton utilizou muitas palavras e grafias arcaicas, e como material utilizou pergaminho, que besuntou de ocre, esfregou no chão e amarfanhou com a mão para lhe dar uma aparência antiga. Essas precauções não impediram que a farsa fosse desmascarada pelo trabalho de detecção do estudioso irlandês Edmund Malone, em 1782.[32]

Na história das técnicas de detecção, o exemplo mais importante nesses três casos foi, sem dúvida, o desmascaramento feito pelo mesmo Malone dos textos forjados por Henry Ireland e atribuídos a Shakespeare, numa publicação intitulada *Miscellaneous Papers* (1795), assim chamada pois os textos iam desde documentos de transferência de propriedades até manuscritos de *Rei Lear*.[33]

Seria fácil aumentar essa lista de falsificações literárias, com os notórios *Diários de Hitler*, por exemplo, publicados e desmascarados em 1983, e também incluir outros métodos de detecção, como a fotografia com raios infravermelhos, usada desde os anos 1940 para mostrar rasuras em documentos. Poderíamos ampliar a discussão para incluir outros tipos de fraude, como o Homem de Piltdown, um crânio e um maxilar descobertos em 1912, que foram considerados pré-históricos. Apenas em 1953 demonstrou-se que o crânio era medieval, enterrado junto com o maxilar de um macaco.[34]

Pinturas também têm sido forjadas, às vezes com bastante sucesso. Um caso famoso é o do artista holandês Han van Meegeren, que se especializou em pinturas de Jan Vermeer. A falsificação só veio a ser detectada depois que ele foi detido sob a acusação de ter vendido um Vermeer a Goering, durante a ocupação alemã da Holanda, e confessou a fraude para limpar o nome. Para provar que era de fato um falsificador, o artista teve de fazer outro Vermeer, teste no qual foi aprovado. Mais tarde, a análise química e a cromatografia gasosa provaram que seus "Vermeers" eram pintados com pigmentos modernos, como um tipo específico de branco de chumbo.[35] Como sugere este último exemplo, alternam-se as novas formas de ataque e defesa, como na guerra, de forma que "novos tipos de fraude exigem novos métodos de detecção".[36] Cabe pensar quantas falsificações não reveladas ainda podem estar por aí.

A detecção de fraudes pode ser vista como uma série de exemplos excepcionalmente dramáticos de um processo científico rotineiro, que chamamos de "teste" ou "avaliação". Os químicos fazem testes nos laboratórios, enquanto os historiadores avaliam a relativa fidedignidade de diversas "fontes", inclusive diversos tipos de provas, como documentos oficiais, testemunhos pessoais ou fotografias.

Datando

A datação é mais do que uma técnica para desvendar falsificações. Para aprender alguma coisa a partir de objetos autênticos, sejam artefatos humanos ou obras da natureza, muitas vezes é preciso saber quando surgiram. Nos últimos 250 anos, tem-se multiplicado uma quantidade impressionante de técnicas de datação.

No período inicial da Modernidade, várias cronologias antigas já haviam sido examinadas intensamente por estudiosos como Isaac Newton, muitas vezes com uma abordagem comparativa, procurando estabelecer equivalências ou "sincronismos" entre sistemas de datação diferentes – o grego, o romano, o judaico, o muçulmano e assim por diante (o termo "anacronismo" entrou em uso naquela época, para designar um sincronismo equivocado). No período de nosso enfoque, porém, graças às descobertas dos arqueólogos, corrigiram-se velhas cronologias e descobriram-se novas. O filólogo Rasmus

Rask escreveu sobre as cronologias egípcia e judaica. Os governantes assírios que foram identificados com a decodificação das inscrições cuneiformes, como Assurbanipal, foram encaixados dentro da cronologia geral do mundo antigo graças a referências à Assíria no Antigo Testamento.[37]

Os antiquaristas do período moderno inicial já sabiam como datar muitos artefatos pelo estilo: clássico, gótico etc. Baseando-se nessa tradição, Johann Joachim Winckelmann, em sua *História da arte antiga* (1764), mostrou que a escultura grega antiga podia ser dividida em períodos, a saber, o arcaico, o clássico e o helênico. Da mesma forma, o antiquarista e arquiteto britânico Thomas Rickman, em sua *Attempt to Discriminate the Style of Architecture in England* (1812-15), diferenciou três períodos no gótico inglês: o Inglês Inicial, o Ornamentado e o Perpendicular, periodização adotada ainda hoje.

No ordenamento de artefatos numa série evolutiva, por exemplo cabeças de machadinhas, os arqueólogos se baseavam não só no material utilizado, mas também no estilo dos objetos. Christian Thomsen, nomeado curador em 1816 do futuro Museu Nacional Dinamarquês, defendia que os artefatos mais antigos podiam ser distribuídos em três períodos sucessivos, que nomeou como a Idade da Pedra, a Idade do Bronze e a Idade do Ferro. Essas idades foram subdivididas mais tarde, quando o método de "seriação", como se diz, foi aprimorado, sobretudo pelo arqueólogo sueco Oscar Montelius, que comparou artefatos encontrados na mesma área geográfica. Em tempos mais recentes, a seriação tem se refinado ainda mais, com o uso de técnicas estatísticas.[38]

Outra forma de datação surgiu nesse período entre geólogos e arqueólogos: a datação por "estratos". Sabia-se desde longa data que as diferentes camadas de rocha pertenciam a diferentes períodos. No século XVII, por exemplo, o estudioso dinamarquês Nicolaus Steno, examinando formações rochosas na Toscana, tinha sustentado que os estratos registravam acontecimentos passados e formulara a chamada lei da superposição, segundo a qual os estratos mais próximos do fundo eram os mais antigos. Mas foi somente no começo do século XIX que essa percepção se tornou a base de pesquisas sistemáticas. Agora os fósseis passaram a ser datados de acordo com os estratos onde eram encontrados (inversamente, e com o risco de uma circularidade, os "bioestratígrafos" datam os estratos pelos fósseis encontrados neles).[39]

Se os fósseis podiam ser datados dessa maneira, os artefatos humanos também podiam. Sítios ocupados durante milhares de anos aumentavam gradualmente de altura, à medida que as pessoas construíam sobre os destroços dos predecessores. Simplificando o que provavelmente foi um processo complexo de interação, eu gostaria de sugerir que os arqueólogos aprenderam com os geólogos a se preocupar com os estratos, e não só com os objetos encontrados nos estratos: como diriam os estudiosos da área literária, passaram a se preocupar não só com o "texto", mas também com o "contexto".

As palavras "estratificar", esta usada na segunda metade do século XVIII, "estratigráfico" (1817) e por fim "estratigrafia" (1865) surgem inicialmente em contexto geológico. Voltando à prática, o geólogo francês Alexandre Brogniart já examinava estratos na primeira década do século XIX, enquanto os arqueólogos só passaram a se dedicar à escavação por estratos em meados do século, seguindo os passos do dinamarquês Jens Worsaae, cujos achados confirmaram o sistema das três idades de Thomsen, e do italiano Giuseppe Fiorelli, que fazia escavações em Pompeia.[40]

Mais ou menos nos últimos cem anos, os arqueólogos têm conseguido utilizar métodos ainda mais sofisticados, como a dendrocronologia e a datação com carbono-14. Durante uma pesquisa das manchas solares, o astrônomo americano Andrew Douglass descobriu que a espessura de muitas árvores nas zonas temperadas aumenta um anel por ano, mais estreito em anos mais secos e mais largo em anos mais úmidos. A partir de 1916, essa descoberta foi utilizada para datar artefatos descobertos no Novo México. A importância do método é que ele permitia uma "datação precisa", indicando o número exato de anos. Graças a alguns carvalhos alemães muito idosos, demonstrou-se ser possível recuar 10 mil anos segundo esse método.[41]

Desde o início de nosso período, alguns geólogos fizeram experiências físicas e químicas para datar amostras de rochas. Como vimos, o conde de Buffon calculou a idade da Terra baseando-se em experiências de resfriamento. No começo do século XX, Ernest Rutherford, mais conhecido por sua contribuição à física nuclear, colaborou para a "geocronometria", como se chama atualmente, medindo o conteúdo de hélio das rochas. Esse trabalho foi uma ramificação do interesse de Rutherford pelo processo de diminuição da radioatividade.[42]

A datação radiométrica de Rutherford levou à datação com o radiocarbono ou carbono-14, desenvolvida a partir de 1949 por uma equipe liderada pelo americano Willard Libby (que ganhou o Prêmio Nobel de Química por essa realização). O método se baseia na lenta diminuição do carbono radioativo (14C), encontrado em coisas antes vivas, como sementes e ossos.[43] A datação com o carbono-14, que foi testada com êxito na madeira de um barco egípcio (cuja idade era conhecida por outros meios), transformou a arqueologia.

Infelizmente, o declínio do carbono-14 se dá a índices levemente diferentes em diferentes períodos. A partir do ano 1500 a.C., aproximadamente, as datas fornecidas pelo radiocarbono são recentes demais, e os resultados precisam ser "calibrados", comparando-os com os dados dos anéis dos troncos de árvores e de outras fontes. No outro extremo, a datação com o carbono-14 não se presta a sítios com mais de 50 mil anos. Para objetos mais antigos, essa datação veio a ser substituída pela análise de potássio-argônio, baseada no declínio radioativo do potássio presente nos artefatos.

Contando e medindo

A avaliação dos indícios requer também um processo de pesagem ou medição, literal ou metafórico. Esse é um dos principais objetivos dos "centros de cálculo", na conhecida definição do sociólogo francês Bruno Latour.[44] Como vimos (acima, p.34), a contagem de indivíduos tem uma história especialmente longa, enquanto a medição de fenômenos naturais remonta ao período inicial da Modernidade. O barômetro de mercúrio, por exemplo, foi inventado no século XVII, e o termômetro de mercúrio, no século

XVIII, por Gabriel Fahrenheit. O que há de novo em nosso período é o entusiasmo crescente pela medição e contagem, junto com os desenvolvimentos de métodos sempre mais sofisticados para a análise dos dados.

Um exemplo inicial espetacular desse entusiasmo e de seus resultados práticos foi o método para medição florestal associado a Johann Beckmann, professor em Göttingen na segunda metade do século XVIII. Escolhendo uma área como amostra,

> vários assistentes levaram caixas compartimentadas com pregos codificados com cores, correspondendo a cinco categorias de três tamanhos, e decoraram seus respectivos significados. Cada árvore foi marcada com o prego adequado, até cobrirem todo o terreno de amostra. Como cada assistente havia começado com determinado número de pregos, bastou subtrair o restante de pregos da quantidade total inicial para chegarem a um inventário das árvores por categorias na área inteira.[45]

Nas ciências naturais, um exemplo famoso de um entusiasta da medição, desde o começo do século XIX, foi Alexander von Humboldt. Em sua expedição à América espanhola (1799-1804), Humboldt levou, segundo ele mesmo relatou, mais de quarenta tipos de instrumentos de medição, entre eles um altímetro para medir a altitude, um higrômetro para medir a chuva, um magnetômetro para medir as forças magnéticas da Terra, e até um cianômetro para medir o azul do céu.[46]

A medição passou gradualmente a ser aplicada a um número cada vez maior de fenômenos, entre eles as diferenças dos corpos humanos e dos grupos sociais. A "craniometria", como foi chamada, praticada a partir da segunda metade do século XVIII, alinhava os crânios ao longo de um espectro que ia do formato largo (os braquicéfalos) ao formato longo (os dolicocéfalos). O criminologista italiano Cesare Lombroso afirmou nos anos 1870 que os criminosos possuíam certas características físicas que podiam ser mensuradas: nariz aquilino, zigomas altos, queixo largo e assim sucessivamente. Mais ou menos na mesma época, o policial francês Alphonse Bertillon inventou a chamada "antropometria", o uso de várias medidas do corpo para identificar os indivíduos.[47] Voltando para a sociedade, o estatístico italiano Corrado Gini publicou em 1912 um método, agora conhecido como "coeficiente de Gini", para medir a desigualdade de renda.

A abordagem estatística adquiriu importância crescente em várias ciências naturais em nosso período, a começar pela astronomia no século XVIII: a contagem das estrelas, o cálculo das órbitas planetárias e assim por diante. Na medicina, os ensaios de Johann Ludwig Casper sobre estatísticas médicas foram publicados em 1825.[48] Francis Galton desempenhou desde meados do século XIX um papel importante no desenvolvimento de métodos estatísticos na biologia e em outros campos. Na década de 1870, o físico austríaco Ludwig Boltzmann introduziu a estatística no estudo da mecânica.

Os números foram adquirindo importância cada vez maior não só no conhecimento da natureza, mas também no conhecimento da sociedade. De fato, a ciência natural forneceu pelo menos parte da inspiração para essa "guinada estatística": não por acaso, duas grandes figuras na história da estatística social entre as últimas décadas do século XVIII e as primeiras do século XIX também eram astrônomos: o sueco Per Wargentin e o belga Adolphe Quetelet, ambos participantes no censo de seus respectivos países. Quetelet, que também aplicou a estatística à criminologia, adaptou a "teoria do erro" da astronomia ao estudo da sociedade, examinando variações estatísticas da média e desenvolvendo o conceito do "homem médio" (*homme moyen*).[49]

O termo "estatística" designava originalmente a descrição de uma região, em particular de um Estado – sua população, seus recursos naturais, suas indústrias etc. –, um gênero acadêmico que se desenvolveu na Universidade de Göttingen especialmente entre 1770 e 1800.[50] Nessas descrições, os números passaram a adquirir maior importância, a tal ponto que os governos chegaram a recrutar matemáticos, como o marquês de Condorcet e o marquês de Laplace, enquanto o termo "estatística" adquiria seu significado corrente.[51] Vários estados criaram departamentos estatísticos para coletar e analisar os dados: a França em 1802, a Prússia em 1805,

Nápoles em 1810, o Império dos Habsburgo em 1829, a Espanha em 1856, a Noruega em 1875. Criaram-se sociedades para incentivar essa via de conhecimento: a Statistical Society of London (1834), a American Statistical Association, em Boston (1839), a Société de Statistique, de Paris (1860).[52] Levantamentos sociais de problemas como a pobreza, o analfabetismo, a criminalidade e as doenças (acima, p.35) também se baseavam em análises estatísticas.

A guinada estatística ou, em termos mais amplos, a guinada matemática veio a se espalhar cada vez mais no domínio das ciências sociais acadêmicas. Nesse aspecto, a disciplina principal era a economia. O estudo de Augustin Cournot sobre os princípios matemáticos subjacentes à teoria da riqueza remonta a 1838, ao qual se seguiu a *General Mathematical Theory of Political Economy* (1862), de William Jevons. Em 1930, foi criada uma Sociedade Econométrica. *Fundamentos de análise econômica* (1947), de Paul Samuelson, ajudou a propagar a abordagem matemática, a qual podemos dizer que se tornou a forma dominante da economia nos anos 1960. Talvez seja o caso de dizer "formas" no plural, visto que, ao lado dos métodos estatísticos, introduziram-se também a álgebra e a geometria.

Na sociologia, os métodos quantitativos adquiriram importância na metade do século XX, sobretudo nos Estados Unidos, com Paul Lazarsfeld entre os líderes dessa tendência. Na política, a segunda metade do século XX viu o nascimento dos estudos quantitativos das eleições, abordagem que em 1952 foi batizada de "psefologia". Foi também nos anos 1950 que alguns linguistas começaram a utilizar um método que chamaram de "léxico-estatística".

Na história, disseminaram-se abordagens semelhantes, da história dos preços nos anos 1920 à história da população nos anos 1950, seguindo respectivamente modelos econômicos e demográficos. Alguns arqueólogos adotaram a análise estatística dos artefatos e de sua distribuição. A "cliometria", como às vezes é designada – em particular pelos estudiosos contrários a ela –, esteve na crista da onda nos anos 1960 e 1970, em especial nos Estados Unidos e na França (onde era conhecida como "história serial", *histoire sérielle*, e se estendeu à história social e à história cultural).

Desde então essa onda recuou e o entusiasmo diminuiu, mas a estatística continua a fazer parte do instrumental do historiador.

Nos estudos literários, não é tão cabível falar numa "guinada quantitativa", mas desde o final do século XIX usa-se um método que conta a frequência de certas palavras ou pares de palavras, para identificar os autores de obras anônimas ou a cronologia de textos de Platão, por exemplo, ou de Shakespeare. Um dos pioneiros foi o estudioso polonês Wincenty Lutosławski, autor dos *Principes de stylométrie* (1890). Da mesma forma, os decifradores também usam o método da análise de frequência (acima, p.77). A partir dos anos 1960, o surgimento dos computadores incentivou esses estudos, dando maior rapidez ao trabalho de análise.[53]

No mundo acadêmico, desde o século VII na China registram-se tentativas de medir, por meio de exames escritos, o conhecimento e o entendimento dos estudantes. Esse sistema só passou a ser imitado na Europa no século XVIII, com o surgimento dos exames escritos para classificar os funcionários públicos prussianos e os alunos da Escola Politécnica de Paris, de Cambridge e outros locais. Os exames escritos para admissão no funcionalismo público foram adotados pela Inglaterra nos anos 1850. Desde então, evidentemente proliferaram as tentativas de avaliação acadêmica, como uma espécie de contabilidade.[54]

O uso crescente da estatística levou a debates e aprimoramentos constantes do método. Nos anos 1870, Galton e Louis-Adolphe Bertillon, por exemplo, criticaram a ênfase de Quetelet sobre a média. A partir do final do século XIX, desenvolveu-se a amostragem aleatória do grupo ou da "população" em estudo, para descobrir seus elementos típicos. Anders Kiaer, diretor fundador da Agência Central de Estatísticas da Noruega, apresentou seu projeto de "enumeração representativa" em 1894; ele foi debatido pelo Instituto Estatístico Internacional no ano seguinte.[55]

Quanto mais sofisticados os métodos estatísticos – a análise de regressão múltipla, por exemplo –, maior a necessidade de recursos mecânicos para ajudar no cálculo. As calculadoras não eram uma novidade: tanto Blaise Pascal quanto Gottfried Wilhelm Leibniz haviam inventado modelos no século XVII, mas essas calculadoras não tinham capacidade

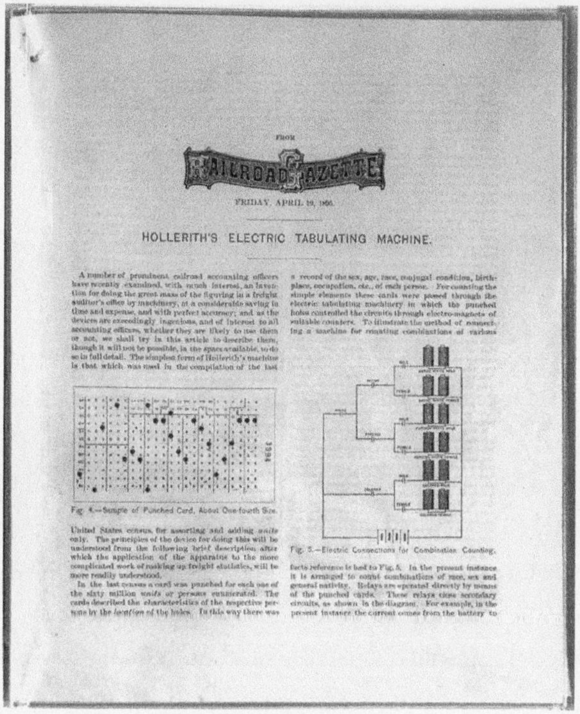

FROM

RAILROAD GAZETTE

FRIDAY, APRIL 19, 1895.

HOLLERITH'S ELECTRIC TABULATING MACHINE.

A number of prominent railroad accounting officers have recently examined, with much interest, an invention for doing the great mass of the figuring in a freight auditor's office by machinery, at a considerable saving in time and expense, and with perfect accuracy; and as the devices are exceedingly ingenious, and of interest to all accounting officers, whether they are likely to use them or not, we shall try in this article to describe them, though it will not be possible, in the space available, to do so in full detail. The simplest form of Hollerith's machine is that which was used in the compilation of the last

Fig. 4.—Sample of Punched Card, About One-fourth Size.

United States census, for assorting and adding *units* only. The principles of the device for doing this will be understood from the following brief description, after which the application of the apparatus to the more complicated work of making up freight statistics, will be more readily understood.

In the last census a card was punched for each one of the sixty million *units* or persons enumerated. The cards described the characteristics of the respective persons by the *location* of the holes. In this way there was a record of the sex, age, race, conjugal condition, birthplace, occupation, etc., of each person. For counting the simple elements these cards were passed through the electric tabulating machinery in which the punched holes controlled the circuits through electro-magnets of suitable counters. To illustrate the method of connecting a machine for counting combinations of various

Fig. 5.—Electric Connections for Combination Counting.

facts reference is had to Fig. 5. In the present instance it is arranged to count combinations of race, sex and general nativity. Relays are operated directly by means of the punched cards. These relays close secondary circuits, as shown in the diagram. For example, in the present instance the current comes from the battery to

FIGURA 8. Cartão perfurado Hollerith (1895).

para processar grandes quantidades de dados. Para resolver esse problema, o engenheiro americano Herman Hollerith inventou o que chamou de "sistema de tabulação elétrica", usando cartões perfurados – em outras palavras, cartões em que havia orifícios perfurados em diversos lugares para representar informações, de modo que os números podiam ser acrescentados mecanicamente (figura 8).

A Tabulating Machine Company, que Hollerith fundou em 1896, ganhou o contrato para tabular os censos americanos de 1890 e 1900, dando maior precisão e rapidez à contagem. Os governos da Áustria, do Canadá, da Noruega e da Rússia também usaram as máquinas de Hollerith para seus censos na década de 1890, enquanto outras grandes organizações, do Exército americano à Southern Railway Company, passaram a ser seus clientes. Após 1924, o Departamento Estatístico alemão adquiriu várias máquinas Hollerith para a análise de dados comerciais, exemplo que foi seguido em 1937 pelo Exército, interessado na quantidade de aço que seria necessária para fabricar armamentos.[56] Nessa altura, a empresa tinha feito uma fusão com outras duas, mudando de nome para IBM (International Business Machines).[57]

Descrevendo

Depois de testar provas e indícios de todas essas maneiras, as anotações são "redigidas" de maneira mais elaborada e, às vezes, mais literária. Vale ressaltar a variedade de práticas descritivas no período que estamos estudando. Pode-se começar pela compilação de listas e catálogos, não só do conteúdo de arquivos, bibliotecas e museus, mas também das estrelas. A *Uranographia* (1801) de Bode arrolava 17.240 estrelas; hoje, o número de estrelas conhecidas chega a 19 milhões. Analogamente, os botânicos têm catalogado um número sempre crescente de plantas, e os biólogos marinhos têm feito o mesmo com a população dos mares. Fora da esfera acadêmica, pode-se pensar nos catálogos de objetos à venda, desde o catálogo de vendas pelo correio da Sears Roebuck (publicado pela primeira vez em 1888), que serviu de inspiração para o *Whole Earth Catalog* (1968), do ecologista americano Stewart Brand.

A catalogação requer uma descrição técnica, sobretudo nas ciências naturais. Lineu ficou famoso por suas breves descrições das plantas, e Buffon por suas descrições mais elaboradas de animais. Menos técnicas, mas igualmente especializadas, eram as descrições feitas por antropólogos, arqueólogos, psicólogos, sociólogos, historiadores e historiadores da arte – aquilo que o historiador da arte alemão Erwin Panofsky chamou de "descrição pré-iconográfica" que precede a interpretação de uma imagem. No terreno não acadêmico, há os relatórios escritos por diplomatas e espiões.

As publicações que se seguiam às expedições de coleta de conhecimento e aos levantamentos costumavam ser volumosas. A expedição de Napoleão ao Egito, por exemplo, resultou em 23 volumes (incluindo dez volumes de ilustrações), que levaram mais de vinte anos para ser publicados, de 1809 a 1829. A Expedição de Exploração americana produziu uma quantidade de relatórios ainda maior: 35 volumes (onze de cartas e mapas), publicados ao longo de mais de trinta anos (1844-74). O *Relatório sobre os resultados científicos da viagem de exploração do HMS* Challenger *durante os anos 1873-76* chegou a cinquenta volumes ricamente ilustrados e levou quase vinte anos para sua publicação completa (1877-95).

Como no caso da observação, tratado no capítulo anterior, a tônica recaía de modo crescente na precisão. Buffon, por exemplo, afirmava que a descrição era "a única maneira de fazer avançar a ciência". "Apenas o que foi descrito com exatidão está bem definido." O próprio Buffon recebeu elogios de alguns contemporâneos pelo estilo descritivo dos retratos verbais que fazia dos animais, embora seu rival Cuvier o criticasse por ser demasiado literário e pouco científico. Desconfiando de teorias, Cuvier se limitou deliberadamente à descrição.[58] Os escritores descritivos de então frisavam ter havido contato imediato com o objeto. O uso da forma epistolar nos livros de viagem fazia os leitores se sentirem pessoalmente presentes. Nesse aspecto, sem dúvida os escritores aprenderam algo com os autores do romance epistolar, gênero que atingiu o auge na segunda metade do século XVIII.[59]

Alguns romancistas posteriores, como Walter Scott, primavam pela descrição dos usos e costumes. Scott, no prefácio a *Waverley* (1814), definiu seu romance como "um quadro dos costumes escoceses antigos", próprios de "um povo que, vivendo num país e num tempo civilizados, conservava um intenso matiz de costumes pertencentes a um período anterior da sociedade". Entre os admiradores de Scott incluíam-se historiadores importantes como Thomas Macaulay e Augustin Thierry, ambos os quais criaram descrições memoráveis da sociedade, respectivamente do século XVII e do século XI.

O intervalo entre a segunda metade do século XVIII e as décadas iniciais do século XIX tem sido denominado, às vezes, como a era da descrição, sobretudo no caso da história natural. Nas palavras de Michel Foucault, naquela época muitos estudiosos de várias disciplinas estavam especialmente empenhados em criar um "quadro" ou uma "pintura". Essa ideia encontra apoio na utilização de termos como "descrição" nos títulos de alguns livros famosos então publicados: os 113 volumes da obra francesa *Descriptions des arts et métiers* (1761-88), por exemplo, ou *Beschreibung von Arabien* (*Descrição das Arábias*, 1772), de Carsten Niebuhr, após sua famosa expedição, ou ainda a napoleônica *Description de l'Egypte* (1809-28).

Foi tomando essa última obra como exemplo que o viajante inglês Edward Lane escreveu a sua "Descrição do Egito". O manuscrito era extenso demais para ser publicado, mas uma parte dele, com o título de *Usos e costumes dos egípcios* (1836), se transformou num clássico depois de ser publicado com o auxílio de Henry Brougham, que comentou a respeito de Lane: "Será que esse homem sabe qual é seu forte? A descrição."[60] Seria fácil aumentar essa lista citando exemplos menos conhecidos, como a *Topographical Description of the Western Territory of North America* (1792), do soldado Gilbert Imlay, a descrição das doenças infantis feita por Jacob Schaeffer em *Beschreibung der Kinderkrankheiten* (1803) ou a descrição geográfica e econômica da Lapônia, feita pelo naturalista sueco Göran Wahlenberg, *Geografisk och ekonomisk Beskrifning om Kemi Lappmark* (1804).

O surgimento da geometria descritiva e da estatística descritiva também se insere nesse quadro cronológico. A *Géométrie descriptive* do matemático francês Gaspard Monge foi publicada no ano de 1800. Gottfried Achenwall, que depois se tornou professor de direito e filosofia em Göttingen, empregou o termo "*Statisk*" pela primeira vez em sua *Staatsverfassung* (1749), para designar a descrição de um Estado, de sua organização e seus recursos.

Por outro lado, no caso das ciências sociais e humanas, as obras-primas descritivas datam da segunda metade do período. A obra *A cultura do Renascimento na Itália* (1860), do historiador suíço Jacob Burckhardt, é um famoso esforço de pintar o retrato de uma era. Também um clássico, mais especializado, é o livro de Lewis Namier *A estrutura da política no momento da ascensão de Jorge III* (1929); outro clássico a ser citado é *Casa-grande e senzala* (1933), do brasileiro Gilberto Freyre, uma "história sensual" evocando sons, cheiros e imagens, estruturada em torno do contraste entre os senhores e os escravos.

Outro retrato magistral de uma era é *O outono da Idade Média* (1919), do historiador holandês Johan Huizinga, que descrevia vividamente imagens e sons (o som dos sinos, por exemplo) e apresentava a corte tardomedieval como uma espécie de palco: "A mesa da corte de Carlos o Calvo", escreve Huizinga, "com todos os mestres padeiros, trinchadores, servidores de vinho e cozinheiros, cujos serviços eram regulamentados com uma dignidade quase litúrgica, fazia lembrar a encenação de uma peça solene e grandiosa."[61]

Além disso, os levantamentos sociais mencionados no capítulo anterior deram origem a algumas descrições vívidas do ambiente social, entre elas a *Condição da classe operária inglesa* (1844), de Friedrich Engels, e *London Labour and London Poor* (1851), de Henry Mayhew. Este, por exemplo, foi visitar um tecelão em sua oficina, "no alto de uma escada íngreme", e descreveu o aposento da seguinte maneira:

> Era um apartamento longo e estreito, com janela atrás e na frente, estendendo-se em todo o comprimento da casa – correndo de uma ponta à outra do aposento. O homem era o protótipo de sua classe – indivíduo baixo e franzino, com um rosto magro e faces chupadas. No aposento havia três teares e algumas rocas ... Ao longo das janelas, de cada lado, enfileiravam-se vasinhos de fúcsias, com seus longos cachos pendentes oscilando suavemente, enquanto o aposento vibrava com o estrépito dos teares.[62]

Cientistas naturais e sociólogos se uniram na preocupação crescente com a descrição dos ambientes. Por volta de 1800, os botânicos, por exemplo, estavam estudando não só as espécies em si, mas também a geografia vegetal, a relação entre a distribuição das plantas e o ambiente físico. O *Ensaio sobre a geografia das plantas* (1807), de Alexander von Humboldt, é um exemplo famoso dessa nova corrente, bem como a *Geografia botânica* de Candolle e a descrição da Lapônia feita por Wahlenberg. O que chamamos de "ecologia" recebeu esse nome (em alemão) em 1866, embora tenha sido apenas nos anos 1920 que o conceito entrou em uso corrente.

No lado sociocultural, o crítico e historiador francês Hippolyte Taine frisou a importância do meio social, o *milieu*, na gênese das obras de arte. Também os romancistas, de Balzac a Proust, foram atraídos para a descrição vívida e precisa dos ambientes sociais.[63] Zola, admirador da obra de Taine (embora considerasse que ele não dava espaço suficiente aos indivíduos), dedicou um ciclo de vinte romances (1871-93) ao que chamou de "história natural e social de uma família durante o Segundo Império", concentrando-se no efeito do meio ambiente sobre a vida dos indivíduos, como no caso dos mineiros descritos em *Germinal* (1885). Seu objetivo, como ele próprio colocou, era "mostrar o meio do povo" ("*montrer le milieu du peuple*"), afirmando que o "homem não pode ser dissociado de seu meio" – suas roupas, a moradia, a cidade, a província e assim por diante. Como Mayhew, Zola também fez uma descrição memorável de um único aposento, o cômodo onde moravam e dormiam os nove membros de uma família, com as duas janelas, as três camas, o guarda-roupa e as duas cadeiras amarelas.[64]

Thomas Hardy, por sua vez, designou uma série de livros seus como "romances de caráter e meio ambiente", com descrições exatas e muito fascinantes dos costumes rurais da época em que nascera. Não parece ser mero acaso que o "momento do naturalismo", como poderíamos chamá-lo, na segunda metade do século XIX, tenha coincidido com o surgimento dos levantamentos sociais. Em vista das obras de romancistas como Zola, Hardy ou o alemão Theodor Fontane (como Zola, jornalista que se tornou romancista), não admira que um historiador da sociologia oitocentista tenha situado o naturalismo a meio caminho entre a literatura e a ciência.[65]

Outra obra-prima da descrição, menos conhecida internacionalmente do que *Germinal*, é *Os sertões* (1902), do escritor brasileiro Euclides da Cunha. O autor, que era engenheiro e jornalista, apresentou sua narrativa de uma revolta popular contra o novo regime republicano com uma descrição vívida, muito expressiva e meticulosa, da terra e do povo que habitava uma região árida no Nordeste do Brasil. Como os sociólogos e romancistas da época, Euclides da Cunha pretendia explicar o caráter da população local pelo ambiente circundante. Eis aqui seu retrato do sertanejo típico:

> É desgracioso, desengonçado, torto. ... O andar sem firmeza, sem aprumo, quase gigante e sinuoso, aparenta a translação de membros desarticulados. Agrava-o a postura normalmente abatida, num manifestar de displicência que lhe dá um caráter de humildade deprimente. A pé, quando parado, recosta-se invariavelmente ao primeiro umbral ou parede que encontra ... É o homem permanentemente fatigado. Reflete a preguiça invencível, a atonia muscular perene, em tudo: na palavra remorada, no gesto contrafeito, no andar desaprumado, na cadência langorosa das modinhas, na tendência constante à imobilidade e à quietude. Entretanto, toda esta aparência de cansaço ilude. ... Basta o aparecimento de qualquer incidente exigindo-lhe o desencadear das energias adormecidas. O homem transfigura-se. Empertiga-se ... da figura vulgar do tabaréu canhestro, reponta, inesperadamente, o aspecto dominador de um titã acobreado e potente, num desdobramento surpreendente de força e agilidade extraordinárias.[66]

Pode-se caracterizar a maioria dessas descrições como "densas", utilizando o memorável epíteto do antropólogo Clifford Geertz: em outras palavras, essas descrições encerram um importante elemento interpretativo, que será tratado adiante (p.102).[67]

Comparando

Uma das utilidades de medir e contar é permitir que se façam comparações precisas. Desde 1853, organizaram-se congressos internacionais de estatísticos para padronizar as categorias e facilitar a comparação. A comparação – inclusive por contraste – faz parte de nosso instrumental intelectual há muito tempo: pensemos, por exemplo, no famoso contraste entre a França e o Império otomano apresentado por Maquiavel em *O Príncipe*. De todo modo, foi apenas da segunda metade do século XVIII em diante que a prática da comparação sistemática veio a se desdobrar em várias disciplinas.

Entre os pioneiros estavam os anatomistas comparativistas, notadamente Georges Cuvier, cujo trabalho de paleontologia foi comentado mais acima. Foi outro anatomista, Richard Owen, que estabeleceu a distinção fundamental entre homologias (similaridades resultantes de uma origem comum) e analogias (similaridades resultantes de uma função comum).

Outra disciplina em que a comparação sistemática se desenvolveu relativamente cedo foi a filologia. Em 1786, por exemplo, o orientalista britânico William Jones demonstrou as homologias entre o latim, o grego e o sânscrito, e em 1799 o filólogo húngaro Samuel Gyarmathi fez sua demonstração do que chamou de "afinidades" entre o húngaro, o finlandês, o estoniano e o sami ou lapão.

A partir da segunda metade do século XIX, é visível o aumento do interesse pela religião comparada. O orientalista alemão Max Müller foi nomeado para uma cátedra de "teologia comparada" em Oxford em 1868; a primeira edição de *O ramo de ouro* de James Frazer saiu em 1890; o estudo de Émile Durkheim sobre as "formas elementares da vida religiosa" apareceu em 1912. Tal como as culturas, as religiões começaram a ser vistas como uma multiplicidade, embora não equivalentes entre si e ainda que os cursos universitários sobre o tema fossem ministrados basicamente por acadêmicos cristãos. É nesse contexto que podemos situar os famosos estudos de Max Weber sobre as religiões da China e da Índia, que fazem parte de seu ambicioso projeto de definir o ocidental por meio de comparações e contrastes sistemáticos com outras culturas.

Com isso, pode-se dizer que Weber fundou a história comparada. Em 1827, Leopold von Ranke elaborou um estudo comparativo dos Impérios espanhol e otomano, mas era mais descritivo do que analítico. Nos anos 1920, porém, alguns historiadores profissionais – entre eles, o belga Henri Pirenne, o francês Marc Bloch e o alemão Otto Hintze – fizeram estudos comparativos, como Weber e Durkheim, para explicar diferenças.

As variadas disciplinas nem sempre andam no mesmo ritmo. Na antropologia, por exemplo, foi na década de 1920 que Malinowski (tratado acima, p.46s.) criticou Frazer por sua abordagem comparatista, afirmando que não levava em conta os contextos das práticas abordadas. Seguindo seus passos, muitos antropólogos passaram do global para o local.[68] Na ciência política, houve uma guinada comparativista nos anos 1950, encabeçada pelo norueguês Stein Rokkan e por alguns colegas americanos, que em 1954 fundaram o Committee on Comparative Politics.

Em arqueologia, foi nos anos 1960 e 1970 que alguns estudiosos, notadamente Lewis Binford nos Estados Unidos e Colin Renfrew na Inglaterra, utilizaram analogias extraídas das sociedades relativamente simples estudadas pelos antropólogos para preencher lacunas no campo arqueológico. Binford, por exemplo, ao estudar o período paleolítico na atual França, viveu algum tempo entre os esquimós nuniamutes no Alasca, para poder estudar diretamente a vida dos caçadores.[69]

Explicando

A comparação sistemática foi adotada por várias razões. Tanto os anatomistas quanto os linguistas estavam interessados na origem, na genealogia dos animais e das línguas. O historiador Pirenne defendia a comparação como maneira de escapar aos preconceitos nacionais. Outros estudiosos se sentiram atraídos pela abordagem comparatista, sobretudo como maneira de explicar os fenômenos que os interessavam, procurando aquilo que o filósofo inglês John Stuart Mill, escrevendo nos anos 1840, chamou de "variação concomitante". "Qualquer fenômeno que varie de qualquer maneira sempre que qualquer outro fenômeno variar de alguma maneira particular", explicou Mill, "é causa ou efeito deste fenômeno ou está ligado a ele por alguma relação causal."[70]

As tentativas de explicar devem ser tão antigas quanto o próprio pensamento, mas têm uma história – episódios de um interesse crescente pela análise, por exemplo, ou da concorrência entre diferentes estilos de explicação. Afirma-se às vezes que à era da história natural descritiva, situada entre a segunda metade do século XVIII e as décadas iniciais do século XIX, seguiu-se a era mais analítica da "filosofia natural". O título *Princípios de geologia* (1830), de Charles Lyell, fazia alusão a Newton, e na página de rosto o autor descrevia seu estudo como "uma tentativa de explicar as prévias transformações da superfície terrestre remetendo a causas atualmente operantes".

A experimentação, instaurada antes de 1750 no que chamaríamos de física e química, passou para outras disciplinas.[71] No caso da medicina, por exemplo, vemos surgirem experiências realizadas com o intuito de explicar, substituir ou, mais exatamente, coexistir com a tradição de se observar para descrever. A obra de Claude Bernard *Médecine experimentale* (1865) é o exemplo mais famoso, embora não inaugural, dessa corrente.[72] Os geólogos faziam experiências com pedras, por exemplo aquecendo o calcário e reproduzindo geleiras em miniatura. Os psicólogos se somaram à corrente nos anos 1880.

No século XX, foi a vez de alguns grupos das ciências sociais e humanas adotarem métodos experimentais. Os sociólogos o fizeram para estudar as condições de trabalho nas fábricas no começo do século, e depois foram seguidos pelos cientistas políticos. Na arqueologia, um grupo na Fazenda Experimental da Idade do Ferro de Butser (1972) imitou as antigas práticas agrícolas, enquanto um corajoso acadêmico testou a eficiência de um escudo de couro da Idade do Bronze irlandesa, combatendo com uma réplica.[73]

Na história, na economia, na sociologia e outros estudos sociais, desde a primeira metade do século XIX, pode-se ver um conflito entre dois estilos de explicação, o individualista e o holista, cada lado se definindo em oposição ao outro. De um lado, individualistas como o economista austríaco Carl Menger, em 1883, afirmavam que – como disse uma individualista posterior, Margaret Thatcher – "não existe essa coisa de sociedade", e que "o 'comportamento' e as 'ações' dos coletivos, como Estados ou grupos sociais, devem ser reduzidos ao comportamento e às ações dos indivíduos humanos". De outro lado, os holistas ou, como os denominou o filósofo austríaco Karl Popper, os "coletivistas metodológicos" (Karl Marx ou Émile Durkheim, por exemplo) eram contrários a essa forma de reducionismo e ressaltavam a importância de diversos tipos de sistema.[74]

Tanto nas ciências naturais quanto nas ciências sociais, muitas vezes as explicações eram formuladas em termos da adaptação de um sistema a seu ambiente (físico ou social) ou em termos de uma função. No caso da sociologia e da antropologia social, no auge dessa abordagem, mais ou menos entre os anos 1920 e 1960, supunha-se que a função principal de uma prática ou de uma instituição era contribuir para a manutenção do sistema social.

Em várias disciplinas, passou-se a dar ênfase cada vez maior à análise, no sentido, tratado mais acima, de penetrar sob a superfície das coisas. Os físicos recorreram à matemática para suas explicações. Os físico-químicos recorreram à física. Os astrônomos e os biólogos recorreram tanto à física quanto à química. Marx oferece talvez o exemplo mais famoso de uma abordagem sociológica e histórica em que a cultura e as ideias eram vistas como uma "superestrutura" (a metáfora arquitetônica é do próprio Marx, *Überbau*), determinada, quer os indivíduos gostassem ou não, pela "base" econômica e social. *O capital* (1867-) de Marx apresentava o que o autor definiu como uma "análise do capital em sua estrutura de base", uma análise dinâmica que iria "pôr a nu a lei econômica do movimento da sociedade moderna".[75]

Como mostra a citação de Marx, os estudiosos que trabalhavam em outros campos do conhecimento se sentiam atraídos pela linguagem e, quando possível, pelos métodos das ciências naturais. Tomavam conceitos de empréstimo a essas ciências, notadamente, na economia e na sociologia, o "equilíbrio". Definiam seus campos com denominações como "ciências morais", "ciências sociais", "física social" ou "estática social"; empregavam metáforas científicas (como o modelo hidráulico das emoções, de Freud); e aplicavam a designação de "laboratório" a centros de estudos de etnografia, de relações sociais ou da opinião pública.

As metáforas mostram um fascínio pelo método científico, em especial pelo método da física, que, além da sociologia, inspirava estudantes de medicina e de psicologia. A física era fonte de inspiração porque oferecia explicações claras e simples. A abordagem positivista da explicação tem sido definida como "a subsunção de casos individuais a leis hipoteticamente gerais da natureza, inclusive da 'natureza humana'".[76] Mesmo um romancista como Zola recorreu à linguagem científica para descrever sua obra em termos "experimentais" (*O romance experimental*, 1880). A seu ver, ele estava empreendendo uma forma de análise, explicando o comportamento de pessoas simples em função do meio.

Comte afirmava que chegara a era do "positivismo", substituindo uma atitude religiosa ou metafísica por uma atitude científica em relação ao conhecimento. Marx se considerava uma espécie de cientista e pensou em dedicar *O capital* a Darwin. Lévi-Strauss admitiu crer que "o entendimento consiste em reduzir um tipo de realidade a outro", porque "a realidade verdadeira nunca é a mais evidente". Sentiu-se atraído pela geologia, pelo marxismo e pela psicanálise antes de dar sua famosa guinada estruturalista.[77]

Interpretando

Da segunda metade do século XIX em diante, vemos uma reação contra o "cientificismo" ou o "positivismo" em diversas disciplinas, sobretudo na sociologia e na história – uma rejeição do modelo das ciências naturais (incluindo procedimentos como a contagem, a medição e a comparação) e especialmente de seus tipos de explicação. A "redução" passa a ser um termo pejorativo.[78] O filósofo alemão Dilthey dividiu o mundo do conhecimento entre as ciências naturais (*Naturwissenschaften*), que observam e explicam a partir do exterior, em termos de causas, e os estudos da cultura humana (*Geisteswissenschaften*), que têm como objetivo a "compreensão" (*Verstehen*) a partir do interior, em termos de significados.

No caso da sociologia, Max Weber expôs uma concepção semelhante à de Dilthey, e, no caso da história, o mesmo fez o filósofo, historiador e arqueólogo R.G. Collingwood. Como disse ele, numa comparação memorável: "Quando um cientista pergunta: 'Por que esse papel de tornassol ficou rosado?', ele quer dizer: 'Em que tipos de ocasião o papel de tornassol fica rosado?' Quando um historiador pergunta: 'Por que Bruto matou César?', ele quer dizer: 'O que Bruto pensou, o que o fez decidir matar César?'."[79]

Para os adversários do positivismo, a compreensão das vivências de outros povos e culturas se daria pela imaginação e pela empatia, com o apoio do método hermenêutico. Nas décadas iniciais do século XIX, o teólogo alemão Friedrich Schleiermacher, junto com alguns classicistas como Friedrich Ast, havia transformado a exegese, a interpretação da Bíblia, na hermenêutica, uma arte mais geral da interpretação, lidando com um amplo leque de textos, inclusive os clássicos gregos e latinos (e, mais tarde, a literatura em vernáculo). Faz muito tempo que a interpretação de textos desempenha um papel fundamental no direito, ainda que os juristas tenham vindo a recorrer à hermenêutica apenas em data relativamente recente, e embora as práticas dos juízes ainda divirjam daquelas dos historiadores ou críticos literários.[80] Enquanto os historiadores indagam o que significava um texto na época em que foi escrito, os juízes precisam decidir o que ele significa no presente.

O âmbito da hermenêutica se ampliou aos poucos, até abranger a interpretação das ações e da cultura humana. Nos anos 1920 e 1930, os historiadores da arte, por exemplo, passaram da análise formal para o estudo do significado das imagens. Num famoso ensaio programático, Erwin Panofsky distinguiu três níveis de estudo: a "descrição pré-iconográfica", já mencionada neste capítulo; a "iconografia", que lida com os significados da superfície (por exemplo, identificar uma mulher com uma roda como santa Catarina); a "iconologia", desvendando significados mais profundos.[81]

Esses três níveis visuais do programa de Panofsky correspondem intimamente aos três níveis estabelecidos por Friedrich Ast no início do século XIX: o nível literal ou gramatical, o nível histórico (referente ao significado convencional) e o nível cultural, tratando o texto como uma expressão do "espírito" (*Geist*) de uma época. Também correspondem aos três níveis propostos por Karl Mannheim num ensaio sobre a interpretação das concepções do mundo, que Panofsky decerto conhecia.[82]

Embora Freud tenha utilizado a linguagem da ciência, pode-se ver a psicanálise como uma espécie de hermenêutica, uma nova forma de interpretação dos sonhos, por exemplo (o próprio Freud deu o título de *Traumdeutung* a seu livro sobre o tema).[83]As análises freudianas dos desejos ocultos também podem ser descritas como uma espécie de detecção. Seguindo a popularidade crescente de Sherlock Holmes e outros heróis das histórias de detetives nas primeiras décadas do século XX, tornou-se corrente a metáfora do estudioso como um detetive, interpretando os indícios deixados por um criminoso. Collingwood, por exemplo, discutiu extensamente esse paralelo, argumentando que a diferença entre Holmes, colhendo pistas, e Hercule Poirot, de Agatha Christie, que dava mais ênfase ao trabalho mental ("as pequenas células cinzentas"), "expressa muito bem a mudança que ocorreu no método histórico", que passou a fazer perguntas antes de colher indícios.[84]

Para os estudiosos que trabalham desse modo num amplo leque de disciplinas, a metáfora central era e continua a ser a leitura: ler os sintomas, ler imagens, ler as culturas e assim por diante. No século XVIII, alguns geólogos já viam sua atividade como uma leitura de pedras e fósseis. Na antropologia, a passagem da análise das estruturas e funções sociais para a interpretação das culturas se deu nos anos 1960, notadamente com Geertz, que definiu seu método como uma "descrição densa" – em outras palavras, uma descrição que inclui significados. Nos anos 1980, alguns arqueólogos afirmaram que estavam lendo o passado.[85] Aqui também, vale notar que as diversas disciplinas não andam no mesmo passo.

Como sugerem esses exemplos, é impossível falar numa substituição geral da explicação pela interpretação. Apesar da "revolta contra o positivismo" nos anos 1890, "o positivismo voltou, mais forte do que nunca" entre as duas guerras mundiais.[86] Hoje, o trabalho detetivesco segue um modelo cada vez mais científico do que interpretativo. Passamos do mundo de Holmes e Poirot para o do *CSI* (*Crime Scene Investigation*), seriado de televisão que começou a ser exibido em 2000 e, uma década depois, continua no ar. A explicação e a interpretação continuam a coexistir. Algumas disciplinas, assim como alguns estudiosos tomados individualmente, põem a tônica ora numa, ora noutra. Às vezes, como nos casos da arqueologia, da antropologia e da geografia, a linha divisória é mais interna do que interdisciplinar.

Narrando

É hora de perguntar como os diversos tipos de análise tratados até o momento – datação, verificação, medição, explicação e assim por diante – permitem a produção de sínteses, que se diferenciam das meras compilações graças à reconciliação das divergências ou à organização em torno de alguma ideia central.[87] Talvez seja útil distinguir duas formas principais de síntese, a narração e a teoria.

Em historiografia, a narrativa é o método tradicional e, poderíamos até dizer, o "método-padrão" de síntese. As famosas descrições históricas de Burckhardt, Huizinga e Namier, mencionadas acima, têm sido criticadas por apresentar um quadro da época mais estático do que dinâmico. As narrativas históricas, por sua vez, têm sido criticadas por enfileirarem "um monte de coisas, umas depois das outras", sem explicar nada. Como vimos, uma resposta aos críticos da "mera" descrição é argumentar que uma boa descrição ou uma descrição "densa" inclui uma espécie de explicação. Da mesma forma, pode-se argumentar que algumas narrativas são mais densas do que outras, e tanto mais eficazes justamente por causa disso.[88]

As estórias contadas pelos grandes romancistas certamente podem ser definidas nesses termos. A ambição de Zola, como ele próprio declarou, era dupla: "mostrar o meio do povo" pela descrição e "explicar os costumes do povo" (*"expliquer les moeurs du peuple"*) por meio de um caso particular. Alguns romancistas históricos, como Scott e Tolstói, apresentaram interpretações históricas com especial clareza. Numa época em que a grande maioria dos historiadores escrevia sobre a elite, dando mais atenção aos reis e aos dirigentes, os romancistas contavam estórias sobre pessoas do povo, muitas vezes do ponto de vista delas. A narrativa também tem lugar nas ciências naturais. Os relatos de experiências, por exemplo, adotam formas narrativas. Os geólogos contam estórias, histórias da Terra ao longo de períodos tão extensos que os historiadores mal conseguem imaginá-los. Darwin, em seu *A origem das espécies* (1859), contou uma estória de mudança a longo prazo.[89]

Mas, nos últimos cinquenta anos, aproximadamente, a narrativa histórica tem estado sob fogo cerrado. Já no começo do século XX, Durkheim e outros cientistas sociais franceses criticavam o que chamavam um tanto desdenhosamente de *histoire événementielle* ("história fatual"). Por volta de 1950, vários historiadores liderados por Fernand Braudel, cuja obra *O*

Mediterrâneo e o mundo mediterrânico na época de Filipe II (1949) oferecia um modelo para um novo tipo de história, passaram a sustentar que a melhor maneira de entender o passado era analisar estruturas que mudavam muito lentamente, em vez de contar a estória de fatos "de superfície". Narrativas eram para jornalistas e romancistas. Apesar disso, o filósofo Paul Ricoeur defende que o próprio Braudel era um narrador.[90]

Uma geração depois, a crítica passou a se concentrar na chamada "Grande Narrativa" ou "metanarrativa", em especial a estória do surgimento da Civilização Ocidental – o Renascimento, a Reforma, o Iluminismo, a Revolução Industrial, a Revolução Francesa etc. –, por privilegiar apenas uma parte do mundo e apenas um grupo social, a elite branca masculina. A crítica à grande narrativa foi apresentada com especial clareza no ensaio *A condição pós-moderna* (1979), do filósofo francês Jean-François Lyotard, um "relatório sobre o conhecimento" que ajudou a lançar o debate sobre a "pós-modernidade".[91]

Tal crítica já estava implícita nos movimentos aliados da "história de baixo" (*from below*) na Inglaterra, da "micro-história" (*microstoria*) na Itália e da "história do cotidiano" (*Alltagsgeschichte*) na Alemanha.[92] Em todos esses casos, um dos objetivos principais era dar voz a homens e mulheres do povo, e incluir na estória as maneiras como tentavam entender o próprio mundo, como haviam feito os romancistas muito tempo antes. O estudo das revoltas urbanas, por exemplo, passou a se concentrar mais nos "rostos da multidão", nas decisões individuais, além da ação coletiva. Nisso os estudiosos seguiram os passos de autores literários, notadamente o relato de Scott sobre o levante de Porteous em Edimburgo, em 1736, e a estória do romancista italiano Alessandro Manzoni sobre um levante em Milão, por causa do trigo, em 1630.[93]

Em décadas recentes, sociólogos, antropólogos, juristas e médicos têm avançado numa direção semelhante. Nos Estados Unidos, por exemplo, nos anos 1980 desenvolveu-se o chamado "movimento de narrativa jurídica". Em 1995, foi realizada uma conferência sobre o tema na Faculdade de Direito de Yale, permitindo uma troca de ideias entre especialistas em literatura e especialistas em direito. O movimento da narrativa está associado ao interesse pelos grupos tradicionalmente subordinados, em especial as mulheres e as minorias étnicas, porque as estórias contadas por integrantes desses grupos põem em xeque um sistema jurídico que foi criado por juristas brancos do sexo masculino, que nem sempre levavam na devida conta as necessidades e os interesses de outros grupos.[94]

Da mesma forma, o interesse crescente por relatos de caso nos círculos médicos está associado a uma preocupação cada vez maior pelo ponto de vista do paciente, a uma ideia de que, sob alguns aspectos, as pessoas entendem melhor o próprio corpo e a própria doença do que os observadores externos, mesmo com qualificações profissionais (os psicanalistas, é claro, vêm ouvindo seus pacientes há mais de um século).[95] O interesse de sociólogos e antropólogos pelas "estórias de vida" individuais também está ligado a um respeito crescente pela inteligência e pela experiência das pessoas estudadas, não mais tratadas como simples objetos de pesquisa ou como "cegos sociais", e sim, pelo contrário, como sujeitos que entendem a própria cultura e podem ensinar aos "cientistas sociais" pelo menos o mesmo tanto que aprendem com eles.[96]

Teorizando

Os estilos e, até certo ponto, as finalidades da narração têm passado por claras mudanças nos dois últimos séculos. A mudança é menos evidente no caso da teorização, mas ainda assim existe.

Ao se definir uma teoria como uma afirmação geral sobre uma classe de fenômenos, é evidente que a produção de teorias e mesmo "leis" na matemática e nas ciências naturais é uma velha tradição que continua até hoje. Alguns exemplos famosos são as leis da termodinâmica na física e a lei das proporções definidas na química, a teoria dos erros de Carl Friedrich Gauss na astronomia, as leis da genética de Mendel, a teoria da evolução de Charles Darwin, a teoria eletromagnética de James Clerk Maxwell, a teoria dos jogos na matemática e, evidentemente, a teoria geral e a teoria especial da relatividade de Albert Einstein. Nesses domínios, tem-se como estável o valor das teorias, embora prossiga o debate sobre a possibilidade de uma "teoria final", uma "grande teoria unificada" ou uma "teoria de tudo", que explicaria todas as forças da natureza – na verdade, todos os fenômenos físicos – em termos de um único conjunto de equações.[97]

Nas ciências humanas e sociais, por outro lado, a teorização foi ao mesmo tempo algo mais inovador e mais controverso. Em sua *História da filosofia* (1893), o filósofo alemão Wilhelm Windelband estabeleceu uma distinção entre as disciplinas ditas "nomotéticas", em especial as ciências naturais, cujo objetivo é estabelecer leis, e as disciplinas ditas "idiográficas", como a história, que tratam de casos individuais. O grande problema é onde situar as disciplinas que estudam a sociedade e a cultura.

A linguística, por exemplo, é uma disciplina que cria leis e teorias. Uma das mais famosas é a "lei de Grimm", a generalização proposta em 1822 por Jacob Grimm sobre as mudanças de pronúncia a longo prazo, e outra é a teoria de Noam Chomsky sobre uma "gramática universal" sob as várias gramáticas das linguagens específicas.

Na ciência social mais "dura" ou precisa, a economia, abundam as leis e as teorias: a "lei dos custos comparativos" de David Ricardo, por exemplo, apresentada em 1817; a teoria da utilidade marginal, formulada pelo austríaco Carl Menger e por outros nos anos 1870; a *Teoria geral do emprego, do juro e da moeda* (1936), de John Maynard Keynes; as várias teorias de desenvolvimento econômico apresentadas por Marx, Joseph Schumpeter (1911) e Walter Rostow em *Os estágios do crescimento econômico* (1960). Algumas delas foram expostas em linguagem matemática, como no caso da *Teoria dos jogos e do comportamento econômico* (1944).[98] Muitas delas tiveram ampla aceitação geral, enquanto outras, em particular a teoria do valor-trabalho, são mais controvertidas.

Passando da economia para a sociedade, a situação fica mais complicada. A sociologia e a criminologia, por exemplo, têm formulado "leis", mas são leis de um tipo diferente das leis físicas ou mesmo econômicas. "Essas novas leis", formuladas no século XIX, "eram expressas em termos de probabilidade. Traziam em si as conotações de normalidade e de desvios da norma."[99]

No estudo da sociedade não faltam teorias. Na segunda metade do século XVIII, alguns autores franceses e escoceses expuseram uma teoria "etapista" da sociedade, que se desenvolveria em quatro estágios, dominados sucessivamente por caçadores, pastores, agricultores e comerciantes. Desde então a oferta de teorias tem se multiplicado, da Teoria da Escolha Racional à "teoria geral da ação", associada ao sociólogo americano Talcott Parsons, elaborada entre os anos 1930 e 1950, ou à "teoria da prática" do sociólogo francês Pierre Bourdieu, apresentada em 1972. Cada uma delas tem enfrentado seus críticos, enquanto o próprio projeto de uma "Grande Teoria" ou de uma teoria geral foi atacado nos anos 1940 e 1950 por sociólogos que preferiam teorias mais modestas, "de médio alcance".[100]

Outra proposta modesta – pelo menos de início – foi elaborar "modelos", em lugar de teorias: modelos no sentido de descrições deliberadamente simplificadas, que geram explicações de situações mais confusas e complexas encontradas no mundo real. Talvez o primeiro desses modelos deliberados tenha sido o do geógrafo econômico alemão Johann von Thünen, apresentado em 1826, que imaginava o efeito da urbanização no uso da terra num "estado isolado", contendo uma única cidade. A cidade, no modelo de Von Thünen, seria rodeada por círculos concêntricos, em que a terra era usada para diversas finalidades, um círculo mais interno para produzir alimentos perecíveis para os moradores da cidade, por exemplo, e círculos externos para produzir trigo ou madeira, que não tinham necessidade de chegar a seu destino com tanta rapidez.

Alguns desses modelos de pensamento praticamente se resumem a descrições, como o "sistema feudal" debatido pelos historiadores ou a "burocracia" estudada pelos cientistas políticos. Outros são de fácil visualização, em diagramas bidimensionais, como os círculos concêntricos em torno da cidade isolada, ou tridimensionais, como os modelos de átomos e moléculas na química. Tem-se afirmado que os modelos nem sempre recebem a atenção dos historiadores da ciência, mesmo ajudando seus usuários a desenvolver suas reflexões.[101] O físico inglês William Thomson, por exemplo, disse que não conseguia entender coisa alguma se não fizesse um modelo mecânico do objeto que queria estudar. No caso da

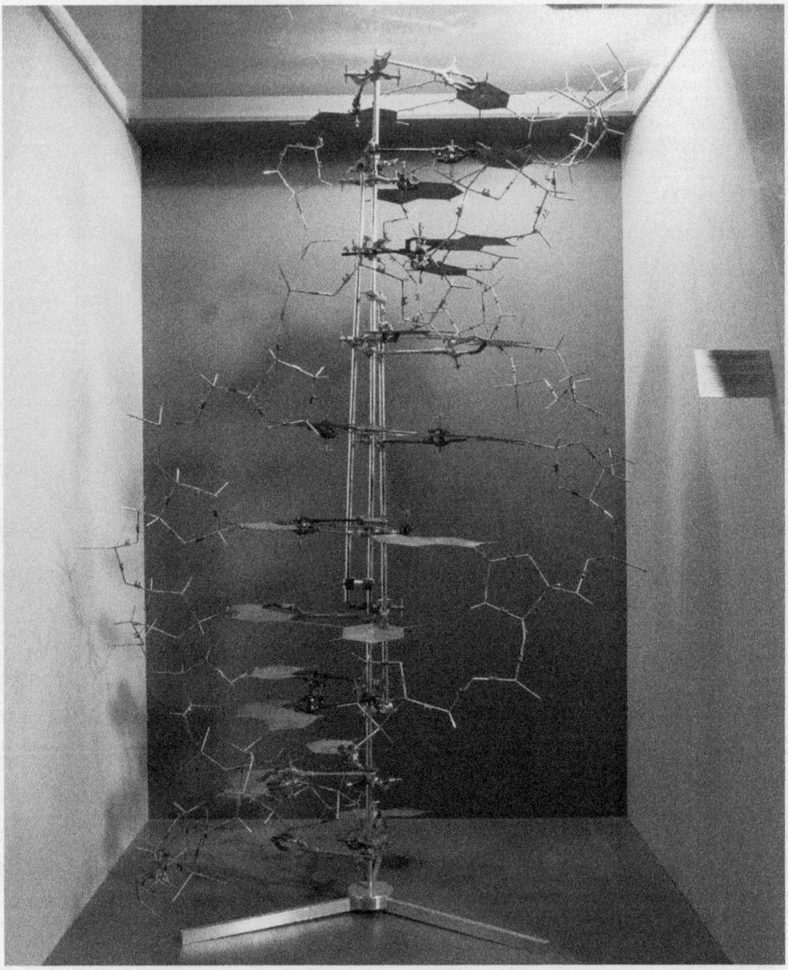

FIGURA 9. Modelo da dupla hélice (1953).

famosa descoberta da estrutura do DNA, a manipulação de modelos de arame e papelão ajudou Francis Crick e James Watson a conceber a dupla hélice (figura 9).[102]

No entanto, outros modelos podem se submeter a um tratamento matemático, como no caso do modelo da economia holandesa, construído nos anos 1930 por Jan Tinbergen, um pioneiro nessa vertente, ou do "modelo de crescimento individual" do austríaco Ludwig von Bertalanffy, originalmente formulado na biologia, mas depois adaptado para solucionar outros tipos de problemas. Nas décadas finais do século XX, os computadores começaram a ser usados em várias disciplinas, da economia à arqueologia, para testar esses tipos de modelos matemáticos fazendo simulações dos resultados.[103]

O valor dos modelos não se restringe à sua contribuição para a descoberta e a análise. São ainda mais importantes no processo de disseminação, que será tratado no próximo capítulo.

3. Disseminando conhecimentos

Neste capítulo, passamos da coleta e da análise do conhecimento, sobretudo por estudiosos acadêmicos, para sua disseminação mais ampla por diversos meios de comunicação: oral, pictórico, escrito, impresso e eletrônico. Constantemente tem-se salientado a importância da disseminação. É uma solução para o problema do "conhecimento disperso", que fica fora do alcance de muitas pessoas que precisam dele, mesmo dentro de uma instituição. Oferece também uma saída para as dificuldades de governantes ou presidentes de empresas que vivem num "casulo de informações", em que ouvem apenas o que outros acham que eles querem ouvir.[1] Como lamentou certa vez um presidente do conselho diretor da empresa de computadores Hewlett-Packard: "Se ao menos soubéssemos o que sabemos na HP..."[2]

Hoje, o Google afirma que sua missão é "tornar a informação do mundo universalmente acessível".[3] Já na segunda metade do século XVIII celebrava-se e incentivava-se o aumento da disseminação do conhecimento, com comentários sobre "o rápido avanço e difusão geral do saber e da cultura" ou sobre "uma difusão mais ampla de conhecimento útil", e a fundação de entidades como a British Society for Constitutional Information (1780), cujo objetivo era "difundir por todo o Reino ... um conhecimento dos grandes princípios da Liberdade Constitucional".[4] Mas, como sempre, é preciso distinguir entre as variedades de conhecimento. Algumas são mais "fluidas" e correm com facilidade, ao passo que outras são mais "viscosas".[5] De todo modo, a simples pretensão de aumentar a difusão deixa de apontar pelo menos três grandes problemas.

A pergunta evidente a se fazer numa história social do conhecimento, como neste livro, é: "Comunicação para quem?" Uma das respostas é geográfica: o conhecimento sobre uma parte do mundo estava sendo transmitido cada vez mais para pessoas de outras partes do mundo. Outra resposta é sociológica: o conhecimento estava se popularizando cada vez mais. Este último conceito, porém, é escorregadio.

Para um especialista, qualquer forma de falar ou escrever para não especialistas é uma espécie de "popularização". O problema é que esses não especialistas não compõem um grupo culturalmente homogêneo.[6] O modelo binário de "elite" e "povo" é simplista demais, como os historiadores da cultura popular descobriram uma geração atrás. É preciso distinguir vários graus de distância cultural e diversos públicos ou audiências. Esses públicos incluem colegas, estudiosos de outras disciplinas e funcionários públicos aos quais os acadêmicos recorrem para obter verbas de pesquisa. Existe também aquilo que os vitorianos chamavam de "público geral", às vezes dito "leigo" ou "laico", em oposição ao "clero" de experts ou especialistas. É um conjunto que, em vista de seus diversos conhecimentos, precisa ser subdividido em homens e mulheres, adultos e crianças, classes médias e classes trabalhadoras. O ideal da "ciência para todos" ou do "conhecimento para todos" não pode ser implementado na prática tratando todos da mesma maneira. Por isso, alguns autores sobre o tema preferem o termo neutro "exposição", em vez de "popularização".[7]

Um segundo problema diz respeito ao processo de difusão ou disseminação, muitas vezes visto pelos próprios comunicadores como um mero processo de passagem ou transmissão. No entanto, como têm ressaltado os teóricos da "recepção" literária, a distinção entre um emissor ativo e um receptor passivo é demasiado esquemática. Comunicar o conhecimento não é um processo de "transportar informação como batatas numa esteira rolante", ponto que fica especialmente evidente nos estudos sobre os vários usos de um mesmo livro – no isolamento, em conversas pessoais, em debates públicos e assim por diante.[8]

Para começar, existem intermediários, os guardiões do saber ou responsáveis pela "corretagem epistêmica", que filtram o que recebem.[9] Além disso, as pessoas e os grupos selecionam o que lhes interessa ou o que julgam precisar. Em vez de uma transmissão em sentido único, mais vale pensar na circulação de conhecimento em termos de uma "negociação" de informações e ideias ou de um diálogo (por vezes, um diálogo de surdos).[10] Uma consequência importante dessa visão é que inevitavelmente se embaça a diferença entre produzir novos conhecimentos e transmitir velhos conhecimentos. Muitas vezes a inovação é uma espécie de bricolagem, uma reconfiguração de conhecimentos que resulta de um contato entre culturas diferentes.[11]

Ao correr por diferentes meios ou linguagens, a informação passa por filtros ou, mais exatamente, por pessoas. Alguns são guardiões do conhecimento, que podem colocar obstáculos ao livre acesso e à circulação. Outros, os "corretores do conhecimento", promovem ativamente a disseminação. De toda maneira, a mesma mensagem pode ser entendida de maneira diferente por diferentes grupos ou indivíduos, que muitas vezes têm seus próprios objetivos, utilizando o conhecimento de maneiras jamais imaginadas pelos comunicadores originais.

Um terceiro problema diz respeito à história dos meios de comunicação. Uma abordagem que coloque as coisas apenas em termos da substituição de um meio de comunicação por outro – do rádio pela televisão, por exemplo, ou do jornal pela internet – é simplista demais. Os meios de comunicação antigos e novos coexistem e interagem, tal como aconteceu com o texto manuscrito e o texto impresso na fase inicial da Modernidade europeia. Às vezes pode existir uma rivalidade entre os meios de comunicação antigos e novos, mas é frequente que se crie uma divisão de trabalho entre eles.[12]

Há também um problema prático: como lidar aqui com o imenso volume, em aumento constante, de 250 anos de conhecimento digno de ser comunicado. Presente em todos os capítulos deste estudo, é aqui que o problema se apresenta com especial agudeza. Procurando, se não resolver, pelo menos administrar o problema, a explanação subsequente irá privilegiar a disseminação da ciência na Inglaterra, foco de vários excelentes estudos recentes, ao mesmo tempo traçando comparações e contrastes com outros países e outras espécies de conhecimento.[13] Este estudo de caso parece especialmente pertinente devido à distância entre especialistas e leigos, maior e mais larga no caso das ciências naturais do que em outras espécies de conhecimento, e que aumentou e se alargou ainda mais ao longo de nosso período, à medida que a linguagem científica foi se tornando cada vez mais opaca e a prática científica foi se apartando mais e mais da experiência cotidiana.[14]

Na Inglaterra, em 1800, a noção de "ciência popular" era uma novidade, enquanto a expressão "popularizador científico" foi registrada pela primeira vez em 1848.[15] Na França, a ideia equivalente de *vulgarisation* entrou em uso nos anos 1850, e Zola a aplicou à ciência em 1867.[16] Paradoxalmente, alguns escritores em inglês preferiram o termo francês, enquanto alguns escritores em francês adotaram o termo inglês, apresentando como objetivo *populariser la science*.[17]

Novas instituições foram fundadas para atender a essa finalidade, entre elas a Royal Institution (1799), que ainda existe, a Society for the Diffusion of Useful Knowledge (1826) e o Instituto Politécnico (1838) na Inglaterra, enquanto na França foi criado o Conservatório (1794), agora chamado Conservatoire National des Arts et Métiers. O objetivo da Royal Institution era "difundir o conhecimento ... de invenções mecânicas úteis", mas suas famosas palestras de Natal discorriam sobre a ciência natural em geral, sendo lá também que o filólogo Max Müller apresentou um ciclo de palestras sobre as origens da linguagem em 1861, com grande sucesso.

Em relação ao conhecimento em termos mais gerais, houve um aumento de "institutos de mecânica" na Inglaterra, para instrução de operários nas horas de folga, começando pelo Instituto de Mecânica de Londres (1817). Em 1850, havia seiscentos desses institutos na Inglaterra, com meio milhão de integrantes.[18] Houve um movimento paralelo nos Estados Unidos e em outros países – na Dinamarca, por exemplo, o primeiro "colégio popular" foi fundado em 1844, e logo a Noruega e a Suécia adotaram esse modelo.

A importância global de difundir mais amplamente o conhecimento científico foi reconhecida pela Unesco com a instituição do Prêmio Kalinga pela Popularização da Ciência (1952), e na Inglaterra pelo movimento em favor do "entendimento público da ciência", que será tratado adiante.

Falando

Muitas vezes omite-se o ponto mais evidente de todos nas histórias dos meios de comunicação: a importância permanente de várias formas de contato oral direto diário – a conversa, a discussão, a aula, a palestra etc. –, e não só de sua transformação resultante de mudanças no contexto ou na tecnologia (o surgimento do gravador, por exemplo). Apenas nos últimos anos os historiadores da ciência e das universidades passaram a frisar a importância constante da fala no campo acadêmico, ao lado da leitura, da escrita e do impresso.[19] Os intelectuais também têm se omitido – pelo menos até data relativamente recente – de estudar suas próprias formas de fala, cujos gêneros poderíamos chamar de "oralidade acadêmica".

Talvez se tenha pensado que o mundo oral do passado desaparecera para sempre, sem deixar rastros, pelo menos antes do advento do gravador, mas é possível reconstruir a história da oralidade acadêmica recorrendo a cartas, anotações de alunos, estatutos universitários, memórias e guias para um bom desempenho.

Por exemplo, a tradição do exame oral na universidade chegou ao nosso período. Tolstói evoca vividamente essa prática em seu texto semiautobiográfico *Juventude* (1856), que descreve três professores sentados a uma mesa, um deles "embaralhando as fichas de perguntas como um maço de cartas", enquanto cada candidato se aproximava da mesa, tirava uma ficha, a lia e tinha de dar a resposta imediata. Em Oxford e Cambridge, "os debates orais prosseguiram até o século XIX". Ainda nos anos 1960, o *viva voce* continuou a ser obrigatório nos exames finais na Universidade de Oxford, embora o resultado só tivesse alguma importância nos casos de dúvida se o aluno devia passar de ano.[20]

As palestras também sobreviveram à revolução de Gutenberg. Na verdade, poderíamos considerar o século XIX como uma idade de ouro da palestra, ao lado do discurso e do sermão, com uma audiência que variava de estudantes ao público geral, e oradores que iam de cientistas famosos a entusiastas das classes trabalhadoras – como no caso de muitas palestras sobre frenologia apresentadas na Inglaterra nos anos 1830.[21]

Durante nosso período, surgiram muitos novos "gêneros de fala", como diz o teórico literário russo Mikhail Bakhtin, em contextos acadêmicos, além da palestra tradicional e do diálogo direto entre professor e aluno.[22] O seminário de pesquisas, por exemplo, nasceu como um meio de ensinar o método de estudo, criado em Göttingen na segunda metade do século XVIII e depois difundido para outras partes da Alemanha, para os Estados Unidos, a França, a Inglaterra e outros países. Era um veículo de transmissão de conhecimento tácito e de práticas de pesquisa, que o aluno aprendia observando um estudioso em atividade.[23]

No caso da história, por exemplo, seguindo o modelo dos seminários de Ranke em Berlim, os procedimentos podiam se concentrar na apresentação e na crítica de um artigo lido em voz alta por um estudante da pós-graduação, ou na análise coletiva de um documento original ou de uma monografia especializada. Um historiador americano nos primeiros tempos da Universidade Johns Hopkins (inaugurada em 1876 como universidade de pesquisa nos moldes alemães) descreveu seus seminários como "laboratórios em que os livros são tratados como espécimes mineralógicos".[24]

Graças às melhorias no transporte na era dos navios a vapor, no século XIX palestrantes e conferencistas europeus passaram a fazer ciclos de apresentações nos Estados Unidos, no Canadá e mesmo na Austrália. Os congressos internacionais, nova forma de organização que nasceu nos meados do século XIX (adiante, p.211), ofereciam um espaço não só para os gêneros orais tradicionais, como a conferência, mas também para outros mais novos, como a mesa-redonda ou, em data mais recente, o chamado "painel", inovação dos anos 1970 em que jovens acadêmicos ficam ao lado de painéis que resumem suas pesquisas, esperando atrair pessoas com interesses similares e responder a suas perguntas.[25] A palestra popular, dada por um acadêmico para uma plateia não acadêmica, pode ser vista como um gênero em si. No caso das ciências naturais, por exemplo, o modelo inglês de meados da época vitoriana foi adotado na França nos anos 1860.[26]

A conversa informal sempre deve ter sido importante nos intercâmbios intelectuais, mas os espaços para essa atividade mudaram ao longo dos séculos. Em Londres, na segunda metade do século XVII, algumas novas cafeterias eram sabidamente centros de discussão sobre determinados assuntos, da literatura à filosofia natural. Em Cambridge, na década de 1870, o "chá no laboratório" virou uma instituição.[27] Ainda mais importante na história do conhecimento na Inglaterra dos séculos XIX e XX foi o bar. Pessoas que queriam debater ciências naturais – botânicos amadores na Lancashire oitocentista, por exemplo – se encontravam em tabernas.[28] Os bares de Oxford foram essenciais para o desenvolvimento da antropologia britânica nos anos 1930 e 1940, sob a orientação primeiro de Alfred Radcliffe-Brown e depois de Edward Evans-Pritchard. Em Cambridge, foi no Eagle que Francis Crick, durante um almoço sem dúvida regado a bebidas, anunciou em 1953 a descoberta da estrutura do DNA.

Em Genebra, por sua vez, foi na cantina do Cern que Tim Berners-Lee batizou a World Wide Web em 1990. No Vale do Silício, dizem que "as conversas de fim de tarde no Walker's Wagon Wheel Bar and Grill em Mountain View" fizeram "mais pela difusão da inovação tecnológica do que a maioria dos seminários em Stanford".[29]

Os gêneros orais exigem análises sensíveis aos diferentes estilos de apresentação e às diferentes formas de sociabilidade. Quem trabalha num laboratório ou quem participa de uma conferência geralmente diferencia entre as ocasiões formais e as informais, comentando que aprende mais nas conversas casuais e espontâneas nos corredores ou na hora do cafezinho. As palestras, com o orador num estrado, tendem a ser hierárquicas, enquanto os seminários oferecem mais espaço para o debate. Era por essa razão que o antropólogo francês Marcel Mauss não aceitava falar num anfiteatro, preferindo uma sala pequena, onde podia se sentar com os estudantes em volta de uma mesa. A antropóloga americana Margaret Mead recomendava o uso de uma mesa redonda para criar um clima igualitário e, assim, favorecer um debate sem inibições.[30] Em muitas universidades europeias, o estilo das preleções e seminários foi se descontraindo no último século, processo que os sociólogos chamaram de "informalização".

Apresentar uma palestra não é simplesmente falar, mas inclui também um elemento teatral, que os acadêmicos que desaprovam a modalidade chamam de "representar para a galeria". No século XVII, a dissecação de cadáveres às vezes era feita em "teatros de anatomia", na presença de um público convidado, como se fosse para uma peça. Dos meados do século XVIII em diante, palestras científicas com "demonstrações" visuais atraíam público na Inglaterra e na Holanda. As palestras de Alexander von Humboldt sobre o cosmo, apresentadas em Berlim em 1827-28, atraíam um grande público, inclusive de damas da sociedade. Mais ou menos na mesma época, Johann Spurzheim discorria sobre frenologia para uma sala lotada na Royal Institution em Londres.[31]

Da segunda metade do século XVIII em diante, havia a apresentação regular de experiências em público, como um espetáculo ou uma espécie de teatro, e o palestrante como um apresentador.[32] O químico inglês Humphry Davy, por exemplo, ajudou a popularizar a ciência nas décadas iniciais do século XIX, encenando-a em público para uma plateia heterogênea na Royal Institution. A eletricidade se prestava muito bem a esse tipo de espetáculo, com as palavras do palestrante acompanhadas de estrondos e clarões.

Na Inglaterra de meados da época vitoriana, a tradição de Davy se prolongou na figura dos "apresentadores de ciência". Em Oxford, o excêntrico geólogo William Buckland às vezes dava suas palestras montado a cavalo, ao ar livre, e, quando fazia suas apresentações em espaços fechados, costumava animá-las não só fazendo circular os espécimes entre o público, mas também imitando os movimentos dos dinossauros.[33] Em Londres, John Henry Pepper, que dava aulas de química no Royal Polytechnic Institute, notabilizou-se criador do que agora chamaríamos de "efeitos especiais", fazendo aparecer fantasmas no palco. Não faltavam críticos que denunciassem o que chamavam de "ciência sensacionalista", mas esses métodos de fato difundiam o conhecimento entre um público mais amplo.[34] A transformação das palestras acadêmicas em espetáculos na segunda metade do século XX, com o uso de projetores de slides e, mais recentemente, com PowerPoint (desde 1987), é mais uma retomada do que uma inovação.

Em meados do século XX surgiu outro gênero oral para a transmissão do conhecimento, a palestra pelo rádio, favorecendo a informalidade e a ilusão de intimidade. As Reith Lectures da BBC, por exemplo, são uma conhecida série anual que começou em 1948, com o filósofo Bertrand Russell, e ainda se mantém na Radio 4. Nos anos 1950, Isaiah Berlin era ainda mais conhecido por suas conversas na rádio do que por suas preleções acadêmicas sobre o pensamento político. O astrônomo Fred Hoyle fez uma série famosa de conversas pelo rádio nos anos 1950. Na França, o canal France Culture apresenta desde 1966 um programa histórico, *Les lundis de l'histoire*, em que historiadores de renome entrevistam seus colegas.

Expondo

Pode-se sustentar que os olhos são mais eficazes do que os ouvidos para receber o conhecimento, e que os museus e as exposições contribuem mais do que as palestras para a disseminação do conhecimento em geral e, em particular, do conhecimento das ciências naturais.

Já no século XVIII havia exposições – de pinturas no salão anual de Paris, por exemplo –, mas a verdadeira ascensão dessa forma de apresentação se deu na segunda metade do século XIX, seguindo basicamente o modelo da Grande Exposição de Londres.[35] Realizada no Hyde Park em 1851, foi, em essência, uma mostra em escala grandiosa (com 100 mil itens) dos feitos da indústria na Inglaterra e no Império britânico. Ajudou a difundir o conhecimento das matérias-primas, das qualificações profissionais envolvidas, das máquinas e da geografia entre um grande público – foram vendidos mais de 4,5 milhões de ingressos –, e um observador da época a comparou a uma "enciclopédia industrial".[36]

A exposição se tornou permanente, instalada no Museu das Manufaturas, fundado em Londres em 1852, que logo foi renomeado como Museu de South Kensington. A abrangência do novo museu era maior, cobrindo a história das artes decorativas em várias partes do mundo, mas o objetivo era similar: aperfeiçoar a indústria, educando os artesãos e um público mais geral – como disse o Select Committee on Arts and Manufactures da Câmara dos Comuns (1835), "estender o gosto e o conhecimento das belas-artes entre o povo". Numa iniciativa rara naquela época, a partir de 1858 o museu abriu um horário noturno de visitação, para, como disse o diretor, "verificar praticamente quais as horas mais convenientes para as classes trabalhadoras".[37]

A Grande Exposição foi um desafio e um modelo ao qual os organizadores de outros países responderam com uma série de "exposições universais" ou "feiras mundiais": Paris em 1855, 1878, 1889 e 1900; Filadélfia em 1876; Amsterdã em 1883; Chicago em 1893; São Francisco em 1915, e assim por diante. Cinco milhões de pessoas visitaram a Exposição de Paris de 1855; mais de 27 milhões, a Exposição de Chicago de 1893; 32 milhões, a Exposição de Paris de 1889; mais de 50 milhões, a Exposição de Paris de 1900. Os números são eloquentes. A exposição "*blockbuster*" não é novidade. Já no século XIX alcançava um público muito maior do que os livros ou as revistas.[38]

Também merece ser ressaltado o empenho em expor o mundo, ou pelo menos uma seleção de objetos de muitos países diferentes. Quatro egípcios que visitaram Paris em 1889 ficaram espantados ao ver que havia uma reconstrução de uma rua do Cairo na Exposição Universal.[39] Os métodos com que os ocidentais expunham outras culturas naquela era imperialista têm sofrido críticas severas em anos mais recentes, em especial a exibição de pessoas como espécimes exóticos e pitorescos em espetáculos comerciais.[40] Mas a Exposição de Paris de 1889 foi palco de uma outra estória bastante diferente. Foi lá que o compositor francês Claude Debussy ouviu pela primeira vez a música orquestral javanesa, experiência que deixou traços duradouros em suas obras. De modo mais geral, o interesse e a admiração dos ocidentais por artefatos de outras culturas – estátuas budistas, máscaras africanas, caligrafia islâmica etc. – ganharam grande estímulo com essas exposições monumentais, e também com mostras menores e mais especializadas, a exemplo das mostras de arte islâmica e arte africana realizadas em Paris, respectivamente em 1903 e 1916.

O impacto dessas exposições temporárias era breve e intenso, mas os acervos permanentes permitiam uma experiência mais duradoura. O nascimento do museu público data das últimas décadas do século XVIII, sendo o primeiro edifício construído expressamente para essa finalidade o Fridericianum em Kassel (1779). Marcos famosos nesse processo foram a abertura do Louvre ao público em 1793, o Museu Nacional dinamarquês (1809), o Museu Britânico (1823), o Smithsonian Museum em Washington (1846), o Metropolitan Museum of Art em Nova York (1870).

Museus especializados divulgavam o conhecimento das ciências naturais.[41] O Jardin Royal em Paris, por exemplo, foi aberto ao público em 1793, com o novo nome de Museu Nacional de História Natural, seguido por uma série de museus de história natural. Assim, não é de se admirar que a segunda metade do século XIX seja conhecida como "a era dos museus".[42]

1822 Museo Nacional de Historia Natural, Santiago
1823 Museo de Historia Natural, Bogotá
1866 Peabody Museum, Universidade Yale
1869 Museum of Natural History, Nova York
1881 Natural History Museum, Londres
1889 Naturhistorisches Hofmuseum, Viena

Os zoológicos e os jardins botânicos também podem ser considerados museus vivos. O zoológico imperial de Viena foi aberto ao público em 1765, e depois vieram as coleções de animais em Madri (1770), Londres (1828) e outras cidades. Os jardins botânicos reais em Madri e em Kew foram abertos ao público respectivamente em 1755 e 1759, seguidos por jardins similares em Kingston, Jamaica (1775), Calcutá (1787), Cidade do México (1788) e Rio de Janeiro (1808).[43]

Além do armazenamento, a difusão do conhecimento era um objetivo fundamental de muitas dessas instituições. O Smithsonian, por exemplo, deve sua existência a uma herança deixada por James Smithson para criar uma instituição destinada "ao aumento e à difusão do conhecimento". Desde o século XIX, alguns curadores já sofriam críticas por não apresentar os acervos de forma que atraíssem visitantes. "Cheio de interesse para o expert", escreveu um crítico vitoriano, "não há como ocultar o fato de que, para o público geral, um museu de qualquer natureza é insuportavelmente maçante."[44] Na Alemanha, a ampliação do público frequentador de museus na segunda metade do século XIX levou a um debate sobre a função dessas instituições, especialmente sobre os graus relativos de sua contribuição para o conhecimento e de atendimento ao público (inclusive infantil).[45]

O antropólogo germano-americano Franz Boas, por exemplo, era um dos que queriam um museu acessível, "para transportar o visitante a locais estrangeiros", como disse ele, "e ver o conjunto da aldeia e a maneira como vivem as pessoas".[46] Ele gostava da ideia de "grupos em tamanho natural", maquetes que mostravam a cultura em ação em seu próprio contexto, técnica de exibição que foi adotada por museus depois de ter sido utilizada nas grandes exposições de Paris em 1889 e Chicago em 1893.

Essa iniciativa de tornar os museus mais "amigáveis para o usuário", assim transmitindo conhecimento para maior número de pessoas, remonta ao século XIX, e teve imenso sucesso. Em 1872, por exemplo, o Museu de South Kensington atraiu bem mais de 1 milhão de visitantes, enquanto o Museu Britânico recebeu 767 mil pessoas em 1882. Nas décadas finais do século XX, porém, os próprios curadores acharam que não tinham avançado o suficiente nessa direção. A exposição "Food for Thought" no Museu de Ciência de Londres, por exemplo, que foi inaugurada em 1989, foi programada justamente para ser mais um avanço nesse sentido, bem como sua continuação em 2008, "Future Food", foi pensada para incentivar o debate sobre a agricultura geneticamente modificada.[47]

Seria ingênuo, sem dúvida, supor que um museu é apenas uma coleção neutra de conhecimento humano, em vez de, digamos, um instrumento do colonialismo (tratado adiante, p.164s.). Os historiadores precisam examinar de perto de que maneiras os museus disseminam o conhecimento – por sua própria organização, por exemplo, juntando alguns objetos, separando outros, dando destaque a uns em detrimento de outros. Nesse sentido, "o espaço fala", embora seja mais exato dizer que algumas pessoas enviam mensagens a outras por meio da disposição dos objetos. Por vezes, a disposição é motivo de controvérsias, evidenciando decisões geralmente tomadas nos bastidores.

Por exemplo, as ideias antievolucionistas de Boas e sua ênfase no pluralismo cultural ficaram evidentes durante uma controvérsia sobre a disposição de artefatos ameríndios nos museus americanos. No Smithsonian, o curador, o etnólogo Otis Mason, havia organizado os artefatos para ressaltar a evolução humana. Boas criticou essa concepção e sugeriu uma organização por regiões, em que a tônica recairia na variedade das culturas humanas.[48] Da mesma forma, até os anos 1990, a "galeria das raças" (*Rassensaal*) no Museu de História Natural em Viena apresentava uma concepção da divisão da humanidade em raças que, outrora aceita sem discussões, passou a parecer cada vez mais esquisita conforme foi sendo gradualmente abandonada pelos estudiosos.[49]

Escrevendo

Como no caso do discurso oral, as funções e os métodos de escrita se modificaram ao longo do período de nosso estudo, em virtude de mudanças na tecnologia e de uma nova divisão do trabalho entre os meios de comunicação. No início do período, escreviam-se cartas e livros com penas de aves, mas no século XIX a norma passou a ser a pena de metal, à qual se seguiram as canetas-tinteiro no final do século, as canetas esferográficas nos anos 1940 e as canetas de carga descartável nos anos 1980. A máquina datilográfica entrou em uso corrente no final do século XIX, primeiro nos escritórios e depois nos gabinetes de estudo, à medida que universidades e editoras passaram a insistir cada vez mais em materiais datilografados, no lugar de manuscritos, para as teses de doutorado e o envio dos originais para publicação. A Universidade Johns Hopkins em 1885 já recomendava o uso da máquina de escrever nas teses e dissertações.[50] A partir dos anos 1930, as máquinas elétricas passaram a concorrer com os modelos mecânicos, antes de serem, ambas, rapidamente substituídas nos anos 1980 pelos computadores pessoais. O envio de mensagens curtas foi revolucionado primeiro pelo aparecimento das agências postais, e depois pela invenção do telégrafo. Nos Estados Unidos, em 1910 foram enviados 75 milhões de mensagens pela Western Union.[51]

As funções da escrita também mudaram de maneiras menos visíveis, mas igualmente importantes. Desde a invenção da imprensa, a escrita manual passou a se restringir cada vez mais ao âmbito da comunicação particular. Mas seria irrealista traçar uma distinção nítida entre as esferas pública e privada. O conhecimento em nosso período continuou a ser transmitido na forma de escrita manual numa área que poderíamos chamar de "semipública".

No mundo acadêmico, as cartas, escritas a pessoas na expectativa de que o conteúdo se transmitisse com maior alcance, continuaram a ser por muito tempo um meio essencial de comunicar ideias e informações com mais rapidez – ou de modo mais provisório – do que a letra impressa. Era por carta que os ex-alunos e "apóstolos" de Lineu lhe comunicavam suas descobertas, estando o cientista em seu gabinete em Upsala, no centro de uma extensa rede de botânicos.[52] Como revela a correspondência de Alexander von Humboldt, Charles Darwin, Max Weber, Henri Pirenne, Carl Gustav Jung e muitos outros, os cientistas e pensadores mais antigos costumavam ficar no centro de redes mais modestas dentro de suas áreas – na verdade, continuam a estar, embora as cartas agora cheguem por e-mail. Só Humboldt escreveu 50 mil cartas, e nada mais adequado que uma revista digital na internet, *Humboldt im Netz*, se dedique ao estudo de sua obra.[53]

Era também por carta que os inúmeros voluntários que ajudaram a montar o *Oxford English Dictionary* se comunicavam com o editor Henry Murray: com efeito, "foi instalada uma caixa de correio na frente da casa de Murray em Oxford", para lhe facilitar a troca de correspondência.[54] Era também por carta que os diletantes enviavam informações às sociedades científicas locais que floresceram no século XIX (adiante, p.208s.). Essas cartas podiam ser lidas em voz alta nas reuniões, antes de ser impressas nos periódicos da sociedade. Em suma, as cartas constituíam um gênero híbrido, mesclando o oral e o escrito. Pode-se sustentar um argumento semelhante no caso da entrevista impressa. As entrevistas foram tratadas acima (p.58) como meio de colher informação, mas as entrevistas com experts também são um meio frequente de disseminação, tanto na imprensa quanto na rádio ou na televisão. O surgimento da digitação e do correio eletrônico fortaleceu uma tendência mais antiga de hibridização, aproximando a escrita e a fala coloquial.

A escrita passou a adquirir cada vez mais importância na primeira metade de nosso período, tanto no governo quanto nos negócios. Foi nas décadas finais do século XVIII que a palavra "burocracia" (literalmente "governo do escritório") entrou em uso corrente no francês, no inglês, no alemão e em outras línguas. O novo termo era apropriado, visto que a escrita se tornava cada vez mais importante na condução diária dos Estados com alto grau de centralização. Mais relatórios chegavam para ser guardados em arquivos ou dossiês, e mais ordens saíam por escrito, como parte da mudança da administração "tradicional" para a administração "racional", nos termos de Max Weber, a qual seguia regras explícitas.[55] O preço dessa administração racional, porém, era a infinidade de regulamentos e formulários detalhados, ainda hoje chamados de *red tape*, que associamos ao acúmulo de documentos desnecessário.

Além disso, caberia pensar nos levantamentos sociais oitocentistas, incluindo os censos, como empreendimentos colossais de registro por escrito, primeiro pelos recenseadores e depois pelo exército de amanuenses que davam entrada, em registradoras, dos resultados originais escritos à mão e calculavam totais e subtotais, num processo trabalhoso que introduzia erros a cada etapa. Como a tradução, a transcrição é uma forma de traição.

Na segunda metade do século XIX, com o crescimento das empresas, o registro escrito se tornou cada vez mais importante na comunicação interna, com instruções descendo e relatórios subindo. Frederick Taylor, por exemplo, pioneiro do que veio a ser conhecido como "administração científica" (adiante, p.150), recomendava que as firmas usassem quadros de avisos e ordens escritas ou "cartões de instrução" para cada trabalhador, a fim de aumentar a eficiência da empresa. Pode-se dizer que foi nessa época, entre 1880 e 1920, que as empresas americanas passaram da administração "tradicional" para a "racional". Como Weber em sua análise do Estado, os novos administradores ressaltavam a substituição de ordens orais, muitas vezes mal-entendidas ou mal-lembradas, por instruções escritas como fator importante para a eficiência. Foi inventado um novo gênero, o "memorando", para permitir que houvesse, dentro de uma firma, uma comunicação por escrito menos formal e demorada do que as cartas comerciais. Não é de admirar que o número de empregados de escritório nas empresas americanas tenha aumentado quase quarenta vezes em meio século, passando de 74.200 em 1870 para 2.837.700 em 1920.[56]

A escrita também era usada pela oposição, não só pelo governo. Em alguns lugares, notadamente na Finlândia e na Grécia, os jornais escritos à mão sobreviveram até o começo do século XX, às vezes porque tinham interesse apenas local, mas outras porque as opiniões expressas eram consideradas subversivas.[57] A escrita continuou e continua a ser fundamental na comunicação clandestina, sobretudo em regimes autoritários, mesmo que seja difícil definir a clandestinidade.[58] Talvez se deva entender a distinção entre comunicação pública e comunicação clandestina como uma diferença quantitativa, e não tanto qualitativa, com uma área cinzenta entre os extremos (de fato, às vezes usa-se a expressão "literatura cinzenta" para designar publicações não comerciais).

Um exemplo conhecido de circulação clandestina ou semiclandestina de informação é a literatura *samizdat* ("de publicação própria"), que surgiu nas últimas décadas do governo comunista na União Soviética e em seus países-satélites. Entre 1968 e 1972, chegou a existir um jornal *samizdat* na Rússia, *Crônica de Atualidades*, que trazia informações sobre a perseguição aos dissidentes. Como no caso da disseminação pela cópia na Idade Média, os copistas não raro modificavam os textos transcritos, acrescentando algumas coisas e omitindo outras.[59] O exemplo do *samizdat* também evoca as maneiras de reproduzir o manuscrito ou o texto datilografado, com papel-carbono ou uma série de máquinas, desde a Gestetner até a Xerox (ambas fabricadas por empresas fundadas em 1906).

A imprensa periódica

A literatura *samizdat* às vezes era impressa em pequenas gráficas clandestinas, mas a impressão gráfica está corretamente associada à esfera pública. Se a primeira revolução gráfica no Ocidente se deu em meados do século XV, com o trabalho de Gutenberg e colegas, no começo do século XIX ocorreu uma segunda revolução, quando a impressora a vapor – inventada por outro alemão, Friedrich Koenig – começou a operar. A impressora a vapor permitia uma impressão muito mais rápida. Ao lado do surgimento de papel barato (feito de pasta de celulose, em vez de trapos de tecido), ela possibilitou uma era de "comunicação de massa", com jornais, periódicos e livros.

Foi em 1814 que *The Times* instalou uma das novas impressoras a vapor. No século XIX, os jornais baratos passaram a ser um veículo fundamental para transmitir as novas informações. Os jornais desempenhavam essa função desde que haviam nascido, na primeira metade do século XVII, e tal papel se intensificou principalmente durante a Revolução Francesa (apenas em 1789 foram criados 130 novos jornais políticos), mas no século XIX alcançavam regularmente um público leitor maior do que nunca.

Na segunda metade do século XIX, a disseminação das notícias se tornou mais rápida com o telégrafo, o que permitiu que intermediários especializados como Charles-Louis Havas, cujo escritório em Paris foi fundado em 1835, inicialmente como uma agência de tradução, e seu ex-funcionário, o alemão Paul Reuter, cuja agência de notícias foi criada em Londres em 1865, vendessem matérias aos jornais. Outro grande fenômeno nessa época foi o surgimento da imprensa popular nos Estados Unidos e na Europa. Os jornais anteriores eram caros demais para o povo, mas em 1883 Joseph Pulitzer começou a vender o *New York World* por 1 centavo o exemplar, com uma média diária de meio milhão de exemplares. Logo após 1900, os jornais ingleses *Daily Mail* e *Daily Mirror* e os franceses *Le Journal* e *Le Matin* estavam vendendo, cada um deles, mais de 1 milhão de exemplares ao dia.

Pode-se dizer que os jornais diários disseminam não "conhecimento", mas "informação", ou até "desinformação", visto que os prazos de fechamento não dão muita oportunidade para verificar os casos que publicam. Os periódicos, de semanários a trimestrais, têm oportunidade de oferecer um conhecimento mais confiável, além de espaço para comentar as notícias. A imprensa periódica, incluindo revistas especializadas como as *Transactions* da Royal Society ou as *Nouvelles de la république des lettres*, já existia desde o século XVII, mas cresceu e se diversificou de maneira notável no século XIX. Pode ser útil distinguir três grupos principais de periódicos nessa época: os cadernos profissionais especializados, a revista para um público culto geral e o magazine mais popular.

Acompanhando a profissionalização crescente do saber (adiante, p.203s.), os periódicos especializados se multiplicaram desde meados do século XIX, com os alemães à frente: *Zeitschrift für wissenschaftiche Zoologie* (1848), *Historische Zeitschrift* (1859), *Zeitschrift für Völkerpsychologie* (1860), *Zeitschrift für ägyptische Sprache und Altertumskunde* (1863) e assim por diante. No caso da história, o exemplo alemão de 1859 foi seguido pela francesa *Revue historique* (1876), pela *Rivista storica italiana* (1884) e pela *English Historical Review* (1886), entre muitas outras.

O sistema, junto com muitos dos próprios periódicos, sobreviveu sem grandes alterações (embora tenham aumentado os números dos cadernos especializados) até o final do século XX. A partir do ano 2000, um número crescente de periódicos, especialmente os científicos, tem sido publicado on-line, ainda que muitos mantenham suas versões impressas. Alguns artigos científicos circulam on-line antes da publicação formal, refletindo a necessidade de uma circulação cada vez mais rápida da informação nas ciências naturais.

Para os leitores mais cultos e com mais recursos, desenvolveu-se todo um leque de periódicos nesse período, sobretudo no século XIX. Na França, por exemplo, havia o semanário *Journal des débats*, que teve longa vida (1789-1944), com matérias sobre debates na Assembleia e artigos literários, com a contribuição de autores famosos, e a *Revue des deux mondes* (1829), revista mensal ainda existente, liberal até 1879 e depois mais conservadora. Na Grã-Bretanha, apareceu toda uma plêiade de publicações trimestrais na primeira metade do século XIX, discutindo novos livros e novas ideias, de várias orientações políticas, entre elas a *Edinburgh Review* (1802), para os *Whigs* (liberais); a *Quarterly Review* (1809), para os *Tories* (conservadores), a *Westminster Review* (1823), para os radicais.[60]

O lugar das ciências naturais nesses periódicos é digno de nota. Na França, por exemplo, o físico e astrônomo Jacques Babinet escrevia regularmente sobre temas científicos para o *Journal des débats* e a *Revue des deux mondes*.[61] Na Inglaterra, cientistas do calibre de John Herschel, Charles Lyell e Thomas Huxley escreviam respectivamente para a *Edinburgh*, a *Quarterly* e a *Westminster Review*. O conhecimento se disseminava com alcance ainda maior graças a várias publicações baratas, como a inglesa *Penny Magazine* (1832), que chegou a alcançar uma tiragem de 200 mil exemplares, ou revistas mais especializadas para grupos de diletantes, desde a *National Geographic* (1888), por exemplo, até a *History Today* (1951).

Nas ciências naturais, essas revistas intermediárias desempenharam um papel de especial importância. Nos Estados Unidos, por exemplo, havia a *Scientific American* (1845), originalmente voltada para os artesãos, e a *Popular Science* (1872), ambas ainda em circulação. Na Alemanha, havia *Die Natur* (1852), "para leitores de todas as classes", como dizia o subtítulo, imitada pelos franceses com a publicação de *La Nature* (1873), que em 1885 rodava 15 mil exemplares por edição.[62] A Inglaterra vitoriana seguiu o mesmo modelo com a *Nature* (1869), um semanário publicado pela Macmillan a 4 *dimes*, e a *Knowledge* (1881), semanário vendido a 2 *dimes*, que se apresentava como "uma revista ilustrada de ciência", de "escrita simples – descrição exata".[63]

Após 1850, a função de mediação ou tradução adquiriu importância maior do que nunca, conforme se desenvolviam disciplinas cada vez mais especializadas. A linguagem dos especialistas se fazia mais técnica, mais afastada da linguagem do público geral, sobretudo nas ciências naturais. Cientistas americanos preocupados com essa distância criaram um "Science Service" (1920), sindicato em que cientistas e jornalistas trabalhavam em colaboração, e duas gerações depois nasceu o movimento britânico para o "entendimento público da ciência", inclusive com a criação de um periódico de mesmo nome, *Public Understanding of Science*, e a instituição de cátedras específicas em Londres e Oxford. Agora existem cursos universitários de "comunicação científica".[64]

Para cobrir essa distância entre os cientistas e os demais cidadãos, o jornalismo científico adquiriu importância cada vez maior no século XX – ironicamente, uma especialização que se desenvolveu para combater a especialização. A primeira nomeação inglesa de um jornalista científico remonta ao *Manchester Guardian* (como então era chamado), em 1928, enquanto na França criou-se em 1955 uma associação de jornalistas científicos. Com matérias sobre os aspectos científicos das notícias, os jornalistas, que geralmente tinham formação científica, escreviam em linguagem simples para um público leigo: Earl Ubell, por exemplo, que entrevistou Albert Einstein para o *New York Herald Tribune*, ou Ritchie Calder, que anunciou a descoberta da estrutura do DNA no *News Chronicle* em 1953. Como outros jornalistas, os repórteres de ciência eram amiúde acusados de sensacionalismo.[65]

Não se devem esquecer os elementos de continuidade. Mesmo na era da televisão e da internet, discutida adiante (p.333s), continua a existir um público para as revistas científicas. A *Scientific American* alcançou uma tiragem de 1 milhão de exemplares em 1986, e agora é publicada em quinze línguas estrangeiras. A *Nature* continua a sair semanalmente, e se tornou uma revista com submissão dos artigos a pareceristas, mas não especializada, enquanto *La Nature* se fundiu com um magazine mensal, *La Recherche*, voltado para um público semiacadêmico de estudantes de ciências. Nas ciências humanas, também ainda há espaço para revistas mensais destinadas a leigos e diletantes – por exemplo, *History Today* (1951) e *Current Archaelogy* (1967) na Inglaterra, e seus equivalentes em muitos outros países.

Livros

Uma questão interessante, embora praticamente irrespondível, diz respeito à importância relativa dos livros e dos periódicos na disseminação do conhecimento. Considerando-se a enorme quantidade de livros produzidos neste período, qualquer afirmação geral que não seja banal será provavelmente imprudente, quer se refira a monografias para especialistas, livros para o público culto geral ou vários tipos de popularização. Em 1960, foram publicados 332 mil títulos no mundo, mas em 1990 esse número havia aumentado para 842 mil.[66] Em 2005, somente no Reino

Unido foram publicados 206 mil títulos, 172 mil nos Estados Unidos e 123 mil na Federação Russa.

Concentrando-nos apenas numa seção dessa imensa biblioteca aberta, voltemos à disseminação das ciências naturais. No século XVIII, Lineu foi um popularizador que teria baixado "o preço financeiro e educacional do bilhete de entrada para o estudo da natureza", escrevendo livrinhos em linguagem simples que eram rapidamente traduzidos.[67] Há quem defina a *História natural* de Buffon como "provavelmente a obra científica mais lida do século", graças não só às ideias, mas também ao estilo literário.[68]

No século XIX, algumas grandes obras científicas atraíram um público relativamente amplo, em particular *Princípios de geologia* (1830-3), de Charles Lyell, que, apesar do tamanho, havia tido doze edições até 1875; e *A origem das espécies* (1859), de Darwin, que vendeu 56 mil exemplares antes de findar o século. Uma "sensação da era vitoriana" foi o anônimo *Vestígios da história natural da criação* (1844), que teve catorze edições e vendeu 40 mil exemplares, além de se tornar objeto de discussões acaloradas em público e privado.[69] Alguns cientistas importantes contribuíram pessoalmente para a popularização da ciência, entre eles o físico e astrônomo Louis Arago na França e, na Inglaterra, Humphry Davy (como vimos) e Thomas Huxley. Na Alemanha, por outro lado, nenhum cientista de destaque seguiu o exemplo de Humboldt em se comunicar com um público amplo, deixando a popularização a cargo de jornalistas.[70]

Apesar do sucesso, as vendas dos livros escritos por cientistas profissionais eram amplamente ultrapassadas pelas vendas daqueles escritos pelos principais popularizadores em tempo integral. O *Guide to the Scientific Knowledge of Things Familiar* (1847), do reverendo Ebenezer Brewer, chegou à sua 44ª edição em 1892, com 195 mil exemplares vendidos, enquanto *Common Objects of the Country* (1858), do reverendo John George Wood, vendera até 1889 86 mil exemplares.[71] Na França, *Astronomia popular* (1879), de Camille Flammarion, vendeu 100 mil exemplares até 1900.[72]

No século XX, algumas editoras continuaram com o empenho de levar o conhecimento acadêmico a um público maior. Na Inglaterra, foi criada a "Home University Library of Modern Knowledge" (1911). Convidavam-se especialistas para escrever uma obra curta, em estilo simples, num amplo leque de assuntos, em tiragens de 20 mil exemplares (número que ultrapassa os sonhos de muitos acadêmicos de hoje).[73] Na França, "Que sais-je?", lançada em 1941, é uma coleção parecida, que agora conta com milhares de títulos. Mesmo assim, é a segunda metade do século XIX que parece ter sido a idade de ouro para a ciência popular, pelo menos em formato de livro, conforme os índices de alfabetização subiam e uma vez que ainda não se abalara a fé na ciência como agente do progresso.[74]

Houve um ressurgimento da ciência popular no final dos anos 1920, liderado pelos próprios cientistas, como o físico Arthur Eddington, cuja obra *Natureza do mundo físico* (1928) vendera 26 mil exemplares até 1943, e o cosmólogo James Jeans, com seu *O universo misterioso* (1930), que em 1937 vendera cerca de 140 mil exemplares.[75] Muitos desses cientistas eram de esquerda, entre eles o físico Jean Perrin, cujo livro sobre os átomos, publicado inicialmente em 1913, teve várias edições e traduções; o geneticista J.B.S. Haldane, que durante algum tempo escreveu uma coluna semanal sobre temas científicos no *Daily Worker*; o zoólogo Lancelot Hogben, autor de *Ciência para o cidadão* (1938); o físico-químico J.D. Bernal, que escreveu *A função social da ciência* (1939). O livro de Hogben aumentava seu apelo popular graças às ilustrações feitas pelo cartunista de esquerda J.F. Horrabin, que já havia ilustrado *História universal* (1920), o grande sucesso de vendas de H.G. Wells.

Enquanto muitos colegas seus viam a popularização como uma distração indesejada de seus verdadeiros interesses – a pesquisa –, esses cientistas a consideravam como uma maneira de despertar a consciência, como um meio de transformar a sociedade. Mesmo assim, Hogben adiou a publicação de seu sucesso de vendas, *Matemática para milhões* (1936), originalmente apresentada em palestras, pois temia que o livro pudesse prejudicar seu renome profissional, no momento em que esperava ser eleito para a Royal Society.[76]

Desde aquela época, muitos livros sobre ciências escritos por cientistas têm sido grandes sucessos comerciais, como o *Guia de ciência para o homem inteligente* (1960), de Isaac Asimov, e *Uma breve história do tempo* (1988), de

Stephen Hawking, além de toda uma fileira de livros sobre biologia, como *O gene egoísta* (1976), de Richard Dawkins, e *O polegar do panda* (1981), de Stephen J. Gould. De qualquer modo, esse gênero de livros agora tem de concorrer não só com o jornalismo científico em revistas e jornais, mas também com documentários pela TV.

Recursos visuais

Outra pergunta impossível de responder é: quantas pessoas leem quanto dessa massa de materiais, embora seja de se suspeitar que a folheada rápida é mais frequente do que a leitura. A apresentação dos livros e dos artigos, quer sejam para especialistas quer para leigos, reforça essa hipótese. Tabelas, gráficos, mapas, diagramas, ilustrações variadas não só davam mais clareza à mensagem impressa, como também lhe serviam de substituto.[77] Ao longo de todo o período, temos um crescimento constante nos recursos visuais utilizados tanto na apresentação ao vivo quanto na exposição na página impressa – seja para uma comunicação rápida aos especialistas ou para adoçar a pílula para um público mais amplo. No lado da oferta, esse aumento foi impulsionado por novas tecnologias; no lado da demanda, pela necessidade de apresentar novos tipos de materiais, principalmente a estatística.

Não só livros e artigos, mas levantamentos sociais e relatórios de comitês passaram a usar a estatística numa escalada crescente, numa "avalanche de números impressos" desde os anos 1820.[78] Daí a importância crescente das tabelas ou das "exposições tabulares", como dizia a Statistical Society of London, um método de apresentação que também foi adotado nas ciências naturais, por exemplo pelo geólogo alemão Heinrich Bronn, que dava aulas sobre administração e também sobre a história natural, e publicou suas *Tabelas* de fósseis em 1831.[79]

O gráfico foi outro meio de apresentação visual que passou dos dados econômicos para outros tipos de dados (embora já em 1686 tenha sido publicado um gráfico mostrando a subida e a queda do mercúrio num

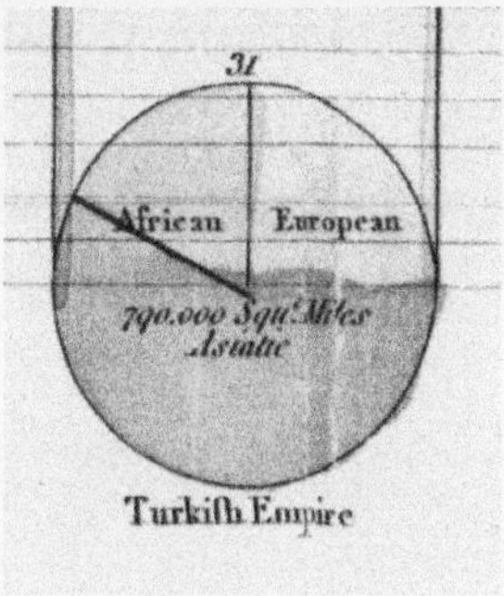

FIGURA 10. William Playfair, diagrama circular, Império turco (1801).

barômetro, dependendo do clima).[80] Um atlas econômico da Europa publicado em 1782 incluía gráficos, e o economista escocês William Playfair, que também tinha formação em engenharia, recorreu a eles em seu *Atlas comercial e político* (1786). Da geografia econômica, o gráfico passou para a sociologia (Adolphe Quetelet), a astronomia (William Herschel) e a epidemiologia (William Farr).[81]

O desenvolvimento de tabelas e gráficos foi acompanhado por novas espécies de diagramas. Joseph Priestley criou o diagrama temporal para resumir biografias. O matemático suíço Johann Heinrich Lambert incluiu diagramas com séries temporais em seu tratado sobre o calor, *Pirometria* (1779), enquanto Playfair desenvolveu o que agora conhecemos como diagramas circulares (figura 10) e diagramas de barras em seu *Breviário estatístico* (1801). Visivelmente inspirado por Playfair, Humboldt usou diagramas de barras em seu *Ensaio político sobre o reino da Nova Espanha* (1811). Os geólogos foram dos primeiros a utilizar cortes transversais, notadamente Brogniart e Cuvier, no *Essai sur la géographie mineralogique des environs de Paris* (1811), e o topógrafo William Smith, em *Delineation of the Strata in England and Wales* (1815), que lhe valeu o apelido de "Estrato Smith".

Os geólogos também foram dos primeiros a usar mapas especializados ou temáticos, a respeito de minérios e formações rochosas. Seguiram-se mapas de analfabetismo (1826), de criminalidade (1829), populacionais (1841) etc. Dois mapas temáticos famosos de Londres no século XIX foram o mapa da difusão do cólera (1854), do médico John Snow, e o "mapa descritivo" da pobreza (1891), do empresário e filantropo Charles Booth. Em seu *Carte figurative des pertes successives en hommes de l'armée française dans La campagne de Russie 1812-1813* (1861), o engenheiro francês Charles Joseph Minard mostrou que um mapa podia ser dinâmico (figura 11). Seria difícil encontrar maneira mais expressiva de mostrar o encolhimento das forças francesas entre a ida e a volta de Moscou, durante a campanha desastrosa de Napoleão.[82]

Enquanto isso, astrônomos mapeavam as estrelas e oceanógrafos mapeavam os mares. Especialmente elaborados foram os diagramas dos ventos e das correntes que Matthew Maury fez para a Marinha americana em 1848, criando símbolos especiais para a direção e a força dos ventos. Os cientistas naturais também passaram a usar cada vez mais os diagramas. Em seu *Novo sistema de filosofia química* (1808), por exemplo, John Dalton representou átomos de ácido nítrico, açúcar e outras substâncias usando grupos ou círculos simples, desde os binários aos septenários. O público geral tinha se acostumado a diagramas como o mapa do Metrô de Londres (1933), descrito como "talvez o diagrama em rede mais importante já criado".[83]

As ilustrações em livros se tornaram mais frequentes conforme barateavam, graças a mudanças tecnológicas. As xilogravuras deram lugar a gravuras em metal, visto que as chapas metálicas duravam mais tempo. A invenção da litografia, no começo do século XIX, barateou ainda mais as ilustrações. As imagens aumentaram o apelo de periódicos como *Illustrated London News* (1842), o primeiro semanário ilustrado, que nos anos 1850 tinha uma tiragem de 200 mil exemplares, que enviou artistas e um fotógrafo para cobrir a Guerra da Crimeia. O envio de um fotógrafo à Crimeia marca o início de uma nova época não só na disseminação, mas também na coleta e na análise do conhecimento: o nascimento do fotojornalismo. Em nível mais acadêmico, a fotografia contribuiu para o surgimento de uma nova disciplina, a história da arte, trazendo obras-primas espalhadas pelo mundo ao alcance dos alunos, em forma de ilustrações nos livros e recursos visuais nas aulas, mesmo que as imagens estivessem em branco e preto ou em cores não confiáveis.

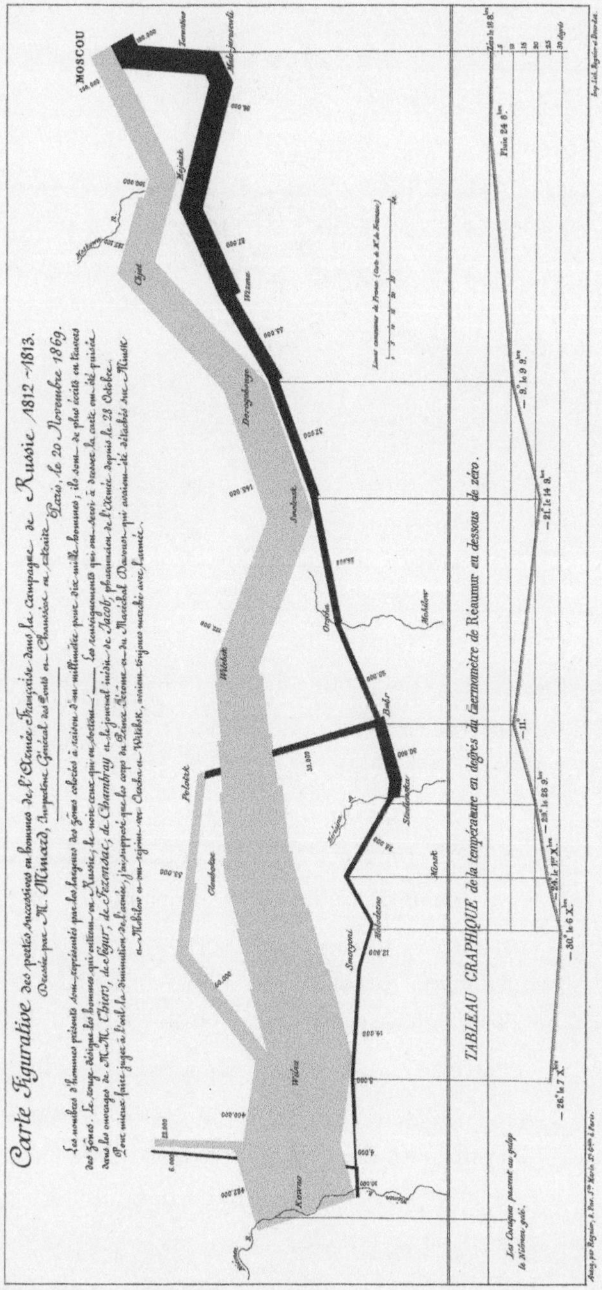

FIGURA 11. Fluxograma de Minard com as baixas na retirada de Moscou (1869).

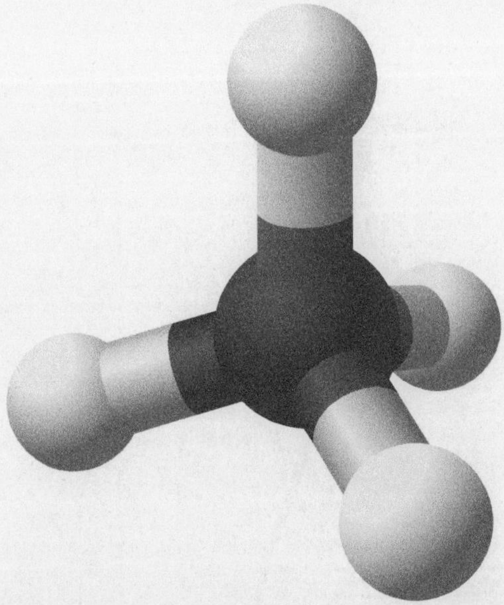

FIGURA 12. August Wilhelm von Hofmann, modelo molecular do metano (c.1860).

Os recursos visuais nas aulas não são novidade, como mostra a *Aula de anatomia* de Rembrandt. Os geólogos podiam mostrar pedras, os paleontólogos podiam mostrar ossos a suas audiências. No caso da química, o problema era um pouco maior, mas não insolúvel. Por exemplo, August Wilhelm von Hofmann, em suas preleções no Royal College of Chemistry em Londres, nos meados do século XIX, usou modelos simples de átomos e moléculas, esferas de madeira unidas por varetas (figura 12).

Alguns popularizadores da ciência, como John Henry Pepper, o "homem dos fantasmas" (acima, p.119), foram pioneiros no uso de recursos visuais nas preleções. O ex-jesuíta François Moigno, um popular conferencista de ciências naturais na França em meados do século XIX, usava sistematicamente a chamada "lanterna mágica", ancestral do projetor de slides do século XX. O projetor em carrossel veio a sucedê-lo no mercado desde 1962, e por mais de trinta anos foi difícil imaginar alguma aula ou palestra sobre história da arte sem ele.

Na metade do século XX, alguns acadêmicos já haviam se tornado personalidades da televisão, entre eles os historiadores A.J.P. Taylor e

Georges Duby, de ambos os lados do canal da Mancha. Poderíamos dizer que a televisão oferece recursos visuais mais potentes para apresentar o conhecimento, ou, alternativamente, que ela oferece um meio potente para apresentar o conhecimento em que as palavras exercem apenas um papel auxiliar. Nas duas últimas gerações, os programas têm passado de uma alternativa à outra. Nos anos 1950, os telespectadores assistiam a palestras televisivas, com ou mesmo sem ilustrações, como no caso dos famosos programas de meia hora na ITV, em que Taylor discorria sobre a Primeira Guerra Mundial. Em contraste, quando Simon Schama apresentou uma série sobre a história da Inglaterra para a BBC (2000-01), o historiador saía do estúdio e ia para os locais sobre os quais estava falando, com a participação de atores e a tônica mais sobre a imagem do que sobre o texto.

Uma grande vantagem das imagens em relação às palavras é que elas podem ser transmitidas por todo o globo sem precisar de tradução. Esse novo meio também condiz melhor com alguns tipos de conhecimento do que com outros. Funciona bem para a arqueologia, por exemplo. Assim, se o arqueólogo Mortimer Wheeler foi escolhido em 1954 como a "personalidade televisiva do ano" na Inglaterra, depois de apresentar uma série sobre sua área de estudos, o fato se deve não só ao carisma pessoal de Wheeler, mas também às qualidades fotogênicas do tema. Outro ramo do conhecimento que se presta bem à televisão é a história natural – prova disso são os famosos programas de David Attenborough, *Life on Earth* (1979), *The Living Planet* (1984) e *The State of the Planet* (2000). A história, sobretudo das guerras, também atrai produtores e telespectadores: *The Great War* (1964) para a BBC, *The World at War* (1974) para a ITV, *The Civil War* (1990) pelo diretor americano Ken Burns para a PBS e, mais recentemente, *La guerra filmada* (2006) para a TVE, enfocando e comentando os filmes feitos pelas duas partes durante a Guerra Civil espanhola.

O ensino a distância, por meio da televisão e mais recentemente pela internet, também permitiu o aumento notável da educação de adultos na Universidade Aberta Britânica (1969), que em 1997 já havia atendido a 2 milhões de estudantes, e as várias outras instituições nos mesmos moldes que se estabeleceram na Holanda, na Espanha e em muitos outros países.

Em 2003, mais de 70 mil estudantes frequentavam o "campus on-line" da Universidade de Phoenix.[84]

Este capítulo mostrou muitas tentativas individuais de disseminar o conhecimento nos últimos 250 anos, bem como algumas campanhas coletivas. A informação, exata e inexata, tem se disseminado a uma velocidade crescente. Os entusiastas podem dizer que o conhecimento se difundiu mais amplamente, enquanto os críticos diriam que ele se difundiu de modo demasiado superficial. No capítulo seguinte, veremos a comunicação do conhecimento do ponto de vista mais do receptor do que do emissor, observando os vários usos que lhe foram dados por diferentes tipos de pessoas.

4. Empregando conhecimentos

Este capítulo aborda o último dos quatro processos – coleta, análise, disseminação e ação – descritos na primeira parte deste livro. Enquanto o capítulo anterior examinou o envio de informação, este se concentrará em sua recepção e utilização. Em outras palavras, ele aborda as relações entre conhecimento e política social, ou, como Michel Foucault costumava dizer, entre saber e poder, *savoir* e *pouvoir*.[1] Inclui a reciclagem do conhecimento ou, usando um conceito central na obra do teórico francês Michel de Certeau, seu "reemprego", *ré-emploi*, para várias finalidades (inclusive finalidades jamais imaginadas pelos disseminadores originais).[2] De fato, poderíamos argumentar que as inovações intelectuais, como as tecnológicas, são em sua maioria adaptações criativas de ideias ou artefatos anteriores, e assim a chamada "originalidade" é mais relativa do que absoluta.

Mas, antes que se possa empregar o conhecimento ou agir com base nele, ele tem de ser localizado e recuperado dos depósitos de que falamos anteriormente.

Localização

A forma mais óbvia e generalizada de recuperar a informação é a memória humana, mas sua falibilidade e sua limitação têm gerado uma longa série de esforços para complementá-la com recursos artificiais. A tradicional "arte da memória", praticada na Antiguidade, na Idade Média e na fase inicial da Modernidade, tinha como finalidade auxiliar os oradores e pregadores e se baseava em associar o que se queria lembrar a imagens vívidas organizadas dentro de templos, palácios, igrejas ou teatros imaginários.[3] Essa arte ainda é praticada pelos vencedores de alguns concursos mundiais de memória, mas de 1800 em diante ela foi complementada com outros métodos mnemônicos para estudantes de direito, história, geografia, astronomia ou farmacologia: transpor datas históricas para sequências de letras, por exemplo, escrevendo versos ou desenhando cartuns com trocadilhos.[4]

No século XIX, a arte ou ciência da memória rendeu dinheiro e fama a alguns autores e palestrantes sobre o tema, mas, a longo prazo, outros métodos do que agora chamamos de "localização da informação", como os índices remissivos de livros, tiveram mais sucesso. Na segunda metade do século XIX, o cientista alemão Hermann von Helmholtz se deteve na ligação entre o progresso intelectual e os aperfeiçoamentos dos "utensílios", como dizia ele, tais como "catálogos, glossários, registros, índices remissivos, sumários", que tornavam o conhecimento "imediatamente acessível".[5]

Nas bibliotecas, por exemplo, os catálogos se tornaram cada vez mais complexos e analíticos. Antonio Panizzi, bibliotecário-chefe do Museu Britânico – a Biblioteca Britânica ainda não tinha se tornado independente –, organizou um novo catálogo, baseado em 91 regras, formulado em 1841, que serviu de modelo para muitos catálogos posteriores, entre eles o sistema de classificação decimal de Melvil Dewey, amplamente adotado, e seu principal rival, o sistema de classificação da Biblioteca do Congresso (acima, p.74).[6]

A localização de informação nas pastas em escritórios e arquivos colocava seus problemas específicos: a informação sobre criminosos, por exemplo. Na Inglaterra, foi criado em 1869 um Registro de Criminosos Habituais, incluindo a descrição dos indivíduos. O problema era que "era preciso um nome para usá-lo adequadamente, o que praticamente invalidava seu uso como meio de identificação".[7]

Na segunda metade do século XIX, os escritórios estavam produzindo uma quantidade cada vez maior de papéis e documentos, exigindo um novo sistema de armazenagem e localização. O método tradicional de arquivar cartas, por exemplo, consistia em colocá-las em caixas em ordem cronológica, com a mais recente por cima. Assim, a localização era demorada, visto que "era preciso levantar toda a correspondência por cima do item procurado".[8] Atendendo à demanda de um novo sistema, o primeiro arquivo de fichário foi feito nos Estados Unidos em 1875, com gavetas e divisórias alfabéticas, e em 1898 foi inventado um arquivo para armazenar pastas de documentos suspensas na vertical, em gavetas altas, em ordem alfabética ou temática.

No entanto, os principais avanços nos "dispositivos" se deram após a época de Helmholtz. No Capítulo 2, tratamos do "sistema de tabulação elétrica" de Herman Hollerith para recuperar informação, usado na análise dos censos e de outros grandes conjuntos de dados. Nos anos 1930, o bibliógrafo belga Paul Otlet e o engenheiro americano Vannevar Bush, em iniciativas independentes, sugeriram a indexação por associação, para facilitar a busca e a localização, Bush com seu "Seletor Rápido" e Otlet com seu *Tratado de documentação*.[9] Após o intervalo de uma geração, outros inventores voltaram a essa sugestão. Nos anos 1960, na Universidade Brown, foi desenvolvido o Sistema de Localização e Edição de Arquivos (Fress, na sigla em inglês). Desde então, vimos o surgimento de "bases de dados", primeiro em computadores e depois na *web*, organizando a informação de maneira que "buscadores" como o Google podem localizar itens por meio de palavras-chave ou "marcadores".

A localização de imagens tem sido mais complicada do que a de textos, devido à dificuldade de classificá-las (acima, p.74) – as impressões digitais de cada indivíduo, por exemplo. Nos Estados Unidos, em 1929, a Agência Nacional de Identificação Criminal já havia acumulado mais de 1,7 milhão de registros. Foi por isso que, em 1895, a Scotland Yard convidou Francis Galton para ser seu consultor científico. Assim, não surpreende que Vannevar Bush, o qual estava trabalhando no Memex (como o chamava), um análogo mecânico da memória humana, tenha procurado o FBI nos anos 1930 oferecendo-se para ajudar na tarefa de localizar as impressões digitais nos arquivos, projetando uma máquina que examinaria mil impressões por minuto. Foi apenas nos anos 1990 que a digitalização permitiu administrar o problema – bem em tempo, pois o FBI já abrigava cerca de 43 milhões de cartões com impressões digitais quando foi lançado seu Sistema de Identificação Automática de Impressões Digitais (Afis, na sigla em inglês).

A ideia do conhecimento útil

As pessoas querem localizar informação porque creem que ela lhes será útil, mas o que é tido como útil varia muito de lugar para lugar e de um período ou grupo social para outro. A própria ideia de conhecimento útil (ou aplicado, prático ou técnico) tem sua história, definindo-se em oposição à ciência "pura", "de base" ou "alta", ou ao conhecimento por si mesmo (segundo os moldes do famoso lema oitocentista da "arte pela arte").

A expressão "conhecimento útil" pode ser encontrada antes de 1750, mas veio a se tornar um lema em inglês e em outras línguas entre a segunda metade do século XVIII e o começo do século XIX. Inúmeras sociedades adotaram a expressão em seus nomes, como a Akademie gemeinnütziger Wissenschaften de Erfurt (1754). Tais nomes eram especialmente correntes na América do Norte: a American Philosophical Society for the Promotion of Useful Knowledge na Filadélfia (1766), a Trenton Society for Improvement in Useful Knowledge (1781), a New York Society for Promoting Useful Knowledge (1784) e assim por diante. O Instituto de Mecânica de Ohio (1828) foi fundado para "a difusão mais geral do conhecimento útil".[10]

Em Londres, onde o presidente da Royal Society, Joseph Banks, gostava de opor as ciências "úteis" ao que chamava de ciências "ornamentais", a Royal Institution (1799) foi fundada "para difundir o conhecimento e facilitar a introdução geral de invenções e aperfeiçoamentos mecânicos úteis" e "a aplicação da ciência às finalidades comuns da vida". A Sociedade Geológica de Londres (1807) nasceu para que "se pudesse obter um cabedal de informação prática aplicável a processos de utilidade e aperfeiçoamento público".[11] A United Service Institution (1831) foi fundada "para fomentar o desejo de conhecimento útil" no Exército e na Marinha britânicos. A British Society for the Diffusion of Useful Knowledge (1826) publicou muitos livros, enquanto na França criava-se em 1832 o *Journal des Connaissances*

Utiles. Às vezes distinguiam-se as variedades de conhecimento útil, como em uma referência da Companhia das Índias Orientais, em 1810, citando que os levantamentos topográficos forneciam "informação útil para fins militares, financeiros e comerciais".[12]

Ainda se usa a expressão "conhecimento útil", talvez principalmente no discurso de economistas e historiadores econômicos, seguindo um estudo de Simon Kuznets sobre o valor do "conhecimento testado" para o crescimento econômico.[13] O lema ainda conserva força, sobretudo em sua forma reelaborada: "conhecimento útil e confiável" ("*useful and reliable knowledge*", URK). Uma conferência de historiadores econômicos em Leiden, em 2004, enfocou os "Regimes da Produção de Conhecimento Útil e Confiável", e atualmente está em curso na Inglaterra um projeto coletivo de pesquisas sobre a história global do URK.[14]

Um lema afim – em curso especialmente nas décadas finais do século XIX e na primeira metade do século XX – era o "benefício da humanidade". Quando o inventor Alexander Bell relançou a revista *Science* (1883), seu primeiro editorial declarava que "A pesquisa é igualmente genuína" quando "a verdade por ela descoberta é utilizável em benefício da humanidade".[15] O milionário filantropo americano Andrew Carnegie declarou que a função da Carnegie Institution de Washington (fundada em 1902) era "mostrar a aplicação do conhecimento no aprimoramento da humanidade". O objetivo da Fundação Russell Sage de Nova York, criada em 1907, era "a aplicação da pesquisa à solução dos males sociais".[16] Warren Weaver, nomeado diretor da Divisão de Ciências Naturais na Fundação Rockefeller em 1932, declarou que "o bem-estar da humanidade" depende da ciência.[17]

Pelo menos uma vez os bolcheviques concordaram com capitalistas como Carnegie e Rockefeller. Nikolai Bukharin, por exemplo, integrante do Politburo, sustentava que a ciência era "determinada por objetivos que, a longo prazo, são concretos", e criticava "a pobreza da ideia de que a 'utilidade' da ciência signifique sua degradação". Cientistas britânicos de esquerda defendiam posições semelhantes. J.D. Bernal publicou um livro chamado *The Social Function of Science* (1939), enquanto Lancelot Hogben sustentava, mais ou menos na mesma época, que o movimento pela educação dos adultos "não precisa de exposições elegantes de literatura inútil". O que era necessário eram "cursos sobre a desnutrição, a política de saúde pública e a revolução das técnicas agrícolas graças às atuais descobertas biológicas".[18]

Apesar da retórica do benefício da humanidade, o conhecimento útil é muitas vezes considerado, pelo menos por intelectuais, inferior ao produto "puro", não contaminado pela vinculação com a política ou o comércio. A matemática "aplicada", por exemplo, é amiúde considerada inferior à matemática pura, e a física experimental inferior à física "teórica". É uma velha tradição, que remete à Grécia antiga e ao preconceito contra o trabalho manual, típico de uma sociedade baseada, pelo menos em parte, na escravidão.

Mas, em nosso período, o maior interesse de associações, Forças Armadas, empresas, governos e outras instituições pelo conhecimento útil veio a colocar na defensiva os adeptos do conhecimento puro. Nos Estados Unidos, por exemplo, já em 1883 o físico Henry Rowland considerou necessário publicar uma "Defesa da Ciência Pura". Na Alemanha, a separação entre pesquisa pura nas universidades e pesquisa aplicada nas *Hochschulen*, escolas técnicas de grau inferior, sofreu um impacto com a criação dos Institutos Kaiser Wilhelm. O teólogo e gestor de conhecimento Adolf Harnack julgou necessário escrever ao imperador, defendendo que "a pesquisa científica pura, sem visar a objetivos práticos, também pode ser da maior importância econômica".[19] De maneira análoga, Vannevar Bush formulou em 1945 sua chamada "lei perversa", segundo a qual "a pesquisa aplicada expulsa invariavelmente a pura", e cunhou a expressão "pesquisa de base", para destacar a importância da pesquisa que era "realizada sem pensar em fins práticos".[20]

Quer a lei de Bush (formulada seguindo os moldes da lei do financista elizabetano Thomas Gresham, "a moeda ruim expulsa a boa") tenha ou não validade universal, vale notar que a "pesquisa aplicada" é um híbrido cultural. Mais do que a derrota do conhecimento acadêmico para o conhecimento prático, ela é uma interpenetração dos dois conhecimentos. Algumas pesquisas são de base e de "inspiração utilitária", como no caso da famosa obra do cientista francês Louis Pasteur sobre microbiologia, que levou à "pasteurização".[21] De todo modo, seria mais exato falar em conhecimento "usável" em vez de "útil", pois é difícil dizer de antemão o que será útil e para qual finalidade. Para esclarecer esses pontos, vejamos a interação de vários tipos de conhecimento em quatro âmbitos: os negócios, a guerra, o governo (inclusive dos impérios) e, por fim, as universidades.

O conhecimento nos negócios e na indústria

Os usos do conhecimento técnico para melhorar o desempenho industrial já eram muito conhecidos desde o começo de nosso período, tanto no mundo empresarial quanto no serviço público. Já se disse que a Revolução Industrial deveria ser definida como o "iluminismo industrial", visto que a Inglaterra dos finais do século XVIII era um tempo e um espaço de interação especialmente intensa entre o conhecimento puro e o aplicado, ou entre o conhecimento de base e o prático. Daí, por exemplo, a criação de escolas técnicas e comerciais (abaixo, p.274).[22]

Na Inglaterra oitocentista, o Select Committee on Arts and Manufactures (1835) se dedicava a "estender o conhecimento das artes e dos princípios de projeto entre o povo (especialmente a população manufatureira)", para permitir o aumento das exportações de manufaturas britânicas. Na esteira do sucesso da Grande Exposição de 1851, foi montado um "Museu de Manufaturas", para que os artesãos nas Escolas de Projeto do Governo pudessem conhecer as tradições artesanais que recuavam até a Idade Média. Mais tarde, ele se tornou o Museu de South Kensington, que por sua vez se transformou posteriormente no Victoria and Albert Museum. Essa iniciativa foi acompanhada em Viena (1864), Hamburgo (1869) e Frankfurt (1877).

Na fachada de outro edifício monumental, o Departamento do Comércio em Washington (1903), consta uma inscrição anunciando ao público a intenção do departamento de promover os interesses da indústria e do comércio "por meio de pesquisas experimentais e pela disseminação do conhecimento". Concorrendo entre si numa era de industrialização, desde a segunda metade do século XIX, várias empresas na Alemanha, nos Estados Unidos e em outros países começaram a investir grandes somas em pesquisas científicas (em programas mais tarde conhecidos como "pesquisa e desenvolvimento" ou P&D) e a criar laboratórios industriais.

Na Dinamarca, por exemplo, o cervejeiro J.C. Jacobsen, proprietário da Carlsberg, fundou em 1875 o Laboratório Carlsberg, o primeiro instituto de pesquisas dinamarquês importante fora da universidade, um ano antes que o inventor Thomas Edison abrisse seu laboratório de pesquisas em Menlo Park, Nova Jersey, às vezes apresentado como "o primeiro laboratório de pesquisas industriais ... no mundo".[23]

Os usos de pesquisas químicas em tintas e tecidos sintéticos foram reconhecidos pela criação de laboratórios alemães na Badische Anilin und Soda Fabrik e em outros locais. Em 1900, já se estabelecera uma aliança entre farmacologistas e a indústria farmacêutica.[24] Nos Estados Unidos, antes de 1914, a General Electric, a Standard Oil, a Eastman Kodak e Bell Telephone já possuíam seus próprios laboratórios.[25] Em suma, os usos do conhecimento científico na indústria são reconhecidos há muito tempo, e o financiamento comercial da pesquisa científica não é novidade. O que vemos hoje em diversos domínios, dos programas de computação à biotecnologia, é uma aceleração de processos anteriores.

Um dos principais problemas levantados pelo financiamento comercial da pesquisa, a propriedade do conhecimento, também é antigo. O Bureau Fédéral de la Propriété Intellectuelle foi fundado em Berna em 1888. A Convenção de Estocolmo criou em 1967 a Organização Mundial da Propriedade Intelectual (Wipo, na sigla em inglês). A questão dos lucros das patentes derivadas de pesquisas nas universidades também foi levantada nos Institutos Kaiser Wilhelm na Alemanha, no começo do século XX. Sugeria-se que os inventores dessem 25% ou 33% dos lucros para o instituto em que trabalhavam.[26]

As leis de propriedade intelectual já foram descritas como uma espécie de "feudalismo da informação", "uma transferência de bens do conhecimento do campo intelectual coletivo para as mãos de particulares", de uma "elite de corporações", dando pouco retorno para os criadores de conhecimento – em outras palavras, os pesquisadores e descobridores. Por exemplo, empresas com laboratórios de pesquisas costumam restringir a publicação de artigos científicos dos funcionários, para que os concorrentes não usem a informação. O objetivo desse "jogo do conhecimento", como se tem chamado, era e é privatizar o conhecimento o máximo possível. No caso das empresas ocidentais que patenteiam o conhecimento nativo de outros continentes, fala-se em "biopiratarIa".[27]

Enquanto algumas indústrias se baseavam em conhecimentos científicos adquiridos por meio de pesquisas, outras precisavam mais de informações práticas e atualizadas sobre matérias-primas, clientes em potencial e assim por diante. Empresas de produtos perecíveis, por exemplo, como os frigoríficos de Chicago, precisavam de um fluxo de informação constante sobre a oferta e a demanda, tal como as corretoras de valores precisavam de informação sobre os preços das *commodities* e o desempenho das companhias. Em ambos os casos, o telégrafo foi um recurso fundamental, desde a metade do século XIX.[28] O desenvolvimento do telégrafo transformou a notícia em geral, não apenas a econômica, numa mercadoria cuja comercialização, como vimos (p.128), ficava a cargo de agências especializadas, como Havas e Reuters, que a vendiam aos jornais. As ferrovias, como mais tarde as linhas aéreas, são outro exemplos notáveis de empreendimentos que dependem maciçamente de informação – sobre a posição dos vagões, as condições de viagem etc. –, e assim não surpreende que as empresas ferroviárias americanas tenham sido pioneiras no uso dos cartões perfurados, como parte de "um sistema de relatórios e verificações diárias", como disse um de seus superintendentes em 1855.[29]

Desde o começo do século XIX, os administradores de empresas começaram a perceber a necessidade de um maior conhecimento sobre as próprias empresas, para geri-las com eficiência, coordenar, avaliar e orçar seu desempenho. A General Motors foi pioneira na coleta de informação, sobretudo estatística, para monitorar o desempenho das diversas partes da corporação e para prever a quantidade de mão de obra e equipamentos necessários para o mês seguinte. O uso de cartões de ponto se generalizou, fornecendo informação sobre os horários e os custos e, como vimos, aumentou muito a contratação de empregados de escritório para processar a informação.[30]

O começo do século XX também foi a era da chamada "administração científica", seguindo os *Princípios de administração científica* (1911), do engenheiro Frederick Taylor. Nos anos 1880, Taylor sustentara que era possível aumentar a produtividade associando o pagamento à produção e descobrindo, por meio de observação sistemática e do controle do tempo dos operários com um cronômetro, os métodos mais rápidos e eficientes de desempenhar as tarefas específicas.[31] Frank Gilbreth, dono de uma empreiteira, desenvolveu esse método num estudo do assentamento de tijolos. Numa análise pioneira do tempo e dos movimentos, publicada com o título de *The Bricklaying System* (1909), Gilbreth propôs que se diminuísse a quantidade de movimentos na hora de assentar um tijolo, passando de dezoito para quatro. Prosseguiu com outros estudos experimentais, usando uma câmera para registrar os movimentos.[32] *A psicologia da administração* (1914), escrito pela esposa de Frank, Lilian, foi outro estudo pioneiro, assim como os estudos psicológicos e sociológicos de uma fábrica da Western Electric em Chicago, a Hawthorne Works, nos anos 1920 e 1930. As empresas americanas passaram a utilizar cada vez mais a psicologia e psicólogos nos processos de contratação e avaliação de seus funcionários. A administração científica na linha de Taylor também foi adotada na França, em empresas como a Renault e a Michelin.[33]

Os usos do conhecimento não só na produção, mas também na comercialização dos produtos foram descobertos mais ou menos na mesma época e nos mesmos lugares. Desde as primeiras décadas do século XX, espalharam-se pelos Estados Unidos agências e departamentos de pesquisa de mercado. Charles Parlin, por exemplo, tornou-se em 1911 diretor do departamento de pesquisa da Curtis Publishing Company, cargo que ocupou por trinta anos. Em 1926, Archibald Crossley fundou uma empresa de pesquisa de mercado, a Crossley Inc., e se tornou um famoso perito em pesquisar a opinião pública no rádio. George Gallup, famoso por suas pesquisas sobre as posições políticas, trabalhou em pesquisa de mercado antes de criar seu Institute of Public Opinion.[34] Hoje, a pesquisa de mercado, junto com a criação e venda de listas de mala direta e a coleta de informação antes de abrir uma linha de crédito para o indivíduo interessado, se desenvolveu a tal ponto que foi definida como "uma rede de vigilância burocrática sobre o comportamento do consumidor".[35]

No mundo dos negócios na última geração, houve uma passagem do conhecimento de administração para a administração do conhecimento. A concepção anterior de uma administração científica se baseava sobretudo no julgamento dos administradores, ao passo que a nova abordagem ressalta a equipe. Na era da "economia do conhecimento", nos debates sobre inovação, tomada de decisões e competitividade empresarial e econômica mais geral, percebe-se uma nova ênfase no conhecimento. Desenvolveu-se um novo campo ou disciplina, "administração do conhecimento" (KM, "*knowledge management*"), definida como o uso do conhecimento para aumentar a eficiência de uma empresa, com suas próprias publicações especializadas, como *Knowledge Management Research and Practice* (2002).[36] Outros especialistas falam em "governança do conhecimento" e discutem as vantagens e as desvantagens de diversas formas de organização, com maior ou menor hierarquia e centralização.[37] O conhecimento, definido como "a soma de tudo que todos numa empresa sabem que proporciona uma vantagem competitiva", é visto como um ativo fundamental.[38]

O Centro de Conhecimento Empresarial agora anuncia "serviços de administração do conhecimento". Mas as empresas geralmente nomeiam seus próprios diretores de conhecimento, ou CKOs (começando com a nomeação de Leif Edvinsson na Skandia, em 1994), junto com uma equipe de analistas, corretores e "engenheiros" de conhecimento.[39] Enfatiza-se o acesso e compartilhamento de conhecimentos tácitos ou locais – geralmente dentro da empresa, mas às vezes também com outras empresas. Considera-se que as empresas japonesas são especialmente eficientes sob esse aspecto e especialmente competitivas por essa razão.[40] A crença no valor econômico do conhecimento se expressa na locução "capital intelectual". Em 1999 foi criado um *Journal of Intellectual Capital*, enquanto Edvinsson saiu da Skandia no mesmo ano, para ocupar a cátedra de Capital Intelectual na Universidade de Lund.

O conhecimento na guerra

Há milhares de anos, os comandantes têm utilizado serviços de inteligência sobre a localização e o poderio do inimigo, enviando batedores em missões de reconhecimento, da mesma forma como utilizavam o conhecimento especializado de ferreiros e outros artífices que fabricavam armas.

Em épocas recentes, tem-se afirmado de maneira bastante convincente que há uma supervalorização do papel dos serviços de inteligência na guerra, visto que geralmente é difícil, se não impossível, que os agentes transmitam suas descobertas com rapidez suficiente para que as informações sejam úteis. Mesmo assim, em nosso período houve vários êxitos dos serviços de inteligência, ou graças a eles. Concentrando-se em exemplos navais, temos desde a Batalha do Nilo (1798), de Nelson, travada depois de coletar e analisar o conhecimento local, até a Batalha de Midway (1942), em que os americanos tiveram acesso às comunicações japonesas graças à decifração de um código secreto.[41]

O que há de novo em nosso período é uma tendência de "cientificização" da guerra, o uso e a dependência crescente a formas especializadas de conhecimento de cartografia topográfica, navegação, artilharia, engenharia e assim por diante, bem como às novas tecnologias de comunicação (por telégrafo, telefone etc.) entre o campo e o quartel-general, e a métodos cada vez mais sofisticados de codificação das mensagens ou de decifração dos códigos inimigos (acima, p.77). Tornou-se cada vez mais necessário que os oficiais do Exército, da Marinha e depois da Força Aérea aprendessem o ofício, que estava se convertendo em profissão, em escolas militares. A importância da balística na guerra já era reconhecida desde o século XVI, se não antes, mas, com o desenvolvimento de armas mais complexas e sofisticadas, os soldados passaram a precisar de um conhecimento técnico cada vez maior. Daí a criação das academias de artilharia de Barcelona e Cádiz (1750), a Vereinigte Artillerie und Ingenieur-Schule de Berlim (1816) e assim por diante.

A coleta de informação secreta militar se profissionalizou gradualmente. Na Inglaterra, por exemplo, em 1914 foi criado o Corpo de Inteligência, dissolvido e depois recriado em 1940. A tradicional necessidade de estudar o terreno antes de iniciar a batalha levou ao desenvolvimento dos levantamentos topográficos. Como esse tipo de informação era confidencial, os mapas eram secretos e o levantamento era feito pelos próprios soldados. Na época de Napoleão, por exemplo, um grupo de *ingénieurs-géographes* acompanhava as forças militares e mapeou a Itália, a Áustria, a Rússia e outros lugares.[42] O major James Rennell aprendeu o ofício como topógrafo naval antes de se tornar o supervisor topográfico geral de Bengala em 1764. Da mesma forma, o major Thomas Mitchell, futuro supervisor topográfico geral de Nova Gales do Sul, começou a carreira fazendo o levantamento topográfico da Espanha para o duque de Wellington durante a Guerra de Independência Espanhola. Nos Estados Unidos, foi criado em 1838 um Corpo de Engenheiros Topográficos, que explorou o Oeste na época da guerra com o México.

Governos e comandantes passaram a ter consciência cada vez mais clara dos usos militares do conhecimento geográfico. Após a Batalha de Iena em 1806, derrotados por Napoleão, os prussianos reagiram ensinando mais geografia nas escolas. A Guerra Franco-Prussiana de 1870-71, na definição famosa do presidente da Sociedade Geográfica americana, foi "uma guerra travada em igual medida com armas e mapas", e os franceses derrotados, seguindo o exemplo anterior dos adversários, passaram a dar maior espaço à geografia no ensino.[43] Nas duas guerras mundiais, o trabalho dos topógrafos foi complementado pelos radares e pela aerofotogrametria, ao passo que agora os Exércitos usam dados de satélites (a Guerra do Golfo foi a primeira com amplo uso dos GIS, Sistemas de Informação Geográfica).

Durante a Primeira Guerra Mundial, vários cientistas americanos ofereceram seus préstimos ao presidente Wilson no esforço de guerra, com "o emprego de métodos científicos para fortalecer a defesa nacional". Na França, o ministro da Guerra encarregou o matemático Émile Borel de pesquisas para finalidades militares. A Academia de Ciências russa criou uma "comissão para o estudo das forças produtivas naturais" a fim de atender às necessidades da guerra. Cientistas civis se envolveram na chamada Pesquisa Operacional, "estruturando e mensurando os problemas apresentados pela batalha como se fossem problemas de ciências naturais".[44] O governo britânico empregou arqueólogos, inclusive Leonard Woolley, como espiões no Oriente Médio (sendo o trabalho de campo um excelente disfarce), e o governo americano empregou antropólogos para a mesma finalidade na América Central, criando um problema ético delicado. Em 1919, Franz Boas denunciou quatro desses antropólogos, afirmando que "quem usa a ciência como disfarce para a espionagem política … prostitui a ciência de maneira imperdoável".[45]

Durante a Segunda Guerra Mundial, coube aos cientistas um papel ainda mais importante. Cientistas alemães desenvolveram os foguetes V1 e V2, enquanto nos Estados Unidos uma equipe internacional trabalhou no Projeto Manhattan, que levou à produção da bomba atômica. Nos Estados Unidos, o Departamento de Serviços Estratégicos (OSS na sigla em inglês, 1942), dedicado a coletar informação sobre o inimigo, recrutou tantos acadêmicos, sobretudo de Yale, para sua Divisão de Pesquisa e Análise, que ganhou o apelido de "o campus". O historiador diplomático William Langer assumiu a chefia da divisão, recrutando Conyers Read, que já era uma autoridade sobre o chefe da espionagem elizabetana Francis Walsingham, e vários jovens estudiosos que mais tarde se tornariam historiadores de renome.[46]

O OSS também recrutou cientistas sociais – Barrington Moore em política, Walt Rostow em economia e Edward Shils em sociologia –, enquanto o cientista político Gabriel Almond se tornava diretor da Seção de Informação Inimiga do Departamento de Informação de Guerra.[47] O conceito de "inteligência" se ampliou para incluir a cultura e evitar mal-entendidos entre os soldados americanos e os habitantes nativos dos inúmeros locais onde as tropas estavam estacionadas, da Birmânia à Nigéria. Antropólogos como Ruth Benedict e Clyde Kluckhohn trabalharam na Divisão de Análise de Costumes Estrangeiros, do Departamento de Informação de Guerra. Foi esse departamento que encomendou o célebre estudo de Benedict sobre o Japão, *O crisântemo e a espada* (1946), que fazia um contraste entre a "cultura da vergonha" japonesa e a "cultura da culpa" americana.[48]

Como no caso das empresas, os comandantes dos Exércitos descobriram o valor prático de conhecerem suas próprias organizações e forças de trabalho. Nos Estados Unidos, algumas organizações militares e navais adotaram os métodos de administração científica de Frederick Taylor antes da Primeira Guerra Mundial. Durante a guerra, as Forças Armadas americanas utilizaram psicólogos organizacionais para ajudar a decidir quais recrutas deveriam empregar para quais tarefas. Na Segunda Guerra Mundial, uma equipe liderada pelo sociólogo Samuel Stouffer fez um levantamento de mais de 500 mil soldados americanos. Outros Exércitos também adotaram como prática corrente a aplicação de testes psicológicos aos recrutas, além da manutenção de fichas individuais de todos eles, que eram consultadas antes de qualquer promoção.

No começo dos anos 1960, o secretário de Defesa americano Robert McNamara criou o Departamento de Análise de Sistemas no Pentágono, tomando de empréstimo a ideia de análise de sistemas, sobretudo o Sistema de Planejamento, Programação e Orçamento, à prática adotada no mundo empresarial. Não querendo ser dominados por civis, os generais enviaram alguns oficiais à universidade para aprender a linguagem das ciências sociais, a fim de poder defender melhor a autonomia dos militares.[49]

O conhecimento no governo

Como as Forças Armadas, os governos precisam dos serviços de inteligência – em outros termos, de informação – antes de poder agir com eficácia com vistas a seus vários objetivos, seja a segurança ou a previdência social. No período estudado, os Estados passaram gradualmente a se preocupar mais com a *Polizei*, segundo o termo setecentista alemão, conceito bastante geral que abrangia da censura à assistência aos pobres. Foi por isso que, nos Estados alemães e no Império dos Habsburgo da segunda metade do século XVIII, os futuros funcionários do governo iam à universidade para estudar a chamada *Polizeiwissenschaft* (ou ciência da administração do governo). Conforme a famosa definição de Max Weber, "a administração burocrática significa essencialmente a dominação através do conhecimento. Esta é a característica que a torna especificamente racional."

Já no século XVIII, alguns Estados tentavam "fazer uma sociedade legível" por meio de "processos tão díspares quanto a criação de sobrenomes permanentes, a padronização de pesos e medidas, o estabelecimento de fichas cadastrais e registros da população" e assim por diante, para facilitar a tributação e o recrutamento militar.[50] Em 1793, por exemplo, o Estado francês pós-revolucionário proibiu que os cidadãos usassem outros nomes que não fossem os constantes em seus registros de nascimento.[51] Junto com o surgimento da informação estatística, há também uma longa tendência à coleta e ao uso de informações sobre os indivíduos.

Como vimos acima (p.34s), a coleta sistemática de informação por parte dos governos passou a adquirir importância crescente desde a segunda metade do século XVIII. Grande parte dessa informação provinha de levantamentos oficiais dos mais variados tipos, inclusive os censos, sendo que uma parte desses dados era fornecida por agentes secretos, "informantes" ou espiões. A espionagem é uma velha atividade, mas foi em nosso período que ela se profissionalizou, no sentido de se tornar uma ocupação em tempo integral.

O método tradicional usado pelos governos para adquirir informação sobre países estrangeiros, fosse para objetivos governamentais ou para a movimentação das tropas, se dava por intermédio dos embaixadores, que por sua vez dependiam de uma rede de informantes. No século XIX, alguns regimes autoritários criaram uma polícia política com agentes no país e no exterior. No Império dos Habsburgo do começo do século XIX, por exemplo, o ministro da Polícia era responsável pela espionagem interna e externa, com especial interesse pelas sociedades secretas italianas que aspiravam à independência.[52] Analogamente, o Departamento da Polícia de Estado russo, a Okhrana, descrita como "única na Europa de sua época, tanto pela extensão de seus poderes quanto pela abrangência de suas atividades", abriu um escritório em Paris em 1882, para vigiar os exilados russos que podiam constituir uma ameaça ao regime.[53]

Mas foi apenas no século XX que os governos, na maioria, complementaram ou trocaram os métodos tradicionais de coletar informações no exterior, com a criação de departamentos especializados para os serviços secretos. Na Inglaterra, o MI5 foi criado em 1909; na Rússia, a Cheka (depois conhecida sucessivamente como OGPU, NKVD, KGB e FSB), em 1917. A Cheka tem sido mencionada como "a maior força policial política e o maior serviço secreto no exterior em todo o mundo".[54] Na França, a SDECE (mais tarde, DGSE) foi criada em 1947, no mesmo ano em que nasceu a CIA nos Estados Unidos – em outros termos, nos primórdios da Guerra Fria. Na Alemanha Oriental, a APN (Aussenpolitischer Nachrichtendienst, ou Serviço de Inteligência no Exterior) foi criada em 1951, disfarçando-se como um instituto de pesquisa econômica. Esse ramo do serviço secreto, que fazia parte da Stasi, ficou notório depois que se descobriu em 1974 que Günther Guillaume, o assistente pessoal do chanceler Willi Brandt da Alemanha Ocidental, era um de seus agentes.[55]

É conhecido o papel dos traidores repassando informação secreta a potências estrangeiras, especialmente no caso da KGB. Entre seus agentes estavam o diplomata britânico Donald Maclean, que tinha acesso a informações políticas e científicas valiosas, e o físico alemão Klaus Fuchs, que trabalhou no Projeto Manhattan durante a Segunda Guerra Mundial e, depois, no Instituto de Pesquisa de Energia Atômica inglês, em Harwell, o que o colocava numa posição privilegiada para revelar segredos científicos aos russos.[56]

Em todo caso, a tendência nos últimos cinquenta anos, aproximadamente, tem passado dos serviços de inteligência humana (conhecida no setor como Humint) para a obtenção de informação por meios técnicos (Techint). A Techint vai desde a instalação de escutas em embaixadas estrangeiras até o uso de aviões espiões, como o U-2 da CIA, alvejado quando sobrevoava o espaço aéreo da União Soviética em 1960, ou os mais recentes UAVs (veículos aéreos não tripulados) e os satélites de vigilância, que têm a vantagem, quando interceptados, de não poder confessar.[57] Essas diferenças de método têm uma história e uma geografia. Durante a Guerra Fria, os Estados Unidos preferiam a Techint, enquanto a União

Soviética continuava a se basear na Humint. Dizia-se que a Humint dava melhores resultados.[58]

Todavia, desde a segunda metade do século XVIII, se não antes, os governos tendem a destinar uma proporção maior de seus orçamentos de segurança para a coleta de informação sobre a própria população. Os franceses foram pioneiros nesse aspecto, seguidos pelos prussianos, austríacos e russos. Na Áustria, por exemplo, Graf Johann von Pergen se tornou uma espécie de ministro da Polícia nos anos 1780 e criou uma rede de agentes conhecida como "polícia secreta" (*Geheime Staatspolizei*).

A preocupação com a segurança interna aumentou após a Revolução Francesa. Na França, Joseph Fouché, que foi nomeado ministro da Polícia em 1799, montou uma rede de espionagem especialmente destinada a descobrir complôs contra o novo regime revolucionário. Na Áustria, a polícia de Pergen investigava complôs de "jacobinos", ou seja, simpatizantes da Revolução Francesa, contra o regime.[59] Na Rússia, a notória "Terceira Seção" da polícia política foi fundada em 1826, seguindo-se à revolta "dezembrista" de alguns oficiais do Exército contra o czar autocrata Nicolau I. À Terceira Seção seguiu-se a Okhrana, ou Departamento de Proteção à Ordem (1866), em resposta a um atentado contra a vida do czar. A Okhrana, por sua vez, foi substituída – após mais um atentado – pelo Departamento da Polícia de Estado (1880).[60]

No século XX, multiplicaram-se as forças policiais envolvidas na segurança interna. O FBI e as seções nacionais da KGB e da Stasi alemã-oriental são apenas as organizações mais conhecidas entre inúmeras outras semelhantes, que se ampliaram cada vez mais, ficando progressivamente mais dispendiosas e arquivando uma quantidade sempre maior de fichas. A Stasi, por exemplo, como o mundo ficou sabendo após 1989, tinha uma rede de 250 mil informantes secretos (desde 1968 conhecidos como Inoffizielle Mitarbeiter, "assistentes não oficiais") e acumulava cerca de 6 milhões de dossiês.[61] O FBI, fundado em 1908, tinha seiscentos agentes especiais em 1920, mais de 4 mil em 1945, mais de 8 mil em 1976 e de 27 mil em 2001.[62] Seu orçamento passou de US$ 294 milhões em 1971 para US$ 4,3 bilhões em 2003.[63] Seus arquivos incluíam dados sobre socialistas, ativistas negros, homossexuais (330 mil páginas numa seção chamada "Desviados Sexuais"), e 480 mil estrangeiros inimigos residentes nos Estados Unidos durante a Primeira Guerra Mundial. Em 2003, havia 1 bilhão de arquivos do FBI disponíveis on-line para os autorizados a consultar.

O FBI atendia não só à segurança interna, mas também ao combate a crimes. Entre seus alvos estavam a Ku Klux Klan e a Máfia americana. O surgimento de organizações especializadas na detecção de crimes foi outra tendência dos séculos XIX e XX. Na França, por exemplo, a Sûreté Nationale foi criada em 1813. Nos Estados Unidos, tipicamente, a primeira organização do gênero era privada, a Agência Nacional de Detetives Pinkerton (1850). Na Prússia, a "polícia criminal" (*Kriminalpolizei*) se tornou uma entidade autônoma em 1872, enquanto na Inglaterra a CID foi fundada em 1878 (desde 1842, existia uma Força de Detetives de Londres, composta de doze policiais).

A importância dessas organizações na história do conhecimento consistia na coleta e análise sistemática de informação para combater o crime. Nos anos 1870, como vimos (p.87), o policial francês Alphonse Bertillon inventou um método para identificar os indivíduos por meio de uma série de medições corporais.[64] Em 1892, um policial da Argentina, Juan Vucetich, fundou o primeiro escritório de impressões digitais, exemplo seguido pelo CID (1901), pelo FBI e por outras forças.[65]

A tomada de impressões digitais é um exemplo conhecido da tendência de "cientificização" do combate ao crime nos últimos 150 anos, fazendo parte de um conjunto crescente de conhecimento que tem sido chamado de "ciência forense". O primeiro laboratório forense foi inaugurado em Lyon em 1910 por Edmond Locard, um pioneiro do que agora chamamos de "investigação da cena do crime", cujo princípio era que "todo contato deixa um rastro" que pode ser seguido pelo investigador. O *New York Times* observou em 1934: "Em anos recentes, a ciência tem fornecido muitos instrumentos úteis ao detetive; muitas vezes, um crime pode ser solucionado no laboratório."[66] Nessa época, o FBI estava usando raios X para examinar embrulhos a fim de verificar se continham explosivos e luz ultravioleta para descobrir rasuras em documentos. Dois grandes desenvolvimentos recentes transformaram a investigação dos crimes: o uso de provas de DNA nos tribunais, a partir dos anos 1980, e a criação de bases de dados criminais, entre elas a base de dados da Polícia Metropolitana na New Scotland Yard e a base de dados da Interpol sobre infrações internacionais de direitos de propriedade intelectual.

Outra razão tradicional para os Estados colherem informação sobre os indivíduos é a vontade de controlar os movimentos, tanto a entrada de estrangeiros quanto a saída de seus cidadãos. Os passaportes já eram usados na Europa antes de 1789, embora no século XIX tenha se registrado uma tendência em favor da liberdade de movimento, à qual se seguiu no século XX uma retomada gradual do controle.[67] Os governos dos países que atraíam um maior fluxo de imigrantes, como os Estados Unidos entre as décadas finais do século XIX e as iniciais do século XX, procuravam informações que ajudassem a selecionar quem poderia entrar. Por isso o estudo antropométrico de quase 18 mil imigrantes e seus filhos, pertencentes a sete grupos étnicos, realizado pelo antropólogo Franz Boas e seus assistentes (1908-10), recebeu financiamento da Comissão de Imigração americana.

O "conhecimento relacionado à política social", como às vezes é chamado, passou a ser cada vez mais necessário desde a segunda metade do século XIX, à medida que os Estados começaram a se preocupar mais com o bem-estar de seus cidadãos (saúde, educação, lazer etc.), respondendo aos problemas sociais ligados ao capitalismo industrial. A sociologia em seus primórdios, nos Estados Unidos e em outros países, esteve ligada à reforma social, e foram feitos alguns levantamentos sociais para essa finalidade (acima, p.36). Afirma-se que, entre os anos 1850 e 1920, as "ciências sociais modernas ganharam forma em íntima interação com as primeiras tentativas dos Estados nacionais de lidar com as consequências sociais da industrialização capitalista". Certamente não é por acaso que a universidade de pesquisa e o Estado de bem-estar social tenham nascido mais ou menos juntos na segunda metade do século XIX.[68]

Aqui, um exemplo óbvio é o da Suécia, às vezes vista como o Estado de bem-estar social por excelência, e pioneira na coleta de informação para finalidades oficiais. No século XIX, colheram-se estatísticas sobre a agricultura, o comércio, a manufatura e as exportações, e em 1858 foi criado um Escritório Central de Estatística. Na segunda metade do século XIX, a industrialização de uma sociedade até então camponesa, ao lado da ampliação do direito de voto e do surgimento de organizações políticas em grande escala, incentivou o Estado a desempenhar um papel social mais ativo do que antes. Para preparar o terreno, o governo utilizou comissões de investigação *ad hoc*, cerca de 4 mil ao todo entre 1855 e 1974, para colher informação sobre os números de desempregados, de idosos e assim por diante.[69] A partir dos relatórios dessas comissões, criaram-se pensões para os idosos, seguros-saúde e auxílio-desemprego. A implementação dessas medidas exigiu uma quantidade ainda maior de informação.[70]

Sob alguns aspectos, um Estado pode ser visto como uma empresa gigantesca, em que as autoridades públicas são os gerentes. A ideia de uma "administração de conhecimento" (acima, p.151) se estendeu do setor privado para o setor público. Agora, os arquivistas são qualificados como especialistas em "administração de informação e registros" (Rim, Records and Information Management), ao passo que o conhecimento é oficialmente compartilhado entre os servidores públicos ou entre os serviços secretos na tentativa de identificar terroristas.

Hoje, na era do "governo digital", os Estados têm acesso a gigantescas bases de dados para inúmeras finalidades. Na Inglaterra, por exemplo, os registros eletrônicos recuam aos anos 1960. Nos anos 1980, a Rede de Dados do Governo começou a criar ligações entre os registros de diversos departamentos. Em 2004, foi instituída uma Unidade de e-Governo como parte do Gabinete Ministerial, e em 2006 foi nomeado um diretor de informação do governo, ou CIO (o título ecoa os CIOs das empresas, e o primeiro nomeado pelo governo de fato provinha do mundo dos negócios). Os arquivos também estão sendo redesenhados na era digital.[71]

Tais desenvolvimentos têm sido resumidos em expressões como "Estado Instruído", "Estado Arquivístico" ou "Estado de Informação".[72] Outras expressões mais enfáticas falam em "Estado Policial" (termo oitocentista), "Estado Vigilante" ou "Estado Totalitário". Um acadêmico fala em *totalitarisme informationnel*.[73]

Mas devemos nos precaver contra o excesso de dramatização. Certamente é mais esclarecedor pensar em termos de Estados com maior ou menor grau dessas qualidades, em vez de defini-los pela ausência ou presença delas – ou seja, considerá-los cada vez mais centralizados e invasivos. Na França, por exemplo, o regime após 1789 foi mais intervencionista do que seus predecessores. Por isso, os funcionários do Estado precisavam saber mais e realizaram maior número de levantamentos.[74] Nos anos 1860, houve uma "proliferação de investigações estatísticas" na Itália para ajudar a resolver os problemas do novo Estado unificado.[75] Em nossa época, as inovações tecnológicas têm permitido que os governos supervisionem a vida dos cidadãos de maneira muito mais minuciosa do que antes, mas o mero volume desses dados é um empecilho ao uso eficiente deles.

Sem dúvida é plausível definir a Rússia em particular como um Estado vigilante, sobretudo após a criação da polícia secreta (a Terceira Seção) em 1826. Naquela altura, "a própria vigilância se converteu em objeto de vigilância", como reclamou um funcionário importante da Terceira Seção, ao descobrir que a polícia comum estava vigiando atentamente sua rival.[76] A vigilância diminuiu após 1917, mas recrudesceu nos anos 1930, quando Stálin reintroduziu o sistema tradicional dos passaportes internos. Como declarou o comissário do povo para assuntos internos em 1935, "precisamos criar uma atmosfera em que cada cidadão sinta que, sem passaporte, não pode ir a lugar algum".[77] Analogamente, na Alemanha nazista, alguns funcionários procuraram reunir as estatísticas de produção e circulação de bens e as estatísticas sobre indivíduos e famílias num "sistema contínuo de vigilância".[78]

Gradualmente, alguma forma de vigilância – pelo olho humano, por câmera de CCTV (usada pela primeira vez nos anos 1960), satélite ou arquivo – se espalhou dos Estados autocráticos, como a Prússia ou a Rússia (inclusive impérios, como o britânico na Índia), para Estados mais democráticos, que precisam, entre outras coisas, de registros dos eleitores. A questão dos livros de racionamento era necessária para o planejamento da distribuição de alimentos durante as duas guerras mundiais, por exemplo. Um Estado de bem-estar social não funcionaria sem algum tipo de vigilância – a manutenção de registros detalhados dos indivíduos para garantir que os benefícios cheguem às pessoas que têm direito a eles. As impressões digitais e outras formas de reconhecimento de particularidades físicas se difundiram amplamente além da esfera da criminalidade, como logo percebem os viajantes que vão aos Estados Unidos. A atribuição de um número a cada cidadão para ajudar na identificação, sugestão feita várias vezes no último século, pode parecer um sonho burocrático, mas na Alemanha, em 1944, todos os indivíduos receberam um número de identificação pessoal.[79] Em muitos países, os prisioneiros são numerados dessa maneira, e os soldados também: como membro do Exército nacional britânico nos anos 1950, meu número era 23179445.

Outra descrição possível para o Estado "instruído" é o "Estado Planificador", em vista da necessidade de informação estatística detalhada sobre o presente para fazer projeções sobre o futuro. O planejamento econômico centralizado foi uma vigorosa tendência do século XX, até a reação neoliberal dos anos 1980, e tinha a União Soviética como modelo explícito ou implícito. A Comissão Estatal de Planejamento, conhecida como Gosplan, estabeleceu uma série de planos quinquenais para a economia soviética entre 1928 e 1991. O serviço público de outros países também se tornou cada vez mais atento ao conhecimento, como demonstra o programa de "Consciência Total da Informação", lançado pelo Departamento de Defesa americano em 2001, na esteira do 11 de Setembro.

No entanto, na grande maioria dos casos, a coleta estatal de conhecimento para finalidades intervencionistas não resultava de um planejamento, mas constituía uma sucessão de respostas imediatas à ameaça de conspirações e principalmente de guerras, levando a medidas que amiúde sobreviveram à sua *raison d'être* original e se tornaram permanentes. Os passaportes, por exemplo, de início foram uma medida temporária em muitos países, em época de guerra.[80] A lei das consequências não pretendidas se aplica ao surgimento do Estado instruído.

O conhecimento nos impérios

A necessidade de coletar, analisar e disseminar o conhecimento antes de agir é ainda mais evidente no caso dos impérios do que em outras formas de governo, visto que os dirigentes e administradores europeus na Índia, na África e outros lugares não tinham conhecimento dos territórios e de seus recursos, nem a respeito dos habitantes, suas culturas e mesmo suas línguas.[81] Assim, não admira que Warren Hastings, governador-geral de Bengala de 1772 a 1785, tenha escrito certa vez que "toda acumulação de conhecimento, e especialmente o que é obtido pela comunicação social com o povo sobre o qual exercemos um domínio fundado no direito de conquista, é útil para o Estado".[82]

Para tornar um império "legível", era necessário um esforço maior do que no caso dos Estados nacionais.[83] E legível, pode-se dizer, tanto no sentido metafórico quanto no literal, visto que os nomes autóctones dos locais, da Irlanda à Austrália, eram muitas vezes substituídos por nomes grafados em inglês – como no caso de Ballybeg (em irlandês, Baile Beag) na peça *Translations* (1980) de Brian Friel, ambientada na Irlanda em 1833, na época em que os cartógrafos do Levantamento de Artilharia, empreendido pelo Exército britânico, estavam em operação.[84] A necessidade dessa legibilidade em sentido mais amplo explica o interesse dos governos europeus em fazer levantamentos detalhados dos territórios que haviam conquistado, às vezes até mesmo antes dos levantamentos equivalentes na própria Europa. Os topógrafos militares mapearam a Escócia entre 1747 e 1755, por exemplo, como parte de um projeto que incluía a construção de estradas e a "pacificação" das Highlands depois da grande rebelião de 1745. Seguiram-se os mapeamentos do Quebec (1760-61), Bengala (1765-77) e Irlanda (1778-90). Já a própria Inglaterra só começou a ser mapeada no final do século, em parte como resposta à ameaça de invasão na época da Revolução Francesa.[85]

Nos Estados Unidos, os estudos das culturas dos ameríndios sob os auspícios da Smithsonian Institution seguiram simultaneamente à subjugação desses povos durante a colonização do Oeste americano. Antes do desenvolvimento da antropologia, esses estudos eram às vezes realizados por "agentes índios", como Henry Schoolcraft.[86] Na Rússia, uma série de expedições geográficas realizadas nos séculos XVIII e XIX esteve associada à expansão oriental do império: expedições ao Alasca (1764), à Sibéria (1768-74, 1785-94, 1843-45, 1867) e à Ásia Central (dos anos 1860 em diante). Seguindo-se à conquista russa do Turquistão (1865), foi enviada uma expedição para mapear a região, sob o comando do naturalista Alexei Fedchenko. A Sociedade Geográfica russa concentrou a atenção no Império russo, incluindo a etnografia dos povos indígenas.[87] Na Holanda, o ministério colonial encomendou um levantamento das colônias holandesas nas Índias (1857). A Real Sociedade Geográfica Holandesa (*Koninklijk Nederlands Aardrijkskundig Genootschap*, ou Knag) organizou expedições a Sumatra entre 1877 e 1879, e outra vez em 1903, seguindo-se uma expedição às Celebes (1909-10).[88]

Na África do Norte, a coleta de informação também acompanhou a expansão imperial. No Marrocos, uma Mission Scientifique francesa (1904) antecedeu o tratado que converteu o país num protetorado francês. Na Argélia, seguindo-se à conquista francesa do país em 1830, foram criados os Bureaux Arabes. O Ministério da Guerra francês subvencionou a exploração científica da Argélia, cujos resultados foram publicados em 1850. O regime colonial encomendou numerosas etnografias, por exemplo dos tuaregues, dos sacerdotes muçulmanos e das ordens religiosas islâmicas. Algumas foram escritas por funcionários, outras por oficiais do Exército.[89]

O caso da Índia britânica tem sido objeto de estudos especialmente detalhados. "Com a aquisição de cada novo território, iniciava-se um levantamento, que ia muito além do mapeamento e da delimitação das fronteiras, para descrever e classificar a zoologia, a geologia, a botânica, a etnografia, a produção econômica, a história e a sociologia do território." Entre as décadas finais do século XVIII e as iniciais do século XIX, realizou-se um levantamento da Índia para permitir a elaboração de mapas fidedignos.[90] Além disso, em 1851 fez-se um Levantamento Geológico da Índia. A partir dos anos 1850, censos regionais e depois de todo o país coletavam informações sobre o nome, a idade, a ocupação, a casta e a religião de cada indivíduo.[91] Também coletavam-se informações de assassinos, ladrões e outros criminosos, incluindo a tomada de suas impressões digitais.

O Levantamento Etnográfico da Índia (1901) teve igualmente usos práticos. Observou-se na época que "é desnecessário delongar-se muito sobre as vantagens evidentes, para muitos setores da administração neste país, de um registro preciso e organizado dos costumes e das relações sociais e domésticas das várias castas e tribos".[92] Coletavam-se informações também para a assistência social, como no caso do Levantamento de Orissa (1866), organizado por uma comissão do governo para prevenir a fome, ao passo que o Levantamento Arqueológico da Índia, iniciado em 1861, oferece um exemplo de conhecimento financiado pelo governo sem outros fins a não ser o próprio conhecimento.

A formação de funcionários coloniais na Europa se baseava no conhecimento que fora coletado. Na França, o governo criou a École Coloniale (1889) para formar futuros administradores.[93] Em Bruxelas foi fundado um Instituto Colonial Internacional, ao qual se seguiu o Istituto Coloniale Italiano em Roma (1906), a Escola Colonial em Lisboa (1906), o Kolonialinstitut em Hamburgo (1908) e o Koloniaal Instituut Amsterdam (1910). A Universidade de Leiden instituiu uma cátedra de história colonial em 1902, ano em que membros do funcionalismo público colonial das Índias Orientais holandesas começaram a frequentar seus cursos. Seguiram-se a cátedra Beit de história colonial em Oxford (1905), uma cátedra de direito colonial, também em Leiden (1910), e uma cátedra de geografia colonial na Universidade de Berlim (1911).[94] Os museus também contribuíram para os estudos coloniais: por exemplo, o Koloniaal Museum em Haarlem (1864), o Colonial Museum em Wellington (1865) e o Musée Coloniale belga (1904), além de uma série de museus de história natural nas próprias colônias.[95]

A agricultura e a medicina tropical foram algumas das novas subdisciplinas que nasceram do contato colonial. A Escola de Medicina Tropical de Londres, por exemplo, foi fundada em 1899, e o Institut D'Agronomie Coloniale em 1921, em Paris.[96]

A antropologia acadêmica, em particular, esteve associada ao imperialismo, desde seus primórdios, por volta de 1900, até a Segunda Guerra

Mundial. Um articulista na revista do Real Instituto Antropológico britânico comentou em 1908 que "vários de nossos ilustres administradores, tanto nas colônias como na Índia, têm assinalado que a maioria dos erros cometidos pelos funcionários ao lidar com os nativos se deve à falta de formação nos rudimentos da etnologia".[97] Foi por essa razão que se criou uma Junta de Estudos Antropológicos em Cambridge, em 1904. Antropólogos importantes como Bronisław Malinowski solicitavam subsídios oficiais argumentando que seus trabalhos "poderiam ser úteis para finalidades administrativas e legislativas práticas".[98]

Por outro lado, Edward Evans-Pritchard se empenhou em diferenciar a antropologia pura e a "aplicada", como dizia, e alguns antropólogos, entre eles Max Gluckman na África do Sul, eram tidos como subversivos pelos funcionários locais. A natureza, a extensão e a proximidade dos vínculos entre a disciplina antropológica e as necessidades dos regimes coloniais continuam a ser objeto de debates candentes, mas seria difícil negar sua existência.[99]

O conhecimento nas universidades

Desde longa data, as universidades têm sido vistas como bastiões do conhecimento como fim em si mesmo, da pesquisa "pura" ou "de base". Com efeito, quando a Universidade Johns Hopkins, a primeira das grandes universidades de pesquisa norte-americanas, iniciou suas atividades em 1876, sua Ata de Registro declarava expressamente que a universidade "provê ensino avançado, não profissional ... em vários departamentos de literatura e ciência".[100]

Por outro lado, como acabamos de ver, muitas universidades ofereciam cursos para administradores. Andrew White, reitor de outra nova universidade, Cornell (1868), declarou: "Devemos ensinar história de maneira que possa ser aplicada às necessidades imediatas de nossa época. Não é chegado o tempo de investigações cultas e elegantes de pontos com interesse meramente acadêmico."[101] O debate sobre a "pertinência" do conhecimento acadêmico, conduzido nesses termos a partir dos anos 1970, praticamente se resume a uma nova versão de uma velha controvérsia.

Desde a Idade Média, as universidades europeias encontram espaço para a teologia, o direito e a medicina – ou seja, formação vocacional para três profissões tradicionais. As faculdades de direito, de medicina e, em menor medida, de teologia continuam a ser importantes nas universidades norte-americanas. A questão polêmica, a partir do século XIX, era se a formação em novas profissões, como engenharia, cirurgia ou contabilidade, deveria se dar dentro ou fora da universidade. Aos poucos elas entraram. Na Universidade de Edimburgo, por exemplo, já em 1806 foi instituída uma Cátedra Régia de Cirurgia Militar, enquanto a Cátedra Régia de Engenharia em Glasgow data de 1840.

As universidades norte-americanas ofereciam e ainda oferecem mais espaço do que as universidades europeias para a formação profissional e o conhecimento aplicado. No final do século XIX, por exemplo, foram criados cursos profissionalizantes em agronomia, negócios, economia doméstica, jornalismo, biblioteconomia, pedagogia, educação física e ciência sanitária, e desde então se acrescentaram muitos outros cursos ao currículo. A Escola de Enfermagem na Universidade Yale foi fundada em 1923, e a Escola de Administração de Bibliotecas em 1928, na Universidade de Chicago. Hoje, a Universidade do Texas possui um Departamento de Ciências do Turismo, Parques e Recreação. A prática se difundiu para a Europa, incluindo universidades mais antigas: em 2004, foi criada uma Escola Avançada de Ciências do Turismo na Universidade de Bolonha.

Como exemplo do surgimento de cursos profissionais dentro e fora das universidades, podemos nos deter nos estudos empresariais. Em certo sentido, sem dúvida, pode-se ver a disciplina acadêmica de economia sob essa luz. Ela se desenvolveu a partir da reflexão sobre as práticas empresariais, e no século XVIII era entendida como parte do "conhecimento útil". No mundo de língua alemã, fazia parte da *Kameralwissenschaft*, o conhecimento que se esperava do funcionalismo público. Por isso foram criadas cátedras de "economia política", como muitas vezes se chamavam, em Nápoles (1754), que então estava sob o domínio habsbúrgico austríaco, e em Göttingen (1766).

No entanto, a economia acadêmica veio a ser considerada abstrata e teórica demais, e desde as últimas décadas do século XIX as universidades passaram a oferecer cursos mais práticos, inclusive na chamada "administração de empresas". No caso dos Estados Unidos, pense-se na Faculdade Wharton na Universidade da Pensilvânia (1881), na Faculdade de Administração na Universidade de Chicago (1898) e na Faculdade de Administração de Harvard (1908), que concedeu seu primeiro diploma em 1910. Seguiu-se um longo intervalo entre a iniciativa de Harvard e o recente crescimento internacional do título de mestre em administração de empresas (MBA). Em 1957, o Insead em Fontainebleau foi a primeira universidade europeia a conceder esse diploma, seguindo-se em 1964 a Faculdade de Administração Smurfit na Universidade de Dublin. Desde então esses cursos de pós-graduação têm proliferado.

A pesquisa acadêmica em ciências sociais também é usada pelos governos e por agências governamentais. McGeorge Bundy, conselheiro de segurança nacional dos presidentes americanos entre 1966 e 1979, uma vez manifestou sua esperança de vir a se estabelecer "um alto grau de interpenetração entre as universidades com programas na área e as agências de coleta de informação do governo dos Estados Unidos", para proveito de ambas as partes.[102]

De fato houve "interpenetração" entre o governo e a universidade no Centro de Pesquisa Russa em Harvard. A ideia do centro nasceu não na universidade, mas a partir de uma sugestão à Carnegie Corporation feita pelo diretor da Divisão de Educação e Informação das Forças Armadas americanas. O FBI "se intrometeu nos assuntos do Centro", vetando pesquisadores e esperando que a agência tivesse acesso aos resultados das pesquisas antes da publicação. Sob pressão do FBI, o historiador Stuart Hughes foi afastado da direção do centro, devido a suas simpatias pela esquerda.[103]

Quanto à CIA, ela enviou dois agentes para um ano de estudos no Centro de Pesquisa Russa, além de apoiar o Centro de Estudos Internacionais (Cenis) do MIT até meados dos anos 1960. Promoviam-se seminários secretos, alguns numa mansão em Saigon, enquanto o sociólogo Talcott Parsons era o consultor da agência para o recrutamento.[104] Nos anos 1980, o diretor do Centro de Estudos do Oriente Médio em Harvard, Nadav Safran, recebeu mais de US$ 100 mil da CIA para pesquisas sobre a Arábia Saudita e mais de US$ 45 mil para organizar uma conferência sobre o Islã e a política. Foi proibido de revelar aos estudiosos convidados o envolvimento da CIA, mas a notícia vazou.[105] A CIA também usou as grandes fundações, como a Carnegie, a Rockefeller e a Ford, como "fontes de verbas disfarçadas", canais por onde passava o dinheiro da CIA para financiar projetos aprovados pela agência.[106] Ironicamente, a CIA parece ter aprendido a técnica de "se infiltrar" nas organizações com os comunistas que combatia.

Outras instituições

Não é difícil pensar numa explicação econômica para o aumento recente e aparentemente irresistível dos cursos de administração nas universidades: a necessidade de disputar alunos com outras instituições no campo do ensino de terceiro grau. Nos Estados Unidos, hoje em dia, 22% dos diplomas de graduação são concedidos a estudantes de administração, que sem dúvida pensam que essa formação lhes será útil em suas futuras carreiras.[107]

De fato, essas outras instituições têm uma história mais longa do que poderíamos pensar. A Aula do Comércio em Lisboa foi criada em 1759. A École Spéciale de Commerce em Paris (1820), fundada por dois mercadores de seda, ainda existe (sob o nome de École Supérieure de Commerce), e se apresenta como a escola de administração mais antiga do mundo. Na Alemanha, as escolas comerciais (*Handelschulen*) datam da segunda metade do século XVIII, enquanto a primeira *Handelhochschule*, administrada conjuntamente pela câmara de comércio local e pela universidade, foi fundada em Leipzig em 1898 (o título *Hochschule*, também utilizado para escolas técnicas, designava um estatuto marginal: mais que uma faculdade, menos que uma universidade). A Handelhochschule de Berlim (1906) tem sido definida como "a primeira instituição que se concentrou no mundo real dos negócios e ao mesmo tempo era de natureza verdadeiramente acadêmica".[108]

O surgimento dessas escolas de administração e comércio fazia parte de uma tendência mais ampla, a proliferação de instituições de ensino superior em áreas geralmente excluídas das universidades, em especial a tecnologia (*Technologie* foi um neologismo cunhado em alemão em 1777 pelo filósofo alemão Johann Beckmann, definido como ciência de habilidades profissionais). O exemplo mais famoso é o das Grandes Écoles da França napoleônica, fundadas sobre os alicerces do antigo regime, incluindo escolas de mineração e engenharia civil, entre elas a École Polytechnique (1794), a École Libre des Sciences Politiques (1872) e a École Nationale D'Administration (1945), que forma os funcionários públicos de elite, os chamados *énarques*.

A mesma tendência existia em outras partes da Europa. Entre as instituições de ensino técnico estavam as escolas de mineração de Freiburg e outras cidades de língua alemã, fundadas a partir da segunda metade do século XVIII, e as escolas técnicas mais gerais, ou "politécnicas", fundadas em Praga (1803), Berlim (1821), Estocolmo (1827) e assim por diante. Nos Estados Unidos, ao Rensselaer Polytechnic Institute (1824) seguiram-se a Cooper Union for Advancement of Science and Art (1859), que se concentrava em arquitetura e engenharia, e logo depois o MIT (Massachusetts Institute of Technology, 1861).

Uma rede mais recente de instituições alternativas à universidade, concentrando-se mais na pesquisa do que na docência, e mais na política e na economia do que nas ciências naturais, é a dos chamados *think tanks*. O termo foi tomado de empréstimo à gíria militar da Segunda Guerra Mundial, referindo-se às salas – tão afastadas do mundo da ação quanto aquários ou tanques de peixes – onde se planejavam as estratégias. Pode-se definir um *think tank* como uma organização sem fins lucrativos, dedicada a pesquisas sobre assuntos da atualidade, geralmente independentes, mas às vezes com vínculos com a indústria, como no caso do Instituto Mitsubishi no Japão; com o governo, como no caso do Institut National D'Études

Démographiques na França; ou com um partido político, como no caso do British Center for Policy Studies, criado em 1974 pelo Partido Conservador.

Um dos primeiros exemplos de uma instituição do gênero é a Fundação Russell Sage de Nova York (1907), dedicada à "aplicação da pesquisa à solução de problemas sociais".[109] Outras são a Chatham House (1920) em Londres, também conhecida como Royal Institute of International Affairs, e o Institut für Konjunkturforschung (1925) em Berlim, criado para estudar ciclos econômicos conjunturais e financiado pelo governo e pela indústria.[110] Em 2000, havia mais de 4 mil *think tanks* no mundo, sendo cerca de 1.600 nos Estados Unidos. Eles empregam pesquisadores em tempo integral, organizam conferências, publicam revistas especializadas e muitas vezes patrocinam grupos de pressão política.[111]

Ao vincular a pesquisa social à defesa de programas de ação política, os *think tanks* são os sucessores das sociedades oitocentistas que colhiam informação a serviço da ação: ação econômica, no caso das várias sociedades agrícolas fundadas na segunda metade do século XVIII, por exemplo, atividades ligadas ao imperialismo, no caso da Real Sociedade Geográfica na Inglaterra e seus equivalentes em outros países europeus, ou ações pela reforma social. As sociedades reformadoras incluíam a British National Association for the Promotion of the Social Sciences (1857), fundada pelo advogado Henry Brougham "para ajudar a legislação, preparando, explicando e recomendando medidas à comunidade ou, ainda, estimulando a legislatura a adotá-las"; a American Social Science Association (1865), criada "para guiar a opinião pública" e promover um amplo leque de reformas sociais; e a alemã Verein für Sozialpolitk (Associação de Política Social, 1873).[112]

Convergência

Não há nada de novo no trânsito entre indústria, governo e academia, principalmente nos Estados Unidos, com sua grande mobilidade. O economista J.K. Galbraith foi conselheiro de diversos presidentes, de Roosevelt a Johnson. Outro economista, Walt Rostow, foi conselheiro de Kennedy sobre política internacional, enquanto o historiador Richard Pipes comandava uma equipe de analistas para Gerald Ford.[113] Além disso, várias instituições de campos diferentes trocam ideias entre si. Um exemplo notável é o da Pesquisa de Operações, que se desenvolveu durante a Segunda Guerra Mundial para fornecer base científica às decisões militares, e depois foi adaptada às necessidades da indústria. Em termos mais gerais, as universidades e as outras instituições descritas acima mostram, no longo prazo, a tendência de convergirem.

De um lado, houve a tendência de academicização – ou seja, rumo ao estatuto acadêmico e de conhecimento puro. Um caso famoso é o do MIT, outro é a Caltech (1891), antigamente chamado de Throop Polytechnic Institute. Essas faculdades de tecnologia se transformaram em duas das principais universidades do mundo. Nos Estados Unidos, como vimos, várias grandes empresas criaram laboratórios de pesquisa no começo do século XX, e em alguns deles o ambiente era e continuou a ser acadêmico, em que os membros das equipes podem se ausentar para assistir a seminários, tirar um ano sabático, dispõem de um dia livre ou mais por semana para se dedicar a seus programas próprios, e assim por diante.[114] De fato, a sede da Apple em Cupertino, na Califórnia, é conhecida como "o campus", tal como a Divisão de Pesquisa e Análise da época da guerra. Na Alemanha, as *Hochschulen* técnicas ganharam estatuto universitário em 1900, enquanto a Handelshochschule de Frankfurt se integrou à universidade a partir de 1914. Na Inglaterra, a Universidade de Manchester se desenvolveu a partir do Owens College (1851), originalmente fundado por um comerciante têxtil local para ensinar questões práticas, e os institutos politécnicos receberam o nome de "universidades" em 1992, quase um século depois de terem recebido paridade na Alemanha.

Mais controvertida é a tendência nas universidades de adotarem o modelo das grandes empresas, com vistas à lucratividade. Como disse um comentador recente: "A universidade americana de pesquisa se tornou francamente empresarial na estrutura institucional, na escala, nas rotinas financeiras e em muitas de suas formas de avaliação do mérito."[115] Essa tendência é bem mais antiga do que se costuma pensar. Foi em 1918 que o sociólogo americano Thorstein Veblen publicou um livro com o título muito interessante de *The Higher Learning in America: A Memorandum on the Conduct of Universities by Business Men*. Hoje, os acadêmicos até gostariam que alguém analisasse a situação atual com o humor sarcástico de um Veblen, mas permanece o fato de que o próprio Veblen, um século atrás, já havia constatado o surgimento da universidade dita empresarial, pelo menos nos Estados Unidos, lamentando que "os homens de negócios assumiram o comando da busca de conhecimento" segundo "princípios empresariais".[116]

Agora que as universidades estão aprendendo a falar a linguagem da "produtividade", talvez seja o caso de refletir sobre alguns precedentes, notadamente o da Academia de Ciências da União Soviética. O planejamento da ciência foi discutido na Rússia nos anos 1920, junto com o planejamento da economia. Como no caso da agricultura, havia uma preocupação com a coletivização, assumindo a forma de crítica ao "individualismo acadêmico" e com ênfase no trabalho de equipe (nos dicionários, nas enciclopédias, nos levantamentos dos recursos naturais do país etc.).[117] Havia um interesse explícito pelas ideias de Frederick Taylor – o que não deixa de ser irônico, em vista de sua ligação com o capitalismo – e pelo conceito de produtividade acadêmica. A partir de 1930, a pesquisa científica foi incorporada aos planos econômicos quinquenais do governo. Houve a passagem da ciência pura para a ciência aplicada e da pesquisa de longo alcance para a pesquisa de curto prazo.[118]

Em suma, o que tem se chamado de "dilema faustiano da ciência moderna", com a perda da autonomia acadêmica ao preço do apoio governamental ou empresarial, não é novo.[119] Ainda assim, o futuro da pesquisa científica em particular parece estar cada vez mais associado a instituições híbridas ou semiacadêmicas, como o Sintef norueguês (Stiftelsen for Industriell og Teknisk Forskning, Fundação de Pesquisa Industrial e Técnica), criado em 1950. Em 2006, o Sintef, com sua sede em Trøndheim, tinha cerca de 2 mil funcionários e um faturamento de 2 bilhões de coroas, derivado sobretudo do pagamento de pesquisas encomendadas pela indústria. A fundação colabora com universidades de Trøndheim e Oslo, compartilhando laboratórios, equipamentos e pessoal.

PARTE II

O preço do progresso

Hoje, empresas, governos e universidades têm à disposição uma montanha de informações sobre quase tudo, e ela é maior do que nunca. A questão agora é ter acesso ao que se quer, é ter informação sobre a informação. O problema de perder informações necessárias tem se intensificado cada vez mais, mesmo na era dos buscadores. A história da informação e do conhecimento que se extraviaram, que foram destruídos ou descartados, é o tema do capítulo a seguir.

5. Perdendo conhecimentos

Após os conhecimentos úteis e confiáveis, ou vistos como tais, agora vejamos o outro lado da moeda: os conhecimentos que vieram a ser considerados inúteis ou inconfiáveis. Até o momento, temos ressaltado a aquisição e a acumulação de conhecimento. Há aqui o risco evidente de triunfalismo, de ênfase excessiva sobre o esforço heroico de exploradores, botânicos, arqueólogos, astrônomos, decodificadores, experimentalistas, popularizadores e assim por diante. A referência ao "crescimento" ou ao "desenvolvimento" do saber reforça esse sentimento. Faz-se claramente necessário um antídoto a esse tipo de narrativa grandiosa, abrindo espaço também para as derrotas. Com efeito, já se disse que "toda asserção positiva sobre a ciência e o conhecimento deve ser confrontada com suas negações e contradições; toda proeza científica, com a derrota; todo ganho, com a perda". A questão é que todo corpo dominante de conhecimento "é em parte moldado pelo que ele exclui ou elimina".[1]

A "agnotologia", como foi batizado o estudo da ignorância, era um tema pouco abordado até data recente, apesar do interesse de examiná-la de diversos pontos de vista: "como tragédia, crime, provocação, estratégia, estímulo, excesso ou privação, desvantagem, mecanismo de defesa ou obstrução, mal pernicioso, inocência maravilhosa, desigualdade ou assistência, a melhor defesa dos fracos ou a desculpa usual dos poderosos".[2] Este campo, tal como vem se transformando rapidamente, tem atraído muita atenção, especialmente nos estudos de administração, preocupados com o controle dos riscos em situações de incerteza. Alguns antropólogos se interessam há muito tempo pela chamada "amnésia estrutural" (o processo, nas culturas orais, pelo qual geralmente se esquece o conhecimento que não é útil num determinado momento), enquanto uma tradição sociológica mais antiga interessada na ignorância também está em vias de retomada.[3]

Por outro lado, poucos historiadores têm se interessado em trabalhar o tema, pelo menos no período tratado neste livro (a perda do conhecimento na Europa Ocidental na Alta Idade Média é, evidentemente, bastante conhecida). Há muito a se fazer, apesar de um estudo pioneiro de 1979, encabeçado por sociólogos da ciência em Edimburgo.[4] O exílio de estudiosos, notadamente os participantes do "Grande Êxodo" dos anos 1930 (ver adiante, p.261s.), tem sido estudado mais do ponto de vista dos benefícios para os países que os acolheram, como a desprovincianização da cultura britânica, do que dos custos para os países deixados pelos estudiosos, como a reprovincianização da Alemanha e da Áustria.

Se o transporte de livros, manuscritos ou outros artefatos de um lugar para outro no mundo é um acréscimo de conhecimento a um lugar, é também necessária e simultaneamente uma subtração de conhecimento do lugar de partida. Objetos que agora milhões de visitantes podem ver no Museu Britânico, por exemplo, não são mais acessíveis aos estudiosos radicados no Tibete ou na Nigéria. O nascimento dos impérios europeus resultou na maior disseminação de conhecimentos ocidentais, mas também na destruição de muitos conhecimentos não ocidentais, desde a queima de manuscritos por missionários até a extinção de línguas locais.[5] O surgimento de novas tecnologias vem acompanhado pela perda do saber necessário para operar as máquinas que se tornaram obsoletas.

Algumas perdas, pelo menos as temporárias, são praticamente inevitáveis, na medida em que são o preço de utilizar paradigmas, abordagens ou métodos que rendem muitos resultados positivos. Como diz o biólogo americano Stuart Kauffman, "o simples ato de conhecer requer ignorância".[6] É um argumento que frisa o que poderíamos chamar de lado sombrio dos paradigmas. Na era clássica da antropologia, por exemplo, a tônica sobre a experiência de campo, que trouxe enormes ganhos de compreensão, se deu em detrimento de perspectivas espaciais e temporais mais abrangentes. Analogamente, a revolução do método histórico associada a

Leopold von Ranke trouxe benefícios, mas também prejuízos, tornando a disciplina mais rigorosa ao preço de estreitar seu alcance anterior.[7] Pode ser que culturas inteiras também tenham seu lado sombrio, além do lado mais luminoso, no sentido de que são estruturadas para aceitar alguns tipos de conhecimento, à custa de rejeitar outros.

As seções subsequentes examinarão as perdas deliberadas e as involuntárias, concentrando-se em três processos: ocultamento, destruição e descarte de conhecimentos.

Ocultando conhecimentos

Há conhecimentos que são inacessíveis para muita gente, pois ficam ocultos. Os conhecimentos técnicos, por exemplo, muitas vezes foram mantidos como segredo de ofício. As guildas (em latim, *misteria*) dos artesãos medievais tratavam seus conhecimentos específicos como "mistérios", revelados apenas aos iniciados. O século XVIII, era de inovações tecnológicas, foi também uma era de espionagem industrial, quando se enviavam espiões para descobrir os segredos do sucesso dos concorrentes no país ou no exterior.[8] Os fabricantes oitocentistas tentavam manter seus processos em sigilo, como o exemplo do dono de uma fundição de aço que só funcionava à noite.[9] O surgimento de laboratórios de pesquisa privados reforçou a tendência. Afinal, "quando um industrial financiava a pesquisa, não queria a publicação dos resultados potencialmente rentáveis".[10]

Hoje, na chamada era do "feudalismo da informação" (acima, p.148), os cientistas que trabalham em laboratórios de pesquisa de empresas podem não ter autorização para divulgar suas descobertas.[11] Os debates recentes sobre a "administração do conhecimento" (acima, p.151) abordam o compartilhamento de informações dentro de uma firma ou um grupo de firmas, mas ignoram o processo de proteção do conhecimento contra os de fora. Do ponto de vista da empresa, o conhecimento secreto lhe permite manter a competitividade, embora de um ponto de vista mais amplo, nacional ou internacional, esse sigilo seja um obstáculo ao crescimento econômico.

Os excluídos, mantidos na ignorância, podem ser clientes, além de empresas rivais. Os rótulos de alimentos, bebidas, cigarros e outros produtos nem sempre advertem os consumidores sobre os possíveis riscos à saúde (tais tipos de rótulos foram utilizados nos frascos de aspirinas à venda nos Estados Unidos a partir de 1986). Com efeito, desde os anos 1950, a indústria do tabaco tentou vigorosamente lançar dúvidas sobre a ligação entre o fumo e o câncer de pulmão. A propaganda está cheia das chamadas "lacunas de transparência".[12]

No âmbito político e econômico, a informação "*classified*" (confidencial), termo usado em inglês como eufemismo para seu ocultamento, é rotineira. A "inteligência" política e militar é por vezes definida como a aquisição de informações "sob disfarce".[13] Na verdade, as agências de inteligência não raro coletam informações em fontes públicas, mas, depois de adquiridas, a maioria delas passa a ser classificada como secreta ou "ultrassecreta", de divulgação proibida.

Na Inglaterra, por exemplo, uma série de Official Secrets Acts (1889, 1911, 1920 e 1989) estatuiu que os integrantes dos serviços secretos seriam "culpados de crime" se revelassem "qualquer informação, documento ou outro item relacionado com a segurança ou a inteligência" em seu poder, devido à sua posição como integrantes desses serviços. Com base nesses dispositivos, o governo britânico tentou – mas não conseguiu – proibir o livro *Spycatcher* (1987), memórias de um ex-agente do MI5, enquanto o programa agora famoso de decodificação em Bletchley Park durante a Segunda Guerra Mundial, a operação Enigma, não pôde ser mencionado na série da televisão britânica *World at War* (1974), e só veio ao conhecimento público em 2000.

No período inicial da Modernidade, muitos mapas se mantiveram sigilosos por determinação de seus donos, em especial os governos, e esse sigilo topográfico se manteve após 1750. Os resultados dos levantamentos militares da Silésia, do Império dos Habsburgo e da Índia não tiveram autorização para ser publicados. O mesmo aconteceu com os mapas feitos no Egito durante a expedição francesa de 1798, embora essa proibição tenha sido cancelada depois da queda de Napoleão em 1815.[14] Não é difícil encontrar casos relativamente recentes de sigilo topográfico. Na Rússia soviética, por exemplo, os *naukograds*, ou "cidades da ciência" (centros para pesquisas nucleares, como Sarov, Seversk e Dubna), eram invisíveis nos mapas e em outros documentos públicos, mesmo na época de Gorbatchov e da *glasnost*, até que Boris Iéltsin ergueu o véu em 1992.[15] Mesmo em Moscou, o acesso a mapas das ruas ou às listas telefônicas era restrito no período soviético, aparentemente para inibir reuniões que pudessem estimular críticas ao regime. Na Inglaterra, apenas em 1953 a imprensa foi autorizada a mencionar que Aldermaston, em Berkshire, era o local onde ficava o Estabelecimento de Armas Atômicas. Nos Estados Unidos, a Lei da Liberdade de Informação (1966) abria exceção para os mapas dos poços de petróleo, que continuaram secretos.

Outro método tradicional de ocultar o conhecimento ou impedir sua disseminação é a censura, seja pelas igrejas ou pelos governos, proibindo a circulação de certos livros inteiros ou permitindo que apareçam apenas depois de cortadas ou "expurgadas" determinadas passagens. Esse método continuou a ser empregado depois de 1750. O *Índex de livros proibidos*, por exemplo, publicação oficial da Igreja católica, foi metodicamente atualizado até 1948, e abolido somente em 1966. A censura foi vigorosa no Império dos Habsburgo, na Rússia czarista e no Reich alemão entre 1871 e 1918, mesmo que depois possa ter sido considerada branda por qualquer um que viveu sob o regime de censura da Alemanha nazista ou da Rússia soviética.[16] Além de livros e jornais, apresentações teatrais e mesmo palestras estiveram sujeitas a censura. As preleções do frenólogo Franz Joseph Gall em Viena, no começo do século XIX, por exemplo, foram suspensas por ordem do imperador, a pretexto de encorajarem o materialismo, o ateísmo e a imoralidade.[17]

As estatísticas que os governos vinham colhendo em quantidade sempre maior desde a segunda metade do século XVIII, como vimos (acima, p.88), eram originalmente tratadas como segredos de Estado. Mesmo a Suécia, que se tornou famosa por sua tradição de transparência no governo, de início manteve suas estatísticas em sigilo, levando a um protesto do economista político Anders Berch, que declarou que "as tabelas não se destinam a ficar enterradas em arquivos".[18] O surgimento dos censos nacionais na Europa e em outros lugares trouxe o problema da "proteção de dados" – em outras palavras, a confidencialidade. O risco era que as informações dadas aos recenseadores sobre o nome, a idade, o endereço, a família, a profissão etc. fossem usadas para outras finalidades que não as tabelas estatísticas. Daí a frequência de declarações oficiais como a seguinte, de um projeto de lei alemão de 1935:

> As respostas individuais ... podem ser usadas apenas para fins estatísticos ou para fins de medidas culturais, sociais e econômicas gerais, e para nenhum outro. É proibido usar esse material como base para medidas individuais dirigidas contra os recenseados. Em particular, é proibido que materiais estatísticos sejam usados para fins de avaliação fiscal.

Em 1940, porém, o diretor do Departamento Estatístico alemão reclamou que o governo estava quebrando a confidencialidade.[19]

Os bancos suíços ficaram famosos ou notórios pela proteção de dados de seus clientes, entre eles ditadores que haviam se apropriado dos bens dos países que governavam. A Federal Banking Act (1934) restringiu as informações sobre clientes que poderiam ser repassadas a terceiros, inclusive governos estrangeiros. A nova lei permitiu aos judeus alemães manter seus bens a salvo dos nazistas – mas, depois de 1945, a mesma lei foi usada para justificar a negativa dos bancos em fornecer informações bancárias às famílias dos clientes mortos.

A confidencialidade cobre também o passado. Na Inglaterra, por exemplo, os resultados do censo só podem vir a público após cem anos, e, assim, os dados do censo de 1911 ficaram disponíveis, on-line, apenas em data muito recente.[20] Outros documentos do governo continuaram inacessíveis até 1958, quando a Public Records Act permitiu a liberação deles após cinquenta anos. Em 1967, esse prazo de cinquenta anos foi reduzido para trinta.[21] Muitos outros documentos foram abertos ao público após a Freedom of Information Act (2000). Uma lei similar nos Estados Unidos, como vimos, data de 1966. Nos dois países, essa liberdade de acesso aos documentos tem algumas restrições, como a segurança nacional, segredos industriais ou a privacidade pessoal. Um historiador interessado nas atividades da CIA nas universidades americanas nos anos 1950 descobriu que a agência "tinha aproveitado ao máximo a brecha na Lei da Liberdade de Informação para reduzir ao mínimo a liberação de seus documentos".[22] Não faltaram informações confidenciais para o Wikileaks divulgar em 2010.

A tecnologia tem sido empregada não só para colher, mas também para ocultar a informação. A melhor solução para o *spyware* (acima, p.53) parece ser o uso de um software anti-*spyware*. Em muitas bases eletrônicas de dados, o acesso é bloqueado por um *firewall*, que impede a entrada do usuário sem a senha adequada, embora essa precaução tenha se revelado insuficiente para impedir que *hackers* amadores e profissionais abrissem os arquivos do Pentágono e vissem informações confidenciais sobre novos aviões de guerra e assim por diante.

Outro método de ocultar o conhecimento é disseminar conhecimentos falsos, velha prática que recentemente adquiriu um novo nome, "desinformação". Na União Soviética, por exemplo, alguns mapas mostravam as cidades em lugares deliberadamente errados, como defesa contra a espionagem estrangeira. Na Segunda Guerra Mundial, formou-se o "Comitê dos Vinte" na Inglaterra, para fornecer "informações inexatas" aos alemães.

Mas outra forma de perda do conhecimento é o extravio. O *Oxford English Dictionary* pretendia, nas palavras de seu editor Henry Murray, ser "exaustivo", mas, para seu desgosto, ele descobriu omissões como *bondmaid* [escrava, serva], provavelmente porque a ficha contendo a informação se perdeu.[23]

Uma consequência involuntária da nova tecnologia que permite a armazenagem de grande quantidade de informações num pequeno espaço é aumentar a possibilidade desse tipo de perda, como no caso dos CDs que se extraviaram na Inglaterra em 2007, com informação sobre 7 milhões de famílias pedindo salário-família, inclusive com seus dados bancários. A Nasa perdeu o vídeo da chegada do homem à Lua. Na internet, "quantidades enormes" de informação "se perdem diariamente".[24]

O extravio de conhecimento muitas vezes resulta do excesso, como a síndrome da agulha no palheiro ou, em linguagem mais atual, o problema de distinguir entre o que se quer ouvir e o "ruído" de interferência. Uma das razões pelas quais o 11 de Setembro não foi detectado de antemão, apesar dos alertas, foi porque esses alertas se perderam na enxurrada de dados. Como comentou Condoleezza Rice na época, havia "muito falatório no sistema".[25] Frequentemente o problema fica ainda mais acentuado com a falta de ordem, mais clara e visível no caso de acervos de objetos materiais. A coleção de John Hunter com mais de 10 mil espécimes, abrigada no Royal College of Surgeons em 1799, 25 anos depois continuava não catalogada (ou sem catalogação completa). Nas décadas iniciais do século XIX, o Museu de História Natural em Paris ainda estava atravancado de caixas fechadas com espécimes trazidos pela expedição francesa ao Egito em 1798. Da mesma forma, a Expedição Americana de Exploração dos Mares do Sul (1838-42) enviou muitas caixas de espécimes à Smithsonian Institution, inaugurada poucos anos antes, mas a instituição não dispunha do pessoal necessário para desempacotar os espécimes, limpar as conchas e empalhar as aves.[26] Na segunda metade do século XIX, a equipe de catalogação dos acervos etnográficos alemães não conseguia acompanhar a velocidade vertiginosa de novas aquisições.[27]

Destruindo conhecimentos

A destruição de conhecimentos abrange a morte dos portadores de conhecimento, inclusive a impossibilidade de exploradores em voltar de suas expedições e a execução de intelectuais durante os expurgos de Stálin ou após a invasão alemã da Polônia em 1939.

Os conhecimentos tácitos são especialmente suscetíveis à perda, pois estão armazenados na cabeça do indivíduo. As empresas estão se dando conta das perdas acarretadas para a "memória empresarial", como alguns dizem, quando os funcionários saem sem passar adiante o que sabem.[28] Outros conhecimentos valiosos se perdem na transmissão, porque, em organizações hierárquicas, as pessoas em posição subordinada podem preferir não passar informações que acham que seus superiores (governantes, generais, diretores etc.) não vão querer saber.

Outro tipo de negligência levou à destruição de muitos conhecimentos locais na era dos impérios. Em alguns casos, foi possível salvar uma parte desse conhecimento. Por exemplo, Ishi, o último dos yahis, povo do norte da Califórnia, foi descoberto em 1911 e conversou com dois antropólogos, demonstrando suas habilidades na caça, no uso de lascas de pedra como pederneiras e assim por diante.[29] Mas muitos povos desapareceram sem deixar registros, assim como muitas línguas se extinguiram, sobretudo nas últimas décadas. Segundo um levantamento feito no começo do século XXI, 96% das línguas do mundo eram faladas por apenas 4% da população, "quase quinhentas línguas têm menos de cem falantes" e 3 mil línguas estarão extintas no ano 2100.[30] E ainda, a atual crise de biodiversidade ameaça não só as espécies que estão em rápido processo de extinção, mas também o conhecimento biológico.

A destruição de conhecimento às vezes é acidental, às vezes é deliberada e às vezes fica a meio caminho. Incêndios acidentais em bibliotecas constituem um fenômeno histórico recorrente, desde a Biblioteca de Alexandria (que ardeu por volta de 48 a.C.) até a Biblioteca do Congresso, que perdeu 35 mil volumes num incêndio em 1851, e a Biblioteca de Turim, incendiada em 1904 devido a problemas na fiação.[31] A escavação dos alicerces de edifícios muitas vezes revela sítios arqueológicos apenas para destruí-los. Os caçadores de tesouros amadores, com detectores de metal, descobrem outros sítios, mas também causam danos e, assim, diminuem o que se pode aprender com o local. Os arqueólogos são menos invasivos, mas também destroem uma parcela de conhecimento. O lado negativo das grandes descobertas arqueológicas do século XIX foi a desintegração de artefatos, expostos ao ar pela primeira vez após milênios. No caso dos palácios assírios, "relevos que acabavam de ficar expostos desmoronaram diante dos olhos dos escavadores". Uma cota de malha e elmos "se desfizeram tão logo foram expostos ao ar", enquanto um trono real no palácio de Senaqueribe "se desfez em pedaços ao mais leve toque". Os arqueólogos atuais lamentam que alguns sítios tenham sido escavados antes do desenvolvimento de técnicas que diminuem a perda de conhecimento, mas admitem que "toda escavação é em certa medida destruição".[32]

A destruição deliberada do conhecimento armazenado em bibliotecas, arquivos e museus também é extremamente comum. Na França, após a Revolução, a Assembleia Legislativa ordenou a destruição dos documentos ditos "feudais". No Brasil, em 1890, o advogado e ministro Ruy Barbosa determinou a destruição de inúmeros registros da escravidão após a abolição. Os registros do regime belga no Congo foram deliberadamente queimados em 1908.[33] Em 1977, o FBI destruiu 300 mil páginas de arquivos sobre indivíduos classificados como "desviados sexuais". Um banco suíço foi recentemente flagrado destruindo material referente a contas de ex-clientes judeus.

Novas tecnologias têm colaborado para a obra de destruição. O "eliminador de provas", por exemplo, desenvolvido pela empresa Robin Hood Software de Nottingham, é um programa de computador para o Windows da Microsoft que diz apagar ou pelo menos dificultar a recuperação de informações secretas no disco rígido. Seria interessante saber quem compra tal tipo de software.

Algumas destruições são em escala mais grandiosa. Em 1871, os participantes da Comuna de Paris atearam fogo à Préfecture de Police, destruindo cerca de 6 mil arquivos e caixas de registros policiais. Durante a Primeira Guerra Mundial, um regimento alemão incendiou a biblioteca da Universidade de Louvain; durante a Segunda Guerra Mundial, outro regimento alemão destruiu a maior parte dos arquivos de Estado em Varsóvia.[34] Por outro lado, a Staatsbibliothek de Berlim perdeu cerca de 650 mil volumes entre 1939 e 1945, sendo 350 mil deles destruídos, principalmente pelos bombardeios, e 300 mil desapareceram. Na época em que, para pedir um livro na Sala de Leitura do Museu Britânico, era preciso preencher uma ficha de solicitação, uma das razões recorrentes para a recusa, carimbada no verso do formulário, era "destruído por bombardeio na guerra". A destruição do conhecimento não terminou com a Segunda Guerra Mundial, evidentemente. Para dar apenas dois exemplos, entre inúmeros outros, a Biblioteca Nacional da Bósnia em Sarajevo foi incendiada após seu bombardeio em 1992, e a pilhagem do Museu Nacional em Bagdá é de memória recente, de 2003.

Uma forma mais sutil de perda se refere ao contexto ou, como dizem os historiadores de arte, à "proveniência". Em 1796, numa carta ao general Miranda, e novamente em 1815, o francês Quatremère de Quincy denunciou a pilhagem de obras italianas por Napoleão, lorde Elgin e outros, considerando que essa retirada, ou *déplacement*, privava os objetos de seu valor cultural. O argumento de Quatremère era que as associações, o significado e o poder de um artefato dependem de sua localização e utilização. Removê-lo é destruí-lo. O local adequado para os artefatos italianos era a Itália, que ele descreveu como "*le museum intégral*", isto é, um museu a céu aberto.[35]

Encontram-se outros casos da descontextualização na história da etnografia e da arqueologia. Por exemplo, o antropólogo Franz Boas criticava os colecionadores por não registrarem dados suficientes sobre os itens que ele coletava – as origens, os nomes locais e assim por diante.[36] Também na botânica e na zoologia a ausência ou a destruição de etiquetas indicando a origem dos espécimes significa uma perda de conhecimento. Pode-se dizer o mesmo em relação a muitas fotografias antigas, sem detalhes sobre o local, a data e o fotógrafo, dados que permitiriam usá-las como fontes confiáveis. Nas últimas décadas, tem-se dado maior atenção ao problema: no Museu Britânico, por exemplo, teve início nos anos 1980 um projeto para recuperar informações sobre a proveniência.[37]

Descartando conhecimentos

Uma terceira forma de perda de conhecimento resulta da obsolescência, ou daquilo que alguns grupos ou indivíduos creem ser obsolescência. O avanço do conhecimento está associado ao chamado "esquecer" coletivo, isto é, "livrar-se de crenças falsas ou obsoletas do passado".[38] Esse processo de esquecimento se acelerou na era de excesso de informação.

O problema não é novo: as reclamações sobre o "dilúvio" de livros remontam pelo menos ao século XVI.[39] Mas o problema do excesso tem crescido cada vez mais. Uma consequência da aceleração das descobertas, sobretudo nas ciências naturais, é que o conhecimento se desatualiza com rapidez muito maior do que antes. Por isso o descarte de velhos conhecimentos pode ser visto como uma forma de "destruição criativa", segundo o economista Joseph Schumpeter, abrindo espaço para novos conhecimentos: espaço literal, no caso de arquivos, bibliotecas e museus, e espaço metafórico, no caso de enciclopédias ou programas de curso nas escolas e universidades.

Esse tipo de descarte dos conhecimentos pode ser desejável ou mesmo necessário, pelo menos até certo ponto, mas não podemos esquecer as perdas que acompanham os ganhos. Daí ser preciso que os historiadores culturais estudem o que tem sido descartado ao longo dos séculos, o refugo intelectual que inclui informações, ideias e até pessoas. Observa-se com frequência que os historiadores costumam operar com preconceitos em favor dos vencedores, apesar da necessidade de reconstruir o "olhar dos vencidos" para entender o passado. Trótski disse certa vez que os vencidos eram entregues "à lata de lixo da história", e é sabido que a *Enciclopédia soviética*, em sucessivas edições, excluía pessoas, ideias e coisas que o Partido Comunista considerava politicamente incorretas, entre elas o próprio Trótski depois do rompimento com Stálin.

É fácil ridicularizar a *Enciclopédia soviética*, mas esse exemplo apenas ilustra de forma extrema um processo que é muito usual. Muitas disciplinas excluem alguns ancestrais, indivíduos que se tornaram intelectualmente indesejados, às vezes por razões políticas. Esses ancestrais são excluídos das genealogias das disciplinas. Os criminologistas, por exemplo, talvez não gostem de lembrar que um dos fundadores de sua área foi Cesare Lombroso, que acreditava convictamente na existência de "criminosos natos", que podiam ser reconhecidos pelo formato do crânio e outras características físicas, assim como os antropólogos podem preferir esquecer a antiga associação entre sua área de estudos e a ideia de superioridade da raça branca ou caucasiana.[40]

Da mesma forma, durante uma geração, os estudiosos do pensamento político se esforçaram ao máximo para esquecer um dos líderes desse campo nos anos 1920, Carl Schmitt, autor de estudos importantes de *Teologia política* (1922) e *O conceito de político* (1927). O autor ingressou mais tarde no Partido Nacional-Socialista, e portanto foi excluído da vida acadêmica em 1945, embora continuasse a ter seguidores em Heidelberg e outros locais. Apenas nos anos 1980 sua reputação foi reavaliada, e sua obra começou a ser traduzida para o inglês, o francês e o italiano.[41]

O processo de remoção se estende também aos objetos e às informações, além dos indivíduos. Os arqueólogos estão acostumados a recuperar conhecimentos do passado a partir de refugos, mas os historiadores ainda precisam aprender a recuperar itens entre aquilo que, adaptando Trótski, poderíamos chamar de "lata de lixo da história intelectual". Passando da arqueologia em sentido mais ou menos literal para a "arqueologia" no sentido dado por Michel Foucault, eles poderiam estudar o processo de refugo dos saberes, transformando-os em não conhecimentos ou em pseudoconhecimentos.[42] Quando novos conhecimentos entram numa determinada cultura, e para lhes abrir espaço, seja em programas de curso ou em enciclopédias, arquivos e bibliotecas, alguns conhecimentos anteriores são removidos num processo que poderíamos chamar de "seleção cultural".

Tome-se o caso dos arquivos. Em 1821, um prefeito francês no departamento do Aube quis "eliminar a quantidade de papéis que nunca serão usados para nada", a fim de "poder encontrar facilmente os papéis úteis".[43] Aliás, foi em reação ao plano do governo italiano de eliminar a maioria das respostas do censo de 1921 que o estatístico Corrado Gini desenvolveu seu famoso método de amostragem.

Bibliotecas e enciclopédias

A história das bibliotecas e das enciclopédias oferece muitos exemplos do processo de refugo daquilo que anteriormente era tido como conhecimento. No século XVIII, começou a surgir a ideia de destruir livros não porque fossem heréticos ou subversivos, mas porque eram inúteis. Um exemplo dessas "fantasias de destruir livros inúteis" é do filósofo David Hume, em sua *Investigação do entendimento humano* (1748): "Se pegarmos um volume qualquer, de teologia ou metafísica escolástica, por exemplo; perguntemos: ele contém algum raciocínio abstrato sobre números ou quantidades? Não. Então vamos entregá-lo às chamas: pois não pode conter nada além de sofisma e ilusão." Da mesma forma, num romance publicado em 1771, o jornalista francês Louis-Sébastien Mercier descrevia uma sociedade esclarecida no ano de 2440, na qual, à exceção de um pequeno número de obras essenciais, todos os livros tinham sido destruídos.[44]

Os bibliotecários, de modo geral, não costumam ir tão longe quanto Hume ou Mercier, mas estão preocupados com a enxurrada de novos títulos, que agrava o problema de espaço para as novas aquisições. Alguns bibliotecários optam por "dar baixa" nos livros, eufemismo recente que significa desfazer-se deles. Outros simplesmente banem os livros que consideram menos úteis para porões ou depósitos "fora do local", um semialojamento ou limbo intelectual, inacessível ao público, mas ainda não na lata de lixo. Um estudo dos livros rejeitados por essas vias por alguma grande biblioteca ao longo dos séculos poderia ser muito revelador, mostrando a mudança das prioridades. Seria possível estudar a longevidade das ideias pela "vida de prateleira" dos livros em que estão expressas.

Tão revelador quanto um estudo das bibliotecas e de execução muito mais fácil seria um exame semelhante dos conhecimentos descartados das enciclopédias. Conforme aumenta o conhecimento, aumentam as enciclopédias. Mesmo assim, basta comprar várias edições da mesma enciclopédia para constatar a frequência com que os editores e compiladores, pelo menos desde a segunda metade do século XVIII, têm rejeitado uma grande quantidade de materiais anteriores no momento de atualizar a obra. Os próprios editores e compiladores frisaram esse aspecto do trabalho. Quando Abraham Rees elaborou suas *Proposals* (1778) para a revisão da *Cyclopedia* de Chambers, ele ressaltou sua intenção de "excluir ciências obsoletas, retirar matérias supérfluas". O químico Thomas Thomson explicou no suplemento da *Enciclopédia britânica* (1815-24) que tanta coisa havia ficado ultrapassada durante os dez anos de elaboração que ele teve de reescrever inteiramente seu artigo sobre química.[45]

É verdade que nem sempre ocorreram tais tipos de reelaboração. Um estudo dos verbetes sobre ciências naturais publicados em enciclopédias britânicas nos séculos XVIII e XIX mostrou a sobrevivência de muitas informações que os cientistas já consideravam incorretas – "resíduos alquímicos", por exemplo –, até a nona edição da *Enciclopédia britânica*, em 1875, que introduziu profundas reformulações.[46] Desde 1875, porém, a quantidade de material descartado nas principais enciclopédias – a Larousse, a Brockhaus, a Winkler-Prins, a Britânica, a *Enciclopédia universal ilustrada europeo-americana* etc. – tem aumentado com rapidez cada vez maior. Obviamente existem razões práticas para algumas omissões. Mesmo assim, podemos suspeitar que a filosofia por trás delas costume ser, muitas vezes, uma crença mais ou menos ingênua no progresso, como se as ideias mais recentes fossem sempre as melhores. É por isso que, para certas finalidades, pelo menos em ciências humanas, os estudiosos muitas vezes preferem a undécima edição da *Enciclopédia britânica*, publicada em 1911, às posteriores.

Alguns exemplos concretos podem mostrar o quanto se perdeu. Em 1911, o rei Carlos I recebeu treze colunas e o imperador Carlos V onze colunas, mas ambos ficaram reduzidos a cinco colunas cada na *Nova enciclopédia britânica* de 1974. Rafael foi reduzido de dezesseis a cinco colunas, Cícero de treze a quatro, Goethe de doze a seis. Lutero foi reduzido de catorze colunas para uma, Platão de 33 para menos de uma – provas claras do declínio do interesse tanto pelo cristianismo quanto pela cultura clássica.

Mesmo as enciclopédias digitais descartam material, apesar de relativamente isentas de problemas de armazenagem – daí as propostas de uma "Wikimorgue" ou de uma "Deletopédia", em que os verbetes rejeitados continuariam acessíveis, um equivalente digital das velhas edições da Brockhaus ou da *Enciclopédia britânica*.[47]

Descartando ideias

As ideias ou "paradigmas" também são descartados, e isso por uma mistura de razões sociais e intelectuais. A ideia de um elemento ígneo como o flogisto, por exemplo, já foi essencial para a disciplina da química, mas foi desaparecendo gradualmente na segunda metade do século XVIII, depois que Lavoisier ofereceu outra explicação para a combustão. Da mesma forma, nos anos 1950 o funcionalismo estrutural era o principal arcabouço analítico da sociologia e da antropologia, mas foi contestado nos anos 1970 e aos poucos decaiu. O declínio da teoria marxista num amplo leque de disciplinas, da economia à literatura, é um dos exemplos recentes mais conhecidos de desvalorização intelectual.

Para os historiadores culturais, por outro lado, ignorar as ideias dos vencidos é, como diz a velha expressão idiomática, jogar fora o bebê junto com a água do banho. Assim, seria aconselhável que os historiadores seguissem o filósofo inglês Bertrand Russell, cujo *Esboço de tolices intelectuais* data de 1943, desde que abordassem o tema de maneira mais relativista e distanciada do que esse "hilariante catálogo da estupidez individual e organizada", descrevendo e explicando os movimentos, em vez de justificá-los para depreciar os conhecimentos mais antigos.

Os artigos nos periódicos especializados têm uma "expectativa de vida" cada vez menor, especialmente baixa no caso das ciências naturais, média na sociologia ou na economia, e um pouco mais alta na história ou na crítica literária.[48] As edições sucessivas de textos clássicos acrescentam e também eliminam informações. Como observou um editor algum tempo atrás: "Não conheço um único caso em que a edição de uma obra não represente a perda de alguma coisa."[49] Da mesma forma, os temas "frios" ou fora de moda em muitas disciplinas correm o risco de ser descartados ou pelo menos marginalizados. Viram "moedas desvalorizadas" – ainda que possa ocorrer uma revalorização décadas mais tarde.

As fronteiras entre os conhecimentos genuínos e espúrios, entre ciências e pseudociências, também estão sujeitas a mudanças ao longo do tempo, quando alguns grupos de estudiosos tentam excluir determinadas práticas intelectuais da república do saber, muitas vezes alegando que certo livro, método ou teoria não é "realmente" história, filosofia, ciência ou qualquer outra coisa. É o processo que Foucault chamou de "desqualificação". Chegou-se a sugerir, com certo exagero, que a história das ciências é "sempre e ao mesmo tempo a história da luta contra o não científico".[50] Quando a medicina científica profissional se estabeleceu na Inglaterra na segunda metade do século XVIII, por exemplo, as outras abordagens foram repelidas para as "margens" ou mesmo para fora da medicina, estigmatizadas como pseudomedicina ou "charlatanice".[51] Em certo sentido, os médicos profissionais precisavam dos charlatães, para poderem se definir com mais clareza como ortodoxos e científicos.

O que vale como ciência ou "pseudociência" (termo estabelecido em inglês na década de 1840, logo após o de "cientista") varia não só de acordo com a época, mas também de acordo com o local e a disciplina em que se dá o debate.[52] Esse "trabalho de fronteira" não é somente teórico, parte de um esquema grandioso de classificação do conhecimento, como vimos num capítulo anterior. Pelo contrário, "a demarcação é realizada rotineiramente em contextos práticos e cotidianos", como a exclusão de um tópico determinado nos currículos universitários ou a recusa de um artigo submetido a uma revista acadêmica.[53]

"Disciplinas" inteiras (como diriam seus seguidores) são rejeitadas como pseudociência, da astrologia à cientologia. Algumas foram tidas como ciências numa época, e rejeitadas como não científicas em outra época. A medicina chinesa, incluindo a acupuntura, foi levada a sério pelos doutores europeus nos séculos XVII e XVIII. Mas, quando a medicina ocidental foi definida como científica, as medicinas alternativas foram rejeitadas. O interesse europeu pela acupuntura primeiro "diminuiu" e depois "submergiu", e foi apenas no final dos anos 1960 e na década seguinte que o interesse por essa técnica ressurgiu no Ocidente.[54] Analogamente, a *Völkerpsychologie*, a psicologia coletiva dos vários povos do mundo, foi tema de grande interesse na segunda metade do século XIX na Alemanha e em outros países, mas – assim como o "folclore" – entrou em decadência no século XX, substituída pela etnologia.[55] Seguem-se alguns estudos de caso, enfocando a perda de status de quatro disciplinas: a astrologia, a frenologia, a parapsicologia e a eugenia.

Astrologia

A astrologia já era descartada por alguns europeus cultos no século XVII e ainda mais no século XVIII, embora essa rejeição tenha sido um processo mais lento e demorado do que se pensava uma geração atrás.[56] Os historiadores não têm tido dificuldade em explicar por que a astrologia entrou em declínio, invocando o famoso conceito weberiano de "desencantamento do mundo" (*Entzauberung der Welt*). Mas não é tão fácil explicar a sobrevivência ou o "renascimento" da astrologia nos séculos XIX e XX, embora caiba notar que essa sobrevivência ou esse ressurgimento tenha ocorrido ao preço de adaptá-la a uma cultura em transformação.

No final do século XIX, alguns astrólogos procuraram atualizar o tema e torná-lo mais científico, para converter suas atividades numa profissão. Em 1895, foi criada em Londres uma revista com o nome de *Modern Astrology*. Seu primeiro editorial declarava que "chegou o momento de modernizar o antigo sistema da Astrologia". Um dos modernizadores era um tal Richard Morrison, ex-oficial da Marinha – numa época em que ainda se navegava com ajuda das estrelas – que se autodenominava "Zadkiel" e usava uma bola de cristal em suas previsões do futuro. Outro, Walter Old, conhecido como "Sepharial", oferecia aos clientes previsões sobre a oscilação dos preços na Bolsa de Valores e os resultados das corridas de cavalos.[57] Em 1902, foi fundada em Londres uma Sociedade de Pesquisa Astrológica, à qual se seguiu um Instituto Astrológico em 1910 e também uma Loja Astrológica, que apresentava palestras semanais.[58]

A diferença principal entre essa astrologia revivida ou reformada e a astrologia mais tradicional consistia no sincretismo deliberado. Alguns astrólogos adotaram a linguagem do inimigo, a ciência oitocentista. Frisavam a diferença entre sua área e a magia, e escreviam sobre a "ciência espiritual", "a base científica da astrologia" e "a prova científica da ligação entre os signos estrelares e o comportamento humano". Outros usavam a retórica da estatística. Da mesma forma, alguns praticantes contemporâneos usam o computador para gerar horóscopos para seus clientes, não só para economizar tempo, mas também para conferir uma aura de alta tecnologia a suas previsões.

Todavia, outros astrólogos apontaram ligações entre suas ideias e as ideias dos rosa-cruzes e dos maçônicos, bem como com os mistérios do Egito antigo. Muitos adotaram elementos de religiões orientais, por exemplo o budismo e o hinduísmo, quer estudassem essas religiões diretamente ou por meio da "teosofia" ou da "antroposofia" sincrética que se espalhou pela Inglaterra, pela França e por outros países no final do século XIX (adiante, p.270).[59]

O ressurgimento do interesse pela astrologia em Londres nos anos 1880 e 1890 fazia parte do que poderíamos chamar de "contracultura" burguesa, numa analogia com a contracultura californiana dos anos 1960. Os estudiosos das estrelas costumavam se interessar também pela hipnose, pelo vegetarianismo e pelo espiritualismo. Nos anos 1920 e 1930, alguns astrólogos utilizavam a linguagem e as ideias da psicologia de Carl Gustav Jung. Reciprocamente, o próprio Jung estudou o tema, e sua filha se tornou astróloga. Na esteira de Jung, alguns autores psicologizaram a astrologia, descrevendo o horóscopo como "o mapa da psique" ou falando dos "planetas dentro de nós". Essa nova astrologia sincrética, como a medicina alternativa, a macrobiótica ou a alimentação orgânica, seguiu na onda do chamado movimento New Age dos anos 1960 e 1970, nome derivado das discussões de Jung e outros, nos anos 1940, sobre a nova "Era de Aquário".

Desvalorizada pelo mundo acadêmico, a astrologia, ao contrário (digamos) da frenologia, sobreviveu e até floresceu em outros setores culturais. Por quê? Paradoxalmente, sua atração parece consistir numa mescla de características modernas e antimodernas: de um lado, o apelo à ciência ou à psicologia; de outro lado, a "reação compreensível contra a Modernidade e seu culto ao progresso".[60]

Frenologia

A frenologia já foi definida como "a 'ciência' mais popular e popularizada do século XIX".[61] Segundo os frenólogos, o cérebro consiste em órgãos separados (37, costumavam dizer), que são a sede de diversos sentimentos, como a "amabilidade" ou a "benevolência", e faculdades, como a de estabelecer comparações e relações de causalidade. O tamanho de cada órgão indica a potência daquela faculdade, e o formato do crânio é um guia do que está contido dentro dele. O fundador da frenologia, o médico alemão Franz Joseph Gall, definiu seu sistema como "o estudo do crânio" (*Schädellehre*). Em inglês, chamou-se inicialmente "craniologia" e, a partir de 1815, "frenologia" (termo também usado pelos franceses).[62] Alguns escritores se referiam ao "sistema fisiognômico" dos frenólogos, e sua ideia de que o formato do crânio indicava a natureza do cérebro dentro dele era similar ao pressuposto central dos tradicionais leitores das linhas do rosto.[63]

Depois que o governo proibiu que desse aulas, Gall saiu de Viena e se instalou em Paris em 1807, logo atraindo seguidores entre os especialistas em doenças mentais. Seu ex-assistente Johann Gaspar Spurzheim foi para a Inglaterra e divulgou o evangelho frenológico em Edimburgo e Londres. A Edinburgh Phrenological Society (1820), a London Phrenological Society (1823) e o *Phrenological Journal and Miscellany* (1823) atestam a importância do movimento na Inglaterra nos anos 1820.

A frenologia ganhou popularidade ainda maior nos Estados Unidos, impulsionada por livros como *The Constitution of Man* (*A constituição do homem*, 1828), do advogado escocês George Combe, que fazia um casamento entre a frenologia e a autoajuda. Em 1860, *A constituição do homem* tinha vendido 100 mil exemplares na Inglaterra e 200 mil nos Estados Unidos. Os boticários colocavam bustos mostrando os vários sentimentos e faculdades nas janelas de suas boticas, enquanto muitos praticantes em balneários marítimos e outros locais alegavam poder prever o futuro sucesso sentindo as "protuberâncias" na cabeça. Após se difundir, a frenologia se simplificou e virou uma "filosofia social" e até "uma espécie de igreja em si", "uma espécie de deísmo otimista e sentimental".[64]

A frenologia nunca foi "aceita como disciplina acadêmica".[65] Foi intensamente criticada desde o começo, notadamente na *Edinburgh Review* (1805, 1815) e em sátiras com títulos como *The Craniad*. Segundo um sociólogo da ciência, os frenólogos eram estranhos ao ambiente acadêmico, interessados em reformas sociais, enfrentando "a resistência das instituições estabelecidas".[66]

De um ponto de vista histórico, pode-se dizer que a frenologia nasceu no momento errado, na era das medições exatas. Encaixava-se melhor na fase inicial da Modernidade, como a fisiognomia da qual derivou. A frenologia começou a declinar nos anos 1840, minada pelas provas "de que o crânio não seguia exatamente os contornos do cérebro dentro dele", e ingressou numa "decadência acelerada" na segunda metade do século XIX.[67] Mas foi importante o suficiente para receber um número dentro do sistema de Classificação Decimal Dewey, onde permanece até hoje.[68] O tema também foi levado a sério por nomes ilustres em seus diversos campos, como lorde Palmerston e Alfred Wallace. A tradição frenológica contribuiu para a antropologia física das décadas finais do século XIX, que estudava a raça e a criminalidade, e vários conceitos frenológicos continuaram entranhados na cultura popular até as primeiras décadas do século XX.[69]

Parapsicologia

A "parapsicologia" (termo cunhado originalmente em alemão, *Parapsychologie*, em 1889) também era conhecida como "pesquisa psíquica".[70] Na Inglaterra, a Sociedade de Pesquisa Psíquica foi fundada em 1882 e formou comitês para investigar a telepatia, o mesmerismo, a mediunidade, fantasmas, casas mal-assombradas e assim por diante: um de seus projetos era um recenseamento das alucinações. Sociedades nos moldes da inglesa foram fundadas em outros países: a American Society for Psychical

Research (1995), a *Selskabet for Psykisk Forskning* (Sociedade de Pesquisa Psíquica, 1905) na Dinamarca etc.[71]

Pelo menos de início, os membros da sociedade britânica dificilmente poderiam ser considerados estranhos ao ambiente erudito, e tampouco suas investigações poderiam ser entendidas como pseudocientíficas, visto que, entre seus primeiros presidentes, estavam o insigne intelectual de Cambridge Henry Sidgwick e o químico William Crooks, mais tarde presidente da Royal Society. Psicólogos importantes como Freud, Jung, William James e William McDougall apoiavam o empreendimento.

Os fenômenos parapsicológicos foram estudados em laboratório na Alemanha, na Inglaterra e nos Estados Unidos. Os estudos mais famosos foram sobre a telepatia ou "percepção extrassensorial" (ESP), desenvolvidos por Joseph B. Rhine, que se transferiu para o Departamento de Psicologia da Universidade Duke em 1927 para trabalhar com McDougall, e mais tarde encabeçou seu próprio Laboratório de Parapsicologia. Um dos métodos de Rhine era fazer sessões com voluntários para adivinhar cartas, e alguns resultados foram admiráveis. Suas experiências foram repetidas em outros lugares e, com a criação do *Journal of Parapsychology* em 1938, parecia estar nascendo uma nova disciplina.

No entanto, as experiências de Rhine eram subvencionadas por indivíduos particulares, não pela universidade. Seu trabalho, que prosseguiu durante décadas, perdeu credibilidade quando seu sucessor na diretoria do centro de pesquisa na Universidade Duke foi acusado, em 1974, de falsificar seus resultados. O *Journal of Parapsychology* ainda existe, mas talvez seja um sinal significativo que o Rhine Institute for Parapsychology tenha mudado de nome para Foundation for Research on the Nature of Man. O escritor anglo-húngaro Arthur Koestler deixou uma dotação para uma cátedra de parapsicologia, mas a Universidade de Oxford recusou a verba (a cátedra acabou sendo criada em Edimburgo).

A parapsicologia dividiu a comunidade científica. Alguns cientistas a denunciaram como pseudociência, ao passo que outros lhe deram apoio. Alguns conceitos correntes no movimento, em especial o de múltipla personalidade, foram adotados em outras disciplinas.

Raça e eugenia

Antes da metade do século XVIII, já era corrente o conceito de raça para se referir a grupos e inclusive nações que teriam um ancestral comum. Todavia, a preocupação com as raças do mundo teve seu maior desenvolvimento entre 1750 e 1950.[72] Como vimos (p.71-2), Cuvier distinguia três raças; Lineu, quatro; Blumenbach, cinco; Buffon, seis.

Havia uma ligação entre os estudos raciais (em alemão, *Rassenkunde*) e a frenologia. Spurzheim estabeleceu comparações e contrastes entre cabeças de chineses, africanos e europeus. Os craniologistas transferiram gradualmente seus interesses das diferenças individuais para as diferenças entre grupos. O anatomista sueco Anders Retzius, por exemplo, elaborou um "índice cefálico" e diferenciou dois tipos europeus – o de cabeça longa, o dolicocéfalo, associado ao cabelo louro, e o de cabeça redonda, o braquicéfalo, associado ao cabelo castanho.

O atrativo dos estudos antropométricos era sua relação com a identidade nacional. No novo Estado alemão dos anos 1870, o médico e antropólogo Rudolf Virchow fez um levantamento da cor dos cabelos e olhos de 6 milhões de crianças em idade escolar, apenas para concluir que não existia uma raça germânica pura, e sim uma miscigenação de vários povos diferentes. O exemplo de Virchow foi seguido por um Levantamento Etnográfico da Inglaterra (1892), um estudo da composição racial da Suécia (1902), baseado no exame de 45 mil recrutas, e um estudo similar da Dinamarca (1904).

Tais tipos de estudos também eram movidos por um interesse pela eugenia, programa de aprimoramento racial através de cruzamentos seletivos. O termo "eugenia" foi cunhado por Francis Galton em 1883 (em alemão, um termo mais abrangente, "higiene racial", *Rassenhygiene*, entrou em uso a partir de 1895). Em 1907, um discípulo de Galton comentou que "você se divertiria ao saber como se generalizou o uso de sua palavra Eugenia!".[73] A eugenia logo se converteu num movimento mundial com a fundação da alemã *Gesellschaft für Rassenhygiene* (Sociedade para a Higiene Racial, 1905), da Eugenics Education Society (1908) na Inglaterra, da

Svenske Sällskapet for Rashygien (Sociedade Sueca para a Higiene Racial, 1909) e da Conferência Internacional de Eugenia (1912).

A eugenia era mais que um programa; era vista como uma ciência. O estatístico inglês Karl Pearson pretendia "fundar a eugenia como disciplina acadêmica".[74] Um manual russo de eugenia (1925) afirmava que ela já constituía uma disciplina científica autônoma.[75] Graças ao apoio financeiro de Galton, criaram-se um laboratório e uma cátedra de eugenia na University College London (1907 e 1911). Após a Primeira Guerra Mundial, a consolidação da eugenia no mundo acadêmico prosseguiu com a fundação de institutos em Upsala (1921), Berlim (1927) e outras cidades, dos quais participaram cientistas importantes, como J.B.S. Haldane.[76]

O estatuto científico dos estudos eugenistas e raciais provavelmente atingiu o ápice na Alemanha nazista, depois despencando verticalmente. Antes disso, já havia críticas sérias. Os estudos de Franz Boas sobre os crânios de imigrantes e seus filhos nos Estados Unidos levaram o antropólogo a ressaltar a influência do meio e a defender a substituição do conceito de "raça" pelo de "cultura".[77] Lancelot Hogben, professor de biologia social na London School of Economics, foi um crítico severo da eugenia, e em 1934 seu amigo Haldane também adotou essa posição.[78] Mas a pá de cal foi a descoberta das experiências realizadas em Auschwitz pelo médico Josef Mengele, da SS, que havia trabalhado como assistente no Instituto de Eugenia Kaiser Wilhelm em Berlim.[79]

O título antes em voga virou tabu, substituído por eufemismos como "genética humana" ou "biologia social".[80] Em 1954, por exemplo, os *Annals of Eugenics* passaram a se chamar *Annals of Human Genetics*, enquanto o *Eugenics Quarterly* se transformou em *Social Biology* em 1969. As cátedras e os institutos também mudaram de nome. A queda da eugenia arrastou consigo os estudos raciais, exceto sob a forma de "relações raciais", em que a pesquisa se concentra mais na percepção de diferenças do que nas diferenças reais. Uma parte da pesquisa se salvou. Como acontece com tanta frequência entre vencedores e vencidos, os vencedores se apropriaram de mais coisas do que admitem. Argumenta-se que a raça continua "inserida em muitos campos científicos diferentes", mesmo que o termo "raça" tenha sido substituído por palavras como "cultura" ou "etnicidade".[81]

À sobrevivência pode-se até seguir a revivescência; à "retirada" pode-se seguir o "retorno".[82] Hoje, a craniometria é usada por arqueólogos que estudam a evolução da humanidade. O exame da composição das nações adquiriu um novo rumo graças à descoberta do DNA: o projeto de pesquisa chamado Retrato Molecular do Brasil (2000) revelou a miscigenação da população com uma clareza ainda maior do que antes. Em 1969, talvez fosse cedo demais para anunciar que "nasceu uma nova eugenia", mas, na era do Projeto Genoma Humano, é como se à desvalorização do tema se seguisse uma possível revalorização.[83] Alguns estudiosos têm escrito sobre a recente "reabilitação" da biologia racial.[84]

O destino dos estudos folclóricos, sobretudo na Alemanha e na Escandinávia após a queda do Terceiro Reich, é semelhante ao da eugenia. O folclore era um tema acadêmico muito mais importante no continente europeu, sobretudo nos países nórdicos, do que pode sugerir sua posição marginal na Inglaterra. Mas o tema foi contaminado pelo uso que lhe deram os nazistas, associando-o à pureza racial.[85] Mesmo a palavra *folk* (no alemão, *Volk*), agora associada ao racismo, virou tabu. O que antes era descrito como "folclore" foi redefinido como "tradição popular" ou "etnologia". Resgatou-se um grande volume de pesquisas anteriores, mas – como no caso da antropologia – a tônica se transferiu dos estudos raciais para os estudos sociais e culturais.

Os quatro estudos de caso de conhecimentos rejeitados levam a direções distintas. A astrologia não foi um tema acadêmico sério em nosso período, embora antes tenha sido levada a sério nas universidades. Expulsa do mundo acadêmico, ela encontrou um novo nicho, onde permanece até hoje. A frenologia, que foi moda entre os anos 1820 e os anos 1840, nunca se implantou na academia, embora alguns cientistas a levassem a sério, e legou algumas ideias aos estudos raciais. A parapsicologia ocupou uma posição marginal na academia. Na verdade, como no caso da astrologia, seu caráter aparentemente anticientífico constituiu uma parte importante de seu atrativo. Foi relativamente pouco o que se salvou de suas descobertas quando o tema entrou em declínio. A eugenia e os estudos raciais se estabeleceram e depois se desestabeleceram por razões essencialmente políticas. O caso do folclore e sua transformação em etnologia é similar. Mesmo assim, podemos dizer que os vencidos nessas batalhas pela legitimação deixaram alguma marca sobre a posteridade.

Os estudos de caso acima tratados levantam o problema da nitidez ou falta de nitidez das fronteiras entre as disciplinas. Essas áreas fronteiriças serão o tema central do próximo capítulo.

6. Dividindo conhecimentos

No começo dos anos 1960, calculou-se que 50 mil periódicos científicos haviam publicado 6 milhões de artigos, com um crescimento de "pelo menos meio milhão por ano". Em 1969, um levantamento mostrou que, entre 1954 e 1965, as publicações de física dobraram a cada oito anos, enquanto as de sociologia dobraram a cada três anos.[1] Numa época de tal "explosão do conhecimento" e o consequente aumento na "sobrecarga" ou "excesso de informação" (tratado em maior detalhe adiante, p.334), a especialização se tornou cada vez mais necessária.

Desde os meados do século XVIII, Albrecht von Haller, professor de medicina em Göttingen, já defendia a especialização. Como ele escreveu: "A grande utilidade das universidades é que as ciências são divididas em pequenas partes e cada indivíduo recebe uma responsabilidade pequena e limitada."[2] A especialização permite que a humanidade como um todo conheça mais do que antes, e oferece uma variedade crescente de nichos intelectuais para diversas espécies de estudiosos. Por um lado, essa tendência estreita o intelecto e dificulta cada vez mais uma visão de conjunto da própria disciplina, para não falar do grande quadro geral do conhecimento humano.[3] Daí a atitude não incomum de ambivalência em relação à especialização, atitude adotada também pelo autor deste ensaio e expressa de maneira memorável por Max Weber, com seu típico realismo trágico: "A limitação ao trabalho especializado, com a decorrente renúncia à universalidade faustiana do homem, é uma condição de qualquer trabalho de valor no mundo moderno" (mas Weber não seguiu o próprio conselho).[4]

Os favoráveis a essa divisão do trabalho intelectual falam em "diversificação" ou "profissionalização" (termo mais ambíguo do que pode parecer).[5] Os contrários falam em "fragmentação". Também desaprovam o surgimento de "jargões" especializados. "A linguagem técnica ergue uma barreira entre os que a conhecem e entendem e os demais."[6] Meio século atrás, o cientista e filósofo anglo-húngaro Michael Polanyi lamentava que "um cientista individual tem competência para julgar em primeira mão apenas cerca de um centésimo de toda a produção corrente da ciência".[7] Imaginem a situação hoje em dia!

Trinta anos atrás, um famoso historiador americano, John Higham, comentou a necessidade de "uma história da especialização, ainda por escrever".[8] Ela continua por escrever, talvez porque tal projeto multidisciplinar exija um estudioso não especializado. Mesmo assim, é claro que o período tratado aqui marca alguns estágios fundamentais desse processo, ou melhor, nos processos sociais e intelectuais interligados de profissionalização e especialização.

Na segunda metade do século XVIII, grandes obras como *Declínio e queda do Império romano*, de Gibbon, ou *A riqueza das nações*, de Adam Smith, tiveram um sucesso imediato entre o público leigo. No entanto, Smith e seu colega Adam Ferguson já discutiam a especialização intelectual em termos de uma divisão do trabalho. Em 1824, num ensaio sobre o "conhecimento superficial", o autor romântico inglês Thomas de Quincey deplorava o que chamou de "tendência na ciência … a uma extrema subdivisão". Na metade do século XIX, Auguste Comte cunhou o termo "*spécialisation*", e o exemplo foi seguido por seu discípulo inglês John Stuart Mill.[9] Em inglês, o termo "*specialist*" aparece pela primeira vez num contexto médico (1856), mas logo passou a ser usado em acepção mais ampla, por exemplo por Herbert Spencer, outro discípulo de Comte.

O declínio do polímata

Um sinal dos tempos foi a mudança de atitude em relação ao polímata. É verdade que desde a Grécia antiga os polímatas eram vistos não só com admiração, mas também com desconfiança – Heráclito chamou Pitágoras de charlatão, devido à sua pretensão de atingir um conhecimento universal, enquanto Roger Bacon e outros eruditos medievais eram suspeitos de ter a ajuda do demônio, suspeita esta que se desenvolveu no século XVI no mito do doutor Fausto. Mesmo assim, é possível perceber uma mudança de atitude no período que estamos estudando.

No começo do século XIX, um indivíduo criativo ainda era capaz de fazer descobertas originais em várias disciplinas diferentes, como mostram dois exemplos. Alexander von Humboldt é um caso realmente extraordinário de *polymathia*, com seus interesses que abrangiam a geologia, a astronomia, a meteorologia, a botânica, a fisiologia, a química, a geografia, a arqueologia, a economia política e a etnografia. Em todos esses campos, por incrível que agora pareça, ele foi capaz de dar contribuições originais ao conhecimento.[10]

Para um exemplo inglês mais modesto, podemos tomar o caso de Thomas Young, do Emmanuel College de Cambridge, certa vez descrito como "o último homem que conhecia tudo".[11] Young teve formação em medicina e fez pesquisas médicas, mas publicou artigos importantes também sobre o cálculo de seguros de vida e a física da luz e do som. Contribuiu também para a decodificação dos hieróglifos egípcios, mas seu trabalho nesse campo foi superado pelo de Champollion. "Young o Fenômeno", como o chamavam seus contemporâneos, escreveu 63 artigos para o suplemento da sexta edição da *Enciclopédia britânica*, sobre tópicos que iam de "Línguas" a "Marés".

Além dele, um colega seu de Cambridge, William Whewell, escreveu livros de matemática, mecânica, mineralogia, astronomia, filosofia, teologia e arquitetura, e confessou seu "desejo de ler toda sorte de livros ao mesmo tempo".[12] O poeta Samuel Coleridge certa vez admitiu a um amigo sua vontade de estudar "Mecânica, Hidrostática, Ótica e Astronomia, Botânica, Metalurgia, Fossilismo, Química, Geologia, Anatomia, Medicina – então a *mente do homem* – depois as *mentes dos homens* – em todas as Viagens por Terra e por Mar e todas as Histórias".[13]

No entanto, o clima intelectual estava se tornando mais hostil aos polímatas. Humboldt se queixou que "muitas vezes as pessoas dizem que sou curioso sobre coisas demais ao mesmo tempo". Young às vezes publicava anonimamente, para que colegas de visão mais estreita continuassem a levá-lo a sério como médico. De Whewell comentava-se que "a onisciência é seu ponto fraco". Coleridge foi objeto de troça no romance *Headlong Hall* (1816), de Thomas Peacock, aparecendo como "o sr. Panscópio", "que tinha percorrido todo o círculo das ciências e entendera todas elas igualmente bem".[14]

O surgimento do cientista

É sabido que a palavra inglesa "*scientist*" foi criada nos anos 1830 (o equivalente alemão era "investigador da natureza", *Naturforscher*). O neologismo indicava o nascimento de um novo grupo, composto de estudiosos que concentravam a atenção no estudo do mundo da natureza, que gradualmente se converteria numa profissão.[15] O novo senso coletivo se expressava em termos como "comunidade da ciência", concorrendo com a ideia mais antiga da "comunidade do saber".

Em alguns locais, os estudiosos agora podiam se especializar no estudo do mundo natural. No caso do ensino secundário alemão, pense-se na Realschule, de orientação científica, criada para concorrer com o tradicional Gymnasium, voltado para os clássicos. No nível universitário, entre os exemplos temos a fundação da Escola Politécnica em Paris (1794), seguida pelo Politécnico de Praga (1803), pela Kungliga Tekniska Högskolan em Estocolmo (1827), as *technische Hochschulen* alemãs e assim por diante. Nos Estados Unidos, a Escola Científica Lawrence em Harvard foi fundada em 1845 e a Escola Científica Sheffield em Yale, em 1854. Na Inglaterra, à criação de um curso separado de "ciências naturais" em Cambridge (1851) seguiu-se a do Yorkshire College of Science em Leeds (1874) e do Mason Science College, Birmingham (1875).

Uma consequência de longo prazo dessas mudanças foi a divisão entre as "duas culturas", tão deplorada por C.P. Snow (físico-químico que virou romancista) numa palestra apresentada em Cambridge em 1959. A palestra foi dada no momento certo e tocou um nervo sensível, suscitando um longo debate, primeiro na Inglaterra e depois na Alemanha, na Itália, na Suécia e em outros países.[16] Em sua exposição, Snow atacou em muitas frentes. O que nos interessa aqui é seu argumento de que "a vida intelectual de toda a sociedade ocidental tem se dividido cada vez mais em dois grupos opostos", de um lado os "intelectuais literários" e de outro lado os "cientistas físicos". A cultura científica é uma cultura "não só em sentido intelectual, mas também antropológico", como uma comunidade na qual as pessoas se entendem razoavelmente bem, ao passo que há um abismo de "incompreensão" entre seus membros e os intelectuais da área de humanidades.[17]

Quando a palestra e o próprio palestrante foram atacados pelo crítico literário F.R. Leavis com sua habitual veemência, parece ter se reforçado a ideia de uma cisão. Como foi assinalado algumas vezes, a controvérsia entre Snow e Leavis era, em alguns aspectos, a retomada de uma controvérsia vitoriana mais cortês entre o cientista T.H. Huxley e o poeta Matthew Arnold. Huxley, como Snow cem anos depois, defendia que a ciência natural devia ocupar um lugar importante na educação geral, enquanto Arnold dava mais ênfase aos estudos literários.[18]

No entanto, o abismo de incompreensão, se é que existia nos anos 1880, era muito mais estreito. Na *Westminster Review*, por exemplo, um dos periódicos intelectuais que floresceram na Inglaterra vitoriana, as ciências naturais ocupavam seu lugar ao lado das artes, e a química andava de braços dados com a filosofia. Entre os colaboradores da revista estavam Huxley e George Eliot, que escreviam sobre um amplo leque de assuntos artísticos e científicos. Ao mesmo tempo, a terceira cultura nascente das ciências morais ou sociais vinha se diferenciando das outras duas.[19]

No decorrer dos séculos XIX e XX, abriram-se muitas fendas entre as diversas ciências naturais, fendas que se alargaram mais e mais, acabando por se tornar divisões institucionais, como veremos adiante. De fato, em 1959 seria possível criticar Snow por sua concepção monolítica de "ciência".

Por que o cientista fez sua aparição no começo do século XIX? Por que, pouco depois, surgiu um grupo sempre crescente de disciplinas especializadas? Ou, dito de outro modo, por que os estudiosos passaram a desconfiar dos polímatas? Uma resposta óbvia é que a explosão de conhecimento obrigou a maioria deles a restringir suas ambições intelectuais e, assim, a desconfiar dos poucos que se recusavam a limitá-las.

Uma resposta mais sociológica, já esboçada na segunda metade do século XVIII por Smith e Ferguson e desenvolvida por Karl Marx nos meados do século XIX, seria que a profissionalização ou especialização intelectual fazia parte de uma divisão do trabalho mais geral, do surgimento da sociedade primeiro mercantil e depois industrial. Talvez não seja mera coincidência que o ano de 1851 marque não só a Grande Exposição de produtos manufaturados em Londres, mas também a criação de um curso separado de ciências naturais em Cambridge. Um contemporâneo de Marx, o sociólogo inglês Herbert Spencer, apontou o surgimento do que definiu como "diferenciação" social e cultural.[20] Em data mais recente, um sociólogo escreveu sobre a "lei férrea" da especialização.[21]

Esses argumentos são convincentes, desde que não suponhamos que o processo foi automático ou que as disciplinas nasceram de um processo de geração espontânea. Indivíduos e grupos desempenharam seus papéis fomentando essa tendência, quer tivessem ou não essa intenção. Por exemplo, o surgimento da "ciência" ou da *Naturwissenschaft* como um tipo separado de conhecimento foi impulsionado pela fundação de sociedades para promovê-la, como a Gesellschaft deutscher Naturforscher (1828) e a British Association for the Advancement of Science (1831).

Sociedades, publicações e congressos

Já fizemos referência aos estágios de especialização e de constituição das disciplinas. Um deles foi marcado pela fundação de sociedades amadoras. Em 1830, o bibliotecário alemão Karl Preusker designou sua época como "a era das associações". Essas associações voluntárias desempenharam um papel importante na instituição de novas disciplinas. No século XVIII, foram criadas várias sociedades para apoiar as artes e as ciências em geral ou, como vimos, para promover o "conhecimento útil". Nas décadas inicias do século XIX, em contraste, houve o surgimento de diversas sociedades mais especializadas, em nível local, nacional e internacional. Bem-recebida por muitos, essa nova tendência foi lamentada por alguns estudiosos, entre eles Joseph Banks, o novo presidente da Royal Society. "Vejo claramente", escreveu ele em 1818, "que todas essas novas Associações irão finalmente desmantelar a Royal Society, e não deixarão à Velha Dama sequer um trapo para se cobrir."[22] Mas em 1818 a tendência apenas se iniciava.

Em Berlim, por exemplo, as novas fundações incluíam a Gesellschaft für deutsche Sprache und Alterstumskunde (Sociedade de Língua e Antiguidades Alemãs, 1815), a Verein der Geographen (Sociedade de Geografia, 1828), a Physicalische Gesellschaft (Sociedade Física, 1845) e a Deutsche Geologische Gesellschaft (Sociedade Geológica Alemã, 1848). Em Londres, à Geological Society (1807) sucederam-se a Astronomical Society (1820), a Royal Asiatic Society (1823), a Zoological Society (1826), a Entomological Society (1833), a Statistical Society (1834), a Botanical Society (1836), a Philological Society (1842) e a Ethnological Society (1843). Entre as sociedades eruditas em Paris havia a Société Asiatique e a Société de Géographie (ambas de 1821), a Société Phrénologique (1831), a Société Anthropologique (1832) e a Société Ethnologique (1839); em 1885, existiam 120 associações desse tipo. As sociedades eruditas também eram numerosas nas províncias. Em 1885, havia cerca de 560 delas na França, dedicadas especialmente à história local e à história natural, e estimuladas pelo orgulho regional.[23] Amiúde a fundação de uma sociedade para promover determinado tema num país gerava a imitação em outro. A fundação de uma sociedade de economia política em Paris (1842) foi copiada por Turim (1852), Bruxelas (1855) e Madri (1856).[24]

Na geração passada, sustentava-se que as associações voluntárias foram importantes para o processo de modernização das sociedades, sobretudo na Europa e nos Estados Unidos.[25] Esse argumento pode se aplicar à modernização de um antigo regime intelectual. Cabe acrescentar que muitas dessas associações estavam trabalhando, sem saber, para sua própria destruição. Eram, entre outras coisas, grupos de pressão para a criação de disciplinas. Quando a pressão tinha êxito, gradualmente as sociedades ficavam obsoletas ou, na melhor das hipóteses, marginais. O campo passava a ser dominado cada vez mais por profissionais, que muitas vezes criavam suas próprias associações para se diferenciar dos diletantes, embora tenham sobrevivido algumas sociedades mistas.

Essa autoconsciência das disciplinas encontrava incentivo em associações, publicações e congressos profissionais. Nos Estados Unidos, por exemplo, a Modern Languages Association (1883), a American Historical Association (1884), a American Psychological Association (1892), a American Physical Society (1899), a American Anthropological Association (1902), a American Political Science Association (1903) e a American Sociological Society (1905) foram sem exceção fundadas durante o período crucial para o surgimento das disciplinas.

Os periódicos especializados recuam a uma data anterior, à segunda metade do século XVIII. Na química, por exemplo, o *Chemisches Journal* (mais tarde, *Chemische Annalen*) foi criado em 1778, e os *Annales de chimie* em 1789; ambos já davam sua contribuição para o surgimento de uma "comunidade química". Em 1786, por exemplo, um colaborador dos *Annalen* sugeriu que o nascimento da revista tinha "criado uma espécie de associação entre os químicos e os cientistas naturais da Alemanha", enquanto outro autor da época fez menção ao "público químico" (*chemische Publikum*).[26]

No entanto, houve uma nova onda de publicações especializadas nas décadas finais do século XIX, associada à separação das disciplinas e dos departamentos: o *American Chemical Journal* (1879), por exemplo. Em paralelo com as associações americanas acima mencionadas, nasceram novos periódicos, entre eles o *Political Science Quarterly* (1886), o *Quarterly Journal of Economics* e o *American Journal of Psychology* (ambos em 1887), a *American Historical Review* e o *American Journal of Sociology* (ambos em 1895), e assim por diante. Tal como seus predecessores menos profissionais, esses periódicos existiam não só para transmitir conhecimento, mas também para manter uma política de boas relações públicas, divulgando as novas disciplinas e seus respectivos colaboradores. As resenhas de livros e outras notícias sobre a profissão ajudavam a criar e a manter comunidades disciplinares.

No caso da história, o principal periódico profissional alemão, *Historische Zeitschrift*, foi fundado em 1859, e seu modelo foi seguido em outros países, com a criação da *Revue historique* francesa (1876), da *Rivista storica italiana* (1884), da *English Historical Review* e da holandesa *Tijdschrift voor Geschiedenis* (ambas em 1886), e assim por diante. A rivalidade entre periódicos especializados refletia e estimulava os conflitos dentro da disciplina. Assim, a revista francesa *Annales d'histoire économique et social* (conhecida pelos historiadores simplesmente como *Annales*) foi criada em 1929 por Lucien Febvre e Marc Bloch como uma alternativa à *Revue historique*, ainda dominada pela história política. Analogamente, a *American Sociological Review* (1936) foi fundada como alternativa democrática ao *American Journal of Sociology* (1895), que seus rivais consideravam elitista e dominado pela Escola de Chicago (adiante, p.305).[27]

Os congressos internacionais, que se tornaram possíveis com o desenvolvimento das redes ferroviárias, reforçavam a identidade das disciplinas. Os estatísticos realizaram seu primeiro congresso internacional em 1853, os médicos, em 1867, os geógrafos, em 1871, os historiadores da arte, os orientalistas – que na época não era um termo pejorativo – e os meteorologistas, em 1873, os geólogos e os demógrafos, em 1878, os dermatologistas, os fisiologistas e os psicólogos, em 1889, os físicos e os antropólogos, em 1893, e os historiadores, um tanto tardiamente para a época, em 1898.[28]

Nenhum desses desenvolvimentos foi automático. Alguns indivíduos ou pequenos grupos tiveram de tomar a iniciativa e realizar os esforços necessários para criar as associações e os periódicos e para organizar os congressos. O belga George Sarton, por exemplo, fundou a Sociedade de História da Ciência em 1924. O filólogo inglês Frederick Furnivall fundou toda uma série de sociedades dedicadas à literatura inglesa: a Early English Text Society (1864), a Chaucer Society (1868), a Ballad Society (1868), a New Shakspere Society – tal como ele grafara – (1873), a Browning Society (1881), a Wyclif Society (1882) e a Shelley Society (1885).

Após organizar uma disciplina dessa maneira, era mais fácil organizar outra, à medida que a ideia de associação ou publicação profissional ia se tornando mais habitual. As associações começaram a aumentar de tamanho: no começo dos anos 1880, por exemplo, havia apenas cerca de vinte físicos em todos os Estados Unidos. Em 1909, a Sociedade Física Americana já contava com 495 membros. Em 1932 eram 2.500, e em 1939 somavam 3.600.[29] Com esse aumento, as associações profissionais passaram gradualmente a se dividir em seções cada vez mais numerosas. A Associação Psicológica Americana, por exemplo, se dividiu em sete seções em 1947, mas em 2010 a quantidade de seções tinha aumentado para 54.[30]

Disciplinas

Se a primeira metade do século XIX foi a era das associações voluntárias, a segunda metade foi a era da fundação e institucionalização de novas disciplinas nas universidades. As universidades medievais e da primeira fase da Modernidade lecionavam "artes" na graduação e teologia, direito ou medicina para os estudantes avançados. Esse sistema sobreviveu em seus traços essenciais até o século XIX, sendo que as inovações eram adaptadas dentro do sistema vigente (por exemplo, o ensino de artes na Alemanha se transformou na faculdade de filosofia e, na França napoleônica, nas faculdades de ciências e letras). Na segunda metade do século XIX, o sistema explodiu e se fragmentou, enquanto as universidades, que antes eram instituições de ensino, passaram a ser também centros de pesquisa, e as disciplinas ganharam independência uma após a outra.

Às vezes, as disciplinas são consideradas praticamente atemporais, sobretudo, talvez, pelos praticantes da área. Por outro lado, uma disciplina, vista de fora, pode parecer "nada mais do que uma categoria administrativa".[31] Aqui, as disciplinas serão apresentadas como artefatos históricos, gradualmente construídos num determinado tempo e lugar para responder a desafios e resolver problemas, mas depois assumindo o que poderíamos chamar de "vida própria", o que dificulta, mas não impossibilita, a mudança delas. Uma trajetória típica, mas não universal, de uma disciplina recém-criada é passar de uma sociedade para um periódico, depois uma cátedra numa faculdade mais geral, um seminário e por fim um departamento ou um instituto, muitas vezes separando-se de outro já existente.

A metáfora tradicional da "árvore do conhecimento" ressaltava as ligações entre os diversos galhos e suas ramificações (os editores às vezes chamam a especialização de "efeito ramificador").[32] Do século XIX em diante, a árvore foi substituída por uma metáfora política que ressaltava a autonomia disciplinar. Whewell, por exemplo, observou o risco de que a "comunidade da ciência" se desintegrasse "como um grande império se esfacelando".[33] Norbert Elias comentou certa vez a política "expansionista" dos físicos, como disse ele, os quais "começaram a colonizar alguns ramos da biologia, como a genética, para transformá-los em províncias do grande império da física". Na história do conhecimento, porém, pelo menos em nosso período, o fenômeno observado por Whewell prevaleceu sobre o observado por Elias – a fragmentação, em vez da construção de um império. Como novas nações, frequentemente novas disciplinas e seus respectivos departamentos nasceram durante a revolta contra as mais antigas. Ganharam sua independência e, por sua vez, também vieram a enfrentar rebeliões.[34]

A sociologia, por exemplo, surgiu do direito; a anatomia e a biologia, da medicina; a fisiologia, da anatomia; a filosofia, da teologia; a psicologia, da filosofia. A história natural se dividiu em três: geologia, botânica e zoologia. A Alemanha e os Estados Unidos foram os pioneiros na institucionalização de disciplinas em faculdades, institutos ou departamentos separados. A nova universidade de Berlim, por exemplo, fundada em 1810, foi originalmente organizada nas quatro faculdades tradicionais de filosofia, teologia, direito e medicina, mas depois se diversificou gradualmente em institutos: estudos húngaros, farmacologia, filosofia, física, geografia, língua e literatura alemãs, musicologia, neurobiologia, oceanografia, pré-história, química e assim por diante.

Na Alemanha, o seminário foi mais uma nova modalidade associada à formação profissional dos estudantes de pós-graduação, sobretudo em filologia e história. Os seminários de filologia remontam à segunda metade do século XVIII, quando o exemplo de Göttingen foi adotado em Wittenberg,

Erlangen, Kiel, Helmstedt e Halle. No século XIX, a prática se difundiu para outros campos. O seminário de história de Leopold von Ranke em Berlim foi o exemplo mais famoso, ladeado ou seguido por seminários de línguas orientais e estudos indo-germânicos e do Novo Testamento.[35] Com o tempo, o que se iniciara como uma série de reuniões informais, muitas vezes na casa do professor, cresceu, migrou para a universidade, recebeu verbas e se converteu em instituição. O termo "seminário" passou a ser outro nome para um departamento ou um instituto.

A segunda metade do século XIX, ou melhor, o período entre 1866 e 1914, foi crucial para o surgimento de institutos especializados nas universidades alemãs. Foi uma época de concorrência entre as novas disciplinas na disputa pelo reconhecimento acadêmico: nas ciências sociais, por exemplo, os concorrentes incluíam a etnografia, a antropologia, a sociologia, a psicologia social, a demografia e a geografia humana.[36] A tendência de institucionalização foi gradual. Apesar do êxito de Wilhelm Wundt em converter a psicologia experimental numa disciplina independente em Leipzig, por exemplo, esse tema continuou a fazer parte da filosofia no resto da Alemanha até os anos 1920.[37]

Nos Estados Unidos, a proliferação de departamentos se deu alguns anos depois, junto com uma grande mudança na função da universidade – passando da docência (em outras palavras, da transmissão das tradições culturais) para a pesquisa (a descoberta ou produção de novo conhecimento).[38] A divisão em departamentos havia se iniciado antes do surgimento das universidades de pesquisa – prova disso é a criação dos departamentos de línguas modernas e de economia política em Harvard nos anos 1870. Mas as novas universidades impulsionaram a mudança, além de criar departamentos em áreas relativamente novas: física e química na Johns Hopkins (1876), por exemplo, ciência política em Cornell e Colúmbia (1868, 1880), sociologia em Chicago (1892), e antropologia em Clark e Colúmbia (1888, 1896).

A Universidade Johns Hopkins (fundada em 1876) enfatizava a pesquisa e a pós-graduação, da mesma forma como veio a fazer a Universidade de Chicago (fundada em 1890). O primeiro reitor da Hopkins explicou que o principal critério para a seleção dos docentes seria "a dedicação do candidato a alguma linha de estudos específica e a certeza de sua excelência nessa especialidade".[39] Hopkins e Chicago seguiam os modelos alemães e, por sua vez, tornaram-se modelos para outras universidades americanas, inclusive algumas antigas, como Harvard e Yale, que são bons exemplos daquilo que os analistas das instituições chamam de "enxertia" – a inserção de novos elementos dentro de uma estrutura tradicional.[40]

Essa foi também a época de difusão do doutoramento como certificado de competência numa disciplina específica, primeiro na Alemanha e depois nos Estados Unidos. A necessidade de aprovação nesse exame foi e continua a ser um estímulo à especialização acadêmica.[41]

Logo após 1900, porém, tornou-se visível um "acentuado afunilamento" de novos departamentos. De fato, sugeriu-se que a "estrutura departamental da universidade americana se manteve largamente inalterada desde sua criação entre 1890 e 1910", à possível exceção da biologia.[42] Cristalizara-se um novo sistema.

Os exemplos alemães e americanos foram gradualmente seguidos por outros países. Na Rússia, nos anos 1920, por exemplo, a Academia adotou o rumo da pesquisa e se dividiu em institutos: história, etnografia, estudos orientais, literatura mundial, história das ciências naturais e da tecnologia, oceanologia, cristalografia, fisiologia e assim por diante. Criaram-se academias semelhantes nas repúblicas soviéticas, coordenando a pesquisa em institutos. Nos anos 1950, a União Soviética contava com mais de oitocentos institutos especializados.[43]

Na Inglaterra, pode-se tomar o caso de Cambridge. Em 1850, havia os exames finais de titulação, os *triposes*, apenas em duas áreas, a matemática e os clássicos. Em 1900, os exames de titulação tinham aumentado para dez áreas, com o acréscimo, em ordem cronológica, de ciências morais, ciências naturais, teologia, direito, história, línguas orientais, línguas medievais e modernas, e ciências mecânicas. Em 1950, foram acrescentados mais seis exames de titulação: economia, arqueologia e antropologia, inglês, geografia, música e engenharia química. Hoje, Cambridge está dividida em mais de cem faculdades ou departamentos.

As etapas iniciais da "construção de disciplinas" consistiram, segundo dois famosos historiadores da ciência, em "um empenho pessoal, às vezes heroico".[44] Os acadêmicos de todas ou, pelo menos, da maioria das disciplinas têm rendido homenagem a seus pais fundadores ou santos padroeiros. A botânica tem Lineu, por exemplo, e a paleontologia tem Cuvier. A economia tem Adam Smith, a história tem Ranke. A agronomia tem Liebig, a psicologia experimental tem Wundt, enquanto a sociologia tem Durkheim e Weber.

Por outro lado, historiadores recentes têm criticado o que chamam de "mitos fundadores", e alguns concordam com Foucault quando disse que "ninguém cria disciplinas". Por exemplo, um historiador da sociologia criticou a interpretação heroica da história da disciplina, entendida como a história de seus fundadores, argumentando que eles foram meros catalisadores de um movimento mais geral.[45] Afinal, a acumulação de conhecimentos estava tornando a especialização cada vez mais inevitável. Embora alguns dos desenvolvimentos acima tratados fossem planejados, as consequências não pretendidas também fazem parte do quadro geral. Os periódicos e os congressos podem ter sido criados simplesmente para promover a comunicação acadêmica, mas a consciência disciplinar foi um resultado colateral importante.

Para resolver esse conflito, talvez seja útil apresentar algumas distinções. Se os indivíduos não criaram as disciplinas, pelo menos alguns deles criaram departamentos. No caso da antropologia, Boas fundou os departamentos na Universidade Clark (1888) e na Colúmbia (1896), e Radcliffe-Brown criou os departamentos na Cidade do Cabo, em Sidney, Nova Déli e Chicago. Alguns docentes dirigiram seus novos departamentos de maneira autocrática e lhes imprimiram sua personalidade, como Edward Titchener no Departamento de Psicologia em Cornell. Durkheim, Febvre e Bloch seguiram estratégias conscientes para a criação e a reforma de suas disciplinas.

O sucesso dessas estratégias, por outro lado, em parte dependia de circunstâncias que escapavam ao controle dos indivíduos. Alguns nichos apoiaram as novas disciplinas com mais vigor do que outros. As novas instituições, por exemplo, têm mais probabilidade de incentivar a criação de novas disciplinas do que as instituições mais antigas, como no caso da Universidade de Berlim ou dos exemplos, que acabamos de citar, da antropologia em Clark e Colúmbia e da psicologia em Cornell (adiante, p.299).

Outra distinção útil se refere aos estágios iniciais e finais do surgimento e da institucionalização de uma disciplina. Nos estágios iniciais, os líderes individuais têm mais liberdade. Aqui, vale a pena refletir sobre o fato de que os fundadores, por definição, não têm como pertencer à disciplina que estão fundando. As novas disciplinas são "intrinsecamente heterogêneas" porque os recrutas têm origens diversas.[46] Entre os primeiros professores de literatura na Alemanha e na Inglaterra, por exemplo, incluíam-se o historiador Georg Gervinus em Göttingen e o historiador Adolphus Ward no Owens College, Manchester. Friedrich Ratzel passou da zoologia para a geografia. Em sociologia, Robert Park, fundador da famosa "Escola de Chicago", era oriundo do jornalismo, e o italiano Vilfredo Pareto veio da engenharia. Leonard Hobhouse, primeiro ocupante da cátedra de sociologia na London School of Economics, era um ex-jornalista, mais conhecido como político e pensador liberal, enquanto Lester Ward, às vezes definido como o pai da sociologia nos Estados Unidos, antes atuava como geólogo, botânico e paleontólogo.

No caso da antropologia, na França, o homem tido como o fundador da disciplina, Émile Durkheim, era formado em filosofia, ocupava uma cátedra em pedagogia e preferia se definir como sociólogo. Seu sucessor, Marcel Mauss, também era formado em filosofia, ao passo que Bronisław Malinowski, às vezes considerado o primeiro antropólogo "de verdade", iniciou sua carreira como estudante de física e matemática na Universidade de Cracóvia. A antropologia também recrutou gente dos estudos clássicos (James Frazer), da geografia (Franz Boas), da medicina (Paul Broca na França e W.H. Rivers na Inglaterra), da biologia (Alfred Haddon em Cambridge) e da geologia (John W. Powell, primeiro diretor do Departamento de Etnologia Americana).

Poderíamos definir esses indivíduos como "renegados" ou "vira-casacas" – no sentido neutro de estudiosos que migram de uma disciplina, geralmente tradicional, para outra, geralmente em fase de formação. Como imigrantes para o Novo Mundo, eles se sentiram atraídos pela liberdade e amplitude da nova fronteira intelectual e pela vida de pioneiros. Graças a esses imigrantes, pode-se perceber certa fluidez nas fases iniciais das disciplinas.

A fluidez se reduziu na segunda geração, recrutada entre indivíduos que haviam estudado a disciplina na graduação, e portanto tomavam sua existência como um fato. Ela se reduziu ainda mais com a construção dos departamentos como edifícios concretos, de tijolo e argamassa, literalmente criando paredes entre várias espécies de acadêmicos e convertendo o campus num arquipélago de ilhas disciplinares.

Experts e *expertise*

A tendência de aquisição e utilização de um conhecimento cada vez mais especializado não se restringia ao campo acadêmico. Fazia parte do chamado "surgimento da sociedade profissional liberal" no século XIX, marcado pela implantação de licenças formais ou "habilitações" para praticar a profissão, credenciais que funcionavam como um equivalente do doutorado acadêmico. O credenciamento dos profissionais ficava a cargo das novas associações de médicos, engenheiros, contabilistas, topógrafos, bibliotecários e assim por diante.[47]

A American Medical Association, por exemplo, foi fundada em 1847, e seu equivalente francês, a Association Génerale des Médecins de France, em 1858. Na Alemanha, onde as associações médicas locais tinham nascido antes da unificação do país, criou-se em 1873 uma união de todas essas associações, a Ärztevereinsbunde. Dois anos antes, tinha surgido uma união semelhante das associações de arquitetos, a Verband deutscher Architekten-Vereine. Na Inglaterra, a Institution of Civil Engineers foi fundada em 1818, o Riba (Royal Institute of British Architects) em 1834, a Institution of Mechanical Engineers em 1847, a Institution of Charterd Surveyors em 1868 e o Institute of Chartered Accountants em 1880. Nos

Estados Unidos, os exemplos incluem, além da American Medical Association (1847), a American Library Association (1876) e a American Society of Mechanical Engineers (1880).

Foi também no século XIX que os termos "*expert*" e "*expertise*" ingressaram no inglês, designando a posse de um conhecimento especializado (como seus equivalentes em alemão, *Fachmann* e *Fachkenntnis*).[48] Uma razão para o uso desses termos foi a demanda crescente de conhecimento especializado e utilizável por parte dos governos, das empresas e dos tribunais.

Em certa época, os governantes e seus conselheiros tinham ou julgavam ter conhecimento suficiente para governar. No século XVIII, como vimos, houve uma mudança, sobretudo no mundo de língua alemã, com a incorporação de tópicos como economia política na formação dos futuros servidores públicos. O estágio seguinte foi empregar peritos não pertencentes aos quadros do funcionalismo público para tarefas específicas, como a inspeção. Na Inglaterra oitocentista, por exemplo, nomeavam-se engenheiros para inspecionar as estradas e as ferrovias, médicos para inspecionar as condições sanitárias ou, em termos mais gerais, a "saúde pública", químicos para analisar o fornecimento de água das cidades, estatísticos para os escritórios de recenseamento, e o biólogo T.H. Huxley foi nomeado inspetor dos pesqueiros.[49]

No século XX, a demanda de *expertise* aumentou ainda mais. Nos tribunais, por exemplo, passou a ser cada vez mais usual pedir o testemunho de peritos, fosse em psiquiatria, balística ou mesmo história (o historiador Richard Evans testemunhou na condição de perito no processo de difamação que David Irving moveu, e perdeu, contra a Penguin Books em 1996).[50] A consultoria tem sido uma grande fonte de renda para advogados, economistas, engenheiros, cientistas e especialistas em relações públicas.

Nos Estados Unidos em particular, sobretudo na segunda metade do século XX, os candidatos políticos contratavam sistematicamente consultores políticos para ajudar a organizar suas campanhas eleitorais.[51] Cientistas participavam de comitês, dando consultoria a entidades oficiais, como a Agência de Proteção Ambiental ou a FDA (Food and Drug Administration). Governos chamavam acadêmicos ilustres para consultoria em bases temporárias ou permanentes. O economista Walt Rostow, conselheiro de segurança nacional dos presidentes Kennedy e Johnson, e o cientista político Samuel P. Huntington, consultor do Departamento de Estado, se notabilizaram – pelo menos nos círculos de esquerda – pela consultoria que deram ao governo sobre a maneira de conduzir a guerra no Vietnã.[52] O cientista político Henry Kissinger foi conselheiro do presidente Nixon sobre segurança nacional, enquanto Zbigniew Brzezinski, outro cientista político, foi conselheiro do presidente Carter e agora do presidente Obama sobre política internacional. A consultoria econômica e política se institucionalizou nos *think tanks* fundados ou financiados pelos governos ou pelos partidos políticos (acima, p.171).

Outro tipo de perito é o "gestor de conhecimento", cada vez mais subdividido em tipos especializados: por exemplo, o arquivista e o bibliotecário, peritos que cuidam não só de acumular, conservar e organizar o conhecimento, mas também de fazer a mediação entre seus acervos e o público de potenciais usuários. Há ainda um tipo de gestor do conhecimento que se encontra em ministérios da cultura e universidades, e outro tipo nas empresas. Mesmo o conhecimento sobre o conhecimento é fragmentado.

Campos

Alguns dos processos operantes na criação de disciplinas se reproduziram em nível micro no caso dos campos, no sentido de especialidades nascentes dentro de uma determinada disciplina.[53] Aliás, a metáfora é antiga. Em sua famosa enciclopédia setecentista, Ephraim Chambers se referiu ao "vasto campo dos inteligíveis", em que "algumas de suas partes têm sido mais cultivadas do que o restante; principalmente por causa da riqueza do solo e seu fácil cultivo", agora "com seus limites devidamente marcados e cercados". Em 1834, Whewell se referiu aos "inconvenientes" da "divisão do solo da ciência em lotes extremamente pequenos".[54]

A medicina foi pioneira nesse aspecto. Diderot já havia notado a especialização na cirurgia e previu que o mesmo ocorreria na medicina.[55] Nos anos 1830 e 1840, entrou em uso o termo francês *spécialité,* enquanto o termo *spécialiste* foi cunhado num contexto médico em 1848. Em 1841, um médico alemão observou que, na França, "a especialidade é condição necessária para quem queira ganhar fama e dinheiro rapidamente".[56] Os alemães logo seguiram o modelo francês, a partir dos anos 1850. Cátedras e institutos de oftalmologia, por exemplo, foram criados desde 1852. Nos anos 1940, havia quinze especialidades médicas reconhecidas nos Estados Unidos, entre elas a dermatologia, a obstetrícia, a oftalmologia, a pediatria e a urologia. Em 1967, esse número já estava em 54.[57]

Tais tipos de campo foram e ainda são mais numerosos, ou pelo menos mais evidentes, nas ciências naturais. Para uma série espantosa de exemplos de surgimento desses campos, peguem-se as "paleos". Como vimos, a paleontologia surgiu no começo do século XIX, e a micropaleontologia se desenvolveu a partir dela, seguida pela paleobotânica e pela paleobiologia, concentradas nos fósseis de plantas e animais. A inserção dos fósseis num contexto mais amplo passou a ser tarefa da paleogeografia, da paleoclimatologia e da paleoecologia. Nas ciências humanas, os historiadores estudam a paleografia desde longa data, com cátedras criadas em Paris (1821), Viena (1854), Florença (1880), Louvain (1881), Praga (1882) e Vaticano (1884).[58]

A física, por muito tempo dividida entre o ramo teórico e o experimental, subdividiu-se em especialidades, como a física mecânica, a física nuclear, a física das altas energias, a física das partículas, a física molecular, a geofísica, a astrofísica e a biofísica. Havia também uma especialidade chamada "psicofísica", agora conhecida como psicologia e fisiologia da percepção. Um físico que se tornou historiador assinalou que todas as disciplinas, subdisciplinas e as unidades de estudo ainda menores que ele chama de "subcampos" parecem passageiras à luz da história, considerando que os subcampos duram cerca de dez anos; subdisciplinas, como a física nuclear, "de quarenta a cinquenta anos"; e disciplinas, como a física, um século (a meu ver, subestimando a capacidade de resistência das disciplinas institucionalizadas).[59]

A biologia avançou numa direção semelhante, dividindo-se como células em biologia ambiental, evolutiva, marinha, molecular e de sistemas, para não mencionar a genética, a microbiologia e a neurobiologia. A zoologia se dividiu, de acordo com a espécie de ser vivo estudado, em entomologia, ictiologia, ornitologia, primatologia e assim por diante. Nota-se uma tendência pluralista no surgimento da expressão "ciências da vida", em paralelo com as "ciências da terra" e as "ciências das plantas", substituindo a biologia, a geologia e a botânica no singular.

Comparadas à química, porém, a biologia e a física parecem bastante unificadas. Estabelecida como disciplina, a química se dividiu em orgânica e inorgânica. Desde então, as distinções se multiplicaram. Entre os diversos campos, arrolados em ordem alfabética, sem qualquer pretensão de comentar suas importâncias relativas, estão: agroquímica, astroquímica, bioquímica, eletroquímica, engenharia química, femtoquímica, físico-química orgânica, fitoquímica, fotoquímica, geoquímica, histoquímica, imunoquímica, mecanoquímica, neuroquímica, petroquímica, química ambiental, química atmosférica, química da hidrogenação, química das superfícies, química de produtos naturais, química dos polímeros, química dos sabores, química dos sólidos, química marinha, química matemática, química medicinal, química organometálica, química sintética, química supramolecular, química verde, químicas dos fluxos, químio-informática, radioquímica, sonoquímica e termoquímica.

Pode-se dizer que a comunidade do saber foi substituída inicialmente pela comunidade da ciência, depois por unidades disciplinares como a comunidade dos químicos, e mais recentemente por grupos ainda mais especializados, como a comunidade da cristalografia ou a comunidade da proteína. No entanto, o surgimento desses campos não é apenas fruto de divisão. Além da fissão, há a fusão. A físico-química se estabeleceu no cruzamento entre a física e a química, e a bioquímica no cruzamento entre a biologia e a química. A astrofísica fica na fronteira da astronomia com a física, a astroquímica em sua fronteira com a química. A biologia físico-química, tema com cátedra criada na França em 1946, resulta de uma tripla interseção. Tem aparecido uma quantidade cada vez maior dessas subdisciplinas híbridas, da biofísica à bioarqueologia. Ironicamente, elas ilustram as consequências não pretendidas da interdisciplinaridade.

Interdisciplinaridade

Para os historiadores, não é nenhuma surpresa descobrir tendências opostas no mesmo período, um cabo de guerra entre correntes contrárias. Na história do conhecimento, o impulso centrífugo para a especialização sempre crescente é, em parte, compensado por certas tendências centrípetas. Alguns indivíduos resistiram à especialização. Humboldt e Young já foram citados como primeiros exemplos oitocentistas dessa resistência. Mais de um século depois, Lewis Mumford, mais conhecido como crítico de arquitetura e historiador das cidades, fazia questão de se definir como "generalista", e não especialista. Alguns grupos também resistiram à especialização, por exemplo na medicina. Nos Estados Unidos, na primeira metade do século XIX, a profissão médica geralmente via a especialização como uma forma de charlatanismo. À medida que a profissão ganhou respeitabilidade, os médicos continuaram a insistir que os futuros especialistas deviam iniciar a carreira como "clínico geral" ou GP (*general practitioner*).[60]

Também nas universidades, sobretudo nas antigas, como Oxford e Cambridge, Harvard e Yale, houve resistência à especialização em nome da cultura geral ou, na Alemanha, em nome da *Bildung*.[61] Pode-se até falar em resistência à profissionalização, mas seria mais preciso discernir duas identidades profissionais rivais, a do estudioso e a do docente, coexistindo incomodamente na mesma instituição e às vezes na mesma pessoa. Durante anos, ao preencher formulários oficiais, eu hesitava no campo "profissão", em dúvida entre "professor universitário" e "historiador".

Se essas formas de resistência diminuíram, sobretudo na segunda metade do século XX, no mesmo período desenvolveu-se um novo movimento de resistência à especialização, portando a bandeira da interdisciplinaridade.

Evidentemente, não há nada de novo no fato de um grupo ou indivíduo criativo tomar conceitos e métodos de empréstimo a outro campo ou disciplina. Na Grécia antiga, Tucídides apresentou explicações históricas que utilizavam a linguagem da medicina. No século XIX, Darwin admitiu sua dívida para com o ensaio sobre a população do pastor Thomas Malthus. Numa passagem famosa de sua autobiografia, escreveu ele:

> Por acaso, para me distrair, eu li Malthus sobre a *População* e, estando bem preparado para apreciar a luta pela existência que se dá por toda parte com a prolongada observação dos hábitos dos animais e das plantas, logo percebi que, sob essas circunstâncias favoráveis, as variações tendiam a ser preservadas e as desfavoráveis a ser destruídas. Disso resultaria a formação de uma espécie nova. Assim, aqui finalmente eu tinha uma teoria com a qual poderia trabalhar.[62]

Além disso, os clássicos podem ser considerados não como disciplina, mas como um exemplo inicial dos "estudos de área" interdisciplinares, tratando a Grécia e Roma antigas com abordagens advindas da literatura, da história e da arqueologia. A novidade na metade do século XX foi a clareza cada vez maior a respeito dos custos intelectuais da especialização: a incapacidade de enxergar relações, por exemplo, ou o que o polímata Donald Campbell chamou de "etnocentrismo das disciplinas", que limitava a imaginação do estudioso.[63] Criticavam-se os especialistas por saber cada vez mais de cada vez menos, até saberem tudo sobre coisa nenhuma.[64] Em sua *Anatomy of Britain* (1962), o jornalista Anthony Sampson dedicou um capítulo às universidades, no qual comentou as dissertações de história em Oxford que mostravam "uma preferência por segmentos minúsculos do passado distante", como "O Arcebispado de William de Corbeil, 1123-26".[65]

Esse clima de crítica foi um incentivo a que nascesse um movimento ou grupo de movimentos mais ou menos organizados para promover a reflexão e a pesquisa interdisciplinar, utilizando meios semelhantes aos movimentos disciplinares do século XIX, ou seja, sociedades, publicações e institutos. Tal como a especialização, por vezes a interdisciplinaridade é incentivada pelas instituições, e amiúde os líderes dos movimentos acham mais fácil fundar novas instituições do que adaptar as anteriores.

Esses movimentos tiveram início antes de 1950, como mostram a criação da *Revue de Synthèse Historique* (1900), tentativa de aproximar a história das ciências sociais, especialmente da psicologia e da sociologia; o History of Ideas Club na Johns Hopkins (1923), que reunia filósofos, historiadores e estudiosos da literatura; o Institute for Human Relations em Yale (1929), encorajando a cooperação entre diversos tipos de cientistas sociais; o Instituto Warburg, originalmente a biblioteca particular de um estudioso independente de Hamburgo, Aby Warburg, que detestava a "polícia de fronteira" (*Grenzwachertum*, como dizia ele) intelectual e se dedicava ao estudo da cultura em sentido amplo (*Kulturwissenschaft*).[66] No lado das ciências naturais, nos anos 1930 o filósofo austríaco Otto Neurath planejou uma *Enciclopédia da ciência unificada*.[67]

Na segunda metade do século XX, tais movimentos ganharam força à medida que se tornavam mais necessários. O ano de 1950 é um marco simbólico no caso da Inglaterra, assinalando a fundação de uma nova universidade, Keele, em Staffordshire, em que todos os estudantes de graduação deviam fazer cursos de artes e ciências. Depois de Keele, veio a Universidade de Sussex em 1961, cujos fundadores pretendiam, em suas palavras, "redesenhar o mapa do saber", criando grandes escolas temáticas – estudos europeus, por exemplo – em vez de departamentos.[68]

A ideia de interdisciplinaridade se difundiu o suficiente para ser criticada como "moda", mas o problema de institucionalizá-la se manteve. Keele e Sussex foram fundadas para reformar o ensino da graduação. E a pesquisa? A criação de um novo periódico pode ser uma boa maneira de abrir uma disciplina às demais, como no caso do *Journal of Interdisciplinary History* (1970), mas uma ampliação ainda maior seria perda de foco. Uma solução adotada em vários países tem sido fundar pequenos institutos para pesquisadores de várias disciplinas, seja como visitantes durante um ano ou como membros permanentes. O Instituto de Estudos Avançados em Princeton (1930) é um exemplo inicial, ao qual se seguiram o Center for Advanced Studies in the Behavioral Sciences (Palo Alto, 1954), a Maison des Sciences de l'Homme (Paris, 1963), o Instituto de Estudos Avançados da Holanda (Wassenaar, 1970), o Wissenschaftskolleg (Berlim, 1980) e assim por diante.

Tais institutos ofereciam oportunidades de diálogo entre as disciplinas, mesmo que não pudessem garantir que seriam aproveitadas. Outra forma de combater o etnocentrismo das disciplinas, pelo menos nas ciências sociais, foi a criação de instituições concentradas numa área geográfica, nas quais economistas, sociólogos, historiadores e outros poderiam trabalhar num projeto comum. Daí o nascimento do Russian Research Center (1947), o Center for Middle Eastern Studies (1954) e o Center for East Asian Research (1955), todos em Harvard, o Osteuropa Institut (Berlim, 1951), o Center for Near Eastern Studies (Universidade da Califórnia em Los Angeles, 1957) etc. O surgimento de "estudos de área", principalmente nos Estados Unidos, foi impulsionado pela política (adiante, p.288), mas deve ser visto também como uma tentativa de evitar a polícia de fronteira e de incentivar o trabalho de equipe.[69]

Trabalho de equipe

Apesar do mito do gênio individual, muitos projetos de pesquisa, sobretudo mas não exclusivamente nas ciências naturais, têm sido conduzidos por grupos ou equipes, desde longa data. Na verdade, a ideia do trabalho intelectual em equipe é mais antiga do que podemos pensar. No caso da história, em que ainda impera o individualismo, houve pelo menos três empreendimentos coletivos importantes na Europa, no período inicial da Modernidade: os estudiosos protestantes conhecidos como os "Centuriões de Magdeburgo", que trabalhavam em colaboração numa história da Igreja, os beneditinos franceses da congregação de St. Maur que escreveram a história da ordem, e os jesuítas flamengos conhecidos como os "bolandistas", que reescreveram as vidas dos santos.

Ainda assim, no período 1750-2000, a tendência do trabalho coletivo é muito visível, mais evidente nas ciências naturais, mas também perceptível nas ciências sociais e até, em certa medida, nas humanidades. O surgimento de expedições científicas é um exemplo evidente dessa "coletivização", bem como da divisão de trabalho. Os navios das expedições de pesquisa levavam a bordo geólogos, botânicos e outros especialistas. Os astrônomos trabalharam em conjunto na época dos trânsitos de Vênus em 1761 e 1769. O tamanho das equipes aumentou, e mais de 150 estudiosos acompanharam Napoleão ao Egito.

Tome-se também o caso das enciclopédias. No século XVII e nas décadas iniciais do século XVIII, apareceram enciclopédias importantes compiladas individualmente, por exemplo a de Ephraim Chambers. Mas nos anos 1750, embora Diderot fosse o editor da *Enciclopédia* devido a seus interesses enciclopédicos, a obra em si foi um trabalho coletivo de cerca de 140 autores. Como dizia o verbete sobre "*gens de lettres*", "a ciência universal não está mais ao alcance do homem" ("*la science universelle n'est plus à la portée de l'homme*"). Da mesma forma, em 1805, uma biografia de James Tytler, o editor do suplemento da *Enciclopédia britânica*, comentava a respeito de seu protagonista: "Jamais seria razoável esperar que homem algum, por mais assombrosos que sejam seus talentos e intensa sua dedicação, seja uma enciclopédia ambulante."[70] As enciclopédias posteriores passaram a depender de equipes cada vez maiores. A *Grande encyclopédie* (1886-1902), por exemplo, teve cerca de 450 colaboradores; a décima primeira edição da *Enciclopédia britânica* (1911) contou com 1.507 e a *Enciclopedia italiana* (1929-36) com 3.272.[71] Os dicionários também eram obras coletivas. Em 1881, mais de 750 pessoas se ofereceram como voluntárias para ajudar Henry Murray a compilar o *Oxford English Dictionary*.[72]

Tome-se ainda o caso dos artigos científicos submetidos a periódicos profissionais. O número de indivíduos assinando juntos artigos científicos tem aumentado gradualmente. Nos anos 1930, uma publicação conjunta de três cientistas foi considerada tão esdrúxula que ficou conhecida como *Dreimännerwerk* [Obra de três homens]. Em 1963, observou-se que a proporção de artigos científicos com mais de um autor tinha "se acelerado de maneira vigorosa e constante" desde 1900 (quando menos de 20% dos artigos em *Chemical Abstracts*, por exemplo, eram em coautoria). "Atualmente, apenas cerca de ¼ dos artigos tem três ou mais autores, mas, se a tendência persistir, em 1980 mais da metade de todos os artigos estará nesta categoria e seguiremos em ritmo constante para uma infinidade de autores por artigo." Compare-se essa previsão com uma análise publicada em 1996: "Nos anos 1960 e 1970, tornou-se padrão a autoria de equipes com quatro ou mais pessoas; nos anos 1980, um artigo podia trazer uma dúzia de nomes."[73]

Hoje, a coletivização da pesquisa nas ciências naturais é fato bem conhecido e amiúde deplorado. Desde a Segunda Guerra Mundial, dizem-nos, "tem ocorrido uma transformação profunda no modo de organização atual do trabalho científico. Forças internas e externas se combinaram para 'coletivizar' o processo de pesquisa, conforme vem aumentando a escala dos projetos e os equipamentos – de aceleradores de partículas a telescópios espaciais – têm se tornado cada vez mais dispendiosos."[74] No entanto, a "Ciência Grande" é anterior a 1961, quando esse fenômeno foi assim batizado pelo físico nuclear americano Alvin Weinberg.[75] Como assinalou um dos popularizadores do termo, "a transição da Ciência Pequena para a Ciência Grande foi menos repentina e mais gradual do que parece à primeira vista".[76]

Na primeira metade do século XIX, por exemplo, Justus von Liebig criou um vasto programa de pesquisa coletiva em química, em seu laboratório em Giessen.[77] No Observatório Real em Greenwich, em meados do século XIX, a vigilância, a disciplina e a divisão do trabalho eram parecidas com as existentes nas fábricas.[78] Cerca de cem pessoas trabalharam entre 1891 e 1904 no laboratório de fisiologia de Pavlov, o qual era descrito como uma "fábrica fisiológica".[79] Em 1890, o historiador Theodor Mommsen já estava fazendo comparações pouco lisonjeiras entre a *Grosswissenschaft*, como dizia ele, e a *Grossindustrie*, enquanto o químico alemão Emil Fischer lamentava em 1902 que "os métodos de produção de massa" tinham "penetrado na ciência experimental".[80]

O surgimento da ciência coletiva foi incentivado pela indústria e pelo governo. Na segunda metade do século XIX, como vimos, as indústrias começaram a criar laboratórios não só para testar seus novos produtos, mas também para realizar pesquisas de mais longo prazo. Esses estabelecimentos incentivavam o trabalho de equipe multidisciplinar em problemas específicos. Os governos seguiram o exemplo da indústria na Primeira

Guerra Mundial, e ainda mais na Segunda. Após 1945, o governo e as Forças Armadas dos Estados Unidos passaram a multiplicar seus contratos de pesquisa com as universidades, assim introduzindo os métodos de "P&D" no campus. Os custos mais altos dos equipamentos não criaram uma tendência nova; eles reforçaram uma tendência já existente.

A pesquisa nas ciências sociais e nas humanidades tem acompanhado a mesma tendência, a certa distância e em menor escala. A arqueologia depende necessariamente do trabalho de equipe, sobretudo na fase das escavações. A Irish Folklore Commission recorreu aos serviços de cerca de seiscentos professores, que responderam a questionários, e centenas de compiladores de campo foram contratados para percorrer as regiões com blocos de nota e gravadores para registrar contos e cantigas.[81] O que poderíamos chamar de "Sociologia Grande" imitou a Ciência Grande, como no caso de dois projetos da metade do século XX, liderados por Gunnar Myrdal e Samuel Stouffer. Myrdal, um economista sueco, foi incumbido pela Fundação Carnegie de estudar o "problema negro" nos Estados Unidos. Ele contratou 31 pesquisadores para auxiliá-lo no estudo, que foi publicado com o título de *An American Dilemma* (1944). O projeto de Stouffer era de escala ainda maior. Ele comandou a equipe que levantou dados de meio milhão de soldados americanos durante a Segunda Guerra Mundial, utilizando entrevistas e questionários para obter as informações que foram analisadas em *The American Soldier* (1949).

Nas humanidades, a tradição individualista era e continua a ser dominante, embora esteja sujeita a variações nacionais. Na União Soviética, como seria de se prever, fazia-se a crítica do "individualismo acadêmico" e havia um entusiasmo pela coletivização nos estudos, tal como na agricultura. A Academia Soviética subvencionou o trabalho de equipe em dicionários, enciclopédias e levantamentos dos recursos naturais do país.[82] Na França, Durkheim declarou em 1896 que "a sociologia ... só pode avançar com o trabalho de equipe [*travail en commun*]".[83] Em antropologia, Griaule organizou grupos para o trabalho de campo. Em história, Lucien Febvre previu em 1949 que "chegará o dia em que as pessoas falarão em 'laboratórios históricos'".

No caso da história, de fato existe uma tendência ao trabalho de equipe, mesmo que os historiadores, em sua maioria, ainda se apresentem como individualistas. Em 1930, foi criado um International Scientific Committee on Price History, com verbas da Fundação Rockefeller, para se dedicar à pesquisa colaborativa.[84] Na École des Hautes Études, os projetos históricos coletivos tiveram um papel importante nos anos 1950 e 1960, na época de Fernand Braudel, o sucessor de Febvre. Na Inglaterra, desde 1940 o History of Parliament Trust subsidiou uma equipe encarregada de escrever as biografias de todos os parlamentares, enquanto o Cambridge Group for the History of Populational and Social Structure (1964) estuda história demográfica.

Naturalmente existem várias espécies de equipes, algumas mais hierárquicas, outras mais igualitárias. Algumas pequenas equipes internacionais podem pedir aos colaboradores apenas que tentem responder a questões comuns a todos eles, deixando-os independentes sob todos os demais aspectos, ao passo que equipes grandes dividem o trabalho em segmentos menores e dão menos autonomia aos indivíduos.

Em suma, o trabalho de equipe existe faz muito tempo na comunidade do saber, mas se difundiu e ganhou maior importância nas últimas décadas, com incentivos exteriores à academia, sobretudo em função de novos desenvolvimentos na indústria e no governo. É pouco provável que algum dia as "Humanidades Grandes" venham a emular a "Sociologia Grande", e menos ainda a "Ciência Cada Vez Maior", com seus projetos de bilhões de dólares. De qualquer maneira, projetos coletivos em grande escala atraem mais verbas do que projetos individuais em pequena escala, o que torna ainda mais premente o problema de organizar equipes sem eliminar a criatividade individual.

A sobrevivência de uma espécie em risco

Numa era de especialização e trabalho em equipe, seria de se esperar que os generalistas – os cavaleiros solitários nos campos do conhecimento –

tivessem desaparecido, junto com os nichos ecológicos onde esses polímatas podiam florescer. Ainda assim, alguns nichos favoráveis e alguns indivíduos notáveis sobreviveram durante o século XX e até mais.

O jornalismo, por exemplo, permitiu um meio de vida a alguns polímatas, notadamente Lewis Mumford e Gilberto Freyre, um da América do Norte, outro da América do Sul. Ambos somavam a sociologia e a história cultural à crítica literária e arquitetônica. Além disso, algumas faculdades ou universidades ofereceram asilo aos polímatas. A cátedra de Michel Foucault no Collège de France, sobre "a história dos sistemas de pensamento", deu-lhe oportunidade de cobrir uma vasta área. A posição acadêmica de Michel de Certeau era mais marginal, mas teve o apoio dos jesuítas enquanto estudava e publicava textos sobre vários campos: teologia, filosofia, história, psicanálise, antropologia e sociologia.

Em Oxford, antes da Segunda Guerra Mundial, criou-se um cargo para R.G. Collingwood que unia seus interesses em filosofia e na arqueologia da Britânia na época dos romanos. Em Cambridge após a guerra, Joseph Needham continuou na folha de pagamentos da universidade quando seus interesses passaram da embriologia para a história da ciência na China. Herbert Fleure atravessou gradualmente o campus da University College de Aberystwyth, passando do departamento de geologia para o de zoologia, e depois para a geografia e a antropologia. Na Universidade de Manchester, criou-se uma cátedra de estudos sociais para o ex-chefe de departamento de físico-química, Michael Polanyi, agora mais lembrado como filósofo.

Em data mais recente, nos Estados Unidos, Jared Diamond, cujos interesses vão da ornitologia à linguística e à história, se transferiu de uma cátedra em fisiologia para uma de geografia, continuando na UCLA. Exemplos assim são lembretes muito claros da complexidade do mundo intelectual e do mundo social, além de atestar a capacidade de alguns indivíduos em resistir a tendências imperiosas. Esperemos que Diamond não seja o último dos dinossauros e que alguns dos novos hábitats interdisciplinares, citados acima, continuem a acolher essa linhagem de acadêmicos. Não é apenas na medicina que os clínicos gerais desempenham papel importante.

Numa era de especialização, os generalistas são mais necessários do que nunca – não apenas para a síntese, para desenhar o quadro geral, mas também para a análise, visto que é preciso um polímata para "se preocupar com a distância" e chamar a atenção para os conhecimentos que, de outra maneira, podem desaparecer nas lacunas entre as disciplinas, tal como estão atualmente definidas e organizadas.

PARTE III

Uma história social em três dimensões

Esta seção final do livro consiste em três capítulos destinados a reunir diversas linhas temáticas, baseando-se em exemplos já tratados e acrescentando outros. Estes capítulos pretendem despertar uma reflexão sobre os temas abordados anteriormente a partir de três pontos de vista, que podem ser considerados como as três dimensões essenciais de qualquer exame das atividades humanas coletivas: a geográfica, a social e a cronológica.

7. Geografias do conhecimento

UMA DAS GRANDES DIFERENÇAS entre a sociologia tradicional do conhecimento, como era praticada na fase inicial do século XX, e o que podemos chamar de nova sociologia do conhecimento consiste na preocupação desta última com o espaço. Apesar do famoso contraste que Mannheim estabeleceu entre o estilo de pensamento francês e o alemão por volta de 1800, a velha sociologia do conhecimento, forte em história, era fraca em geografia.[1] Todavia, a chamada guinada espacial da segunda metade do século XX exerceu influência nesse campo como nos demais. O espaço foi um tema recorrente na obra de Michel Foucault, por exemplo, sobretudo microespaços como a clínica e a prisão.[2] Antes tido como objetivo e universal, o conhecimento passou a ser entendido como situado não só na sociedade e no tempo, mas também no espaço. A pergunta "De onde você vem?" é cada vez mais frequente nos debates intelectuais.[3]

Essa tendência é mais evidente na história da ciência, em que o problema da transição do conhecimento local para o geral, sobretudo a formulação de generalizações a partir de experiências feitas em locais determinados, tem sido objeto de discussões inflamadas.[4] Mas pode-se dizer e, na verdade, tem-se dito o mesmo em relação a outros conhecimentos. O famoso comentário de Montaigne, de que a verdade de um lado dos Pireneus se transformava em falsidade do outro lado, encontrou um paralelo na época da Guerra Fria, a Cortina de Ferro fazendo as vezes da cordilheira. Alguns antropólogos vêm discutindo o que acontece ao conhecimento quando ele se transfere do campo para o livro.[5] Alguns sociólogos criticam seus colegas por basear generalizações sobre a "Sociedade", com S maiúsculo, na experiência da Europa ocidental e dos Estados Unidos, omitindo as experiências igualmente pertinentes dos habitantes da Europa oriental, dos trópicos e de demais lugares.[6]

Quanto à história, um estudo recente de um acadêmico indiano recomendou a "provincianização da Europa", no sentido de deixar de entender os desenvolvimentos em outras partes do mundo como se necessariamente acompanhassem as tendências europeias.[7] Michel de Certeau fazia sua famosa pergunta aos historiadores, indagando de que lugar estavam falando. Ele se referia à inserção geral do conhecimento histórico dentro de um sistema de "produção socioeconômica, política e cultural", mas Certeau, como Foucault, tinha uma aguda percepção da geografia, especialmente no nível micro.[8]

Até que ponto os estudiosos conseguem escapar aos preconceitos locais, sobretudo quando estão escrevendo sobre povos de outro lugar do planeta, é um tema que continua aberto ao debate, o qual foi alimentado, se não provocado, pelo ensaio de Edward Said, *O orientalismo* (1978). Said defendia que o chamado "discurso" ocidental sobre o Oriente, inclusive textos de viajantes e acadêmicos, utilizava estereótipos simplistas e pejorativos dos "orientais" como indivíduos atrasados, degenerados, passivos e licenciosos. Também sustentava que esse discurso era um instrumento do imperialismo. Os críticos acusaram Said de não distinguir os vários tipos de comentadores ocidentais, reificando e homogeneizando o discurso ocidental da mesma forma como acusava os ocidentais de reificar e homogeneizar o "Oriente".[9] O debate prossegue. Mas o papel central do lugar na produção e no consumo do conhecimento, mesmo o científico, passou a ser cada vez mais irrefutável.

Microespaços

Um estudo clássico do microespaço desse ponto de vista é o ensaio de Foucault sobre a clínica, apresentada como "um lugar de formação e transmissão de conhecimento".[10] Seguindo esse modelo, bibliotecas, museus, faculdades, jardins botânicos, observatórios e especialmente laboratórios têm sido analisados dessa mesma perspectiva.[11]

Subindo na escala para unidades maiores, um campus universitário é um lugar óbvio para estudos de geografia do conhecimento. Por exemplo, quando os laboratórios aumentaram de tamanho e por isso tiveram de se afastar do centro da universidade, tal isolamento interiorizou ainda mais o olhar dos cientistas, visto que agora só podiam conversar entre eles mesmos, consolidando a especialização. Por outro lado, no começo dos anos 1960, a disposição das salas no Prédio de Artes na nova Universidade de Sussex favorecia os objetivos interdisciplinares da universidade, avizinhando professores de diferentes áreas e assim incentivando o diálogo entre eles. Tem-se afirmado que a estrutura descentralizada do colegiado de Cambridge "impediu o crescimento das ciências experimentais", que exigiam laboratórios caros.[12] Essas limitações à pesquisa científica em universidades tradicionais também foram notadas, por exemplo, na área de fisiologia em Edimburgo no começo do século XX.[13]

A luta pelo espaço no campus revela as atitudes acadêmicas diante dos vários tipos de conhecimento, como indicam dois casos ocorridos na Universidade de Glasgow no século XIX, cada qual à sua maneira. Quando foi criada uma cátedra de engenharia em 1840, o novo professor foi tratado como uma espécie de invasor e teve autorização de usar uma sala de aulas do departamento de química apenas sob a condição estrita de não "interferir com a conveniência" do chefe de departamento. Por outro lado, seu colega de "filosofia natural", nomeado em 1846, conseguiu ampliar seu território em detrimento dos vizinhos.[14] Talvez se possa explicar essa diferença devido à maior ou menor habilidade tática dos dois professores, mas é difícil evitar a impressão de que não só o professor, mas a nova cadeira de engenharia, associada a tarefas manuais de status inferior, era vista como uma intrusa.

Continuando a subir na escala, chegamos às cidades. O recente apelo a uma "história urbana da ciência" poderia se estender ao conhecimento em termos mais gerais.[15] Pelo menos em alguns casos, é bastante claro que algumas características de uma determinada cidade estimularam o desenvolvimento de uma determinada disciplina ou de uma abordagem específica dessa disciplina. Um exemplo óbvio é a sociologia na Universidade de Chicago no final do século XIX, e mais especificamente o surgimento da chamada Escola de Chicago nos anos 1920. Os sociólogos em Chicago naquela época, liderados por Robert Park, foram pioneiros no trabalho de campo, investigando zonas específicas da cidade em rápido crescimento, como a "Costa Dourada", instituições específicas, como os salões de baile, e grupos sociais específicos, como os sem-teto. O interesse naquilo que chamavam de diversas "ecologias" da cidade estava ligado aos programas de ação e aos projetos de reforma da prefeitura naquela época.[16]

Ademais, como notam os historiadores da ciência na fase inicial da Modernidade, as cidades incentivam uma forma específica de sociabilidade intelectual. A concentração urbana de pessoas que partilham os mesmos interesses é grande o suficiente para permitir uma troca diária de ideias e informações em livrarias, clubes, cafeterias e tavernas, troca de grande importância para a Revolução Científica e também para o Iluminismo.[17] Essa forma de sociabilidade, seja espontânea ou planejada, prosseguiu ao longo do século XIX e chegou às primeiras décadas do século XX. Pegando um exemplo quase ao acaso, um grupo de discussão de filosofia da ciência, que incluía Otto Neurath, costumava se encontrar num café em Viena nas quintas-feiras à noite, antes da Primeira Guerra Mundial.[18]

O que tornava algumas cidades especialmente importantes como centros de conhecimento em nosso período era a concentração de instituições de saber, muitas vezes próximas entre si, podendo-se ir a pé de uma a outra. Nos Estados Unidos, essas instituições estavam divididas entre Washington e Nova York, tal como na Rússia entre Moscou e São Petersburgo. Em Londres e Paris, por outro lado, a densidade de instituições oferecia oportunidades aos estudiosos de vários campos de se encontrar e trocar ideias e informações. Como comentou o naturalista alemão Lorenz Oken em 1822, com uma ponta de inveja: "Na França, a maioria dos cientistas mora em Paris … na Inglaterra, o mesmo se aplica a Londres … não temos uma Paris ou uma Londres na Alemanha."

Berlim preencheria essa lacuna. A cidade recebeu uma universidade e um museu de história natural (1810), seguidos por uma escola de engenharia (1816), uma escola técnica (1821) e um museu de antiguidades (1824).

Berlim também era sede de várias sociedades eruditas, entre elas a Berlinische Gesellschaft für deutsche Sprache und Altertumskunde (1815) e a Verein der Geographen (1828). Após a unificação alemã, a cidade também adquiriu um museu de antropologia (Museum für Völkerkunde, 1873), um instituto de pesquisa em física (Physikalisch-Technische Reichsanstalt, 1887) e um instituto de doenças infecciosas (Preussische Institut für Infektionskrankheiten, 1891). A cidade ganhou o apelido de "Elektropolis", centro da indústria elétrica em rápido crescimento, que dependia da pesquisa: a produção de conhecimento se traduziu quase de imediato em produção industrial.[19]

O conjunto maciço de instituições de saber em Berlim era superado por Paris. Em 1800, Paris já possuía a Biblioteca Real, o Observatório, o Louvre (palácio que foi aberto ao público como museu após a Revolução Francesa), o Museu Nacional de História Natural (os antigos Jardins Reais), o Collège de France e três instituições novas, a École Polytechnique, a École Normale e o Institut National des Sciences et des Arts (incorporando a antiga Academia de Ciências). No decorrer do século XIX, esse conjunto ganhou outros acréscimos, entre eles a École Supérieure de Commerce (1819), a Académie Nationale de Médecine (1820), a École des Chartes (1821), a École Centrale des Arts et Manufactures (1829), a École Pratique des Hautes Études (1869) e a École Libre des Sciences Politiques (1872); a famosa sala de leitura da Biblioteca Nacional foi inaugurada em 1868. Além dessas instituições públicas, em 1885 havia cerca de 120 sociedades eruditas na capital, concentradas na margem esquerda do Sena.[20] As feiras mundiais ou *expositions universelles* de 1878, 1889 e 1900 não só difundiam o conhecimento entre o público visitante, mas também atraíram a Paris vários estudiosos para conferências internacionais de diversas disciplinas (adiante, p.266).

Londres, se não superava, ao menos rivalizava com a Paris oitocentista. Antes de 1800, Londres já era a sede da Royal Society, do Observatório de Greenwich, da Biblioteca Real e da Royal Institution, fundada pouco tempo antes, que, como vimos, desempenhou um papel importante na popularização da ciência. A cidade recebeu novas instituições de saber a uma velocidade vertiginosa a partir dos anos 1820: o Museu Britânico (1823), rapidamente acompanhado pela National Gallery e pela Mechanics Institution (ambas em 1824), pela University College (1826) e pelo King's College (1829). Em ritmo menos acelerado, seguiram-se a Instituição Politécnica (1838), a Escola Médica do Hospital St. Mary e a Faculdade Real de Química (ambas em 1845).

A década de 1850 viveu outra onda de fundações, incluindo a Royal School of Mines (1851) e o Museu de South Kensington (1857), além da inauguração da Sala de Leitura do Museu Britânico, a tempo de Karl Marx escrever seus livros ali. Na década de 1880 houve mais uma onda, com o Museu de História Natural e o Royal College of Science (ambos em 1881), o City and Guilds College (1884) e o Museu de Ciência (1885); a London School of Economics abriu suas portas em 1895. Como nos casos de Berlim e Paris, a concentração de instituições públicas na cidade atraiu as sociedades eruditas. De fato, o mesmo edifício, Somerset House, perto do King's College, abrigava a Royal Society, a Royal Academy e a Sociedade de Antiquaristas até meados do século XIX, quando a Academia e os Antiquaristas se mudaram para a Burlington House e a eles se uniram as sociedades de química e de botânica.

Certamente seria fácil estender essas histórias urbanas do conhecimento ao século XX, mas agora o crescimento contínuo das cidades tem levado a resultados opostos, à dispersão, e não a uma concentração das instituições. Uma posição central tem seu lado positivo, mas também um lado negativo. A rede de tráfego urbano, sobretudo os bondes elétricos, prejudicava as medições nos laboratórios. A poluição atmosférica dificultava cada vez mais as observações astronômicas, de forma que o Observatório de Berlim se transferiu para Babelsberg em 1913 e o Observatório Real saiu de Greenwich e foi para Herstmonceaux, na zona rural de Sussex.

Por outro lado, as vantagens de uma posição periférica se evidenciam cada vez mais aos acadêmicos. Stálin tinha determinado que a Academia de Ciências soviética se transferisse para Moscou, a fim de facilitar a vigilância política. Mas em 1965 foi inaugurada uma nova seção da Academia em Akademgorodok, na Sibéria. Se lá o debate era relativamente livre, devia-se não só ao momento, a época da desestalinização, mas também à distância do local.[21]

Nacionalizando o conhecimento

Subindo ainda mais na escala, chegamos à nação, incluindo Estados nacionais mais antigos como a França e a Suécia, novos Estados nacionais como a Itália e a Alemanha, unificadas respectivamente em 1861 e 1871, e nações culturais sem Estados próprios, como a Polônia entre 1795 e 1919 e a Hungria antes de 1919.

Muitos estudiosos têm sugerido a existência de estilos nacionais na ciência e em outras formas de conhecimento, da antropologia à espionagem. Tais estilos – a teoria francesa ou o empirismo britânico, por exemplo – podem não ser conscientes.[22] O que discutiremos aqui, por outro lado, é um movimento consciente que poderia ser definido como a "nacionalização" do conhecimento. Os estudiosos começaram a ser vistos como "representantes de seus respectivos países", recrutados, como disse Helmholtz, para "um exército organizado trabalhando em prol de toda a nação".[23] Vez por outra, poderíamos até considerar a nacionalização do conhecimento como a continuação da política por outros meios.

Entre os possíveis exemplos dessa tendência, podemos começar pela própria história, visto que a pesquisa, a docência e a produção de textos se faziam cada vez mais dentro de um arcabouço nacional.[24] Entre as obras historiográficas mais importantes e mais lidas dessa época estavam as histórias das nações e dos povos (o *Folk*, o *národ* etc.): Erik Geijer sobre os suecos, František Palacký sobre os tchecos, Konstantinos Paparrigopoulos sobre os gregos, Petrus Blok sobre os holandeses e assim por diante. Na França em 1833, François Guizot, historiador que foi ministro da Educação, fundou uma sociedade para promover o estudo da história nacional, a Société de l'Histoire de France. Mais ou menos nessa época, um cientista francês visitante perguntou ao ministro da Educação do Chile se valia a pena escrever uma história chilena. A pergunta sem muito tato recebeu uma resposta direta: era *"una necesidad nacional"*.[25] No Brasil em 1840, o Instituto Histórico ofereceu um prêmio para o melhor projeto de uma história da nação (ganhou um estudioso alemão). A Bélgica concedia prêmios a obras sobre a história nacional, o primeiro deles em 1851.

A história nacional passou a ser ensinada nas escolas como parte da construção da nação, visando, por exemplo, a converter camponeses com identidades locais em "franceses".[26] As universidades seguiram um rumo semelhante. Em Leiden, por exemplo, foi criada em 1860 uma nova cátedra sobre "a história da terra pátria" (*vaderlandse geschiedenis*). Em Oxford, em 1872 foi criada uma "Escola de História Moderna", na prática focada no estudo da história inglesa a partir da Idade Média.

Os heróis nacionais eram objeto de celebração oficial, entre eles heróis do saber, como Lineu na Suécia. Foi erguida uma estátua sua em Upsala em 1829, a casa onde nasceu foi transformada em museu em 1866, e o bicentenário de seu nascimento foi comemorado em 1907. Na Itália, uma série de "edições nacionais" financiadas pelo Estado tornaram mais acessíveis as obras de heróis nacionais do conhecimento, a começar por Galileu e seguindo por Leonardo da Vinci e o físico Alessandro Volta.

O estudo da geografia também teve incentivo oficial por razões nacionais. A partir de 1860, a disciplina era ministrada nas escolas italianas para alimentar o amor à nação. Na Alemanha, o professor de geografia em Halle defendeu a mesma política alguns anos depois, em 1882.[27] Cabe acrescentar que a "nação" dos historiadores e dos geógrafos não raro ultrapassava suas fronteiras oficiais.

O estudo das literaturas vernáculas foi institucionalizado nas universidades durante o século XIX, em detrimento do estudo dos autores da Antiguidade greco-romana. Por exemplo, em 1810, duas gerações antes da unificação, foi instituída uma cátedra em língua e literatura alemãs (*Germanistik*) na nova Universidade de Berlim, e Wilhelm Grimm foi um dos principais defensores da chamada *deutschen* ou *germanischen Altertumswissenschaft*, o estudo das "antiguidades germânicas", nome que sugere que os estudos clássicos foram tomados como modelo para a nova disciplina.[28] O primeiro professor de inglês na Inglaterra foi nomeado em 1827, na Universidade Londres. Quando era docente em Iena, August Wilhelm Schlegel esperava promover a consciência nacional escrevendo uma história da literatura alemã para ser usada nas escolas, enquanto o escritor inglês Charles Kingsley definiu a literatura inglesa como "a autobiografia de uma nação". Nessa época foram redigidas várias histórias das literaturas nacionais que se tornaram famosas, entre elas as de Georg Gervinus sobre a literatura alemã (1835-42), de Francesco de Sanctis sobre a italiana (1870-1, uma década depois da unificação) e de Gustave Lanson sobre a francesa (1894).[29]

Na Escandinávia, o entusiasmo pela filologia na época do dinamarquês Rasmus Rask estava ligado à busca das origens nacionais. Em várias nações europeias, a compilação de dicionários se tornou um empreendimento patriótico. Entre 1807 e 1814, foi publicado um dicionário polonês; entre 1835 e 1839, um dicionário tcheco; entre 1862 e 1874, um dicionário húngaro. Os editores coletaram informações sobre os usos da língua nacional entre falantes de diferentes regiões, mas as próprias publicações ajudaram a padronizar o idioma e, assim, a despertar a consciência nacional.[30]

Tal como a literatura e a língua, considerava-se que a herança material da nação ensinava o patriotismo. É nesse período, especialmente a partir da Revolução Francesa, que nasce a preocupação com o que agora chamamos de herança nacional.[31] O interesse público pela arqueologia, que nessa época estava se convertendo em disciplina acadêmica, foi alimentado não só pela esperança de que as escavações no mundo mediterrâneo lançassem luz sobre Homero e a Bíblia, mas também pelo orgulho nacional. Em 1826, por exemplo, a Assembleia grega decidiu "declarar nacionais todas as antiguidades".[32] Jens Worsaae, arqueólogo dinamarquês e ministro da Cultura em seu país, qualificou as antiguidades locais como "memoriais nacionais".[33] Na Inglaterra, os arqueólogos começaram a usar a expressão "monumentos nacionais" na década de 1840. O estudioso alemão Gustaf Klemm acreditava que o conhecimento da pré-história era "o caminho mais seguro para o patriotismo". O primeiro professor de arqueologia na Universidade Carolina de Praga, Jan Erazim Vocel, defendeu, segundo suas palavras, a "arqueologia nacional tcheca".[34] Nem é preciso dizer que essa abordagem nacional levou a grandes controvérsias. Por exemplo, os arqueólogos alemães e poloneses entraram em choque a respeito da identidade dos primeiros ocupantes da área entre os rios Oder e Vístula.[35]

No domínio do folclore e da etnografia, o processo foi muito semelhante. Como a arqueologia, essas disciplinas despertaram entusiasmo e receberam apoio oficial por razões nacionais, visto que muitas vezes os intelectuais de classe média consideravam os camponeses como a parcela mais autêntica da nação. Na Finlândia, instituiu-se uma cátedra de folclore na Universidade de Helsinque em 1898, numa época em que o país ainda fazia parte do Império russo. A obra de Oskar Kolberg, uma etnografia da Polônia em vários volumes, é considerada como ilustração do "enraizamento ... na política da sociedade nacional", sobretudo com suas hipóteses sobre as fronteiras polonesas.[36] Na Irlanda, a Liga Gaélica, que fora fundada em 1893 basicamente para deter o declínio da língua irlandesa, também incentivou a coleta de folclore. A fundação do Estado Livre Irlandês em 1922 foi rapidamente acompanhada pela criação da Folklore of Ireland Society (1827) e, um pouco depois, pela Irish Folklore Commission.[37]

Antes de 1900, o folclore estava mais nos museus do que nas universidades. O Nordiska Museet em Estocolmo (1873) dava ênfase à cultura pan-escandinava, enquanto o museu ao ar livre em Skansen (1893), com casas e mobílias rurais, é considerado como uma narrativa histórica da Suécia.[38]

Muitos museus e galerias, que são depósitos de conhecimento, foram fundados pelo Estado no século XIX, com nomes que sugerem orgulho nacional ou um ideário de construção da nação sustentando os projetos. Entre as novas instituições estavam a Galeria Nacional de Arte em Haia (1800), o Museu Nacional dinamarquês (1809), o Museu Nacional de Praga (1819), a National Gallery de Londres (1824) e o Germanisches Nationalmuseum em Nuremberg (1852).[39] A maioria dessas iniciativas partiu dos governos, mas também houve importantes iniciativas privadas, como o Museu de História Nacional em Hillerød (1878), construído com verbas de J.C. Jacobsen, proprietário das cervejarias Carlsberg, talvez reagindo à derrota que a Prússia infligira à Dinamarca em 1864.

Os projetos de construção nacional também estavam por trás da fundação de bibliotecas e arquivos. A biblioteca real francesa se tornou biblioteca nacional em 1793. A Biblioteca Real em Haia foi criada como biblioteca nacional em 1798, e a ela se seguiram a Biblioteca Nacional da Hungria (1803), a Biblioteca Nacional espanhola (1836, antes real), a Biblioteca Nacional italiana (1861, ano da unificação da Itália) e a Biblioteca Nacional búlgara (1879).

Na Inglaterra, curiosamente, a biblioteca nacional foi construída por um estrangeiro. Antonio Panizzi, o exilado italiano encarregado da biblioteca do Museu Britânico entre os anos 1830 e 1860, considerava-a uma instituição nacional, declarando: "Esta biblioteca enfaticamente *britânica* deve ser direcionada mais especialmente a obras britânicas e a obras relacionadas com o Império britânico." "O Museu é a biblioteca da nação, e nessa biblioteca deve haver todo livro impresso por um inglês, ou em inglês ou relacionado à Inglaterra."[40]

Quanto aos arquivos, os Archives Nationales franceses foram criados em 1800, o Riksarkivet norueguês em 1817, o Public Record Office inglês em 1838. Um grande projeto cultural da época consistia na publicação de documentos ilustrando a história da nação. Os *Monumenta germaniae historica*, por exemplo, começaram a ser publicados em 1826, por iniciativa de um ministro prussiano, com a divisa "O santo amor à pátria dá ânimo" (*Sanctus amor patriae dat animum*). As leis medievais da Noruega foram publicadas a partir de 1846, num projeto aprovado pelo Parlamento (*Storting*). A English Rolls Series e os *Monumenta hungariae historia* começaram a ser publicados ambos em 1857.

Durante o século XIX, foram compilados enormes dicionários de biografias nacionais. As datas de publicação, uma se seguindo imediatamente à outra, sugerem vivamente rivalidades nacionais. O dicionário holandês (*Biographisch Woordenboek der Nederlanden*), em vinte volumes, começou a sair em 1852; o dicionário austríaco (*Biografisches Lexikon des Kaisertums Oesterreich*), em 59 volumes, em 1856; o dicionário belga (*Biographie nationale*), em 27 volumes, em 1866; o dicionário alemão (*Allgemeine deutsche Biographie*), em 56 volumes, em 1875; o inglês *Dictionary of National Biogra-*

phy, em 63 volumes, em 1885; o dicionário dinamarquês (*Dansk Biografisk Lexicon*), em dezenove volumes, em 1887; o dicionário russo (*Russky Biograficheski Slovar*), em 1896.

Essas compilações não eram tão neutras politicamente como podem parecer. Por exemplo, algumas figuras eram reivindicadas por nações diferentes. Voltando aos conflitos entre estudiosos alemães e poloneses, era inevitável que Copérnico aparecesse como "Copernicus, Nikolaus" no dicionário alemão e como "Kopernik, Mikołaj" no polonês – embora o verbete em *Allgemeine deutsche Biographie*, e para crédito do autor, indique que Copérnico era de origem mista (pai polonês e mãe alemã) e que suas realizações pertenciam ao mundo, e não apenas a uma nação.

As enciclopédias gerais também adquiriam cores nacionais. A *Enciclopédia britânica*, iniciativa escocesa, remonta a 1768, a Brockhaus alemã a 1796, a *Enciclopédia americana* a 1829, a francesa *Grand dictionnaire universel* (conhecida pelo nome de seu editor, "Larousse") a 1864, a Winkler-Prins holandesa a 1870, a espanhola *Enciclopedia universal ilustrada* a 1905, a iugoslava *Narodna Enciklopedija* a 1924, a grega *Megale Ellenike Enkykopaideia* a 1926. A célebre décima primeira edição da *Enciclopédia britânica* foi tratada num periódico londrino como "uma grande glória para nossa nação", apesar da participação amplamente divulgada de ilustres estrangeiros, como o físico dinamarquês Niels Bohr.

As enciclopédias se converteram numa das várias arenas em que as nações competiam. Comentou-se recentemente que "esperava-se que cada 'nação civilizada' produzisse uma [enciclopédia], a fim de ser levada a sério por suas vizinhas e pelas potências europeias".[41] Esse aspecto pode ser ilustrado com o caso da *Enciclopedia italiana*, que começou relativamente tarde, em 1929. Alguns anos antes, em 1920, um ex-ministro italiano havia escrito sobre a necessidade "de dar uma enciclopédia nacional à Itália, que não dispõe dela, como têm a França, a Inglaterra, a Alemanha e até a Espanha".[42] A *Enciclopedia italiana* foi concebida, entre outras razões, para fazer publicidade, se não propaganda, de todas as coisas italianas. O verbete sobre "Garibaldi", por exemplo, ocupa dezessete colunas, enquanto os verbetes correspondentes na Brockhaus e na Larousse lhe dedicam apenas uma. O verbete sobre "Milano" se estende por 59 colunas, em contraste com os sete na Larousse e na Brockhaus.

A arqueologia também foi afetada pelas rivalidades nacionais. Os franceses e os ingleses concorreram nos meados do século XIX na descoberta dos vestígios da cultura assíria. Henry Rawlinson, militar que se tornou escavador, pediu a Austen Layard, diplomata e arqueólogo, que despertasse o interesse de Stratford Canning, o embaixador na corte otomana, pois "dói-me profundamente ver os franceses monopolizarem o campo". Layard escreveu a Canning que "a honra nacional" estava "envolvida na disputa com os franceses em decifrar as inscrições cuneiformes". Por outro lado, o arqueólogo francês Victor Place declarou que "não podemos deixar que a Inglaterra nos ultrapasse num caminho que nós mesmos abrimos".[43] Uma expedição arqueológica à Ásia Central foi recomendada ao ministro da Cultura alemão em 1904 nos seguintes termos: "nós, alemães, devemos usar todos os nossos poderes para garantir nosso devido lugar a este sol" – assim ecoando a famosa frase de um discurso que o Kaiser havia feito três anos antes.[44]

Mesmo as ciências naturais foram afetadas pela consciência nacional e pelas rivalidades entre as nações. Nos anos 1860, o ministro da Educação da França, Victor Duruy, qualificou o desenvolvimento dos cientistas alemães como "uma ameaça à ciência francesa".[45] O primeiro levantamento geológico subvencionado pelo Estado, nos anos 1830, surgiu na França e foi imitado por outros países. A criação de museus de história natural fazia parte da construção nacional. Ao nascimento do Museo Nacional de Historia Natural em Santiago do Chile (1822), por exemplo, seguiu-se rapidamente o do Museo de Historia Natural em Bogotá (1823).[46] O Museu de Geologia da Suécia "continha basicamente minérios suecos".[47]

A rivalidade se estendeu aos céus. A descoberta do planeta Urano por William Herschel foi tida na época como uma vitória da astronomia inglesa sobre seus concorrentes franceses (embora Herschel fosse um imigrante alemão). O presidente da Royal Society, Joseph Banks, escreveu a Herschel dizendo que era preciso dar logo um nome ao novo planeta, "ou nossos ágeis vizinhos, os franceses, certamente nos pouparão o trabalho de batizá-lo".[48] A designação de descobertas nos céus, tal como na Terra, utilizando símbolos nacionais como Jorge III (nome com que foi originalmente batizado o planeta Urano), era uma prática usual. Nos anos 1920, o astrônomo holandês Willem Hendrik van den Bos se referiu a "uma briga louca pela descoberta indiscriminada de estrelas duplicadas" no hemisfério sul, o equivalente intelectual à anterior "briga pela África".[49] A rivalidade soviético-americana na exploração espacial na época do Sputnik (1957) e da Nasa (1958) pode ser o mais famoso, mas certamente não foi o primeiro exemplo dessa forma de competição (adiante, p.287).

A comunidade do saber

Na fase inicial do período moderno, às vezes representava-se o mundo erudito como um país, a comunidade do saber ou a "república das letras" (*république des lettres*, *Gelehrtenrepublik* etc.). Essa república era essencialmente uma comunidade imaginada, às vezes descrita com uma metáfora política, em que a república tinha um senado, leis e assim por diante. A metáfora política realmente guardava alguma pertinência, visto que havia costumes e instituições que facilitavam a colaboração ou, pelo menos, uma cooperação a distância entre os estudiosos. Entre esses costumes e instituições estava o uso do latim nas cartas, o que rompia as barreiras dos vernáculos europeus, o envio de publicações e informações a título de cortesia, visitas aos colegas de estudos durante as viagens.

Em sua maioria, os estudos sobre essa comunidade, real ou imaginada, terminam ou por volta de 1750, com a *Enciclopédia*, ou em 1789, ou no mais tardar por volta de 1800. Evidentemente, há boas razões para essa decisão coletiva por parte da comunidade de historiadores, sendo duas as principais, que podem ser sintetizadas também em duas palavras: especialização e nacionalismo. Uma monografia sobre a formação da comunidade química alemã na segunda metade do século XVIII ilustra nitidamente esses dois pontos: o nascimento de um senso de identidade definindo-se contra as outras disciplinas e as outras nações, em especial a França.[50]

O surgimento da especialização foi tratado no capítulo anterior. A harmonia da comunidade do saber sofreu ameaças não só com as guerras, mas, mais insidiosamente, com a mudança do cosmopolitismo para o nacionalismo, ou, na famosa colocação de Friedrich Meinecke, do *Weltbürgertum* para o *Nationalstaat*.

As guerras napoleônicas exerceram um impacto negativo nos estudos eruditos, interrompendo a comunicação internacional. A célebre frase de um cientista médico inglês, por volta de 1803, segundo o qual "as ciências nunca estão em guerra", perdia sua validade no próprio momento em que foi expressa.[51] Mas, após o fim das guerras, as rivalidades nacionais não desapareceram. Na verdade, como vimos, vieram a ter um impacto cada vez maior sobre os estudos eruditos. As nações maiores (seus dirigentes e alguns de seus estudiosos) aspiravam à hegemonia sobre o mundo do conhecimento, ocupando o centro e deixando aos rivais a periferia.

Centros e periferias

Um aspecto importante da geografia do conhecimento é o contraste entre os centros e as periferias. Ao contrário das fronteiras nacionais, eles são de difícil definição – na verdade, às vezes são fronteiras mais subjetivas do que objetivas. Mesmo assim, a localização na periferia, junto com o sentimento de estar localizado numa periferia, tem consequências culturais importantes.

No nível nacional, o contraste entre a metrópole e as províncias costuma ser bastante importante, sobretudo, talvez, neste nosso período de estudo, que presenciou o rápido crescimento de cidades como Londres, Paris, Berlim e Nova York, cada qual com uma rede de bibliotecas, museus, academias, universidades e outras instituições de saber, que permitia aos estudiosos moradores dessas cidades um acesso ao conhecimento muito mais imediato do que a seus colegas de outros lugares.

"O predomínio de Londres na vida científica da Inglaterra", por exemplo, aumentou entre 1800 e 1850, com a concentração de instituições do conhecimento na capital que abordamos acima. Os contemporâneos se sentiam impressionados: por exemplo, o estudioso alemão August Petermann, que esteve em Londres em 1847, definiu a cidade como "ponto central do conhecimento geográfico".[52] Pode-se dizer o mesmo em relação a Paris e à rápida multiplicação de entidades do saber a partir da Revolução Francesa.

Se os estudiosos na metrópole consideravam sua posição privilegiada como um fato, os moradores nas províncias muitas vezes se ressentiam disso, e por essa mesma razão fornecem mais indicações a esse respeito. Duas citações de geólogos ingleses do começo do século XIX ilustram bem esse aspecto. Robert Bakewell, oriundo de Nottingham, reclamou que "há certo preconceito entre os membros das Sociedades Científicas em Londres e Paris, que os leva à relutância em acreditar que pessoas residindo no campo ou em cidades da província sejam capazes de fazer alguma coisa de importância para a ciência", enquanto Charles Lyell, que vinha da Escócia, observou "a ciumenta relutância que a maioria dos monopolistas metropolitanos da Ciência, tanto na França quanto aqui, exibe em relação a todos aqueles que não respiram sua atmosfera exclusivista".[53]

Ciúmes à parte, os estudiosos no centro nem sempre sabiam o que estava se passando em outros lugares. Um exemplo conhecido é o de Gregor Mendel e sua agora famosa obra sobre a hereditariedade. Mendel era periférico em termos sociais, sendo monge, e também em termos geográficos, morando numa cidade provinciana no Império dos Habsburgo (Brünn, agora Brno, na República Tcheca) e publicando suas descobertas em 1865 nos anais da sociedade local de história natural. Passaram-se cerca de trinta anos até que sua obra chegasse ao conhecimento de outros geneticistas em outros lugares, ganhando fama póstuma como pioneiro do que veio a se tornar a ciência da genética.[54]

No nível internacional, o período 1750-2000 presenciou sucessivas hegemonias nacionais no domínio do conhecimento, a começar pela França, "o centro do mundo científico" até 1830 ou 1840.[55] Vários químicos alemães que depois ganharam renome começaram a carreira estudando em Paris, notadamente Justus Liebig nos anos 1820 e Robert Bunsen em 1832. Orientalistas da Alemanha e da Suécia iam a Paris para estudar com Silvestre de Sacy. Estudantes brasileiros iam a Montpellier para estudar medicina. O governante do Egito, Muhammad Ali, enviou 45 estudantes à França em 1826. As instituições francesas eram adotadas como modelos. O Museu de História Natural, por exemplo, foi imitado em Göttingen.[56] A Sociedade Geográfica de Berlim (1828) acompanhou os moldes da Société de Géographie de Paris (1821); a Royal Asiatic Society de Londres (1823), os da Société Asiatique, fundada dois anos antes; o Instituto Histórico e Geográfico Brasileiro (1838), os do Institut Historique.

Após 1840, o modelo erudito francês continuou a exercer influência em algumas partes do mundo, Paris ocupando um lugar central. As exposições internacionais de 1889 e 1900, por exemplo, fizeram da cidade sede de inúmeros congressos internacionais: em 1889, de arqueologia, dermatologia, fisiologia, psicologia e química; em 1900, de botânica, física, geologia, matemática, meteorologia, psicologia e química. Mesmo em 1934, quando foi fundada a Universidade de São Paulo, vários docentes foram recrutados na França, alguns com carreiras brilhantes pela frente: o sociólogo Roger Bastide, por exemplo, o historiador Fernand Braudel e o antropólogo Claude Lévi-Strauss.

Mas, entre 1840 e 1914, a hegemonia na *Wissenschaft* coube aos alemães. O historiador francês Ferdinand Lot observou em 1892 "a hegemonia intelectual da Alemanha em todos os campos".[57] Não raro os estrangeiros manifestavam inveja pelos recursos alemães para os estudos. O zoólogo Ray Lankester, por exemplo, reclamou em 1883 que as universidades britânicas "são, em relação ao montante de verbas que se aplicam nelas, ao número do quadro docente e à eficiência de seus laboratórios, inferiores não só à menor das universidades alemãs, mas inferiores também a muitas das escolas técnicas daquele país".[58]

Um importante sinal de mudança foi a difusão do alemão como língua franca entre os estudiosos, utilizado em artigos de acadêmicos escandinavos, russos ou japoneses para alcançar um público mais amplo.[59] Outro sinal era a afluência de alunos estrangeiros para as universidades alemãs, alguns dos quais se tornaram acadêmicos insignes em seus países de origem. O exemplo mais óbvio é o dos Estados Unidos, onde se deu o surgimento da universidade de pesquisa nesse exato período. O filósofo americano Josiah Royce, que havia estudado com Wilhelm Wundt em Leipzig nos anos 1870, escreveu sobre "uma geração que sonhava apenas com a universidade alemã". Além de químicos, geólogos, fisiologistas e astrônomos, o psicólogo William James, o cientista político John Burgess e o sociólogo Albion Small estudaram na Alemanha. Em 1895-96, havia mais de quinhentos americanos matriculados em universidades alemãs.[60]

Provavelmente nenhum outro grupo de estudantes estrangeiros na Alemanha alcançava os números de americanos, mas entre os franceses estava Émile Durkheim; entre os belgas, o historiador Henri Pirenne; entre os holandeses, Johan Huizinga (que na época estudava línguas); entre os suíços, o linguista Ferdinand de Saussure; entre os russos, o geógrafo Piotr Semenov. Quanto aos britânicos, o químico William Perkin estudou em Munique, enquanto Peter Chalmers Mitchell declarou que, nos seus anos de juventude no final do século XIX, "ler em alemão e conhecer os alemães eram partes indispensáveis no ensino e na pesquisa em geologia".[61]

Em muitos países, as instituições acadêmicas seguiam modelos alemães. O seminário, por exemplo, foi introduzido na França, na Inglaterra, na Itália e nos Estados Unidos, geralmente por acadêmicos que tinham estudado na Alemanha. Nos Estados Unidos, a nova universidade Johns Hopkins, apelidada de "Göttingen de Baltimore", foi uma das primeiras a seguir o modelo alemão. Daniel Gilman, o primeiro reitor da universidade, instituiu o doutorado e quis implantar "algumas características do ... sistema alemão do *privatdozent*".[62] A Argentina acolhia bem os cientistas alemães, e em 1908 o decano da Universidade de La Plata encarregou um dos docentes, Ernesto Quesada, que havia estudado em Leipzig e Berlim, de dar uma volta pelas universidades alemãs e fazer um relatório sobre o ensino de história nesses lugares.[63]

Na Inglaterra, a Associação para o Avanço da Ciência seguiu o exemplo da Gesellschaft deutschen Naturforscher (1828). Lorde Acton, ele próprio meio alemão, adotou o modelo de *Historische Zeitschrift* para a

English Hitorical Review. Na França, a criação da École Pratique des Hautes Études (1869) veio após uma missão de reconhecimento na Alemanha, por encargo do Ministério da Educação. Analogamente, em 1897, uma missão britânica à Alemanha estudou "o recente progresso da educação técnica naquele país", levando, dez anos depois, à fundação da Faculdade Imperial de Ciência e Tecnologia. A Universidade de Londres adotou os doutorados em ciência e literatura em meados do século XIX, enquanto o primeiro doutoramento em Cambridge saiu em 1882 e o primeiro em Oxford somente em 1917. "Décadas depois de adotado, o grau de doutor em filosofia (Ph.D.) ainda era visto por muitos lentes em artes como um meio desagradável de árido pedantismo teutônico."[64] Não era a todos que o modelo alemão agradava.

É menos fácil dizer qual foi o país, se é que houve algum, a exercer hegemonia no campo do conhecimento entre 1914 e 1945; talvez fosse mais exato falar em policentrismo, com a França, a Inglaterra e outros países dominando certos campos acadêmicos ou áreas geográficas. Depois da Segunda Guerra Mundial, foi a vez dos Estados Unidos e da União Soviética, e mais recentemente apenas dos Estados Unidos, tanto nas ciências naturais quanto nas sociais. Após 1939, por exemplo, o centro da psicanálise, como muitos dos próprios psicanalistas, se transferiu da Europa central para os Estados Unidos. A sociologia americana dominou a disciplina particularmente nas décadas de 1950 e 1960. Vários estudiosos políticos têm escrito sobre a "americanização" da ciência política a partir de 1945, do Canadá à Finlândia.[65] No final dos anos 1960, um psicólogo nascido na Áustria podia afirmar que "os Estados Unidos se tornaram o centro mundial da psicanálise, tal como é o centro mundial da psicologia".[66]

As regiões também têm seus centros e periferias, mudando no decorrer no tempo, às vezes em virtude de transformações no sistema de comunicação. A ascensão de Buenos Aires e Santiago do Chile como centros de conhecimento a partir de 1800, por exemplo, ocorreu quando a rota atlântica substituiu a rota pacífica entre a Europa e a América do Sul.[67]

Do ponto de vista dos países "subordinados" ou periféricos, essas hegemonias trazem sérias desvantagens. O sociólogo Robert Merton descreveu certa vez o que chamou de "Efeito Mateus" (citando o Evangelho de são Mateus, "a quem tem será dado"), segundo o qual muitas vezes cientistas conhecidos recebem os créditos por descobertas feitas por figuras menos renomadas.[68]

Pode-se fazer uma adaptação da lei de Merton, reformulando-a e sugerindo que os acadêmicos de pequenos países recebem menos créditos do que os acadêmicos dos grandes países. Alexander von Humboldt era um estudioso do centro que estudou a periferia, em seu caso a América do Sul, e assim construiu sua reputação em Paris e Berlim. O astrônomo e naturalista sul-americano Francisco José de Caldas estudou alguns dos mesmos fenômenos abordados por Humboldt, a quem conhecia, mas ficou praticamente reduzido a uma nota de rodapé na história da ciência.[69] Como observou uma vez o ilustre historiador francês Fernand Braudel, seu colega polonês Witold Kula era "mais inteligente", mas tinha acesso apenas ao "alto-falante" polonês, enquanto Braudel tinha a vantagem de dispor do alto-falante francês.[70]

Foi, por exemplo, o filólogo dinamarquês Rasmus Rask que formulou originalmente o que conhecemos como a "Lei de Grimm" (acima, p.108), a qual recebeu o nome do alemão Jacob Grimm. O diplomata e orientalista sueco Johan David Åkerblad deu uma contribuição importante ao deciframento dos hieróglifos, como o dinamarquês Niels Westergaard e o norueguês Christian Lassen no caso dos caracteres cuneiformes, mas os nomes lembrados nesses campos, como vimos, são os do francês Champollion e do inglês Rawlinson. O Japão não é um país pequeno, mas sofreu uma discriminação parecida, talvez porque suas descobertas ficassem encerradas numa língua que poucos ocidentais conheciam. Em todo caso, foi um cientista alemão, Emil von Behring, que recebeu o Prêmio Nobel em 1901 pela descoberta da imunidade natural, embora tivesse empreendido suas pesquisas junto com um colega japonês, Shibasaburō Kitasato.[71]

A lei de Merton pode se estender em duas direções. No nível macro, as contribuições ao conhecimento dadas por várias gerações de estudiosos fora do Ocidente não receberam suficiente reconhecimento. Afirma-se, por exemplo, que "partes importantes do que tem passado por ciência europeia ou ocidental na verdade foram realizadas em outros lugares".[72] Uma situação semelhante predomina no nível micro: em física, um estudo descobriu que membros de departamentos de prestígio citam membros de departamentos de prestígio com mais frequência do que membros de departamentos sem prestígio.[73]

Uma posição no centro, além dos benefícios, também tem seus custos. Por exemplo, tem-se explicado o declínio da hegemonia científica francesa como consequência da centralização do sistema acadêmico francês, comparado a seus rivais na Alemanha, na Inglaterra e nos Estados Unidos. A ausência de concorrentes levou à inflexibilidade e à resistência à inovação.[74] Por outro lado, não é o caso de encarar as periferias dos campos de conhecimento apenas pelo lado puramente negativo. Às vezes elas abrigam conhecimentos alternativos ou inovadores. Na Europa, na segunda metade do século XVIII, por exemplo, quando a produção de livros na França era controlada pela censura eclesiástica e secular, imprimiam-se livros subversivos fora das fronteiras do reino, na Suíça e na Holanda, os quais então entravam clandestinamente no país.[75] No começo do século XX na França, embora Paris dominasse o sistema acadêmico, Bordeaux e Estrasburgo se tornaram centros de inovações, o primeiro em sociologia, o segundo em história.

Os exemplos mais espetaculares de inovação na periferia vêm das fronteiras entre o Ocidente e outras partes do mundo. São essas regiões que têm ficado sujeitas à chamada "dependência acadêmica", ao dito "imperialismo" ou "colonialismo científico", definido como "um processo pelo qual o centro de gravidade para a aquisição de conhecimento sobre a nação está situado fora da própria nação".[76]

Não raro traça-se um paralelo entre a história econômica e a história do conhecimento, a periferia exportando matérias-primas que são processadas na metrópole. A metrópole produz a teoria que é utilizada em outros lugares. A teoria social, por exemplo, geralmente é produzida no "Norte do Globo", sobretudo na Europa ocidental e nos Estados Unidos.[77] Como afirmou o crítico argentino Walter Mignolo, com algum exagero:

> Se você "vem" da América Latina, você tem de "falar sobre" a América Latina, pois neste caso você precisa ser um símbolo da sua cultura. Não existe essa expectativa se o autor "vem" da Alemanha, da França, da Inglaterra ou dos Estados Unidos. Como sabemos, o primeiro mundo tem conhecimento, o terceiro mundo tem cultura; os americanos nativos têm sabedoria, os americanos de origem inglesa têm ciência.[78]

Na verdade, nessas fronteiras às vezes definidas como "zonas de contato", o conhecimento costuma correr nas duas direções, levando ocasionalmente a novas descobertas. Tome-se o caso da descoberta no final do século XVIII de que o grego e o latim descendiam do sânscrito. Os estudiosos ocidentais não sabiam disso porque não conheciam o sânscrito, e os estudiosos indianos não sabiam porque não conheciam o grego e o latim, mas, quando William Jones foi estudar sânscrito com os sábios locais, as semelhanças entre as três línguas antigas ficaram óbvias. De modo mais geral, os contatos entre ocidentais e conhecedores locais levaram a diálogos que resultaram em conhecimentos "híbridos" e "traduzidos".[79]

Grandes exemplos desses conhecimentos traduzidos são o hinduísmo e o budismo, o primeiro descoberto pelos ocidentais na segunda metade do século XVIII, o segundo descoberto cerca de uma geração depois. No período tardovitoriano houve "um enorme aumento do interesse" pelo budismo na Inglaterra, resultando em algumas conversões. Mas o que foi "descoberto" foi um conjunto de crenças e práticas que os estudiosos ocidentais ordenaram ou traduziram num sistema intelectual que talvez os fiéis nativos não reconhecessem. Nesse sentido, o budismo pode ser visto como uma criação ocidental.[80]

Temos o exemplo de um estágio posterior na tradução das ideias orientais em ocidentais no caso da russa Helena Blavatsky, que se dizia budista, mas é vista mais acertadamente como fundadora de uma nova religião, a teosofia, que se alimentava em várias fontes, do neoplatonismo ao hinduísmo, bem como no budismo. Da mesma forma, a versão da teosofia dada por Rudolf Steiner, renomeando-a como antroposofia, se baseava não só na "sabedoria do Oriente", mas também em tradições alemãs de Goethe a Nietzsche.[81]

Vozes das margens

Para identificar as contribuições não ocidentais ao conhecimento, muitas vezes é preciso ler as fontes ocidentais a contrapelo, procurando atribuições e identificações sucintas e marginais. Essas fontes permitem recuperar elementos tais como os exemplos a seguir. Cook teve como guia pelo Pacífico o navegador polinésio Tupaia, enquanto Lewis e Clark contaram com Sacajawea, uma índia shoshone casada com um francês, para percorrer o Oeste americano. Em sua expedição ao arquipélago malaio, o naturalista Alfred Wallace teve a assistência de seu "menino" ou criado Ali, que ajudou a encontrar e identificar plantas e insetos.[82] Não foi o orientalista britânico Aurel Stein que descobriu o conteúdo das famosas cavernas Dunhuang, mas foi informado a respeito delas pelo monge taoista Wang Yuanlu, que vendeu alguns dos manuscritos a ele (e a seu rival francês Paul Pelliot). O historiador americano Hiram Bingham foi conduzido ao sítio inca de Machu Picchu por um agricultor local, Melchor Arteaga.

Não era apenas na tarefa de "descoberta" que os informantes indígenas – alguns deles também estudiosos – eram indispensáveis. Como vimos, o orientalista britânico William Jones se instruiu com eruditos locais, notadamente Tarkapanchanan, assim como o missionário e sinólogo James Legge foi instruído por seu assistente Wang Dao no estudo dos clássicos chineses.[83] Em sua obra sobre os usos e costumes dos egípcios (acima, p.94), Edward Lane teve a assistência de um amigo egípcio, o xeque Ahmed. O antropólogo Franz Boas obteve muitas de suas informações sobre os kwakiutles no noroeste do Canadá com seu intérprete, George Hunt (o pai de Hunt era um inglês; sua mãe, uma tlingit, e ele ingressou na cultura kwakiutl por meio do casamento). Outro antropólogo, Marcel Giaule, declarou expressamente que grande parte de seu conhecimento sobre os dogons, um povo da África ocidental, provinha de um velho dogon cego, o caçador Ogotemmêli. Todos esses indivíduos podem ser definidos como intermediários culturais, grupo que apenas agora está começando a ser estudado.[84]

Até data relativamente recente, os historiadores ocidentais não davam muita atenção a outras visões do passado, sobretudo a "visão dos vencidos", para usar a expressão do historiador mexicano Miguel León-Portilla, que em 1961 publicou uma coletânea de fontes com esse título, narrando a conquista espanhola vista pelo lado asteca. Em mais um exemplo do Efeito Mateus, agora a expressão é mais conhecida como título de um livro do historiador francês Nathan Wachtel, cuja *Vision des vaincus* (1971) trata do Peru colonial. Wachtel está entre os estudiosos que redescobriram o historiador Guaman Poma, que pertencia à elite indígena e, numa crônica escrita em 1615 (mas publicada apenas em 1936), apresentou uma visão da história do Peru antes e depois da conquista espanhola muito diferente da de seus contemporâneos espanhóis. A redescoberta de Poma foi considerada "um ato de descolonização".[85]

Os exemplos aqui dados dizem respeito ao conhecimento nativo que foi incorporado ao sistema ocidental, em muitos casos pertencendo à "gnose de fronteira", como foi definido em data recente.[86] No século XX, se não antes, encontramos contribuições importantes a esse sistema, dadas na periferia por estudiosos participando do mesmo jogo, pelo menos em sua maioria, de acordo com as regras ocidentais.

Os casos mais óbvios provêm da ciência. Em 1930, por exemplo, o Prêmio Nobel de Física foi concedido a C.V. Raman, indiano domiciliado em Calcutá. Em 1957, foi dividido por dois cientistas chineses, Chen Ning Yang e Tsung-Dao Lee, ambos domiciliados nos Estados Unidos. Em 1983, foi concedido a Subramanyan Chandrasekhar, sobrinho de Raman, que era de Lahore, mas trabalhava em Chicago. Em química, o Prêmio Nobel de 1981 foi dividido entre o japonês Kenichi Fukui, morador de Tóquio, e um polonês-americano, Roald Hoffmann.

No caso da historiografia, seguindo a campanha de modernizar o Japão iniciada pelo regime Meiji (instaurado em 1868), estudiosos como Fukuzawa Yukich fizeram obras seguindo modelos ocidentais, em seu caso, as histórias da civilização de François Guizot e Henry Buckle. O Departamento de História do Japão encomendou a um diplomata húngaro exilado que escrevesse uma história da historiografia ocidental, enquanto um seguidor de Ranke, o alemão Ludwig Riess, foi nomeado como o primeiro professor de história na Universidade de Tóquio.[87] Fundaram-se sociedades seguindo os moldes ocidentais: a Sociedade Geográfica de Tóquio (1879), a Sociedade Antropológica de Tóquio (1884), a Associação Histórica Japonesa (1889) e a Sociedade Arqueológica (1895).

Um tema dominante na história da arqueologia é a escavação do passado de regiões não ocidentais, a cargo de equipes comandadas por ocidentais como Layard, mas gradualmente os estudiosos locais começaram a desempenhar um papel mais importante. Entre os primeiros exemplos temos o japonês Hamada Kosaku, que havia estudado com Petrie, e o mexicano Manuel Gamio, que estudara com Boas, ambos escavando nos anos 1910, e o chinês Li Ji, que havia estudado em Harvard e começou suas escavações na China nos anos 1920.[88]

No caso da sociologia e da história, Fernando Ortiz e Gilberto Freyre são exemplos de estudiosos que mudaram algumas regras do jogo, desenvolvendo abordagens que se baseavam na experiência local e foram instrutivas para seus contemporâneos europeus e norte-americanos. O cubano Ortiz estudou na Itália e, voltando a seu país, passou a escrever sobre ele. Frisava a importância dos contatos culturais, que via como um processo nas duas direções. Assim, em *Contraponto cubano*, estudo publicado em 1940, Ortiz cunhou o termo *transculturación*, para substituir o termo corrente de "aculturação", que se concentrava na influência de uma cultura dominante sobre uma cultura dominada. O novo termo foi rapidamente adotado no centro, por Malinowski.

Quanto a Freyre, era um estudioso brasileiro que estudara nos Estados Unidos, assistindo às aulas de Boas na Universidade Colúmbia. Sua história sociocultural do Brasil em três volumes (1933-59) foi extremamente inovadora em sua época, como logo reconheceram estudiosos europeus, como Fernand Braudel. Sociólogo e historiador, Freyre defendia a "tropicalização" da teoria social, que permitiria a estudiosos como ele e o indiano Radhakemal Mukerjee, pioneiro numa abordagem ecológica da sociologia, serem ouvidos no Ocidente. Mas Freyre é mais conhecido por sua ênfase na "miscigenação" das culturas e sua definição da identidade brasileira como fruto dessa miscigenação, na qual os colonizadores portugueses, os escravos africanos e os povos índios desempenharam papéis igualmente importantes.[89]

Um exemplo mais recente de inovação na periferia é o movimento internacional de estudos "pós-coloniais", liderado por estudiosos oriundos do Terceiro Mundo, mas passando a maior parte da vida profissional na Europa ou nos Estados Unidos: o crítico Edward Said, por exemplo, que se dizia eternamente "deslocado" entre a Palestina e os Estados Unidos, ou Gayatri Spivak (nascida Chakravorty), uma bengalesa que percorre todo o mundo, mas é domiciliada nos Estados Unidos.[90]

Spivak está ligada a um grupo ou escola de historiadores dedicados a "estudos subalternos", como dizem, sob a liderança de Ranajit Guha, estudioso bengali que também passou a maior parte de sua vida fora da Índia. Concentrando-se nos últimos duzentos anos da história indiana, o grupo apresenta um tipo específico de história vista de baixo, examinando o que chamam de "a política do povo". Eles consideram que as classes "subalternas" ou dominadas eram capazes de ação política, o que vai na contracorrente não só do "elitismo colonial" dos historiadores britânicos, mas também do que Guha chama de "elitismo nacionalista burguês" de outros historiadores indianos.[91] O grupo manteve diálogo, pelo menos por algum tempo, com os estudos "pós-colonialistas" de literatura, e sua abordagem inspirou estudiosos de outras partes do mundo, sobretudo na América Latina.[92]

Em suma, as zonas de fronteira são um lugar privilegiado de contatos, colisões e traduções culturais, muitas vezes criando novo conhecimento e novas ideias. Tais contatos, colisões e traduções também resultam do movimento de povos, exilados e outros imigrantes.

Imigrantes e exilados

Os imigrantes podem ser vistos como um povo periférico, deslocado em seu novo ambiente. Muitas vezes estão em posição desconfortável, em parte porque não possuem um conhecimento local. Por outro lado, levam consigo seus próprios conhecimentos, inclusive conhecimentos tácitos e técnicos que podem faltar no local onde estão iniciando uma nova vida.

Há quem sustente que "não é fácil obter a transferência de conhecimentos realmente valiosos de um país para outro ou de uma instituição para outra por meio de cartas, periódicos e livros; ela necessita do movimento físico de seres humanos". Em resumo, "as ideias se movem dentro das pessoas".[93]

Em 1752, o diretor do Bureau de Commerce francês, Trudaine de Montigny, já havia dito algo parecido: "As artes nunca passam de um país para outro por escrito." E por que deve ser assim? O fabricante de tecidos John Holker, parceiro de Trudaine num projeto para levar artesãos ingleses qualificados para a França, explicou que "boa informação pouca impressão causa num operário". O que era necessário "para transferir a qualificação de um país para outro" era o exemplo prático.[94]

Na Europa da fase inicial da Modernidade, três diásporas específicas tiveram consequências intelectuais importantes: a dos eruditos gregos de Bizâncio para a Itália no século XV, a dos protestantes italianos para a Inglaterra e a Holanda no século XVI e a dos protestantes franceses para a Inglaterra, a Holanda e a Prússia no século XVII.

A migração de estudiosos continuou a ter um papel importante no período 1750-2000. Alguns desses movimentos podem ser explicados em termos de "atração", as boas condições de trabalho oferecidas no novo ambiente. Por exemplo, a Academia de São Petersburgo atraiu muitos estudiosos expatriados no século XVIII: o matemático suíço Leonhard Euler, por exemplo, o mineralogista sueco Johan Ferber, os naturalistas alemães Samuel Gmelin e Peter Pallas, o historiador alemão August von Schlözer. A "drenagem de cérebros" da Ásia e da Europa para os Estados Unidos nas décadas finais do século XX não foi a primeira na história.

Em outros casos, os imigrantes eram não propriamente atraídos, e sim impelidos pelo medo de perseguição em seus países. Karl Marx é o mais famoso de todo um grupo de revolucionários dos meados do século XIX que optaram pelo exílio. Inversamente, a Revolução Russa de 1917, inspirada por Marx, foi seguida por uma diáspora de estudiosos antimarxistas, entre eles os historiadores Mikhail Rostovtsev e George Vernadsky.

Mas esses grupos nem se comparam ao "Grande Êxodo" dos anos 1930, a fuga de estudiosos da Alemanha e da Áustria, na maioria judeus e de língua alemã, para a Inglaterra, os Estados Unidos, a Suécia (o filósofo Ernst Cassirer), a Turquia (o crítico literário Erich Auerbach), a Nova Zelândia (o filosofo Karl Popper) e outros países.[95] Duas instituições alemãs importantes emigraram, uma de ciências sociais e outra de estudos culturais: o Institut für Sozialforschung se transferiu de Frankfurt para Nova York e a Kulturwissenschaftliche Bibliothek Warburg de Hamburgo para Londres, onde se converteu no Instituto Warburg.[96] Na diáspora dos anos 1930 também se incluíam refugiados da Itália de Mussolini (o economista Piero Sraffa e o historiador da Antiguidade Arnaldo Momigliano) e da Espanha durante a Guerra Civil (3 mil médicos e advogados e 150 acadêmicos).[97]

As contribuições dos cientistas exilados ao conhecimento têm sido objeto de vários estudos e levaram à criação de um novo termo técnico, "mudança científica induzida pela emigração" (eisc, na sigla em inglês).[98] Há também muito a dizer sobre as contribuições de imigrantes às humanidades. A tradição dos estudos medievais na Argentina, por exemplo, deriva do exílio do historiador espanhol Claudio Sánchez-Albornoz, enquanto Momigliano deixou sua marca no estudo da história antiga na Inglaterra.

Concentrando mais o foco, a seguir consideraremos as consequências intelectuais da diáspora na Inglaterra, sobretudo para a sociologia e a história da arte, duas disciplinas relativamente novas e pequenas que permitiram que alguns imigrantes notáveis dessem uma contribuição ao conhecimento totalmente desproporcional a seu número.

No começo dos anos 1930, a sociologia ocupava um lugar muito reduzido no mundo acadêmico britânico. Havia uma tradição de levantamentos sociais – em outros termos, de pesquisa empírica e pragmática sobre as condições sociais –, mas nenhuma tradição teórica. Em 1903 criara-se uma Sociedade Sociológica, em 1907 uma cátedra na London School of Economics e em 1908 uma revista especializada, mas a disciplina continuava a ser basicamente para diletantes. Nos anos 1930, Oxford e Cambridge recusaram a proposta da Fundação Rockefeller para financiar a ciência social. Mas, a partir de 1933, a LSE ofereceu uma vaga em sociologia a Karl Mannheim e em criminologia a Hermann Mannheim (não eram parentes). Outros sociólogos alemães encontraram lugar nas universidades de Birmingham e Manchester, enquanto a University College de Leicester nomeava o russo Ilya Neustadt como professor de sociologia; de início, ele deu aulas sozinho, e depois teve como colega outro exilado, o alemão Norbert Elias.

Uma geração mais tarde, em meados dos anos 1960, havia cerca de 180 alunos de sociologia em Leicester. Muitos sociólogos ingleses que depois ganharam fama, entre eles Bryan Wilson, John Goldthorpe e Anthony Giddens, foram alunos ou colegas mais jovens de Elias e Neustadt. Quanto a Karl Mannheim, ele organizou uma série de livros sobre sociologia para a editora Routledge, enquanto suas aulas inspiraram os alunos Basil Bernstein e Tom Bottomore a seguir carreira na área, tornando-se sociólogos famosos. Outro exilado, o polonês Stanislaw Andreski, que se mudou para a Inglaterra após a invasão da Polônia em 1939, criou o departamento de sociologia na Universidade de Reading, mudando seu sobrenome Andrzejewski para ser mais fácil de pronunciá-lo em inglês. Uma geração depois, outro sociólogo polonês, Zygmunt Bauman, criou fama internacional quando dava aulas na Universidade de Leeds, tendo chegado à Inglaterra em 1971 como refugiado de uma onda de antissemitismo.

Seria um erro pintar um quadro róseo demais. Elias tinha 57 quando foi nomeado para um cargo permanente. Mannheim achava que não o levavam a sério em seu novo lar e se queixava da dificuldade em explicar a sociologia do conhecimento aos britânicos.[99] Mesmo assim, a contribuição dos exilados foi indispensável na institucionalização da sociologia na Inglaterra nessa época, além de lhe imprimir marcas próprias – tornando os sociólogos ingleses mais atentos à relação da história com sua disciplina, por exemplo.

Como a sociologia, a história da arte era uma área minúscula na Inglaterra no começo dos anos 1930. Havia uma tradição de conhecedores empíricos e pragmáticos, um equivalente na história da arte à tradição dos levantamentos sociais na sociologia, e estudava-se o tema não nas universidades, e sim nos museus, nas galerias e nas escolas de arte.[100] Era uma situação muito diferente da que existia na Alemanha e na Áustria, onde, em meados do século XIX, a história da arte já era uma disciplina solidamente estabelecida nas universidades.[101]

Nos anos 1930, a mudança estava apenas se iniciando. Em 1922 fora instituída uma cátedra de história da arte na Slade School of Art, e o Instituto Courtauld foi fundado em 1932. Seguindo-se à chegada de Hitler ao poder, a equipe do instituto veio a incluir os exilados centro-europeus Frederick Antal, Ernst Gombrich, Otto Kurz, Otto Pächt e Johannes Wilde. Outro historiador da arte, Fritz Saxl, tinha um cargo no Instituto Warburg, que se mudou para Londres em 1933, enquanto o historiador da arquitetura Nikolaus Pevsner foi professor visitante na Universidade de Birmingham, depois se tornando lente e mais tarde o primeiro professor de história da arte do Birkbeck College. A partir de 1949, a cátedra Slade em história da arte foi ocupada pelo refugiado Rudolf Wittkower, sucedido por outro refugiado, Leopold Ettlinger. Em Oxford, em meados dos anos 1950, foi criada uma cátedra em história da arte especialmente para um terceiro refugiado, Edgar Wind.

A abordagem relativamente sistemática e teórica dos exilados encontrou resistência entre alguns "nativos", que a consideravam "teutônica". Como observou Saxl chegando a seu novo lar, "as teorias são abominadas pelos ingleses em geral e pelos eruditos em particular".[102] Por outro lado, alguns raros estudiosos britânicos receberam bem as novas abordagens, entre eles Kenneth Clark, que acreditava que a tradição inglesa do *connoisseurship* estava "praticamente esgotada" e admitiu que ouvira uma palestra de Aby Warburg que lhe mudara a vida, fazendo transferir seus interesses do *connoisseurship* para a iconografia. Os historiadores da arte Anthony Blunt e John Berger reconheceram a importância de Frederick Antal para suas respectivas evoluções intelectuais, e Gombrich exerceu efeito semelhante em Michael Baxandall.

A sociologia acadêmica pode ser vista como uma tradução do conhecimento pragmático da sociedade, enquanto a história da arte acadêmica traduzia o *connoisseurship*. As figuras centrais nessas "traduções" para a cultura inglesa foram os exilados, indivíduos que tinham sido, eles mesmos, "traduzidos" no sentido original do termo, isto é, transladados. Os exilados vinham de um meio onde a sociologia e a história da arte eram mais desenvolvidas e profissionalizadas do que na Inglaterra, de maneira que transmitiram novos padrões de estudo. A contribuição deles pode ser descrita em termos sociais como uma profissionalização, em termos intelectuais como um senso de *Wissenschaft*. Os exilados também ajudaram a desprovincianizar a cultura acadêmica britânica.

A influência não seguiu em mão única. Alguns físicos centro-europeus dessa época foram considerados "construtores de pontes", fazendo uma síntese entre a tradição teórica germânica e a tradição experimental britânica.[103] No caso da sociologia e da história da arte, a miscigenação intelectual é igualmente visível. De um lado, vemos a assimilação ou anglicização dos exilados, com títulos de cavaleiros para sir Nikolaus Pevsner, sir Ernst Gombrich e outros. Em especial Pevsner se tornou uma instituição britânica, graças à sua série de guias arquitetônicos dos condados da Inglaterra. Por outro lado, vemos a profissionalização ou mesmo a germanização das disciplinas. Pevsner, por exemplo, era muito crítico em relação à tradição inglesa de diletantismo na arte.[104]

A síntese, naturalmente, estava longe de ser perfeita. Alguma coisa, como sempre, havia se "perdido na tradução"; alguma outra coisa era rejeitada conscientemente. Caberia distinguir entre os alunos que se tornaram seguidores de intelectuais exilados (como no caso de Elias, que tinha um talento especial para atrair discípulos) e os que discordavam de seus mestres, e assim foram afetados de maneiras mais sutis. No entanto, as carreiras acima citadas ilustram o que Robert Merton chamou de "o papel do exilado ou estrangeiro em catalisar o desenvolvimento intelectual e social".[105] Nesse aspecto, há um paralelo entre a migração geográfica e a migração das disciplinas (acima, p.217-8).

Desnacionalizando o conhecimento

Os exilados desempenharam um papel importante na desnacionalização do conhecimento, na contracorrente da nacionalização descrita mais acima, neste mesmo capítulo.[106] De igual importância, talvez, foi o surgimento de uma nova instituição, o congresso internacional de especialistas numa determinada disciplina, já tratado no Capítulo 6. Tais congressos, facilitados pela ampliação da rede ferroviária na Europa, passaram a ser cada vez mais frequentes entre a metade e o final do século XIX. Pensando em trens e navios, poderíamos falar numa "era do vapor" na comunidade do saber, substituindo a comunidade puxada a cavalo do período 1500-1850.

Da metade do século XIX em diante, também houve uma tendência à "globalização" do conhecimento, quando o navio a vapor e o telégrafo aproximaram os continentes.[107] Na era dos navios a vela, a comunidade europeia do saber já ampliara suas fronteiras até Batávia, Calcutá, Cidade do México, Lima, Boston, Filadélfia e Rio de Janeiro, onde foi fundada uma Academia de Ciências em 1772. O navio a vapor permitiu que essa tendência avançasse muito além.

Como vimos, na segunda metade do século XIX muitos americanos estudavam na Alemanha. O navio a vapor também permitiu os ciclos de palestras nos Estados Unidos ministradas por Charles Lyell, Matthew Arnold, T.H. Huxley e vários outros popularizadores científicos ingleses. Por ocasião da Exposição Universal em St. Louis (1904), os eruditos alemães Karl Lamprecht, Ferdinand Tönnies, Ernst Troeltsch, Max Weber e Werner Sombart foram aos Estados Unidos. Em 1907, foi a vez de Sigmund Freud e Carl Gustav Jung darem palestras nos Estados Unidos, enquanto a British Association for the Advancement of Science se reuniu na Austrália em 1914. Além disso, o Grande Êxodo dos anos 1930 se diferenciou das diásporas eruditas anteriores porque alguns estudiosos saíram da Europa, indo aos Estados Unidos, ao México, à Argentina, à Nova Zelândia e a outros países.

Em suma, o conhecimento europeu estava se tornando conhecimento "ocidental". Ao mesmo tempo, esse "conhecimento ocidental" se disseminou para outras partes do mundo e se modificou durante essa sua disseminação, passando por um processo de tradução linguística e cultural.

Globalizando o conhecimento

O processo de disseminação precisa ser encarado de dois pontos de vista, da oferta e da demanda. Em alguns lugares, a difusão do conhecimento ocidental teve o incentivo dos ocidentais como parte do empreendimento imperial, pois eles acreditavam que seu conhecimento era superior. O exemplo mais notório dessa posição é, sem dúvida, o texto de Thomas Macaulay "Minute on Indian Education" (1835), em que ele afirmava que "uma única prateleira de uma boa biblioteca europeia valia por toda a literatura nativa da Índia e da Arábia" – exemplo marcante de "desqualificação", como se tem dito, dos conhecimentos autóctones.[108] Seguindo uma política de ocidentalização, em 1857 fundaram-se universidades em Bombaim, Calcutá e Madras. A "Faculdade Anglo-Oriental Maometana", como se chamava originalmente, foi criada em Aligarh seguindo os moldes de Oxford e Cambridge, por iniciativa de um indiano, sir Syed Ahmad Khan.[109] A Faculdade St. Stephen, em Nova Délhi, foi criada por missionários protestantes em 1881.

Mas, antes que a política de ocidentalização viesse a predominar, alguns administradores e missionários britânicos haviam mostrado simpatia muito maior pela cultura local.[110] A Faculdade de Fort William fora criada em Calcutá em 1800 pelo governador-geral, para que os funcionários britânicos pudessem adquirir o que outro governador-geral chamou de "conhecimento e ciência oriental".[111] Entre os docentes dessa faculdade, que fechou em 1854 – três anos antes do chamado Motim Indiano –, havia eruditos bengalis e expatriados britânicos. Inversamente, a Faculdade Hindu abriu em 1817, também em Calcutá, com vistas a ensinar aos filhos da elite bengali elementos das tradições culturais tanto europeias quanto indianas.[112] Em outras palavras, as tentativas de fusão entre as duas tradições culturais precederam a política da ocidentalização. O que estava dificultando tais tentativas era que a Índia de meados do século XIX estava "se enchendo de piedosos evangélicos ingleses que queriam não só governar e administrar a Índia, mas também redimi-la e aperfeiçoá-la", enquanto, por outro lado, alguns indianos muçulmanos se tornavam mais radicais.[113]

A demanda de conhecimento ocidental é especialmente visível em três casos, nos quais a iniciativa não proveio do Ocidente: o Egito, a China e o Japão. Em todos eles, a abertura do Estado ao conhecimento ocidental foi de início uma reação de defesa contra a ameaça do Ocidente. A política, como disse Arnold Toynbee, era de "uma dose mínima de ocidentalização". Os defensores dessa abertura limitada não perceberam que a adoção de uma tecnologia estrangeira iria "avançar gradualmente até ... ter a totalidade da cultura estrangeira ingressado".[114]

O Egito sob Muhammad Ali (que governou de 1805 a 1849) nominalmente ainda fazia parte do Império otomano, mas na prática já havia se tornado um Estado independente. Ali montou um colégio militar, seguido por escolas de engenharia, medicina, farmácia, mineralogia e agricultura. Em 1826, enviou 45 jovens egípcios para estudar na França, e mais tarde criou uma escola de tradução, para que o conhecimento ocidental entrasse com mais facilidade no país. Ali deu prioridade à tecnologia ou, em termos mais gerais, ao "conhecimento útil", mas havia algumas exceções à regra. As traduções dessa época para o árabe incluíam Voltaire sobre Pedro o Grande – escolhido talvez como grande exemplo de ocidentalizador –, Robertson sobre Carlos V e Montesquieu sobre os romanos.[115] O supervisor da missão à França, Rifā'ah al-Tahtāwi, ao voltar, escreveu uma história do Egito glorificando a nação, mas realizada em moldes ocidentais.[116]

Na China, como na Índia, os missionários tiveram um papel importante como intermediários culturais, sobretudo a partir dos anos 1850. Como missionários não só do cristianismo, mas também da civilização ocidental, muitas vezes consideravam que fazia parte de suas tarefas a divulgação da ciência ocidental, publicando revistas como *Chinese Scientific Magazine* (1876, pensada como um equivalente da *Scientific American*) e traduzindo livros de astronomia, geologia e sobretudo medicina.[117] Como disse um missionário, o conhecimento era importante por "servir aos fins práticos da vida".[118] Em 1834, foi fundada uma Sociedade para Difusão de Conhecimento Útil na China, logo após a fundação de sua correspondente inglesa, e em 1887 nasceu uma Sociedade para a Difusão do Conhecimento Cristão e Geral entre os Chineses.

No lado da demanda, o interesse pelo conhecimento ocidental, em especial o militar, fazia parte do chamado Movimento de Autofortalecimento, que seguia o princípio de aprender sobre os bárbaros para poder controlá-los (*shiyi zhiyi*). Depois da derrota nas Guerras do Ópio, o governo chinês montou arsenais e estaleiros com o auxílio de expatriados europeus. O Arsenal Jiangnan em Xangai passou a abrigar um departamento de tradução, concentrando-se em livros de ciência e tecnologia. Apesar das evidentes diferenças de objetivos, o governo chinês e os missionários cooperavam entre si. Na verdade, alguns missionários chegaram a entrar no serviço público, notadamente John Fryer, que trabalhava no departamento de tradução do Arsenal Jiangnan.[119]

O interesse chinês pelo conhecimento ocidental aumentou gradualmente. O oficial da Marinha Yan Fu foi enviado à Inglaterra em 1877 para estudar na Academia Naval em Greenwich, e mais tarde deu aulas numa instituição similar em Tianjin. Yan Fu também apresentou as ideias de T.H. Huxley e Herbert Spencer à China, além de traduzir *Sobre a liberdade* de John Stuart Mill e *A riqueza das nações* de Adam Smith.[120] Cai Yuanpei, que estudou em Berlim e Leipzig, se tornou chanceler da recente Universidade da Capital Imperial em Beijing, reformando-a para se adaptar ao modelo alemão.[121] Shen Zhurong, que estudou biblioteconomia na Biblioteca Pública de Nova York, adaptou o sistema Dewey para classificar os livros chineses.[122]

Em decorrência dessa invasão do conhecimento ocidental, a ciência chinesa tradicional sofreu um "deslocamento".[123] No começo do século XX, criou-se na China uma Associação de Medicina que apoiava a medicina ocidental, e a ela se seguiu um Instituto de Medicina Nacional, apoiando as tradições chinesas. Também houve uma interação entre os dois sistemas de conhecimento. Deu-se uma espécie de miscigenação, tendo "de um lado a sinologização da farmacopeia ocidental, de outro lado a modernização da acupuntura".[124]

No caso do Japão, a abertura ao conhecimento ocidental foi extraordinariamente rápida, após a restauração imperial de 1868 e a subsequente campanha de modernização, embora alguns já estivessem avançando nesta direção, como Fukuzawa. Em dez anos de "restauração", surgiram novas instituições como a Academia de Medicina de Osaka (1869), a Universidade Keio (1871), a Faculdade Imperial de Engenharia (1873), a primeira faculdade de comércio (1875) e a Universidade de Tóquio (1877).

Missões de reconhecimento foram ao Ocidente, destacando-se a missão Iwakura aos Estados Unidos e à Europa (1871-3), e na mesma época foram traduzidos alguns textos ocidentais famosos, entre eles (como na China) *Sobre a liberdade* de John Stuart Mill, ladeado por *Self-Help* de Samuel Smiles.[125] O governo deu bolsas a muitos estudantes japoneses no exterior, principalmente na Alemanha, segundo o princípio de que, como disse um ministro em 1897, "não avançaremos a menos que enviemos estudantes aos países avançados".[126] Um importante cientista japonês, o bacteriologista Shibasaburō Kitasato, que havia estudado com Robert Koch em Berlim, tinha tal veneração pelo mestre que imitava seus maneirismos e ergueu um santuário xintoísta a Koch no Instituto de Doenças Infecciosas que dirigia em Tóquio.[127] Ao retornar, alguns desses estudantes japoneses ajudaram a montar novas universidades aos moldes prussianos.[128] Nos anos 1880 e 1890, foram adotados exames escritos para os candidatos ao serviço público, aqui também seguindo o modelo prussiano. A ironia era que os prussianos tinham se inspirado no sistema chinês tradicional de exames, que o próprio Japão imitava já desde o século VII.[129]

No caso do Japão, ainda mais do que na China, as aparências sugerem que havia uma simples imitação das práticas ocidentais de conhecimento, como parte da "mania" pelo Ocidente, segundo alguns. Mas as aparências às vezes enganam. A tradução é necessariamente cultural, e não apenas linguística; é uma espécie de domesticação ou assimilação do estrangeiro. Palavras fundamentais numa língua podem não ter equivalentes próximos em outra, como descobriram os missionários quinhentistas ao tentar traduzir "Deus" para o chinês e escolherem a palavra *tian*, literalmente "céu". Por ironia, foi exatamente esta a palavra que o tradutor oitocentista Yan Fu usou para traduzir "natureza", quando estava transpondo uma obra de Herbert Spencer para o chinês.[130]

No Japão do século XIX, a tradução de *Sobre a liberdade* de Mill, em especial a palavra-chave "liberdade", é um episódio especialmente revelador.

O tradutor procurou um equivalente no japonês tradicional e escolheu o termo *jiyu*. O problema era a associação de *jiyu* à ideia de egoísmo ou de obstinação. Fosse por razões linguísticas ou culturais mais amplas, *jiyu* não conseguia escapar totalmente a suas conotações negativas, mesmo para ocidentalizadores importantes como Fukuzawa.[131] Essa palavra-chave ilustra vividamente um problema mais geral: no Japão, "os conceitos que definiam o conteúdo da ocidentalização não se traduziam bem; não se encaixavam naturalmente com os conceitos japoneses existentes" – nem, na verdade, com o ambiente sociopolítico em que eram utilizados.[132] A intenção dos reformadores japoneses podia ser importar ideias e práticas do Ocidente, mas o resultado foi, uma vez mais, uma espécie de miscigenação cultural.

Em suma, o grande problema para os historiadores não é decidir se os asiáticos seguiram ou não modelos ocidentais – é óbvio que seguiram –, e sim avaliar a distância cognitiva entre esses modelos e as tradições locais, e o grau de adaptação ou acomodação existente.

Os resultados dos contatos culturais nunca ou quase nunca são unilaterais. Como vimos, muitas "descobertas" de exploradores e estudiosos ocidentais dependeram do conhecimento de seus auxiliares locais. Ademais, outra tendência importante na cultura ocidental oitocentista foi o que poderíamos chamar de "a descoberta do Oriente". Nos séculos XVII e XVIII, os europeus tinham se interessado muito pelo Império otomano e pela China. Então foi a vez da Pérsia, do Egito e principalmente da Índia.[133] Em 1783, foi fundada a Sociedade Asiática de Bengala. Em 1784, apareceu a primeira tradução do famoso texto sânscrito do *Bhagavad-Gita* numa língua ocidental, o inglês.[134]

A descoberta do sânscrito e da Índia antiga foi de especial importância porque o país começava a ser considerado o berço ou a origem da cultura ocidental. Podemos ter uma ideia desse novo entusiasmo nos títulos de dois livros publicados em alemão em 1808: *Über die Sprache und Weisheit der Indier* (*Sobre a língua e a sabedoria dos indianos*) de Friedrich Schlegel e *Das Licht der Orient* (*A luz do Oriente*) de Othmar Frank.

Alguns ocidentais foram à Índia em busca da iluminação, como Helena Blavatsky, que visitou a Índia e o Tibete nos anos 1850, a feminista inglesa

Annie Besant, que foi à Índia nos anos 1890, e o escritor alemão Hermann Hesse, que visitou a Índia nos anos 1910. Inversamente, alguns hindus fizeram ciclos de palestras de muito sucesso no Ocidente – na verdade, no mundo todo –, entre eles Rabindranath Tagore e Vivekananda. Quando jovem, o escritor Tagore tinha estudado na Inglaterra; anos mais tarde, apresentou conferências lá, nos Estados Unidos, no Japão e em outros países. Ele falava sobre muitos temas, mas sua atração consistia em boa parte no fato de representar a sabedoria do Oriente. O mesmo se aplica a Swami Vivekananda, representante indiano no "Parlamento das Religiões Mundiais" em Chicago em 1893 e conferencista de sucesso nos Estados Unidos, tendo fundado uma Sociedade Vedanta em Nova York no ano seguinte. Já a manifestação mais visível do hinduísmo no Ocidente, a "Sociedade para a Consciência de Krishna", foi fundada em 1965.

Aqui retorna mais uma vez o tema do hibridismo. Os primeiros membros da Sociedade Teosófica, fundada em Nova York em 1875, tinham interesse não só pelas religiões orientais, mas também pelo neoplatonismo. Analogamente, quase um século depois, o movimento New Age se alimentou fartamente em fontes orientais e ocidentais. As ideias religiosas de Arnold Toynbee, acima citado como historiador, ilustram um ecletismo dificilmente imaginável antes do século XX. Ele registrou uma experiência religiosa na National Gallery de Londres em 1951, na qual invocava Buda, Maomé e "Cristo Tamuz, Cristo Adônis, Cristo Osíris".[135] Encontramos às vezes uma síntese entre diversos conhecimentos, às vezes uma espécie de segregação. Hoje, quando práticas como a ioga e a acupuntura são bastante comuns, quando não inseridas nas culturas ocidentais, os clientes geralmente mantêm atitudes ocidentais nos demais aspectos.

Os exemplos asiáticos tratados acima sugerem alguns dos imperativos políticos que incentivaram a recepção do conhecimento estrangeiro. A política, a economia e a sociologia do conhecimento serão os temas centrais do próximo capítulo.

8. Sociologias do conhecimento

Em sentido amplo, todo este livro trata da dimensão social do conhecimento, mas talvez seja necessário um capítulo sobre o tema para analisar com mais precisão a relação entre o conhecimento e seu meio social, sobretudo na era da "economia do conhecimento", da "sociedade do conhecimento" ou do "Estado instruído", segundo suas várias denominações.[1] Aqui, como em outras partes, a tônica incidirá sobre as instituições, e depois sobre os grupos sociais que montam tais instituições.

Economia do conhecimento

A coleta, a análise e a disseminação do conhecimento são atividades caras, e se encareceram cada vez mais no decorrer do período, especialmente no caso da "Ciência Grande" (em alemão, *Grosswissenschaft* ou *Grossforschung*) – em outras palavras, projetos coletivos com grandes equipes de pesquisadores e aparatos dispendiosos. Como vimos (p.228), esse tipo de pesquisa remonta à Alemanha na segunda metade do século XIX, mas as pesquisas se tornaram ainda maiores e mais visíveis durante a Segunda Guerra Mundial.[2] Desde então, o aparato científico ficou ainda mais caro. Quando surgiu, em 1990, o Telescópio Espacial Hubble era o instrumento científico mais caro de toda a história mundial, a US$ 2 bilhões, mas já foi ultrapassado pelo Grande Colisor de Hádrons, que custou mais do que o dobro. É hora de discutir quem pagou a conta – em outros termos, o financiamento público e privado do conhecimento.

Um dos grandes financiadores foi o setor empresarial. A ideia de que a "gestão do conhecimento", como se diz agora, oferece às empresas uma vantagem competitiva é de formulação relativamente recente.[3] Mas essa formulação apenas deixou explícito o que já estava implícito na prática de muitas empresas, desde a fase inicial da Modernidade, sobretudo nos casos da Companhia das Índias Orientais, tanto em sua versão holandesa quanto na inglesa. Quando esta última, por exemplo, financiou uma gramática árabe (1776), criou a Sociedade Asiática de Bengala (1784), fundou um jardim botânico em Calcutá (1787) ou financiou a Royal Institution (1799), estava dando continuidade a uma tradição mais antiga.[4]

Da mesma forma, as verbas para estudos comerciais, ou econômicos em geral, provinham muitas vezes da comunidade empresarial, o que não era de se admirar. A École Spéciale de Commerce de Paris, amiúde citada como a escola de comércio mais antiga do mundo, foi fundada em 1820 por dois comerciantes de sedas. Nos Estados Unidos, Joseph Wharton, empresário da Filadélfia que tinha feito fortuna na mineração e na metalurgia do aço, doou US$ 100 mil à Universidade da Pensilvânia para criar o que veio a ser a Wharton Business School. A primeira escola comercial alemã (*Handelhochschule*), fundada em Leipzig em 1898, recebeu verbas da câmara de comércio local. Na Bélgica, em 1903, o empresário Ernest Solvay fundou uma escola semelhante em Bruxelas.

O financiamento da comunidade empresarial para pesquisas científicas com aplicações industriais tem sido muito mais espetacular, sobretudo a partir das décadas finais do século XIX. Como vimos no Capítulo 4, desde o começo do século XX, inúmeras grandes empresas montaram laboratórios próprios e seus próprios programas de "pesquisa e desenvolvimento", sobretudo nos Estados Unidos, e depois, na era da Toshiba e da Canon, no Japão. Em 1925, os Bell Laboratories, por exemplo, dispunham de um orçamento de US$ 12 milhões.[5]

Além disso, as empresas davam dinheiro a instituições acadêmicas para financiar pesquisas que esperavam ser úteis a elas. Na Alemanha, por exemplo, o engenheiro e industrial Werner von Siemens patrocinou uma cátedra em construção de máquinas e engenharia elétrica no Politécnico

(Technische Hochschule) de Berlim-Charlottenburg em 1883, além de doar meio milhão de marcos ao Instituto Imperial Físico e Técnico (Physikalisch-Technische Reichsanstalt), fundado em 1887.[6] Na Inglaterra, no final do século XIX, o químico e industrial Ludwig Mond fez uma dotação para o Laboratório de Pesquisa Davy Faraday na Royal Institution, enquanto o empresário da indústria química John Brunner financiou uma cátedra de físico-química em Liverpool.[7]

Esse tipo de financiamento não se restringia às ciências naturais. Brunner, por exemplo, subvencionou cátedras de economia e egiptologia, além da de química. A cátedra de chinês em Oxford, criada em 1875, foi financiada por comerciantes que negociavam com o Extremo Oriente. Analogamente, um curso de chinês, ministrado em Lyon desde 1900, foi criado pela câmara de comércio local. O apoio do Royal Dutch Oil aos estudos orientais na Universidade de Utrecht gerou referências gozadoras à "Faculdade de Petróleo".[8]

O estudo de geografia e história colonial também teve apoio financeiro da comunidade empresarial de Lyon e Marselha. Na Inglaterra, em 1905 foi criada uma cátedra de história colonial no King's College de Londres graças ao financiamento de Alfred Beit, empresário que fez fortuna na África do Sul com o comércio de ouro e diamantes. Na Alemanha, o Kolonialinstitut fundado em Hamburgo em 1908 era subvencionado por empresários interessados em expandir as exportações.[9] Em data mais recente, os institutos de pesquisa conhecidos como *think tanks* são muitas vezes financiados pelo setor empresarial, seja diretamente, como no caso do Instituto de Pesquisa da Mitsubishi (1970), ou indiretamente, por intermédio da Carnegie e outras fundações.

Alguns pesquisadores acadêmicos têm se mostrado adeptos da utilização de verbas motivadas pelo lucro. O sociólogo Paul Lazarsfeld, por exemplo, que dirigia um centro na Universidade de Newark nos anos 1930, realizou pesquisas para clientes comerciais e pôde usar algumas das conclusões em sua obra pessoal.[10] Mas alguns empresários, principalmente nos Estados Unidos, doaram grandes somas para financiar o conhecimento "puro" ou geral. John Jacob Astor, por exemplo, que fez fortuna no comércio de peles, deixou uma dotação para criar o que viria a ser a Biblioteca Pública de Nova York. John D. Rockefeller, cuja fortuna veio do petróleo, fundou a Universidade de Chicago, enquanto Leland Stanford, magnata das ferrovias, fundou a Universidade Stanford. O banqueiro francês Edmond de Rothschild criou uma fundação para pesquisas científicas. O sueco Alfred Nobel, cuja fortuna veio da indústria de armamentos, fundou os Prêmios Nobel.

Nos EUA, uma vasta quantidade de pesquisas, tanto em ciências naturais e sociais quanto nas humanidades, tem recebido verbas de três fundações milionárias: a Rockefeller, a Carnegie e a Ford.[11] A Rockefeller e a Ford também financiam pesquisas em outros países. As duas deram dinheiro ao St. Antony's College, Oxford, enquanto a Fundação Ford deu uma verba à Universidade Livre de Berlim em seus primeiros anos. Na França, a Fundação Rockefeller financiou a ciência social nos anos 1930, e nos anos 1950 deu verbas ao equivalente francês dos estudos de área na VIème Section da École des Hautes Études. A Fundação Ford entrou com um terço da verba necessária para criar a Maison des Sciences de l'Homme (1963), além de subsidiar um novo Instituto de Sociologia Europeia em Paris.[12] A CIA, além de financiar a pintura e a poesia, subsidiou contribuições de acadêmicos europeus ao conhecimento, como o historiador suíço Herbert Lüthy e o intelectual francês Bertrand de Jouvenel.[13]

Apesar desses exemplos mais espetaculares, é justo dizer que o financiamento das empresas à pesquisa geralmente é um investimento, do qual se espera retorno. Como costumava dizer o diretor dos laboratórios de pesquisa na Western Electric: "A pergunta prática é: 'Esse tipo de pesquisa científica se paga?'"[14] Geralmente sim. A colaboração entre a universidade e o setor empresarial (dos armamentos à indústria farmacêutica) se dá há mais de um século.[15] Mas ela veio a ganhar maior importância, maior visibilidade e mais críticas nas últimas décadas, na era da chamada "universidade empresarial".[16]

Em 1974, por exemplo, a Harvard Medical School assinou um contrato de US$ 23 milhões com uma empresa agrícola, a Monsanto. Em anos ainda mais recentes, as universidades passaram a nomear funcionários de ligação com a indústria e a patentear suas descobertas, enquanto alguns acadêmicos, desde engenheiros de computação a biólogos moleculares, têm criado suas empresas próprias.[17] Nos anos 1990, metade das verbas da Universidade Stanford e do MIT, entre outras instituições, veio de suas patentes.[18] Desnecessário dizer que essas vantagens financeiras vinham com algumas restrições.

Os exemplos mais evidentes dessas restrições se encontram nos Estados Unidos, onde em 1900, por exemplo, a sra. Leland Stanford, viúva do fundador da Universidade Stanford e sua única curadora, despediu o economista de esquerda Edward Ross, gerando uma enxurrada de protestos.[19] Quando a Fundação Rockefeller financiou pesquisas na École des Hautes Études, surgiram dúvidas sobre os pedidos de verba de um sinólogo, pois era membro do Partido Comunista Francês, e de um outro, porque estudava a dinastia Song (960-1279), que a fundação considerava demasiado distante da atualidade.[20]

Na Inglaterra, a célebre denúncia do historiador Edward Thompson contra a "Universidade Warwick Ltda." (1970) se referia à influência do Rootes Group, uma fábrica de automóveis local, sobre os assuntos da universidade e, em particular, a uma tentativa do presidente da Rootes de despedirem e deportarem um acadêmico americano de esquerda do departamento de história.[21] Não há como separar a economia e a política do conhecimento.

A política do conhecimento

Como deve ficar claro no capítulo sobre as cronologias, todos os grandes acontecimentos políticos do período, como a Revolução Francesa e a Revolução Bolchevique, a ascensão de Napoleão e a de Hitler, a Primeira e a Segunda Guerras Mundiais, trouxeram consequências importantes para a comunidade do saber e também para outras formas de conhecimento. A política do conhecimento é um tema muito mais amplo do que a relação entre a pesquisa e o governo, como bem nos lembram os famosos estudos de Michel Foucault e Edward Said – e as controvérsias despertadas por eles. Como Foucault gostava de frisar, o poder opera no nível micro. Assim, a política do conhecimento inclui não apenas o Estado, o "Leviatã" de Thomas Hobbes, mas também o microcosmo acadêmico do classicista de Cambridge Francis Cornford.[22]

Para ilustrar as várias maneiras como a política pode se impor à universidade, tome-se o caso da liberdade acadêmica, exemplificado nos títulos de três universidades "livres", cada qual usando o termo num sentido diferente. A Université Libre de Bruxelles (1834) tinha esse nome pois pretendia ser livre da interferência da Igreja. A calvinista Vrije Universiteit Amsterdam (1880) era livre da interferência do Estado. A Freie Universität Berlin (1948), criada durante a Guerra Fria, pretendia ser livre do comunismo – universidade que se definida contra seu par oposto na Berlim Oriental, a Universidade Humboldt.

As fundações privadas estão presentes não só na economia, mas também na política do conhecimento, como mostra o caso das dúvidas da Fundação Rockefeller sobre os dois sinólogos franceses. Além disso, nos anos 1950, a Fundação Ford estava empenhada em melhorar a imagem dos Estados Unidos na Europa e em combater o comunismo.[23] A seguir, porém, vou me concentrar sobre o Estado, o qual, como o setor empresarial, foi um grande financiador de pesquisas, como já vimos nas seções referentes às expedições científicas, por exemplo, e à nacionalização do conhecimento. Se os pesquisadores elaboram as táticas, geralmente são seus patrocinadores que estabelecem as estratégias, e, quanto maior a pesquisa, maior a necessidade de planejamento e gestão. Os censos nacionais, por exemplo, acarretavam despesas consideráveis, sobretudo com salários: em 1913, o departamento estatístico prussiano empregou 722 pessoas.[24] Em particular os Estados de bem-estar social encomendavam levantamentos sociais, para saber como distribuir melhor os benefícios aos doentes, aos idosos, aos desempregados e assim por diante.[25]

Alguns governos, especialmente os imperiais, desempenhavam um papel muito maior do que os demais. No século XVIII, o governo espanhol tinha "um orçamento científico incomparavelmente maior do que o de qualquer Estado europeu", gastando o dinheiro em diversas expedições a seu império nas Américas.[26] No século XIX, esse papel seria tomado pela Inglaterra, pela França e pela Rússia.

Estados grandes *versus* Estados pequenos

O contraste entre a organização da pesquisa na União Soviética e nos Estados Unidos, sobretudo em meados do século XX, ilustra claramente uma divisão mais geral entre duas formas de governo: de um lado o Estado grande, intervencionista ou "científico", de outro lado o Estado relativamente pequeno ou a sociedade "sem Estado".[27]

Na URSS, era o Estado que organizava e financiava a pesquisa, através da Academia de Ciências (figura 13).[28] A Academia Imperial de Ciências, que antes era uma sociedade erudita, já vinha se encaminhando para a pesquisa antes de 1917, mas a Academia de Ciências da União Soviética (como passou a ser em 1925) avançou muito mais nessa direção, incorporando instituições como o Observatório Pulkov e a comissão arqueológica, que se tornou a Academia de História da Cultura Material. Em 1950, a Academia de Ciências empregava 20 mil pessoas, entre elas 6 mil "trabalhadores científicos", em 56 institutos, quinze laboratórios, sete museus e quatro observatórios. O império da Academia se estendia às humanidades, incluindo institutos de história, etnografia, estudos orientais e literatura universal.

O modelo russo de organização da pesquisa se estendeu aos regimes comunistas da Europa oriental. Na Alemanha Oriental, por exemplo, a antiga Academia de Ciências prussiana reabriu em 1946, por ordem da administração militar russa. Como sua irmã em Moscou, a Academia assumiu o comando doutros institutos de pesquisas – 57 deles em 1989, empregando na época 23.675 funcionários. Ela foi dissolvida em 1990, logo antes do fim da República Democrática Alemã. Todos os funcionários perderam o emprego e apenas alguns foram recontratados.[29]

Por outro lado, nos Estados Unidos, a terra do individualismo e do capitalismo, o governo central tinha um papel a cumprir, mas que por

FIGURA 13. Academia de Ciências, São Petersburgo.

muito tempo foi relativamente restrito. O presidente Thomas Jefferson, por exemplo, lançou a expedição de Lewis e Clark (acima, p.25). Na metade do século XIX, o Congresso subvencionou o Levantamento Geológico e publicou estudos sobre os povos indígenas e a exploração do Oeste americano. O Departamento de Agricultura também financiava pesquisas. Mas, até a Segunda Guerra Mundial, os grandes patrocinadores da pesquisa eram empresas privadas.

A Inglaterra, pelo menos até o final do século XIX, oferece outro exemplo do "Estado relutante", que geralmente deixava o financiamento das pesquisas em ciências e humanidades a cargo de indivíduos privados e de associações voluntárias.[30] Joseph Banks, presidente da Royal Society e com amigos no governo, desempenhava o papel de um ministro das Ciências. Compartilhando o interesse por agricultura e botânica com o rei Jorge III, Banks também era o diretor informal dos Jardins Botânicos Reais em Kew.[31]

Como nos Estados Unidos, entidades oficiais, como o Almirantado, a Junta da Agricultura e os Departamentos de Geologia e Artilharia, financiavam pesquisas. Sir John Barrow, segundo-secretário do Almirantado entre 1804 e 1845, deu início a uma série de expedições científicas ao Ártico, tradição que prosseguiu até as expedições antárticas lideradas por Scott e Shackleton (1901-12).[32] Apesar disso, o inventor Charles Babbage, em suas *Reflections on the decline of Science in England* (1830), criticou a falta de apoio do governo à pesquisa científica. Como observou o diretor do Observatório de Greenwich em 1851: "Na ciência, como em quase tudo o mais, nossa índole nacional nos inclina a preferir associações voluntárias de pessoas privadas em lugar de qualquer espécie de organização que dependa do Estado." Em 1881, o secretário permanente do Tesouro declarou com todas as letras que "a investigação científica não é assunto direto do governo".[33]

Ainda assim, desenvolveu-se um grupo de pressão em favor da ciência, e os lobistas (na maioria organizados em associações) registraram alguns êxitos. Por exemplo, o governo destinou a quantia de 200 mil libras, até então sem precedentes, para financiar a Expedição Challenger (1872-76). Prosseguindo, o governo fundou o Laboratório Nacional de Física (inaugurado em 1902), instituição que seguia o modelo alemão numa época em que as duas nações estavam em franca concorrência.[34] Mais ou menos na mesma data, o vice-rei da Índia criou a Junta de Conselho Científico (1902), assim implementando uma política científica no império antes da própria Inglaterra.[35]

Cientistas sob pressão

As pressões sobre cientistas e estudiosos para trabalhar em alguns temas em detrimento de outros, além da demissão por razões políticas, ocorreram em diversos países – pense-se na perseguição aos intelectuais de esquerda nos Estados Unidos, promovida pelo senador Joseph McCarthy, no começo dos anos 1950. O marxismo, obrigatório em alguns países, era proibido em outros (na Coreia do Sul, por exemplo, até os anos 1980). Os exemplos mais extremos de pressões políticas em nosso período provêm dos regimes dominados por Hitler e Stálin.

Na União Soviética a partir dos anos 1930, a organização da pesquisa científica era discutida como parte dos planos econômicos quinquenais do governo (a preocupação com a "produtividade" acadêmica lembra incomodamente a situação atual na Inglaterra).[36] Em especial os historiadores recebiam instruções sobre o que fariam. Em 1953, por exemplo, o Presidium, órgão diretor da Academia, aos moldes do Presidium do Soviete Supremo, criticou o Instituto de História por seu interesse por temas afastados do mundo contemporâneo, como a Idade Média, e orientou os historiadores a dar mais atenção à luta heroica do povo soviético para edificar o socialismo sob a direção do Partido Comunista.[37]

Os estudiosos não conformistas, que se recusavam, por exemplo, a ingressar no Partido Comunista, tinham uma vida difícil – isto é, quando sobreviviam. Quando o agrônomo Trofim Lysenko dirigia o Instituto de Genética na Academia Soviética de Ciências, na época de Stálin, os críticos de suas ideias antimendelianas eram enviados a campos de trabalho forçado ou até executados.[38] O economista Nikolai Kondratiev foi outra vítima dos expurgos de Stálin, fuzilado em 1938. Na área de humanidades, os riscos não eram tão grandes, mas ainda assim eram sérios, como mostram os exemplos bem conhecidos do teórico literário Mikhail Bakhtin e do medievalista Aron Gurévitch.

Bakhtin, que foi acusado de apoiar a Igreja ortodoxa banida, foi desterrado para o Cazaquistão durante seis anos. Escreveu uma tese de doutoramento, mas não recebeu o título de doutorado. Tinha permissão de ensinar, mas apenas na periferia, no Instituto Pedagógico da Mordóvia em Saransk.[39] A carreira de Gurévitch, que era judeu e anticomunista, seguiu uma linha semelhante. Não foi formalmente exilado, mas por muito tempo só conseguiu encontrar ocupação longe de Moscou, no Instituto Pedagógico do Estado em Kalinin. Embora seu trabalho tenha se tornado bastante conhecido no Ocidente e ele tenha recebido muitos convites para conferências internacionais, Gurévitch não tinha autorização para ir ao exterior, situação que perdurou até o final dos anos 1980.[40]

O regime soviético de conhecimento oferece um exemplo impressionante das pressões políticas sobre os estudiosos para se dedicar a certos tópicos e mesmo chegar a determinadas conclusões. Outro exemplo foi a Alemanha nazista. Em 1933, o antropólogo germano-americano Franz Boas teve sua crítica ao racismo incendiada em sua antiga universidade, Kiel, junto com muitos outros livros queimados durante o Terceiro Reich. Em 1935, foi criado um índex de livros proibidos (livros marxistas, livros judeus, livros "não alemães", livros ocultistas), ironicamente seguindo o modelo do índex da Igreja católica e incluindo, entre muitas outras, uma obra de Karl Mannheim.[41]

O destino dos autores não era muito diferente do de seus livros. Como vimos, os estudiosos de origem judaica foram demitidos de seus postos nas universidades alemãs ou acharam melhor deixar o país. Quando os alemães invadiram a Polônia em 1939, 183 professores da Universidade de Cracóvia foram presos e enviados a um campo de concentração: apenas um décimo sobreviveu. Em 1941, os alemães fuzilaram todo o corpo docente da Universidade de Lviv ou Lwów (na época, parte da Polônia).[42]

O Estado financiava os estudos de raça e eugenia (acima, p.199). Os historiadores eram incentivados a pesquisar a Europa oriental (*Ostforschung*) para justificar as reivindicações germânicas do território.[43] Alguns intelectuais não precisavam de incentivo. Historiadores conhecidos ingressaram no Partido Nazista, entre eles o austríaco Otto Brunner e o alemão Günther Franz, que dedicou seu livro sobre a guerra camponesa alemã a Hitler e mais tarde passou a fazer parte das SS.[44]

Heinrich Himmler era um entusiasta do que considerava ser a história cultural da raça ariana e fundou uma sociedade para o estudo do tema, a Ahnenerbe ("Herança Ancestral").[45] Da mesma forma, o regime estimulava o estudo do folclore germânico.[46] Antes de Hitler se tornar ditador em 1933, havia apenas uma cátedra de folclore (*Volkskunde*) na Alemanha, em Hamburgo, mas entre 1933 e 1935 foram criadas mais quatro. Os ortodoxos ganharam promoções: o diretor do novo instituto em Tübingen, por exemplo, era um nazista militante. Os não ortodoxos eram perseguidos: em 1935, o folclorista Will-Erich Peuckert, da Universidade de Breslau, foi proibido de lecionar ou de publicar seus escritos "por razões políticas".[47]

Após 1945, houve mais linhas de continuidade com o regime de conhecimento nazista do que se poderia esperar. Historiadores importantes que haviam colaborado com o regime, como Fritz Rörig, Fritz Hartung e Hermann Aubin, conservaram seus postos depois da guerra. Werner Conze, que ingressou no Partido Nazista durante a juventude, veio a ser docente na Universidade de Heidelberg nos anos do pós-guerra. Mesmo Günther Franz pôde retomar sua carreira acadêmica depois de um intervalo. Analogamente, o filósofo Martin Heidegger, proibido de lecionar depois da guerra por ter manifestado apoio aos nazistas quando era reitor da Universidade de Freiburg em 1933, voltou à sala de aulas em 1950.

O aumento da centralização

Como sugerem os exemplos dos soviéticos e dos nazistas, o papel do Estado como patrocinador ou orientador da pesquisa aumentou ao longo de nosso período em muitos países. A expressão "política científica" é relativamente nova, mas a ideia, que poderia se estender à pesquisa em geral, é muito anterior. Em 1900, já se usava o termo alemão *Wissenschaftspolitik*.[48]

No Império germânico recém-unificado, por exemplo, foram fundadas novas instituições como o Physikalisch-Technische Reichsanstalt (1887), o Preussische Institut für Infektionskrankheiten (1891) e o Kaiser Wilhelm Institut (1912), controladas, embora não totalmente financiadas, pelo Estado e sediadas em Berlim. Em 1933, havia 31 institutos de química, biologia, física, direito e outras áreas.[49]

Neste caso, é claramente visível o papel desempenhado por uma só pessoa, com seu respectivo programa. Friedrich Althoff, ex-professor de direito, *Ministerialdirektor* no Ministério da Cultura e Educação alemão durante um quarto de século (1882-1907), foi um exemplo precípuo de um novo tipo social, o gestor do conhecimento – embora seja possível defender que Banks e Barrow também merecem essa qualificação.

Foi Althoff que deu o dinheiro (ou persuadiu empresários a darem o dinheiro) para novas universidades e novos institutos, além de incentivar instituições mais antigas a se tornar centros de excelências em campos específicos (Göttingen em matemática, por exemplo) e organizar um intercâmbio acadêmico regular entre Berlim e Harvard.[50] Althoff também criou os moldes da política científica – na verdade, da "política do conhecimento" – do governo, visto que seu apoio se estendeu à nova disciplina da psicologia, aos estudos de sânscrito e ao controvertido historiador cultural Karl Lamprecht. O patrocínio de Althoff "garantiu o futuro de Lamprecht", numa época em que seus colegas mais graduados geralmente eram contrários a seu trabalho.[51]

Na França, o apoio do Estado demorou mais para chegar. O patrocínio governamental da ciência sob Napoleão foi descrito como "raramente esclarecido e apenas intermitentemente generoso".[52] Mas havia uma tradição de apoio do governo a expedições no exterior para coleta de conhecimento desde a época da invasão do Egito, incluindo "missões científicas" à Argélia (1840-42), ao México (1864) e ao Marrocos (1904).

Dentro do país, por outro lado, o verdadeiro ponto de inflexão se deu em meados do século XX. O Conseil National pour la Recherche Scientifique (CNRS, 1939), fundindo instituições mais especializadas, foi instaurado pelo cientista socialista Jean Perrin quando este ocupava o cargo de vicesecretário de pesquisa científica, e que seguiu o modelo russo (mas sem as pressões políticas sobre os pesquisadores). Diretor do CNRS a partir de 1944, o físico Frédéric Joliot acreditava que o centro devia desempenhar um papel semelhante ao da Academia Soviética, coordenando a pesquisa e tornando-a uma carreira distinta da docência.[53] Em 1966, o Conseil empregava mais de 14 mil pessoas.[54] Ao final da guerra, foi fundado todo um conjunto de instituições de pesquisas centralizadas: o Institut des Sciences Économiques Appliqués (Isea, 1944), o Institut National d'Études Démographiques (Ined, 1945), o Institut National de Recherche Agronomique (Inra) e o Institut National de la Statistique et des Études Économiques (Insee), ambos em 1946.

Conhecimento e guerra

O impacto da guerra sobre o patrocínio do governo à pesquisa é tema de frequentes discussões. Em vários países, a experiência da derrota levou o governo a reavaliar suas políticas do conhecimento e a aprender com os vencedores. Por exemplo, foi depois da derrota sob os britânicos nas chamadas Guerras do Ópio (1839-42, 1856-60) que o regime Qing na China acolheu com alguma cautela o conhecimento ocidental, especialmente na esfera da ciência. O processo se repetiu depois que a China foi derrotada pelo Japão, um país mais ocidentalizado, em 1894-95.

E ainda foi a derrota dos prussianos para Napoleão que levou à fundação da Universidade de Berlim (1810). Inversamente, a derrota na Guerra Franco-Prussiana de 1870-71 levou os franceses a emular os inimigos. Foi "no amanhã de nossos desastres", segundo suas próprias palavras, que Gaston Tissandier fundou a revista científica popular *La Nature* (1873), nos moldes de *Die Natur*.[55] O estudioso francês Ernest Renan dizia que tinham sido as universidades alemãs que ganharam a guerra, e nas décadas finais do século XIX, como vimos, foi cada vez maior o número de estudantes franceses formados na Alemanha.

Como vimos no Capítulo 4, a Primeira Guerra Mundial teve um impacto ainda maior na organização do conhecimento, levando à criação de novas instituições, que, em alguns casos, adquiriram caráter permanente. Na Inglaterra, foi durante a guerra, em 1917, que se criou o Departamento de Pesquisa Científica e Industrial. Nos Estados Unidos, o Conselho Nacional de Pesquisa foi instituído em 1916.[56]

Foi a Segunda Guerra Mundial que converteu os Estados Unidos num Estado ativo, e não mais relutante. Durante a guerra, o governo federal gastou US$ 500 milhões anuais em pesquisa científica, montante dez vezes superior aos valores em tempos de paz.[57] O surgimento da "Ciência Grande" e do "Governo Grande" foi simultâneo.

O episódio mais conhecido nesse contexto foi, é claro, o chamado Projeto Manhattan para a construção de uma bomba atômica, cuja história já foi contada várias vezes.[58] Mas esse projeto, que empregou 250 mil pessoas e custou mais de 2 bilhões de dólares, foi apenas o caso mais famoso – e o mais caro – de uma história maior. Vannevar Bush, o engenheiro que se tornou gestor do conhecimento, convenceu o presidente Roosevelt a criar o National Defense Research Committee (mais tarde, Office of Scientific Research and Development) para supervisionar as contribuições dos cientistas ao esforço de guerra.

O governo americano como patrocinador da pesquisa

Arranjos temporários não raro viram permanentes. No caso do financiamento do governo para a pesquisa, Vannevar Bush estimulou essa tendência com seu famoso relatório ao presidente, *Science, the Endless Frontier* (1945). Seu empenho ganhou reforço com o início da Guerra Fria, já considerada como "responsável por uma expansão explosiva e sem precedentes da academia".[59] Nos Estados Unidos, o Exército, a Marinha e especialmente a Aeronáutica (que fundou a Rand, uma organização de pesquisa, em 1946) vieram a financiar a pesquisa científica para seus próprios fins ou até como um fim em si mesma. Ironicamente, em vista de sua crítica posterior à máquina de guerra americana, o linguista Noam Chomsky agradecia às três Forças Armadas pelos subsídios a seu estudo *Estruturas sintáticas* (1957).[60]

O método usual de apoio à pesquisa era um contrato com uma universidade, sendo o ponto central que "o novo arranjo afastava claramente alguns temores do Congresso americano, como o excesso de funcionários federais".[61] O mito do Estado pequeno sobreviveu na era do Estado grande.

Mesmo assim, é imensurável o papel das Forças Armadas na história do conhecimento nos Estados Unidos desde os anos 1940 até o presente, abrangendo da expansão da antropologia e do método de simulação por computador ao surgimento das pesquisas sobre inteligência artificial. Mesmo a internet, originalmente, era um projeto para descentralizar a rede e "impedir uma tomada ou destruição soviética das comunicações americanas em caso de uma guerra nuclear".[62]

A defesa era uma das razões para o financiamento oficial da ciência nessa época; outra era a rivalidade. A União Soviética lançou o Sputnik em 1957: a resposta dos Estados Unidos foi a criação da Nasa no ano seguinte. Sabia-se que os custos seriam altos: calculava-se que o Projeto Apollo, o programa que chegaria à Lua, custaria US$ 7 bilhões. Como acontece tantas vezes, o custo real foi muito maior: US$ 170 bilhões. Em comparação a isso, missões não tripuladas, como o Projeto Viking para explorar Marte (1975-) e as expedições do Voyager I e do Voyager II a Urano e mais além (1977-), são até baratas: respectivamente, 1 bilhão e 600 milhões de dólares.[63]

Para as ciências sociais, a verba do governo é relativamente reduzida: 30 milhões de dólares em 1956, subindo para 424 milhões em 1980, um aumento de dezessete vezes, mas pequeno em comparação ao programa espacial.[64] Na era da Guerra Fria, o dinheiro era canalizado principalmente para os "estudos de área", financiando projetos sobre regiões que interessavam ao governo e mais especialmente à CIA (acima, p.169).

Uma boa parte das verbas para os estudos de área vinha de fundações privadas (sobretudo Carnegie, Ford e Rockefeller), mas os imperativos políticos são bastante claros. Dava-se prioridade ao estudo sobre a União Soviética, principalmente no Russian Research Center em Harvard (1947), fundado por sugestão de um general do Exército. A seguir vinha o Oriente Médio, estudado no Center for Middle Eastern Studies (1954), e depois a China comunista, estudada no Center for East Asian Research (1955), ambos em Harvard. Seguiu-se o Vietnã, com Samuel Huntington, que foi conselheiro estratégico do governo durante a guerra como presidente do Council for Vietnamese Studies. Houve uma enxurrada de verbas do governo e das fundações para estudos latino-americanos, em resposta à revolução de Fidel Castro em Cuba: em 1959, foi fundado o Committee on Latin American Studies.[65]

Os estudos de área foram definidos como "uma invenção da Guerra Fria" que "refletia os interesses políticos americanos".[66] Todavia, a verba de US$ 6 milhões para o Projeto Camelot (1964), descrita como "a maior verba já concedida para um projeto de pesquisa em ciência social", veio da Special Operations Research Office.[67] Tinha como objetivo investigar as contrainsurreições, financiando o trabalho de numerosos cientistas sociais, mas também despertando críticas devido à aliança entre pesquisa e intervenção política e à ameaça ao "direito de livre pesquisa, livre pensamento e livre escrita".[68] Após tais críticas, o projeto foi cancelado.

Os *think tanks*, que empregam muitos pesquisadores profissionais, também ilustram a política de financiamento. A Hoover Institution em Stanford (1919), por exemplo, "centro de pesquisas de políticas públicas" que originalmente se concentrava em guerras e revoluções, foi fundada por Herbert Hoover, depois presidente dos Estados Unidos. A Fundação Heritage (1974) mantinha vínculos estreitos com o governo Reagan. Ex ministros e ex-embaixadores costumam entrar em *think tanks* após o mandato ou a aposentadoria.

Em suma, a partir dos anos 1940 os Estados Unidos oferecem um exemplo excepcionalmente claro de carreiras acadêmicas e tendências de pesquisa – quando não das conclusões dos pesquisadores – sendo moldadas pela disponibilidade de verbas, que por sua vez dependiam das prioridades estabelecidas pelo governo em sua política externa.

Passando agora para as sociologias do conhecimento em acepção mais estrita, trataremos a seguir de instituições, em especial as mais inovadoras, e grupos sociais, com suas contribuições visíveis ou invisíveis ao conhecimento e seu acesso ou exclusão do conhecimento.

Variedades do trabalhador do conhecimento

Como vimos, a profissionalização e a especialização surgiram como tendências dominantes no período estudado. Aqui nestas páginas já apareceram muitos tipos de trabalhadores profissionais do conhecimento, entre eles exploradores, docentes, detetives, jornalistas, espiões, editores, assistentes de laboratório e gestores do conhecimento. O número desses profissionais continua a aumentar.

Não se deve esquecer a contribuição de um amplo leque de diletantes: sua importância pode ter diminuído com o tempo, mas continuou a ser significativa por mais tempo do que poderíamos imaginar, entrando no século XX e ressurgindo em nossa época com a Wikipédia e também com o movimento pela "ciência cidadã".[69] A seguir, iremos nos concentrar em seis tipos de diletantes do conhecimento: o *gentleman*, o médico, o sacerdote, o soldado, o diplomata e a mulher.

Em muitos lugares da Europa, membros da elite, sobretudo rural, trabalhando sozinhos ou em sociedades eruditas, deram contribuições locais importantes a campos como história, geologia, botânica, folclore, arqueologia, antropologia e outros temas. Ao que parece, a contribuição deles foi excepcionalmente importante na Inglaterra, talvez devido à tradição e mesmo ao culto ao diletante.[70] Os estudiosos amadores podiam enviar espécimes ou descrições de suas descobertas a academias científicas ou aos profissionais da área, escreviam pessoalmente artigos para periódicos eruditos locais, ou mesmo nacionais, como o *Gentleman's Magazine*, que existiu de 1731 a 1907, embora tenha entrado em relativa decadência na segunda metade do século XIX. Alguns diletantes publicaram livros importantes, como Edward Lane e seu *Usos e costumes dos egípcios*. Darwin pertencia a essa categoria, apesar de sua vocação científica. Outros diletantes fizeram pesquisas coletivas, como os integrantes da Folklore Society que realizaram o Levantamento Etnográfico da Inglaterra (1892).

A categoria "*gentleman*" não é fácil de traduzir para outros idiomas. Seja como for, não deve ser entendida em acepção muito estreita. Aqui é utilizada de maneira a incluir empresários: John Lubbock, por exemplo, banqueiro que foi muito ativo em biologia e pré-história, enquanto Charles Booth (armador de Liverpool) e Benjamin Rowntree (fabricante de chocolates) organizaram levantamentos sociais. Entre outros, havia indivíduos como Louis Maggiolo, professor aposentado quando realizou sua famosa investigação do grau de alfabetização na França, e André Siegfried, cuja fortuna lhe permitiu trabalhar como estudioso independente, com contribuições importantes para a geografia e a ciência política.

Vários profissionais liberais deram contribuições de relevo em áreas de conhecimento fora de suas respectivas profissões. O geólogo Charles Lyell, por exemplo, era advogado, enquanto Michael Ventris, que ajudou a decifrar a Linear B (acima, p.77), era arquiteto.[71] No estudo dos clássicos, há as contribuições do banqueiro George Grote, que escreveu uma história da Grécia, e de William Gladstone, autoridade em Homero que ficou mais conhecido como primeiro-ministro. Médicos e cirurgiões se destacam pelas contribuições a outros campos além da medicina, mesmo que muitas vezes fizessem suas pesquisas motivados por suas preocupações com a saúde pública. Na Inglaterra, por exemplo, William Farr se interessou pela "estatística vital", como dizia ele, e foi presidente da Statistical Society. Na França, Louis-René Villermé fez um estudo dos operários em fábricas têxteis, abordando não só suas condições de saúde, mas também seu bem-estar geral. O cirurgião inglês Gideon Mantell se afastou ainda mais de seus interesses profissionais, ficando conhecido por seu estudo dos dinossauros.

O clero também deu contribuições importantes ao conhecimento, fosse por parte de sacerdotes católicos, protestantes ou, mais raramente, ortodoxos – mesmo excluindo os acadêmicos de profissão que lecionavam teologia ou estudos das religiões, ou outras matérias, da retórica à psicologia (até os anos 1870, praticamente todos os docentes de Oxford e Cambridge eram clérigos anglicanos). Abraham Rees, pastor unitarista galês, criou sua própria enciclopédia. Em sua casa, na área rural da Irlanda, o reverendo Edward Hincks ajudou a decifrar inscrições cuneiformes assírias. Vários sacerdotes, do alemão Johan Peter Süssmilch ao inglês Thomas Malthus, escreveram sobre estatística, tal como os médicos, mas de outro ponto de vista, discutindo a relação entre as tendências demográficas e a Providência divina.

Na França, um padre, Jean-Benoît Cochet, foi um destacado especialista em arqueologia da Alta Idade Média, ao passo que outro, Henri Breuil, estudou o período paleolítico. Outros padres, como François Moigno, ex-jesuíta, foram popularizadores da ciência, muitas vezes para mostrar como operava a teologia natural.[72] Missionários como William Carey em Bengala e John Fryer na China difundiam o conhecimento da ciência ocidental junto com o cristianismo. Outros estudavam a cultura dos povos entre os quais viviam. O monge ortodoxo russo Nikita Bichurin, enviado como missionário a Pequim, se tornou um ilustre sinólogo. James Legge, missionário congregacionista escocês na China, traduziu os clássicos chineses, ao passo que Maurice Leenhardt, missionário protestante francês na Nova Caledônia, estudou os costumes dos canaques. Legge terminou sua carreira como professor de chinês em Oxford, e Leenhardt como professor de etnologia em Paris.[73]

Muitos militares (inclusive da Marinha), na ativa ou reformados, também deram várias contribuições ao conhecimento. O general britânico Henry Rawlinson decifrou inscrições cuneiformes, enquanto o general Augustus Lane Fox (mais tarde Pitt-Rivers) se tornou arqueólogo, organizando escavações em suas próprias terras. O oficial da Marinha americana Matthew Maury se tornou oceanógrafo.

Os diplomatas às vezes também eram estudiosos nas horas livres (e tinham muitas, pelo menos no século XIX). Johan David Åkerblad decifrou o texto demótico na Pedra de Roseta. Austen Layard ficou famoso por suas escavações em Nínive e terminou sua carreira como embaixador no Império otomano. Em data mais recente, o diplomata holandês Robert van Gulik foi um dos sinólogos mais famosos de meados do século XX, enquanto dois dos principais historiadores do Brasil na atualidade, Evaldo Cabral de Mello e Alberto da Costa e Silva, são diplomatas aposentados que começaram suas carreiras de estudiosos quando ainda estavam *en poste*.

Não podemos esquecer outros tipos de trabalhadores do conhecimento: os facilitadores, como os gestores e os editores. Já fizemos algumas referências aos gestores do conhecimento, que influem na direção e no volume de pesquisas empreendidas em certos campos de alguns países: por exemplo, a Joseph Banks como presidente da Royal Society de Londres, a Friedrich Althoff no Ministério da Cultura e Educação em Berlim, a Robert Woodward na Carnegie Institution, descrito como "o primeiro gestor moderno da ciência", a Warren Weaver na Fundação Rockefeller e a Shepard Stone na Fundação Ford.[74]

A esse grupo cabe acrescentar os dirigentes das editoras mais dedicadas à difusão do conhecimento. Algumas editoras comerciais, como a Gallimard em Paris, a Einaudi em Turim e a Brill em Leiden, se concentram em estudos acadêmicos, enquanto editoras universitárias como as de Oxford e Cambridge, Harvard e Yale, além de publicar monografias acadêmicas, têm se dedicado também a obras de popularização. A "Home University Library of Modern Knowledge", por exemplo, era uma coleção de volumes publicados pela Oxford, enquanto a série "Que sais-je?" é publicada pelas Presses Universitaires de France.

A meio caminho entre o diletante e o profissional aparece a figura fugidia do intelectual. O termo remonta ao começo do século XX, e foi cunhado no contexto da controvérsia pública francesa sobre a inocência ou a culpa do capitão Dreyfus, oficial do Exército francês acusado de espionagem. Os escritores e acadêmicos que se envolveram no debate ficaram conhecidos como *intellectuels*.[75]

No entanto, se usarmos o termo para os estudiosos em geral, certamente devemos incluir os professores universitários da Idade Média e os humanistas do Renascimento. Mesmo que o termo se restrinja a estudiosos e escritores que expressam opiniões políticas na imprensa ou em outros meios de comunicação – em outras palavras, os "intelectuais públicos" –, a história desse grupo data pelo menos dos *philosophes* franceses do Iluminismo – Voltaire, por exemplo, ou Diderot. O surgimento dos intelectuais públicos em meados do século XVIII, que foi possível com o desenvolvimento de um mercado literário que libertou os escritores da dependência do patronato, marca um momento importante na história social do conhecimento.[76] É preciso distinguir esses intelectuais públicos dos "experts" ou dos "tecnocratas" que aconselham os governos ou tomam pessoalmente as decisões, planejando o desenvolvimento das cidades ou das economias nacionais.

As classes trabalhadoras

Até agora, todos os exemplos de pessoas ligadas ao conhecimento são homens de classe média ou alta, levantando o problema do acesso de outros grupos sociais ao conhecimento. As iniciativas de disseminar o conhecimento, sobretudo o científico, entre as classes trabalhadoras, junto com o surgimento dos institutos de mecânica ingleses e americanos, das *folkehøjskole* escandinavas e instituições similares em outros lugares, foram tratadas no Capítulo 4. No século XX, tentou-se abrir o ensino superior o máximo possível. Na União Soviética, por exemplo, as universidades recebiam uma determinada cota de estudantes vindos do proletariado ou do campesinato, enquanto na Inglaterra o Estado fornecia bolsas de estudos, criadas em 1920, para alunos cujos pais não podiam pagar os custos do ensino superior.

Mas permaneceram os obstáculos ao acesso popular ao conhecimento. Na Inglaterra, por exemplo, os institutos de mecânica parecem ter atraído mais as classes médias baixas do que o operariado, ilustrando o chamado "enobrecimento das instituições de artesãos".[77] O processo se repetiu quando instituições como o Owens College de Manchester (1851), o Newcastle College of Physical Science (1871), o Yorkshire College of Science de Leeds (1874), o Mason Science College de Birmingham (1875) e o Firth College de Sheffield (1879), fundados para proporcionar um ensino prático aos artesãos, gradualmente se converteram em universidades convencionais para as classes médias. O Ruskin College, de Oxford (1899), por outro lado, continua a receber estudantes do operariado.

A partir do final do século XVIII, houve um movimento para abrir bibliotecas, galerias e museus ao público (o Louvre e a Biblioteca Real de Copenhague em 1793, Brera em Milão em 1809, a Biblioteca Imperial em

São Petersburgo em 1814, o Museu do Prado de Madri em 1818, e assim por diante), além de se fundarem novas instituições do gênero. Andrew Carnegie dedicou uma parcela considerável de suas doações filantrópicas à criação de cerca de 3 mil bibliotecas públicas. A pergunta controvertida era: quem era o "público"?

Para alguns defensores das bibliotecas públicas, essas instituições eram uma maneira de democratizar o conhecimento. "Bibliotecas gratuitas para todos", escreveu o jovem Melvil Dewey em seu diário. Mas, às vezes, acervos que em princípio estavam abertos a todos ficavam vetados na prática a pessoas que não tivessem aparência suficientemente respeitável. O jornalista radical William Cobbett denunciou o Museu Britânico como "local destinado apenas ao entretenimento dos ricos e curiosos".[78] Um comitê da Câmara dos Comuns, muito longe de qualquer radicalismo, reclamou em 1836 sobre "a ausência de galerias públicas e gratuitas" e a resultante "falta de instrução em desenho entre nossa população trabalhadora", problema que a criação do Museu de South Kensington (acima, p.120) pretendia resolver.[79]

Mas, quando as galerias e os museus realmente abriram mais suas portas, houve quem protestasse entre a classe média. Nos anos 1830, por exemplo, apareceram objeções contra a presença de "vadios sem lar e *flâneurs*" na Biblioteca Real em Paris, ao passo que Henry Ellis, bibliotecário-chefe no Museu Britânico, foi contrário a ampliar o horário ao público, alegando que isso atrairia gente "de uma categoria muito baixa" e que o funcionamento na semana da Páscoa significaria que "a classe mais vulgar viria em peso ao museu", enquanto o funcionamento da biblioteca à noite atrairia "escreventes de cartório" e leitores de romances.[80]

No século XIX, tal como ainda hoje, a National Gallery de Londres tinha entrada franca, mas não faltavam reclamações sobre a presença de operários, principalmente em dias de chuva. O Museu de South Kensington, ao funcionar à noite para atender a visitantes com longas jornadas de trabalho, como vimos (p.121), era exceção. Na França o acesso também era um tema controvertido. Nos anos 1890, houve um debate público se o Louvre deveria cobrar entrada (entre os defensores da entrada franca estava o pintor Camille Pissarro). A entrada de crianças nos museus também era um tema controverso. Na Alemanha, por exemplo, o debate sobre essa questão revelou um conflito entre as ideias do museu como templo da ciência e como forma de educação do povo.[81] Foi esta última que, de modo geral, prevaleceu. Na Inglaterra, o Education Act de 1902 autorizou que o tempo que as crianças passavam nos museus com seus professores fosse computado na carga horária de ensino.[82]

Mulheres instruídas

A controvertida questão do acesso ao conhecimento também se estendeu ao sexo, além da classe social.[83] Para as mulheres, as oportunidades de aprender e dar contribuições originais ao conhecimento foram se ampliando gradualmente durante nosso período, a começar por 1754, quando foi concedido o primeiro doutorado alemão a uma mulher (em Halle, em medicina).

Desde a primeira metade do século XIX, foram criadas muitas faculdades para mulheres, entre elas as sete faculdades norte-americanas de artes liberais, conhecidas como as "Sete Irmãs" (1837-89), além de Bedford College em Londres (1849), Girton College em Cambridge (1869), Faculdade Feminina de Tsuda em Tóquio (1900) e Faculdade Feminina de Lahore (1922). Algumas novas faculdades e universidades foram mistas desde o começo, como o Oberlin College (1833) em Ohio, a Clark University (1888), a Universidade de Chicago (1890) e a London School of Economics (1895). Outras se tornaram mistas depois, como a Universidade de Zurique, que a partir dos anos 1860 passou a admitir muitas mulheres (inclusive 148 russas entre 1864 e 1872), a Universidade Cornell (1872, sete anos depois de sua fundação) ou as universidades de Göttingen (1893), Breslau (1895) e Heidelberg (1901).[84] Na França, a proporção de estudantes universitárias passou de 3,6% em 1902 para 10% em 1914. Na Alemanha, a proporção aumentou de menos de 6% em 1913 para 19% em 1931. Na Rússia, o aumento foi de 28% em 1928 para 41% em 1937.[85] Em 2000, o corpo discente universitário no Reino Unido tinha 53% de mulheres, e nos Estados Unidos 56%.[86]

Os títulos de doutorado, apesar do precedente aberto por Halle, geralmente demoraram mais, e as nomeações como docentes mais ainda. O segundo doutorado em medicina para uma mulher foi concedido em 1867, o primeiro doutorado em filosofia americano concedido a uma mulher foi em 1877 (na Universidade de Boston), o primeiro em geografia em 1908, o primeiro doutorado holandês em física em 1909 e o primeiro doutorado japonês em ciências em 1927. O primeiro Prêmio Nobel concedido a uma mulher foi em 1903 (Marie Curie). A primeira professora na Sorbonne foi nomeada em 1906 (Marie Curie), a primeira no Canadá e na Noruega em 1912, a primeira na Holanda em 1917 e a primeira em Cambridge em 1937 (onze anos antes de Oxford). Na Royal Society, as primeiras mulheres foram eleitas em 1945.

Essa lista com as datas iniciais pode parecer triunfalista, mas também pode ser lida às avessas, indicando o que não estava disponível para as mulheres antes desses anos. Aproveitando ao máximo as parcas oportunidades, algumas mulheres tiveram um papel importante como popularizadoras da ciência, sobretudo na parte inicial deste nosso período, desde a *Introdução à botânica* de Priscilla Wakefield (1796) até as *Conversations on Chemistry*, de Jane Marcet (1805).[87] Em nível mais sofisticado, a polímata escocesa Mary Somerville escreveu obras de síntese, como o ensaio *On the Connexion of the Physical Sciences* (1834). Tais publicações sugerem que as autoras poderiam ter se tornado pesquisadoras, caso tivessem a oportunidade concedida à astrônoma Caroline Herschel, que começou como assistente de seu irmão mais famoso, William, e depois fez suas próprias descobertas.

Mais adiante, as mulheres que realmente se encaminharam para a pesquisa às vezes sofriam de "invisibilidade" ou falta de reconhecimento.[88] O Efeito Mateus de Robert Merton, segundo o qual a posteridade atribui amiúde as realizações de cientistas menos conhecidos a grandes figuras mais conhecidas, como Newton ou Einstein, aplica-se com especial intensidade às mulheres. Por isso, uma historiadora feminista da ciência sustenta que deveríamos falar em "Efeito Matilda".[89] Por exemplo, Otto Hahn recebeu o Prêmio Nobel em 1944 pelo trabalho em radioquímica desenvolvido em conjunto com sua assistente Lise Meitner. Analogamente, o crédito pela famosa descoberta da estrutura do DNA coube a Francis Crick e James Watson, e não a Rosalind Franklin, que também colaborou no empreendimento coletivo.[90] Da mesma forma, a americana Alice Kober, a Franklin dos clássicos, praticamente desapareceu, pelo menos por algum tempo, da história do deciframento da Linear B, e Linda Schele da dos hieróglifos maias.[91] Da mesma forma, o dicionário de russo antigo iniciado pelo filólogo Izmail Sreznevskii foi concluído – mais de trinta anos após sua morte – pela filha Olga Sreznevskaia, e no entanto o texto não menciona sua contribuição.[92] Curiosamente, a própria ideia do Efeito Mateus é um exemplo de Efeito Matilda, visto que Merton não concedeu muitos créditos à sua assistente de pesquisas, Harriet Zuckerman – com a qual veio a se casar mais tarde. Como ele admitiu depois: "Agora (1973) está tardiamente evidente para mim que me baseei nos materiais de entrevista e outros do estudo de Zuckerman em tal extensão que o artigo deveria claramente ter aparecido em coautoria."[93]

Alguns campos de estudo, assim como alguns países, ofereceram oportunidades ou atraíram mulheres mais cedo. A literatura inglesa, por exemplo: em Oxford, em 1914, doze homens e 25 mulheres prestaram os exames finais.[94] A botânica atraiu mulheres diletantes no século XIX e mulheres profissionais no século XX: a primeira professora universitária no Canadá, Carrie Derick, em McGill, era botânica.[95] A psicanálise também atraiu mulheres dotadas praticamente desde o começo, entre elas Melanie Klein, Karen Horney e, evidentemente, Anna Freud, que deu andamento à atividade familiar. O mesmo aconteceu na nova disciplina de história econômica, que a princípio incluía aspectos da vida que hoje chamaríamos de sociais. Lilian Knowles foi nomeada para uma das primeiras cátedras da área, na London School of Economics, em 1921, e Eileen Power, mais famosa, foi sua sucessora dez anos depois.[96]

A arqueologia e a antropologia também se abriram a algumas mulheres relativamente cedo. A primeira docente em Cambridge foi a arqueóloga Dorothy Garrod, enquanto Gertrude Caton-Thompson e Kathleen Kenyon ganharam renome com suas escavações no Grande Zimbábue e em Jericó, respectivamente.[97] Na antropologia, nomes como Ruth Benedict, Margaret Mead, Audrey Richards e Mary Douglas indicam a importância das mulheres na profissão, importância esta que se iniciou logo após 1900, pelo menos nos Estados Unidos. Ruth Benedict ingressou no corpo docente da Universidade Columbia em 1923, enquanto Elsie Parsons já antes atuava na área como estudiosa autônoma.[98]

Foi também nos Estados Unidos que as mulheres se tornaram pesquisadoras sociais na segunda metade do século XIX. Com a profissionalização crescente da sociologia, foram eliminadas ou relegadas a posições de segunda categoria, mas reagiram e em 2000 correspondiam a mais da metade dos membros da American Sociological Association.[99] Em outros países as mulheres também tiveram um papel importante no surgimento da sociologia. Beatrice Webb, quando ainda era Beatrice Potter, fazia pesquisas sociais nos anos 1880, enquanto, na Alemanha, Marie Bernays, uma das primeiras mulheres a frequentar a Universidade de Heidelberg, publicou em 1910 seu estudo sociológico das condições de trabalho numa indústria têxtil.

Instituições e inovação

Como acabamos de ver, a Universidade Clark, a Universidade de Chicago e a London School of Economics admitiam mulheres desde o começo. Esses exemplos colocam uma questão geral importante: o papel das novas instituições em incentivar a inovação, especialmente nos campos de conhecimento. Há um paralelo evidente com o papel criativo das periferias, que abordamos no capítulo anterior, visto que as novas instituições geralmente são periféricas no momento da fundação, embora algumas depois passem a ocupar o centro.

Em princípio, parece um ponto bastante claro: as novas instituições estão livres do peso das tradições que se reproduzem ao longo das gerações. Não tiveram tempo de desenvolver o que os sociólogos chamam de "inércia estrutural".[100] As pessoas que entram em instituições antigas são incentivadas a respeitar suas tradições e acabam por investir nessas tradições. A inovação ameaça tais investimentos e, portanto, deve-se resistir a ela. Assim, por paradoxal que possa parecer, fundar uma nova instituição – uma universidade, por exemplo – pode exigir menos esforço do que reformar um antiga.

No período inicial da Modernidade, não é difícil encontrar exemplos que confirmem tal princípio: os currículos de novas universidades como Alcalà, Wittenberg, Leiden, Halle e Göttingen eram realmente menos tradicionais do que o de entidades mais antigas, ao passo que outras inovações na chamada "pesquisa" ocorreram inteiramente fora das universidades, a saber, em observatórios, laboratórios e sociedades de estudo de filosofia natural.[101]

De forma similar, no período estudado, as três primeiras universidades alemãs a introduzir a nova disciplina de *Germanistik* foram Berlim, Breslau e Bonn, todas logo em seu início, enquanto a primeira cátedra de literatura inglesa na Inglaterra foi criada em 1827, na recém-fundada Universidade de Londres. Ademais, a London School of Economics, estabelecida em 1895, não tardou a criar um departamento de sociologia (1904) e uma cátedra de etnologia (1913). Inversamente, houve maior resistência à nova disciplina da sociologia nas universidades mais antigas, Oxford e Cambridge, do que em outras partes da Inglaterra.[102] Da mesma forma, já se sugeriu que a contribuição dos exilados de língua alemã dos anos 1930 para a teoria social nos Estados Unidos foi mais eficaz "onde o quadro institucional era novo", como no caso da New School for Social Research em Nova York, fundada em 1919.[103] Os estudos de caso de três universidades novas podem reforçar esse argumento: a Universidade Johns Hopkins em Baltimore (1876), a Universidade de Estrasburgo (1871, 1919) e a Universidade de Sussex, perto de Brighton (1961; figura 14).

A Johns Hopkins fazia parte de um conjunto de novas universidades americanas, ao lado da Cornell e da Universidade de Chicago, que representavam um novo tipo de instituição, a universidade de pesquisa. As universidades antigas, como Harvard, Yale e Princeton, se concentravam no ensino de graduação, como faziam na época em que eram pequenas faculdades. Já as novas universidades davam ênfase à formação na pós-graduação e à pesquisa dos docentes. Criaram-se novas áreas: Chicago, por exemplo, abriu

FIGURA 14. Universidade de Sussex, Falmer House (1962).

os primeiros departamentos de geografia e egiptologia nos Estados Unidos, além de dar apoio à sociologia quando ainda era uma disciplina nova.

O que favoreceu o surgimento da Johns Hopkins como universidade de pesquisa foi ter recebido de início "a maior doação individual já feita a uma instituição americana do ensino superior", US$ 3,5 milhões, soma bastante considerável nos anos 1870.[104] Os primeiros quinze anos da universidade foram tidos como um "momento mágico", marcado por "uma sensação de liberdade e, ao mesmo tempo, de vigorosa dedicação".[105] Provavelmente, parte da magia daquele momento se devia ao tamanho reduzido da universidade, que começou com apenas seis titulares e dezoito docentes, o que incentivava um senso de comunidade. Com efeito, nos primeiros anos os professores costumavam assistir às aulas dos colegas, reforçando o sentimento de um trabalho coletivo. Multiplicavam-se os grupos de estudo informais, inclusive com reuniões em casa, em que os docentes se revezavam apresentando temas de vários campos.[106]

A rigor, a Universidade de Estrasburgo não era nova, pois tinha sido fundada no século XVII. Mas, na prática, a cidade abrigou duas universidades novas, a Universidade de Strassburg alemã, refundada em 1871, quando a Alsácia voltou a pertencer à Alemanha após a Guerra Franco-Prussiana, e a Universidade de Strasbourg francesa, datando de 1919, quando a Alsácia tornou-se francesa mais uma vez. Em ambos os casos, a refundação foi um estímulo à inovação. Em 1871, foi a oportunidade de se dar às ciências sociais um maior espaço em Estrasburgo do que em qualquer outro lugar da Alemanha; implantaram-se seminários em filologia, história, política e outros temas, modelo que foi rapidamente seguido em outras universidades alemãs. Após 1919, a pesquisa ganhou mais ênfase do que o usual em outras universidades francesas mais antigas, além do surgimento de institutos que permitiam uma colaboração interdisciplinar rara naquela época na França – por exemplo, entre o psicólogo Charles Blondel, o sociólogo Maurice Halbwachs e os historiadores Lucien Febvre e Marc Bloch.[107]

Repetiu-se a sensação de um "momento mágico". Na universidade alemã, mais tarde os professores relembravam "o entusiasmo da época da fundação" (*Gründungszeit*), como disse um deles. Também na universidade francesa houve um espírito de equipe nos primeiros tempos. Como na Johns Hopkins, às vezes os professores de Estrasburgo frequentavam as aulas dos colegas.[108] Depois de poucos anos, alguns dos docentes mais ilustres, entre eles Febvre e Bloch, foram atraídos de volta a Paris. Mas, a essa altura, o ambiente de Estrasburgo já os ajudara a desenvolver a abordagem interdisciplinar da história que veio a caracterizar a chamada Escola dos Annales (adiante, p.307).

Quanto a Sussex, não foi a primeira universidade nova na Inglaterra do pós-guerra. Em 1949, a título de experiência pedagógica, foi fundada uma universidade em Keele, em Staffordshire, em reação contra a especialização típica do ensino superior britânico. Os estudantes tinham contato com um amplo leque de temas no primeiro ano ou "ano de fundação", e foram criados cursos "conexos" para transpor a distância entre as "duas culturas", como logo viriam a se chamar.[109]

Sussex, a primeira das sete novas universidades criadas na Inglaterra no começo dos anos 1960, avançou ainda mais num rumo semelhante, definido desde o princípio como uma tentativa de "redesenhar o mapa do saber".[110] Em vez de departamentos convencionais, havia "escolas de estudos" (Estudos Europeus, Estudos Sociais etc.) e, pelo menos na área de humanidades, criaram-se cursos conjuntos ministrados por dois docentes, um de literatura, por exemplo, e outro de história.

Quanto ao "momento mágico", posso atestá-lo pessoalmente, tendo entrado em Sussex em 1962. Havia uma mistura de entusiasmo juvenil, de sensação de vertigem pela ausência de tradição (ou, em termos mais positivos, de nosso poder coletivo de criar tradições) e de empolgação por nos sentirmos convictamente empenhados num empreendimento conjunto importante. Como na Johns Hopkins e em Estrasburgo, os professores assistiam regularmente aos cursos dos colegas. Não havia muito senso de hierarquia. De qualquer modo, os titulares estavam tão ocupados elaborando seus novos cursos que, mesmo que quisessem, não teriam muito tempo para dizer aos docentes menos graduados o que fazer.

Esses momentos mágicos às revezes reaparecem num departamento estabelecido de uma universidade estabelecida, como no caso da sociologia na Universidade Colúmbia nos anos 1940, após a nomeação de dois grandes nomes da área, Paul Lazarsfeld e Robert Merton. "O que fazia o departamento de Colúmbia tão empolgante naqueles primeiros tempos da época Lazarsfeld-Merton", escreveu o sociólogo Seymour Lipset, que se doutorou lá em 1949, "era a sensação que os alunos tinham de estar no andar térreo de uma empreitada que consistiria em refazer, se não o mundo, pelo menos a ciência social."[111]

A pequena escala dessas novas instituições em seu início reforçava a sensação de um empreendimento coletivo. Keele começou com 140 alunos e Sussex com quarenta. A idade relativamente jovem dos docentes alimentava o entusiasmo. Todos os treze professores nomeados, quando foi aberta a Universidade de Keele, tinham menos de cinquenta anos. A média de idade dos 34 titulares nomeados em Estrasburgo entre 1873 e 1882 era de 37 anos.[112] O primeiro reitor da Universidade de Chicago, William R. Harper, tinha 34 anos quando assumiu o cargo. Asa Briggs, que teve um papel fundamental na School of Social Studies e, na verdade, em toda a universidade, estava com quarenta anos quando chegou a Sussex como professor titular de história, ao passo que muitos assistentes nos anos iniciais da universidade tinham cerca de 25 anos.

Os momentos mágicos não duram. Um historiador da Johns Hopkins comentou que, "após os quinze anos iniciais, mais ou menos, o entusiasmo na Hopkins começou a se evaporar".[113] Em Sussex, as câmeras de TV, ubíquas nos primeiros tempos, foram desligadas, a qualidade dos estudantes decaiu, a fase de expansão terminou (e a ela se seguiram os cortes da era Thatcher) e alguns professores, eu inclusive, saíram e foram para Oxford ou Cambridge. A pequena escala de uma instituição nova, bem como sua originalidade e a idade jovem do corpo docente, é um bem que logo se acaba. A rotina substitui o entusiasmo por estar fazendo algo pela primeira vez. Para sustentar a inovação, há a necessidade constante de novas fundações, sejam universidades ou não. Por exemplo, cem anos atrás, o químico alemão Wilhelm Ostwald defendeu "novas formas funcionais", como institutos fora da universidade, para que os cientistas tivessem tempo de conduzir suas pesquisas sem as exigências do ensino.[114]

Em data mais recente, afirmou-se que a indústria privada tem tido êxito em concorrer com as universidades, porque não sofre as limitações de estruturas disciplinares ultrapassadas.[115]

Escolas de pensamento

As histórias intelectuais, especialmente dos séculos XIX e XX, fazem referências constantes a "escolas de pensamento", e alguns sociólogos também têm se sentido atraídos pelo tema.[116] Às vezes, essas escolas estão associadas a um indivíduo – a escola de química de Liebig, por exemplo, a escola de geografia de Ratzel, a escola de psicologia de Wundt ou a escola de crítica literária inglesa associada a F.R. Leavis e aos "leavistas". Também podem estar associadas a lugares, geralmente a cidades: as escolas de sociologia e economia de Chicago, a escola de teoria crítica de Frankfurt, a escola semiótica de Tartu, a escola econômica de Viena, as escolas de história, matemática e química de Göttingen, e assim por diante.[117] Outra descrição possível é a do círculo: o círculo de Viena em filosofia, por exemplo, ou os círculos linguísticos de Moscou e Praga, ou o círculo interdisciplinar de Leipzig que floresceu entre 1890 e 1914, incluindo o historiador cultural Karl Lamprecht, o químico Wilhelm Ostwald, o geógrafo Friedrich Ratzel e o psicólogo Wilhelm Wundt.[118]

A proliferação dessas descrições sugere que as redes informais de líderes e seguidores, quer se formem em universidades, associações ou laboratórios, são fundamentais para a transmissão de conhecimento, sobretudo de conhecimento tácito, e mesmo para sua produção.[119] Algumas dessas redes (as de Liebig, por exemplo) tinham como base algum departamento e refletiam o poder do professor titular, especialmente o titular alemão.[120] Outras atravessavam as fronteiras institucionais,[121] e outras ainda adotavam a forma de novas instituições, como a Associação Psicanalítica Internacional (IPA na sigla em inglês, 1910).

Talvez seja significativo que todos esses exemplos pertençam ao período 1850-1950, embora a relação entre Lineu e seus "apóstolos" indique

que o fenômeno era mais antigo.[122] Também significativa e recorrente é a utilização de uma linguagem religiosa nesse contexto – o alto clero, os discípulos, os evangelhos, as igrejas, os cismas. Já se compararam as escolas a seitas.[123] Numa carta a seu mestre Franz Neumann, em 1861, o físico Oskar Meyer se referiu a si mesmo como "apóstolo de vosso evangelho".[124] As referências ao "fago igreja" em biologia molecular podem ser engraçadas, mas revelam um problema sério.[125]

É frequente identificar hereges, e frequente ocorrer excomunhões. Leavis, por exemplo, no final da vida, junto com sua esposa Queenie, tinha excomungado muitos ex-leavistas. Outro exemplo famoso dessa tendência geral foi a excomunhão de Alfred Adler e Carl Gustav Jung, por obra de Freud, na época em que o movimento psicanalítico passava de "seita" informal a "igreja" formal. De fato, a estória do movimento psicanalítico tem sido pontilhada por tantos cismas, entre eles o afastamento de Karen Horney e de Jacques Lacan, que mereceria ser narrada por um historiador eclesiástico.[126]

É importante evitar um modelo de "escola" simplista demais, supondo, por exemplo, que os discípulos sempre seguem cegamente o mestre ou que todos os membros aceitam o mesmo paradigma intelectual.[127] Os mestres às vezes aprendem com os discípulos, como Freud aprendeu com Jung, Eugen Bleuler, Sándor Ferenczi e outros. Também não se deve imaginar que um grupo ou uma escola tenha membros fixos como um clube. O "Grupo de Cambridge" de classicistas como Gilbert Murray e Francis Cornford tem sido qualificado como fruto de uma reificação retrospectiva e caberia "melhor vê-lo como um conjunto de átomos girando em torno do núcleo fornecido por Jane Harrison".[128] Alguns estudiosos poderiam ser definidos como "semidiscípulos" de mestres a que reverenciam, mas nem sempre seguem. Alguns líderes são mais carismáticos do que outros. Algumas escolas são relativamente hierárquicas, outras mais igualitárias (como sugere a palavra "círculo"). Algumas escolas são mais liberais, no sentido de aceitar maior variedade de opiniões, ao passo que outras se empenham em evitar desvios da ortodoxia.

O grupo de Estudos Subalternos, por exemplo, agora dissolvido, incluía pessoas mais ou menos empiristas, mais ou menos marxistas, mais ou menos interessadas no estruturalismo ou no pós-estruturalismo. Com efeito, quase todas as escolas parecem mais unidas de fora do que aos olhos de seus integrantes, que têm uma consciência mais clara das diferenças e dos conflitos internos.

Esse último aspecto se aplica especialmente aos historiadores franceses conhecidos como a Escola dos Annales (nome da revista que seus líderes criaram em 1929), visto que alguns de seus membros negam abertamente a existência de qualquer escola.[129] Seria mais exato falar num movimento para reformar o estudo e a escrita da história, liberando-a de uma ênfase sobre os fatos políticos e ampliando-a para incluir a história econômica, social e cultural.

Fato incomum, esse movimento foi originalmente liderado não por um, e sim por dois estudiosos, Lucien Febvre e Marc Bloch. Fato igualmente incomum, o movimento durou por três ou até quatro gerações (seu rival mais próximo é, talvez, a escola sociológica de Chicago, que vem desde Robert Park nos anos 1920 até Erving Goffman e Everett Hughes nos anos 1980). Quanto aos Annales, talvez tenham sido mais propriamente uma escola em sua segunda geração, tendo à frente Fernand Braudel, que tratava seus seguidores como membros de uma família patriarcal, e se encarnando em novas instituições como a VIème Section da École des Hautes Études e, mais tarde, na Maison des Sciences de l'Homme. Mesmo então, porém, havia membros marginais e conflitos internos, com maior ou menor ênfase no uso da teoria, por exemplo – em especial a teoria marxista.

A longevidade do movimento e a continuidade do grupo no centro do movimento podem ser explicadas, em larga medida, pela aversão dos líderes em impor uma ortodoxia a seus seguidores, alguns dos quais podem ser descritos como "vigorosos discípulos".[130] Lucien Febvre dava grande importância ao livre-arbítrio na história, mas transferiu a direção dos Annales a Braudel, com posição mais próxima do determinismo. Braudel conduziu o grupo na direção da história econômica e social, mas seus sucessores se transferiram "do porão para o sótão", passando para a história cultural. No caso de Leavis, a imposição da ortodoxia resultou na destruição da escola. Inversamente, no caso dos Annales, a continuidade da escola levou à diluição, se não à eliminação da ortodoxia.

Há ainda uma pergunta sociológica central a se fazer. Vivemos numa "sociedade do conhecimento"? No que tal sociedade se diferencia das anteriores? Quando surgiu? Tentaremos responder a essas perguntas e a outros problemas de cronologia no próximo capítulo.

9. Cronologias do conhecimento

Depois das geografias e das sociologias do conhecimento, finalmente é chegada a hora de examinar suas cronologias, as grandes mudanças que ocorreram nos 250 anos tratados neste livro. O termo "cronologias" precisa ser usado no plural, devido aos diversos pontos de vista possíveis sobre os acontecimentos, além das diferenças entre tendências de mais curto e de mais longo prazo e das várias trajetórias das regiões e disciplinas específicas.

Num capítulo dedicado à mudança, talvez seja prudente começar lembrando a importância da continuidade. É fácil ver ou acreditar ver as rupturas: já as continuidades são menos visíveis. Antes de examinar a "revolução da informação" de nossa época, talvez caiba lembrarmos que os historiadores têm alimentado cada vez mais dúvidas sobre a existência de uma "revolução científica" no século XVII ou de uma "revolução industrial" na segunda metade do século XVIII. Em ambos os casos, a mudança tem sido entendida cada vez mais como um processo de médio prazo e não tanto como um acontecimento súbito.[1]

Existem várias iniciativas recentes de situar o que às vezes é chamado de "era da informação" – nossa era – numa perspectiva histórica mais extensa. Há até quem fale na "explosão da informação na Idade do Gelo". Sem chegar a tanto, seria bom chamar a atenção para a persistência das tradições.[2]

A tecnologia, as instituições, as mentalidades e as práticas mudam em velocidades diferentes. A tecnologia, sobretudo na era da chamada "institucionalização da inovação", muda rapidamente.[3] A sociedade e suas instituições levam mais tempo para mudar, em virtude da chamada "inércia" institucional.[4] O que mais demora para mudar são as mentalidades e as práticas, ilustrando a presença do passado no mundo do presente.

Por exemplo, as novas tecnologias ainda constituem um desafio para os estudiosos de minha geração, que começaram suas pesquisas nos anos 1960. Naqueles tempos, "cortar e colar" não significava clicar num ícone na tela de um computador, e sim usar uma tesoura e um tubinho de cola, que às vezes escorria no *desktop*, que para nós ainda era o tampo da mesa. Os cientistas podiam ter o cíclotron, mas na área de humanas costumávamos usar caixas de sapato para guardar as fichas de 12,5 × 7,5cm e caixas de camisa para as folhas de xerox em tamanho A4.[5] Em nossos gabinetes, ainda há fichários que já se transformaram, eles mesmos, em peças de um passado histórico, objetos de assombro e admiração para os alunos visitantes de pós-graduação, os quais agora pertencem à "geração da rede" que cresceu "cercada pela mídia digital".[6]

Não há por que parar nos anos 1960. O atual interesse pelo conhecimento "situado" marca uma volta – inconsciente pelo menos para alguns participantes – aos anos 1920 e à sociologia do conhecimento de Karl Mannheim. Seria mais adequado chamar a Ciência Grande de Ciência Maior, pois o aumento da escala e dos custos foi uma tendência mais de longo do que de curto prazo. A tendência atual de aprovar leis em favor da liberdade de informação deve parecer do fundo do baú para os suecos, cuja Lei de Liberdade da Imprensa (*Tryckfrihetsförordningen*) data de 1766. A prática recém-batizada como "ciência cidadã" tem suas raízes no século XVIII, quando muitos observadores diletantes já enviavam seus achados botânicos ou geológicos às sociedades eruditas.

Nessa viagem de retorno, não há por que parar em 1766 nem em 1750. Por exemplo, é famoso o dito de Norbert Wiener de que o "santo padroeiro" da cibernética era Leibniz.[7] E há reiteradas referências à história do período inicial da Modernidade europeia em capítulos anteriores deste livro. Poderíamos recuar ainda mais, mas o ponto principal já ficou assente. As mudanças que começaram depressa podem demorar um tempo enorme até atingir a todos.

A explosão do conhecimento

A tendência de longo prazo mais evidente é a chamada explosão do conhecimento. "Explosão" é uma imagem pessimista para o que outrora foi chamado de maneira otimista de progresso ou crescimento do conhecimento, mas essa nova metáfora combina bem dois conceitos: a expansão rápida e a fragmentação.

Do ponto de vista de um consumidor sofrendo de "angústia de informação", a metáfora tradicional de se sentir afogado ou as metáforas novas de "ruído", "neblina de dados" ou "sobrecarga de informação" parecem ainda mais adequadas. Lemos, por exemplo, que um "dilúvio de dados" ou um "tsunami de dados" está "se quebrando nas praias do mundo civilizado".[8] Em termos mais concretos, o *Washington Post* calculou recentemente que a Web recebe a quantidade espantosa de 7 milhões de novas páginas por dia.[9]

O ponto essencial foi exposto pelo polímata americano Herbert Simon num epigrama: "riqueza de informação gera pobreza de atenção".[10] "Em determinado nível de entrada de dados", escreve um comentador recente, a fartura de informações gera "nervosismo, confusão e até ignorância". Citando o presidente Clinton, "periga que coisa demais entupindo a cabeça das pessoas seja tão ruim para elas quanto coisa de menos, em termos da capacidade de entender, de compreender".[11]

O grande problema é diferenciar entre o que o teórico da informação Claude Shannon chama de "ruído" inútil e a informação útil. Uma das razões pelas quais o governo não estava preparado para os acontecimentos do 11 de Setembro, apesar dos alertas dos serviços de informação, foi porque os alertas se perderam no ruído ou palavrório dos dados (acima, Cap.5). Outros comentadores falam em "sobrecarga cognitiva" ou "angústia de informação".[12] Essa angústia não é nova. As reclamações de "enxurrada" ou "dilúvio" de livros remontam ao primeiro século da imprensa.[13] De todo modo, a gravidade do problema só tem aumentado com o ritmo cada vez mais acelerado da produção e disseminação do conhecimento.

O aumento na quantidade de cientistas e outros estudiosos, sejam pesquisadores em tempo integral ou parcial, levou a uma velocidade ainda maior nas descobertas e publicações, sobretudo no caso dos artigos de ciência natural publicados em revistas especializadas. O número de livros impressos também teve um aumento constante, apesar da concorrência do rádio, da televisão e da internet: em 1955 foram publicados 270 mil títulos, mas em 1995 foram 770 mil e em 2007 o número subiu para 976 mil.[14] O bibliógrafo belga Paul Otlet tinha juntado cerca de 12 milhões de fichas de registro em 1934. Em 1981, o FBI tinha mais de 65 milhões de fichas de 12,5 × 7,5cm em seus sistemas de arquivo, e em 2003 tinha 1 bilhão de arquivos on-line.

A produção e a disseminação têm sido ambas auxiliadas pela crescente tecnologização do conhecimento, com o crescimento de instrumentos de observação, mensuração, registro, recuperação e distribuição da informação. Quando Alexander von Humboldt fez sua famosa expedição à América do Sul, já levava uma quantidade considerável de instrumentos, como notei em um capítulo anterior. Entre os inúmeros instrumentos inventados entre a época de Humboldt e 1950, encontram-se os seguintes (depois de 1950, como veremos, a inovação tecnológica se acelerou ainda mais):

1816 o estetoscópio
1830 o microscópio composto de Lister
1859 o espectroscópio
1874 a máquina de escrever Remington
1881 o gravador
1889 a máquina de tabulação elétrica Hollerith
1907 a máquina fotostática
1928 a fita magnética
1932 o cíclotron
1944 o computador Mark 1 de Harvard
1947 o transistor

Menos espetacular do que a explosão do conhecimento, mas também muito importante, é a tendência de longo prazo rumo à padronização do conhecimento ou, pelo menos, das maneiras de coletar, analisar, testar e disseminar os conhecimentos. Os instrumentos científicos se tornaram cada vez mais uniformes, facilitando a reprodução das experiências. Os catálogos das bibliotecas e os formulários de solicitação preenchidos pelos leitores também foram padronizados (na Sala de Leitura do Museu Britânico, os formulários de solicitação impressos foram adotados em 1837). A passagem dos exames orais para os exames escritos foi mais um exemplo de padronização, com o mesmo questionário para todos em lugar do diálogo individual com o professor. Os questionários e formulários impressos para registrar as respostas ajudaram a padronizar a pesquisa sociológica, ao passo que os congressos internacionais ajudaram a criar nomenclaturas, definições e classificações uniformes, pelo menos em algumas disciplinas.

Secularização e contrassecularização

No longo prazo, precisamos ter em mente a coexistência e a interação de várias tendências antagônicas ou de mútua compensação, uma espécie de equilíbrio dos contrários. Como vimos, a nacionalização do conhecimento coexistiu com sua internacionalização, e a especialização crescente com iniciativas interdisciplinares.

Outro exemplo de tendências opostas, ainda não tratadas neste livro, consiste na secularização e na contrassecularização.[15] Uma ideia habitual, corrente principalmente na segunda metade do século XIX, frisava o conflito entre as forças religiosas e as forças seculares, como no caso da campanha cultural (*Kulturkampf*) do novo Estado alemão contra a influência da Igreja católica.[16]

Essa ideia da relação entre religião e conhecimento secular pode ser exemplificada por duas obras historiográficas publicadas em inglês em 1875 e 1876. A primeira, do cientista John Draper, era *History of the Conflict between Religion and Science*. A segunda era *History of the Warfare of Science with Theology*, de Andrew White, o primeiro reitor da Universidade Cornell. Nas duas obras, Galileu, por exemplo, era apresentado como um mártir na causa da ciência. Segundo esses e outros autores, a ciência venceu a guerra e uma visão de mundo que antes fora religiosa tornara-se secular. Segundo Comte, por exemplo, à fase religiosa na história da humanidade seguiam-se inevitavelmente duas fases progressivamente seculares, a metafísica e a científica. Desde aquela época, especialmente na última geração, tem-se sustentado com diferentes argumentos que é simplista considerar a secularização como uma tendência linear. As concepções de mundo religiosas não desapareceram: pelo contrário, vêm se tornando mais importantes na época dos fundamentalismos cristãos, muçulmanos, judaicos e hindus. Daí o uso cada vez mais frequente do termo "contrassecularização".

Em todo caso, a tese da secularização em sua forma simples desconsidera o fato de que muitos cientistas e outros estudiosos eram e são religiosos, e muitas vezes não veem nenhum conflito entre o credo e a profissão. Na verdade, como vimos, inúmeros clérigos católicos e protestantes do século XIX contribuíram ativamente para popularizar a ciência. Para os cristãos que não interpretavam a Bíblia ao pé da letra, as ideias de Darwin, por exemplo, eram plenamente aceitáveis.

Enquanto uma história intelectual do conhecimento pode se concentrar em debates, uma história social se concentra em grupos sociais, como o clero, e em instituições, como bibliotecas e universidades. Nesta área, a questão é mais simples. O papel do clero na produção e na disseminação do conhecimento no período de nosso estudo perdeu gradualmente sua importância. As bibliotecas foram secularizadas desde a segunda metade do século XVIII, no sentido de ser transferidas de instituições religiosas, como os colégios jesuítas, para instituições laicas, como as universidades.

Dentro das universidades, o número de estudantes nas faculdades de teologia diminuiu, principalmente na Alemanha na segunda metade do século XIX. Em 1830, mais de 30% dos estudantes universitários alemães cursavam teologia; em 1908, apenas 8%. No primeiro período da Modernidade, a maioria dos professores universitários era formada por clérigos (como ainda era obrigatório em Oxford e Cambridge até os anos 1870). Em nossa época, pelo contrário, pode-se falar numa secularização gradual do ensino. Algumas instituições novas, como a Universidade de Londres

(1826), eram fundações seculares, no sentido de não exigirem que os alunos passassem por um teste religioso.

Na metade do século XIX, nasceu um movimento secularista que existe até hoje, ligando estudiosos anticlericais como T.H. Huxley a ateus militantes como Richard Dawkins, tendo assumido forma institucional na Associação Humanista norueguesa (Human-Etisk Forbund, 1956), no Council for Secular Humanism na Inglaterra e em outras entidades semelhantes.

Um aspecto paradoxal da secularização é a apropriação da linguagem religiosa para fins seculares, de que já demos alguns exemplos (p.305-6). Os seguidores de Auguste Comte fundaram "igrejas" positivistas, enquanto o cientista vitoriano anticlerical Francis Galton defendia, em suas palavras, "uma espécie de sacerdócio científico". O diretor da faculdade de medicina de Paris declarou aos estudantes num discurso em 1836 que os médicos eram os herdeiros legítimos e verdadeiros do clero. Os psiquiatras ofereciam "consolo" como os padres, imitando-os e competindo com eles.[17] Quando Carl Gustav Jung se referiu aos psicoterapeutas como "clero", estava seguindo a tradição.

No domínio das instituições do conhecimento, a secularização se apresenta como a tendência dominante. Mesmo assim, não é difícil encontrar exemplos de contrassecularização. A Universidade Duke na Carolina do Norte (1838) foi fundada por metodistas e quacres, a Universidade Livre de Amsterdã (1880) por calvinistas, a Universidade de Chicago (1890) pelo batista John Rockefeller, a Universidade de Navarra (1952) pelo líder da Opus Dei.

Ao longo de todo o nosso período, além das pressões políticas, os estudiosos sofreram também pressões religiosas. Ernest Renan, por exemplo, foi demitido de sua cátedra de hebraico no Collège de France depois de publicar sua vida de Jesus (1863), em que apresentava seu protagonista como simples ser humano. William Robertson Smith também foi demitido de uma cátedra de hebraico, em seu caso no Free Church College de Aberdeen (1881), depois de ser declarado herege pela Igreja Livre da Escócia. Ele foi acusado de heresia depois de publicar um verbete na *Enciclopédia britânica*, insinuando que o texto da Bíblia não devia ser entendido literalmente. No Tennessee, em 1925, um professor secundarista de biologia, John Scopes, foi levado ao tribunal por dizer aos alunos que a espécie humana descendia dos animais, proposição que fora proibida pelo estado do Tennessee. O criacionismo continua vivo e forte nos Estados Unidos e em outros lugares.

Por outro lado, uma série de julgamentos em tribunais americanos entre 1975 e 2005 declarou inconstitucional ensinar nas aulas de ciências das escolas públicas que o mundo foi criado por Deus. A história da secularização, como a história em geral, encontra uma representação mais fiel em movimentos de zigue-zague do que numa linha reta.

Tendências de curto prazo

As tendências de longo prazo podem ganhar reforço ou enfrentar oposição de tendências de curto prazo – e, da perspectiva de um historiador, um período de cinquenta anos pode ser considerado "curto". Quais são os grandes pontos de inflexão em nosso período? Alguns historiadores gostam de dividir o passado em gerações. Mas, como sugeriu Karl Mannheim, o que une uma geração é uma experiência comum de algum tipo de guinada, como uma guerra, uma revolução ou uma crise.[18]

Vários estudiosos alegam ter descoberto várias crises e revoluções na história do conhecimento. O filósofo Edmund Husserl, por exemplo, acreditava que os conhecimentos ou as disciplinas (*Wissenschaften*) tinham passado por uma crise por volta do ano de 1900, enquanto o historiador da ciência Thomas Kuhn identificou toda uma série de revoluções científicas.[19] Quanto às datas, há várias alegações incompatíveis apresentadas por diversos estudiosos, que muitas vezes fazem generalizações excessivas a partir de mudanças numa determinada região ou disciplina.

Por isso, talvez seja melhor manter o espírito aberto o máximo possível e examinar cinco períodos de cinquenta anos, começando por volta de 1750, 1800, 1850, 1900 e 1950, usando números redondos em vez de datas necessariamente significativas (no último caso, por exemplo, o ano de 1940 indica melhor um ponto de inflexão do que 1950). Terminaremos o capítulo refletindo sobre as mudanças que ocorreram nos últimos trinta anos, aproximadamente.

Os períodos de cinquenta anos fazem lembrar os ciclos ou ondas longas da economia, identificadas pelo economista russo Nikolai Kondratiev – "longas", se não para o historiador, pelo menos em comparação a outros ciclos econômicos – para explicar as crises periódicas do capitalismo. Outros estudiosos posteriores, como o austríaco Joseph Schumpeter, inverteram a proposição de Kondratiev, sustentando que as ondas econômicas eram precedidas por ondas que se poderiam dizer "cerebrais". De acordo com essa posição, o papel fundamental cabia ao que agora chamamos de tecnologia da informação, que "transportava" as ondas.[20]

Na exposição subsequente, voltarei algumas vezes a essas ondas, ao descrever mudanças gerais nos sistemas de conhecimento. Os leitores devem ter em mente que foi preciso reduzir uma multiplicidade de acontecimentos em cada período a um pequeno número de tendências importantes, e também que qualquer ponto de inflexão exato está sempre sujeito a controvérsias. De toda maneira, o que importa não são tanto as datas em si, e sim a sequência dos acontecimentos, cada um operando como base de lançamento para o seguinte, como os vários estágios de um foguete ao ser lançado.

A reforma do conhecimento, 1750-1800

O volume anterior desta história terminou com a publicação da *Enciclopédia* (1751-66). Aqui, por outro lado, os volumes da *Enciclopédia* fornecem uma base para medir a mudança. O que diferenciou essa obra de referência das anteriores – e também da maioria das posteriores – foi o projeto político dos editores: o uso do conhecimento a serviço da reforma.

Seria bastante razoável descrever esse período completo de cinquenta anos como uma época da "reforma do conhecimento", em duplo sentido:

não só reformas sociais com base no conhecimento, mas também tentativas de remodelar a organização do próprio conhecimento. "Reforma" era uma palavra-chave daquela época, tal como "avanço", "melhoramento" e seus equivalentes em outras línguas (*réforme* e *amélioration* em francês, *riforma*, *miglioramento* ou *perfezionare* em italiano, *reforma* ou *arreglo* em espanhol, *Reformation*, *Ausbessergun* ou *Verbesserung* em alemão, *opkomst* e *forbedring* em dinamarquês, e assim por diante).

O termo "reforma" era uma versão secular de um conceito religioso que veio a ser utilizado nesse período em vários contextos ou campos, da agricultura à educação. O próprio Lineu afirmou ter feito "uma reforma na botânica maior" do que qualquer outro antes dele.[21] Lavoisier escreveu sobre a necessidade de reformar a linguagem da química. O fisiólogo francês Pierre Cabanis defendia o que chamava de "reforma da medicina", inclusive de sua terminologia.

O conhecimento era usualmente visto como um auxílio para a tarefa de empreender reformas sociais, econômicas e políticas. Assim o viam dirigentes como Carlos III da Espanha, a imperatriz Maria Teresa e Frederico o Grande, que se referiu à *Enciclopédia* como uma ajuda a suas reformas. Alguns ministros deles tinham a mesma posição. Na França, por exemplo, Turgot tinha interesse em aplicar a matemática à reforma administrativa, através do estudo da demografia. Ele também formou uma comissão de estudos de epidemias, para ajudar na reforma da saúde pública.[22] Na Espanha, o novo jardim botânico de Madri (1781) foi definido como um "instrumento da reforma esclarecida da saúde".[23]

Em Portugal, a reforma do ensino implantada pelo marquês de Pombal estava associada a suas reformas econômicas. Em outros lugares, foram elaborados planos gerais para a reforma do ensino, notadamente o Plano de Educação (*Ratio Educationis*) da imperatriz Maria Teresa (1777). Tais projetos costumavam destacar a importância do conhecimento útil. No mundo de língua alemã, por exemplo, foi criada uma nova espécie de escola, a Realschule, que ensinava temas de evidente uso prático, ao lado da tradicional escola clássica que se concentrava no latim e no grego. A partir de meados do século XVIII, encontramos várias tentativas de reformar universidades existentes, como em Coimbra, Copenhague, Cracóvia, Mainz, Praga, Roma, Salamanca, Sevilha e Viena.[24] Entre as reformas da Universidade de Coimbra na época de Pombal, por exemplo, constava a fundação de novas faculdades de matemática e filosofia, laboratórios de química e física, um jardim botânico e um observatório. Nessa época, alguns temas aplicados também ingressaram nas universidades, como a cátedra de mineração em Praga, criada em 1762. Em outros lugares, a reforma curricular também incluiu a incorporação da economia política, como em Nápoles e Göttingen. Proliferaram novas instituições especializadas em conhecimentos úteis ou práticos, com o incentivo dos governos. Na mesma época, foi institucionalizado o ensino formal em três campos de conhecimento prático: a guerra (escolas de artilharia), comunicações (escolas de engenharia) e riquezas (agricultura, mineração e comércio).

O que agora chamamos de "expedições científicas", que estavam se multiplicando na segunda metade do século, como vimos, muitas vezes eram financiadas pelos governos devido a razões práticas. Houve um rápido aumento na quantidade de associações voluntárias para a difusão do conhecimento prático, em especial no setor da agricultura, entre elas as sociedades patrióticas espanholas e hispano-americanas, os *Amigos del País*.[25]

As enciclopédias foram revisadas, reescritas e reorganizadas para acompanhar o fluxo crescente de novas informações. A própria *Enciclopédia* logo precisou de reforma, isto é, de atualização. Em pouco tempo surgiram rivais, entre elas a *Enciclopédia britânica* (1768 em diante), o *Dictionnaire raisonné des connaissances humaines* (58 volumes, 1770-80) e a *Encyclopédie méthodique* (1782-91, que acabou chegando a 210 volumes).

A reforma das enciclopédias pode ser entendida como resposta ou expressão de uma reforma mais ampla do conhecimento, que incluía a sistematização. Além de "melhoramento" e "pesquisa", outra palavra-chave do período foi "sistema". A reforma botânica de Lineu consistiu em criar um novo sistema para a classificação das plantas, e um de seus livros mais famosos ficou conhecido como "o sistema da natureza" (*Systema Naturae*). Em inglês, o verbo *systematize* foi cunhado nos anos 1760. A *Enciclopédia britânica* (1771) abordava sistemas científicos e artísticos, definindo o sistema como "uma reunião ou cadeia de princípios e conclusões, ou o conjunto de qualquer doutrina, cujas várias partes estão ligadas e se seguem ou dependem umas das outras, sentido este em que falamos de um sistema de filosofia, um sistema de religião etc.".

Entre os expoentes do Iluminismo escocês, Adam Smith falava em "sistemas de economia política" e David Hume em "o sistema geral da Europa". Adam Ferguson escreveu sobre "o sistema da cavalaria" e "o sistema dos costumes", e William Robertson sobre o "sistema" escolástico da filosofia, o sistema feudal e "o sistema complexo e intrincado da política italiana". No mundo de língua alemã, Winckelmann estendeu o conceito ao "sistema da arte antiga" (*System der antiken Kunst*), enquanto Johan Christoph Gatterer ressaltava a importância de estudar a história "sistematicamente" (*systemweise*).

Enquanto isso, na Inglaterra, aplicava-se cada vez mais o conhecimento a finalidades práticas na agricultura, no transporte e em especial no setor manufatureiro, sobretudo, mas não apenas na época que os historiadores ainda chamam de Revolução Industrial, marcada por uma sucessão de invenções mecânicas, como a descaroçadora de Andrew Meikle e a cardadora de Richard Arkwright.

A revolução do conhecimento, 1800-1850

As mudanças ocorridas a partir de 1750 podem ser entendidas mais como uma reorganização do que uma revolução do conhecimento. A revolução propriamente dita apareceria nos anos 1790. Após a revolução política vieram mudanças radicais no sistema do conhecimento, especialmente na França entre 1789 e 1815: a eliminação (por alguns anos, até a época de Napoleão) das academias e universidades, a substituição dos *collèges* por *écoles centrales*, a criação da École Polytechnique, o decreto determinando a abertura dos arquivos.[26]

Em termos mais gerais, poderíamos falar na destruição de um antigo regime do conhecimento e sua substituição por um novo. O antigo regime era hierárquico, tendo a teologia como a rainha, seguida pelo direito e pela medicina, então vindo as humanidades ou artes liberais, e por fim as artes mecânicas, como a agricultura e a construção de navios. No começo do século XIX, porém, os defensores da tecnologia e das ciências naturais contestaram o predomínio das humanidades tradicionais.

Os historiadores da ciência consideram os anos em torno de 1800 como a era da "segunda revolução científica", ideia que remonta à própria época, a Coleridge em 1819.[27] O surgimento da palavra "*scientist*" em inglês nos anos 1830 (como seu equivalente alemão, *Naturforscher*) era sinal da especialização e da profissionalização que faziam parte de tal revolução. Analogamente, os historiadores das explorações batizaram esse período de "a segunda era dos descobrimentos".[28]

A queda da velha hierarquia veio associada a um maior reconhecimento da pluralidade dos conhecimentos, eruditos e populares, abrangendo o "o quê" e o "como". Com certo exagero, poderíamos descrever essa percepção da existência de outros conhecimentos, sobretudo de fontes de conhecimento fora da tradição culta europeia, como uma descoberta do "outro", tanto no tempo (o historicismo) quanto no espaço (o Oriente) ou na sociedade (a descoberta do povo pelas classes médias e altas).

A expressão "a descoberta do tempo" é uma maneira de designar o surgimento do historicismo, no sentido de uma percepção mais aguda da mudança e da distância cultural entre o passado e o presente, "o passado como um país estrangeiro".[29] O movimento historicista se concentrou na cultura medieval, que passara muito tempo esquecida ou desprezada, e era então revalorizada. O interesse crescente pela evolução levou, entre outras coisas, à reorganização dos objetos nos museus em ordem cronológica.

O historicismo não foi um mero produto da Revolução Francesa, mas certamente ganhou maior impulso com a Revolução e a sensação de aceleração da história que se seguiu a ela.[30] Associado a um novo senso do passado, havia um novo senso do futuro, que sobretudo os revolucionários consideravam maleável, sujeito ao controle humano. É por isso que alguns historiadores alemães descrevem os anos em torno de 1800 como um divisor de águas ou *Sattelzeit*.[31]

A "descoberta do Oriente" é uma expressão sintética útil para designar o nascimento do interesse pelo Egito, pela Pérsia e principalmente pela Índia (o interesse pelo Império otomano e pela China remonta à fase inicial do período moderno). Como vimos (p.37), a campanha egípcia de Napoleão em 1798 pôs em voga o antigo Egito. O interesse alemão pela Índia foi especialmente forte, inspirado em parte pela busca das origens da cultura europeia, em parte como alternativa à tradição clássica.[32]

Por trás do entusiasmo das classes médias pela cultura popular, tal como no entusiasmo pela Idade Média e pela "sabedoria oriental", havia uma reação contra o Iluminismo. Os anos em torno de 1800 foram a época da chamada "descoberta do povo", sobretudo, mas não exclusivamente, nas áreas de língua alemã na Europa.[33] Como no caso da descoberta do Oriente, boa parcela da atração que a cultura popular exercia em seus descobridores consistia em sua alteridade. O povo era considerado misterioso, descrito como o contrário do que eram (ou pensavam ser) os descobridores: as pessoas do povo eram naturais, simples, instintivas, irracionais, sem individualidade própria, arraigadas na tradição e no solo de seus rincões. O movimento para coletar canções e melodias populares, contos populares, expressões da arte popular, tudo o que, a partir de 1846, os ingleses passaram a chamar de "folclore" (em alemão, *Volkskunde*), era em parte inspirado pela ideia de que o povo era fonte de conhecimento e sabedoria.

O surgimento das disciplinas, 1850-1900

Os anos em torno de 1850 não são tão definidos como as eras da reforma e da revolução. Mas, como vimos, a segunda metade do século XIX foi um período fundamental na história da especialização. Como se afirmou, "entre 1850 e 1900, a ciência ocidental se transformou, passando de um vago conjunto de sociedades, institutos de pesquisa e programas acadêmicos locais para uma série de disciplinas densamente profissionalizadas, altamente centralizadas dentro de cada nação, e muitas vezes subvencionadas por um apoio comercial e estatal direto".[34] Não existe em inglês um termo específico para esse desenvolvimento, mas em alemão chama-se *Disziplinierung*.

Criou-se o doutorado (ph.D.) como uma qualificação acadêmica, e várias disciplinas passaram a ocupar, em número crescente, departamentos autônomos. Na época do positivismo, quando as ciências naturais eram tomadas como modelo de qualquer trabalho intelectual, estudiosos das mais variadas disciplinas, da história à psicologia, sustentavam que seus trabalhos eram "científicos" (ou, pelo menos, *wissenschaftlich*).

A Alemanha liderava essa tendência, ilustrando uma vez mais sua hegemonia acadêmica entre 1850 e 1914 (acima, p.251), tendo os Estados Unidos como seguidor especialmente entusiástico. Por exemplo, em 1852 foi criado um instituto de química na Universidade de Munique, e Liebig foi chamado para dirigi-lo (em Giessen, onde ele trabalhara desde os anos 1820, ministrava-se química num instituto de formação de farmacêuticos). Em 1862, criou-se um departamento de física (Physikalische Institut) na Universidade de Berlim, ao qual se seguiu em 1869 um departamento de química. Em 1876, a nova universidade Johns Hopkins criou seus departamentos de física e química.

Ademais, a história da arte foi por algum tempo quase um monopólio do mundo germanófono, com cátedras em Berlim (1844), Viena (1852), Bonn (1860) e Basileia, onde Jacob Burckhardt se tornou professor de história e história da arte em 1858.[35] Princeton nomeou seu primeiro docente em história da arte em 1859, embora o Departamento de Arte só tenha sido criado quase um quarto de século depois, em 1883.

O segundo grande aspecto que ajuda a definir esse período é a popularização. Explicava-se a ciência aos leigos numa infinidade de publicações, como vimos, incluindo muitos periódicos criados para esse fim. Outro meio importante para disseminar o conhecimento foi a Grande Exposição de 1851 e suas várias imitações ou concorrentes: as Exposições Universais de Paris (1855, 1867, 1878 e 1889), a Exposição Internacional de Londres (1862), a Exposição Internacional de Viena (1873), a Centennial Exhibition na Filadélfia (1876), a Columbian Exhibition de Chicago (1893).

A importância atribuída à inovação tecnológica nessas exposições, especialmente na de 1851, nos lembra que a segunda das ondas econômicas de Kondratiev começou na "era mecânica", dos meados dos anos 1840 em diante.[36] Como vimos, a tecnologia da era do vapor – os trens e os navios – transformou a comunidade do saber, permitindo a realização periódica de conferências internacionais de várias disciplinas, além de ciclos de palestras eruditas e de divulgação nos dois lados do Atlântico. A ampliação das ferrovias levou a outras inovações. Como os administradores das linhas férreas precisavam saber quando e onde se encontravam os vagões, por questões de eficiência e segurança, as empresas ferroviárias logo adotaram cartões perfurados e máquinas de tipo Hollerith para a leitura dos cartões.[37]

Esse período também foi importante na história dos museus. Entre outros, foram criados os seguintes:

1852 Germanisches Nationalmuseum, Nuremberg
1857 Museu de South Kensington, Londres
1864 Koloniaal Museum, Haarlem
1865 Colonial Museum, Wellington
1866 Peabody Museum of Natural History, New Haven
1868 Museu de Antropologia, Paris
1868 Staatliches Museum für Völkerkunde, Munique
1869 Museum für Völkerkunde, Leipzig
1870 Metropolitan Museum of Art, Nova York
1872 Kunsthistorisches Museum, Viena
1873 Museum für Völkerkunde, Berlim
1873 Nordiska Museet, Estocolmo (figura 15)
1881 Museu de História Natural, Londres
1885 Museu da Ciência, Londres

A presença de dois museus coloniais nesta relação nos faz lembrar que se estava então no auge do "colonialismo científico".[38] Como os quatro museus alemães de antropologia ou *Völkerkunde*, eles apresentavam arte-

FIGURA 15. Nordiska Museet, Estocolmo (1873).

fatos que os europeus tinham coletado na Ásia, na África, nas Américas e na Oceania. Entre as instituições do colonialismo científico criadas nesse período estavam a cátedra de geografia colonial na Sorbonne (1893), as instituições de ensino como a École Coloniale de Paris (1889) ou o Instituto Colonial Internacional em Bruxelas (1894), mostras como a Exposição Colonial em Berlim (1896), mapeamentos como o Levantamento Geológico da Índia (1851) ou o levantamento das Índias Holandesas feito pelo Ministério Colonial holandês (1857). A expansão russa para o Turquistão nos anos 1860 resultou numa série de expedições geográficas, arqueológicas e etnográficas na Ásia Central.

Fora das colônias, foi também a época da introdução do conhecimento ocidental na Ásia oriental. Na China, instituições destinadas a esse fim incluíam a Escola de Línguas Estrangeiras em Pequim (1861), o Departamento de Tradução no Arsenal de Jiangnan (1879), o Instituto Politécnico de Xangai (1876), a Sociedade de Difusão do Conhecimento Cristão e Geral entre os Chineses, também em Xangai (1887), e a Universidade da Capital Imperial em Pequim (1898). No Japão, o novo regime Meiji fundou a Faculdade Imperial de Engenharia (1873), a Universidade de Tóquio (1877) e a Universidade Imperial de Quioto (1897). Nos anos 1880, instituiu-se o grau de doutorado nos moldes alemães.

A crise do conhecimento, 1900-1950

Husserl, citado mais acima, não foi o único a considerar os anos em redor de 1900 como uma época de crise em muitas disciplinas, crise esta definida às vezes como "revolta contra o positivismo".[39] A tendência era mais visível, ou se tornou visível mais cedo, na filosofia, notadamente no "perspectivismo" de Nietzsche, segundo o qual não existe nenhuma maneira verdadeira de enxergar o mundo, mas apenas uma variedade de perspectivas ou pontos de vista, e na "fenomenologia" do próprio Husserl, colocando o mundo externo e nossas suposições sobre ele entre parênteses intelectuais e, em seu lugar, analisando a experiência vivida do mundo. Essas ideias, formuladas antes de 1914, levaram algum tempo para se difundir e ganharam seu máximo apelo depois do trauma coletivo da Primeira Guerra Mundial e do fim de antigos regimes que veio em sua esteira.

A subversão do que até então fora a ortodoxia ficou mais evidente na física. Fosse entendida corretamente ou não, a famosa Teoria Geral da Relatividade de Einstein (1915) incentivou o relativismo, enquanto o princípio de incerteza de Heisenberg, formulado em 1927 em relação à mecânica quântica, solapou a certeza de maneira ainda mais generalizada. As pretensões de objetividade foram se corroendo num campo após o outro, junto com a confiança em leis gerais e em métodos de aplicação geral.[40]

Entre os historiadores profissionais, a convicção de que "a história é uma ciência, nem mais, nem menos" (como havia declarado o historiador irlandês J.B. Bury), cedeu lugar à ideia de que a história é uma arte, um ramo da literatura, sendo inevitável o ponto de vista pessoal. Duas críticas famosas à pretensão de objetividade foram formuladas nos discursos de posse de presidentes da American Historical Association: "Todo mundo é seu próprio historiador" de Carl Becker (1931) e "A Historiografia como um ato de fé" de Charles Beard (1933).[41]

Na sociologia, houve um debate semelhante quanto às pretensões científicas da disciplina vinculado ao surgimento de um novo subcampo, a *Wissensoziologie* ou "sociologia do conhecimento", associada a Max Scheler e Karl Mannheim, que ressaltava as diferenças entre as concepções de mundo dos diferentes grupos sociais, especialmente das classes sociais, e as ligações estreitas entre as formas de conhecimento e as situações sociais.[42] Procurando situar a própria sociologia do conhecimento, poderíamos dizer que o ânimo desiludido do pós-guerra levou intelectuais como Mannheim a se afastar de valores culturais antes tidos como assentes.

A Primeira Guerra Mundial trouxe muitas consequências para o conhecimento, além de ajudar a corroer as velhas certezas. De ambos os lados do conflito, houve o recrutamento de várias habilidades acadêmicas e dos próprios acadêmicos para auxiliar no esforço de guerra. Físicos desenvolveram métodos navais para detectar a presença de submarinos. Psicólogos avaliavam as condições dos pilotos, enquanto 2 milhões de soldados americanos passaram por testes de inteligência. Observou-se em 1920 que "um dos resultados mais impressionantes da guerra é a ênfase que ela deu à importância nacional da ciência e da pesquisa".[43] Como vimos, departamentos, comissões e conselhos de pesquisas foram criados na França, na Inglaterra, na Rússia e nos Estados Unidos, e o volume de pesquisa cresceu muito.

Os serviços de inteligência também se expandiram, embora alguns dos mais conhecidos tivessem sido criados alguns anos antes: o FBI em 1908, o MI5 em 1909 e o SIS (futuro MI6) em 1912. Os governos também precisavam de mais informação do que o habitual sobre suas populações, a fim de mobilizar recursos para os esforços de guerra, enquanto o aumento do controle e da centralização enfrentou menos resistência do que provavelmente ocorreria em tempos de paz.[44] Na Inglaterra, por exemplo, o National Registration Act (1915) estabeleceu o registro dos nomes e dos endereços de toda a população e tornou obrigatório o porte de uma carteira de identidade, exigência que foi suspensa em 1919. Os passaportes foram reintroduzidos na Inglaterra, na França e na Alemanha e, como algumas outras instituições da época de guerra, se tornaram permanentes.[45]

As hostilidades dividiram o mundo do saber. O sociólogo americano Albion Small rompeu relações com seu ex-amigo e colega Georg Simmel, enquanto o historiador belga Pirenne rompeu com Lamprecht. Pirenne foi preso pelos alemães em 1916, por ter resistido ao regime que haviam imposto à Bélgica. Mas, depois da guerra e em reação a ela, o movimento de cooperação internacional que adotou a forma institucional da Liga das Nações também se estendeu à comunidade do saber. Pirenne trabalhou pela retomada dos Congressos Históricos Internacionais e pela readmissão de estudiosos alemães na comunidade dos historiadores. Presidiu ao Congresso de Bruxelas em 1923, no qual apresentou a história comparada como um antídoto ao nacionalismo.[46] Nesse ínterim, fora criado um Conselho Internacional de Pesquisa durante uma reunião em 1919, também em Bruxelas. Nessa nova comunidade, os alemães já não eram os líderes que tinham sido entre 1850 e 1914.

A terceira onda de Kondratiev já se iniciara nos anos 1890, era da "revolução elétrica" e de inovações na tecnologia da informação, como a calculadora.[47] Indústrias alemãs e americanas começaram a investir em pesquisa ou "P&D" no final do século XIX, levando à chamada "Segunda Revolução Industrial".[48] Todavia, a guerra foi um grande estímulo à indústria e, assim, a determinadas formas de conhecimento. Na verdade, segundo alguns estudiosos, 1914 marca o início de uma "terceira revolução industrial", embora geralmente costume-se datá-la numa fase um pouco posterior, como veremos.[49]

Tecnologizando o conhecimento, 1940-1990

A Segunda Guerra Mundial marca uma guinada na história do conhecimento de maneira ainda mais clara do que a Grande Guerra, sendo o Projeto Manhattan e sua grande equipe de cientistas o símbolo da nova era da alta tecnologia e do financiamento governamental, embora a Ciência Grande não tenha nascido com a bomba.[50] As experiências da guerra levaram a outras inovações. O cientista americano Norbert Wiener desenvolveu a cibernética quando estava trabalhando no problema de "ensinar" as armas de defesa antiaérea a mirar alvos velozes.

A tecnologização do conhecimento continuou no mesmo passo da guerra, levada pela quarta onda de Kondratiev, a da "era eletrônica",[51] com marcos como os seguintes:

1951 computador Univac
1956 aviões de espionagem U-2
1957 Sputnik
1958 fotocopiadora
1959 primeiro satélite meteorológico, Vanguard II
1961 projetor de slides em carrossel
1961 microfichas
1969 Arpanet
1970 satélites do Programa Americano de Apoio à Defesa
1971 microprocessador
1977 Voyager 1 e 2
1978 Seasat
1981 computador pessoal
1984 disquetes
1987 tecnologia de reconhecimento da íris
1987 PowerPoint

Fica evidente a aceleração da inovação tecnológica, gerando avanços no conhecimento que, por sua vez, levaram a outras inovações. A obsolescência se tornou mais evidente do que nunca, como no caso do surgimento e desaparecimento da microficha e do aparelho de fax, populares nos anos 1980 e 1990. Porém, o desenvolvimento mais significativo na história do conhecimento nesse período foi, sem dúvida, o advento de máquinas que – pode-se dizer – pensam, sabem e aprendem, seja a jogar xadrez, mirar mísseis ou tirar fotografias de planetas distantes. A observação por satélites para fins civis e militares, inclusive o estudo do clima e dos oceanos, se difundiu desde os anos 1950.

Como no caso da Primeira Guerra Mundial, às hostilidades internacionais seguiram-se em 1945 as tentativas de institucionalizar a cooperação internacional. A Unesco (1946) sucedeu ao Comitê de Cooperação Internacional da Liga das Nações (1922), mas recebeu mais recursos do que a antecessora. O cientista inglês Joseph Needham e o gestor americano de conhecimento Vannevar Bush foram alguns dos que ajudaram a inserir o "S de *science*" na Unesco, originalmente concebida como uma organização de educação e cultura, enquanto outro cientista inglês, Julian Huxley, foi seu primeiro diretor-geral.

Na comunidade do saber, a era do jato substituiu a era do vapor, com meios de transporte mais rápidos incentivando a proliferação de pequenas conferências internacionais sobre temas específicos. Os grandes congressos internacionais das disciplinas, já mencionados, continuaram a existir nesse período – na verdade, tornaram-se ainda maiores –, mas, exatamente por isso, cada vez mais o verdadeiro trabalho era executado em outras esferas.

O financiamento da ciência pelo governo se manteve após 1945, impulsionado pela Guerra Fria e principalmente pela rivalidade entre os Estados Unidos e a União Soviética. Sem esse financiamento, seria impossível existir o que vem se chamando "Terceira Era dos Descobrimentos", a exploração do espaço e das profundezas marinhas.[52] Pode-se afirmar o mesmo em relação à "Terceira Revolução Científica", assim denominada para explicar os rápidos avanços na ciência da computação e na biologia molecular.[53] O desenvolvimento das telecomunicações esteve ligado à "teoria da informação" ou à "ciência da informação", a análise do processo de comunicação (codificação, transmissão e decodificação), para garantir que as mensagens não fossem corrompidas por "ruídos".

A Terceira Revolução Científica está ligada à "Terceira Revolução Industrial", expressão mais utilizada para designar mudanças na segunda metade do século XX.[54] As economias do Ocidente, e depois do Japão, da Coreia e de Taiwan, foram transformadas pelo surgimento das indústrias de serviços, em especial as "indústrias do conhecimento", em detrimento da fabricação tradicional.[55] O exemplo mais espetacular é o desenvolvimento do Vale do Silício na Bay Area da Califórnia, onde a indústria de tecnologia da informação já tinha se estabelecido desde os anos 1950, duas décadas antes da formação do agora famoso Homebrew Computer Club ("Clube do Computador Caseiro"). Foi a primeira vez na história em que a localização de um importante setor industrial foi determinada pela presença de instituições de ensino superior – Stanford (com seu departamento de engenharia elétrica de ponta) e Berkeley.[56]

O surgimento da "economia da informação" e de empresas movidas pelo conhecimento como a Apple e a Microsoft, em que a produtividade depende da pesquisa, levou por sua vez ao surgimento da "sociedade pós-industrial", também conhecida como "sociedade da informação" ou "sociedade do conhecimento", em que o cotidiano é permeado de novas formas de conhecimento. Como alguns leitores podem pensar que a sociedade do conhecimento é um fenômeno do século XXI, cabe lembrar que o termo e o debate associado a ele remontam aos anos 1970. Foi em 1973, por exemplo, que o economista americano Kenneth Arrow publicou um artigo em que descrevia a informação como "uma categoria de bens economicamente interessante que até o momento não tem recebido muita atenção dos teóricos da economia".[57]

Foi uma época de aumento da quantidade e da variedade de trabalhadores na área do conhecimento. Esse exército de trabalhadores incluía regimentos inteiros de professores, arquivistas, curadores, jornalistas, gestores de conhecimento, trabalhadores em computação e várias espécies de pesquisadores, atuando em caráter independente ou em equipes, ou ainda como assistentes de pesquisas de outras pessoas.

O nascimento da sociedade do conhecimento vem associado a um declínio na importância das universidades como centros de produção do conhecimento. Em vista da pluralidade dos conhecimentos, é evidente que as universidades nunca monopolizaram a produção de saber, mas sua "participação no mercado" diminuiu nesse período devido à concorrência crescente não só dos laboratórios industriais (fenômeno da segunda metade do século XIX, como vimos), mas também dos *think tanks*, cada vez mais numerosos e difundidos numa quantidade sempre maior de países na segunda metade do século XX.[58]

Outra grande tendência neste período foi o declínio do Ocidente no domínio do conhecimento, mais gradual do que no caso da esfera política e da esfera econômica, mas mesmo assim claramente perceptível. O etnocentrismo ocidental ou o eurocentrismo foi objeto de uma crítica ocidental, movida mais especificamente por antropólogos. O ano de 1950 marcou um momento simbólico: Lévi-Strauss foi nomeado para uma cátedra na École Pratique des Hautes Études e mudou o nome da cátedra, que se chamava "religião dos povos selvagens" para "religião dos povos sem escrita". A seguir, expôs seu relativismo cultural em *Raça e história* (1952), *Tristes trópicos* (1955) e *O pensamento selvagem* (1962).

Foi também nesse período que cientistas asiáticos começaram a ganhar o Prêmio Nobel, enquanto vozes fora da Europa e dos Estados Unidos começavam a se fazer ouvir na história e nas ciências sociais. No caso da história, por exemplo, o diplomata indiano Kavalam Panikkar contestou as interpretações ocidentais do que chamou de "época de Vasco da Gama" (1498-1945) em sua obra *A Ásia e a dominação ocidental* (1953). *Os jacobinos negros*, um estudo da revolução em Santo Domingo (1791) realizado por C.L.R. James, autor de Trinidad, tinha sido publicado antes, em 1938, mas seu impacto veio após a guerra. O historiador mexicano Miguel León Portilla publicou *La visión de los vencidos* em 1961, apresentando a história mexicana dos pontos de vista dos indígenas.

O colonialismo em si foi analisado por Aimé Césaire, um poeta da Martinica, em seu *Discours sur le colonialisme* (1950), e pelo psiquiatra Frantz Fanon, também da Martinica, em *Les Damnés de la terre* (1961). Tais livros inspiraram o movimento dos "estudos pós-coloniais", que ficou muito conhecido após a publicação de *O orientalismo*, de Said (1978).[59]

As décadas de 1950 e 1960 também presenciaram o surgimento da economia desenvolvimentista, com sua distinção entre países desenvolvidos e subdesenvolvidos (depois, "em desenvolvimento"), e da "teoria da dependência", a qual sustentava que os países desenvolvidos haviam "subdesenvolvido" os demais ao obrigá-los a exportar matérias-primas e a importar produtos manufaturados. A própria teoria da dependência, por outro lado, foi uma criação conjunta de economistas americanos e latino-americanos.

Nos anos 1960, é possível identificar um triplo ataque às interpretações tradicionais da história e da sociedade – as quais foram criticadas por ser elitistas, ocidentais e machistas –, proveniente das feministas e dos defensores da abordagem de baixo ("*from below*") ou da periferia. A criação de sociedades de estudo e cursos universitários (estudos das mulheres, estudos nativos americanos, estudos afro-americanos e assim por diante), além do nascimento de periódicos para divulgar as novas abordagens, como *History Workshop* e *Signs*, converteu esse ataque à tradição em parte integrante não só da história intelectual, como também da história social do conhecimento.

A metade do século XX também presenciou uma reação contra a crescente especialização, debate associado na Inglaterra à palestra de C.P. Snow sobre as "duas culturas" (1959; acima, p.206) e à fundação de universidades como Keele (1950) e Sussex (1961), onde a interdisciplinaridade foi institucionalizada no nível da graduação. No entanto, como mostrou o debate internacional sobre as duas culturas, a preocupação com esse problema e as tentativas de resolver a situação, pelo menos num grupo de disciplinas interrelacionadas, foram muito além da Inglaterra. No nível dos estudiosos profissionais, essas tentativas incluíram a fundação do Center for Advanced Studies in the Behavioral Sciences em Palo Alto (1954), da Maison des Sciences de l'Homme em Paris (1963) e de um Centro de Pesquisa Interdisciplinar (Zentrum für interdisziplinäre Forschung) em Bielefeld (1968).

A era das reflexividades, 1990-

Olhando para trás, a última geração parece constituir, sob certos aspectos, um novo período na história do conhecimento, tendo 1989-90 como data simbólica inicial. A queda do Muro de Berlim e o fim da União Soviética e de outros regimes comunistas geraram mudanças importantes, das quais a transformação da Academia de Ciências soviética e seus satélites foi apenas uma pequena parte. A World Wide Web foi batizada e começou a operar dentro do Cern em 1990 (ela se desenvolveu a partir de um sistema militar americano, a Arpanet, mas se tornou mais acessível e fácil de navegar do que a antecessora). Os historiadores econômicos fixam a data da quinta onda de Kondratiev, baseada na microeletrônica, no final dos anos 1980.[60]

A tecnologização do conhecimento continua a se acelerar. Algumas datas marcantes são 1990 (o Telescópio Espacial), 1994 (Netscape), 1995 (Java) e 1998 (Google). A fotografia por satélite ajuda nos levantamentos e na vigilância. O Mars Global Suveyor entrou em órbita em 1997, enquanto o Google Earth se tornou acessível ao público em 2005. A explosão da informação, se nem sempre foi também do conhecimento, prossegue. Os dados digitais agora são medidos em gigabytes, terabytes, petabytes e hexabytes (1 quintilhão de bytes ou 1 bilhão de gigabytes). Calculou-se que a humanidade produziu 150 hexabytes de dados em 2005, mas, segundo um estudo feito por uma empresa de pesquisa de mercado, a International Data Corp, em 2010 seriam gerados cerca de 1.200 hexabytes de dados digitais.[61]

Assim, não é de admirar que exista demanda para a "gestão do conhecimento", sobretudo no setor empresarial, com firmas especializadas oferecendo "serviços de gestão do conhecimento". O primeiro diretor de conhecimento (CKO) surgiu em 1994. Desde então, muitas empresas criaram esse cargo.[62] Enquanto os gerentes e os gestores têm se interessado mais pelo conhecimento, as instituições do conhecimento, como as universidades, vêm se interessando mais por gestão, o que é bastante compreensível, visto que elas lutam para conservar sua posição num mundo cada vez mais competitivo, concorrendo não só entre si, mas também com instituições de pesquisa, como os *think tanks* e os laboratórios industriais.[63]

Se Thorstein Veblen estivesse vivo, provavelmente sorriria ironicamente à ideia de que as semelhanças entre universidades e empresas são ainda maiores do que em sua época. Até poderia escrever sobre a "McDonaldização do conhecimento" (ou o McConhecimento), uma combinação entre a produção em massa (o aumento no número de alunos), a tentativa de aumentar a eficiência através de medições (avaliação dos docentes feita pelos alunos, números de citações, exercícios de avaliação das pesquisas), a padronização (defendida no século XIX por aquele maníaco pela eficiência, Melvil Dewey) e a troca de pessoas por máquinas em algumas partes do processo de ensino (nos laboratórios de línguas, por exemplo). Algumas universidades chamaram consultores administrativos para ajudá-las a aumentar a eficiência.[64]

O cotidiano de trabalho de muitos estudantes e acadêmicos se transformou com a difusão do computador pessoal e o surgimento da internet, às vezes chamada de "Quinto Estado".[65] A separata, seja entregue em mãos ou enviada pelo correio, junto com uma cópia "pré-impressão", está sendo substituída pelo artigo via e-mail, inédito ou já publicado. As vendas dos jornais na versão impressa estão caindo. Embora o futuro do e-book ainda seja incerto, é uma ameaça concreta aos livreiros, editores e outros agentes no campo do conhecimento com suporte físico de papel.[66] Como defesa, editores menores têm somado forças ou têm sido absorvidos por organizações maiores, multinacionais, como a Hachette, que não se restringe mais a livros em francês, a Elsevier, editora holandesa ainda sediada em Amsterdã, mas produzindo um amplo leque de publicações científicas em inglês, a John Wiley and Sons Inc., editora americana que absorveu a Blackwell em 2007.

Em certos aspectos, a situação atual, em que livros e revistas coexistem nos dois suportes, o impresso e o digital, faz lembrar o que aconteceu na segunda metade do século XV, época dos primeiros livros impressos europeus. O novo meio de comunicação não eliminou os manuscritos. Os dois meios coexistiram e interagiram, ocorrendo uma divisão de trabalho entre eles. Pessoalmente, o que vejo para o futuro é que os livros de papel e os e-books irão conviver de modo semelhante, embora também seja provável uma diminuição do livro – diminuição metafórica, no sentido de uma perda de importância, mas também diminuição literal, no sentido de livros menores, mais curtos, para leitores que adquirem uma proporção sempre maior de sua informação e mesmo de seu conhecimento em outras fontes.

A globalização do conhecimento também é muito concreta. O uso crescente de laptops e da internet está dissolvendo a distinção tradicional entre a periferia, "as províncias", e os centros de conhecimento situados nas principais cidades, como Paris, Londres ou Nova York. A famosa expressão de Marshall McLuhan, "aldeia global", continua um tanto exagerada, mas atualmente é bem mais precisa do que em sua época (ele morreu em 1980).

Desde 1989, tem-se notado um "tremendo aumento na colaboração transnacional".[67] Há razões culturais e econômicas para esse aumento. Numa certa fase da Ciência Grande, foi necessário o financiamento do Estado, e as rivalidades internacionais, principalmente entre os Estados Unidos e a União Soviética, incentivavam grandes despesas. Mas, por fim, a Ciência Grande ficou grande demais para que apenas um Estado consiga financiá-la. O Telescópio Espacial Hubble (1990; figura 16), por exemplo, custou US$ 2 bilhões.[68] Não surpreende que a concorrência internacional no espaço tenha sido substituída pela colaboração numa Estação Espacial Internacional (1998). Na Europa, a física nuclear é subvencionada pela União Europeia por intermédio do Cern (Conseil Européen pour la Recherche Nucléaire; figura 17). Esse projeto também foi movido por necessidade financeira, visto que os aceleradores de partículas não são baratos (o Grande Colisor de Hádrons custou cerca de US$ 9 bilhões). De qualquer forma, a existência do Cern ajuda a criar uma comunidade europeia de cientistas ou, pelo menos, de físicos de partículas.

A tendência de globalização tem se reforçado não só com o degelo da Idade do Gelo política, mas também pelo uso do inglês como o novo latim, a língua franca da comunidade de saber, empregado cada vez mais nas revistas especializadas, em qualquer país onde sejam publicadas, e em cursos universitários de muitos lugares do globo, da Holanda à Singapura. O inglês global, ou *globish*, também incentiva a "troca desigual de textos", visto que é muito maior a quantidade de estudos traduzidos do inglês do que para o inglês.[69] De fato, livros e artigos acadêmicos em inglês citam textos de outras línguas com frequência muito menor do que o inverso. Em alguns países, da Suécia ao Brasil, os acadêmicos sofrem pressão dos dirigentes das universidades para publicar seus estudos em inglês, e não em sua própria língua, a fim de aumentar o prestígio internacional de suas instituições.[70] O surgimento de buscadores em inglês como o Google, junto com o projeto de livros do Google, voltado basicamente para livros

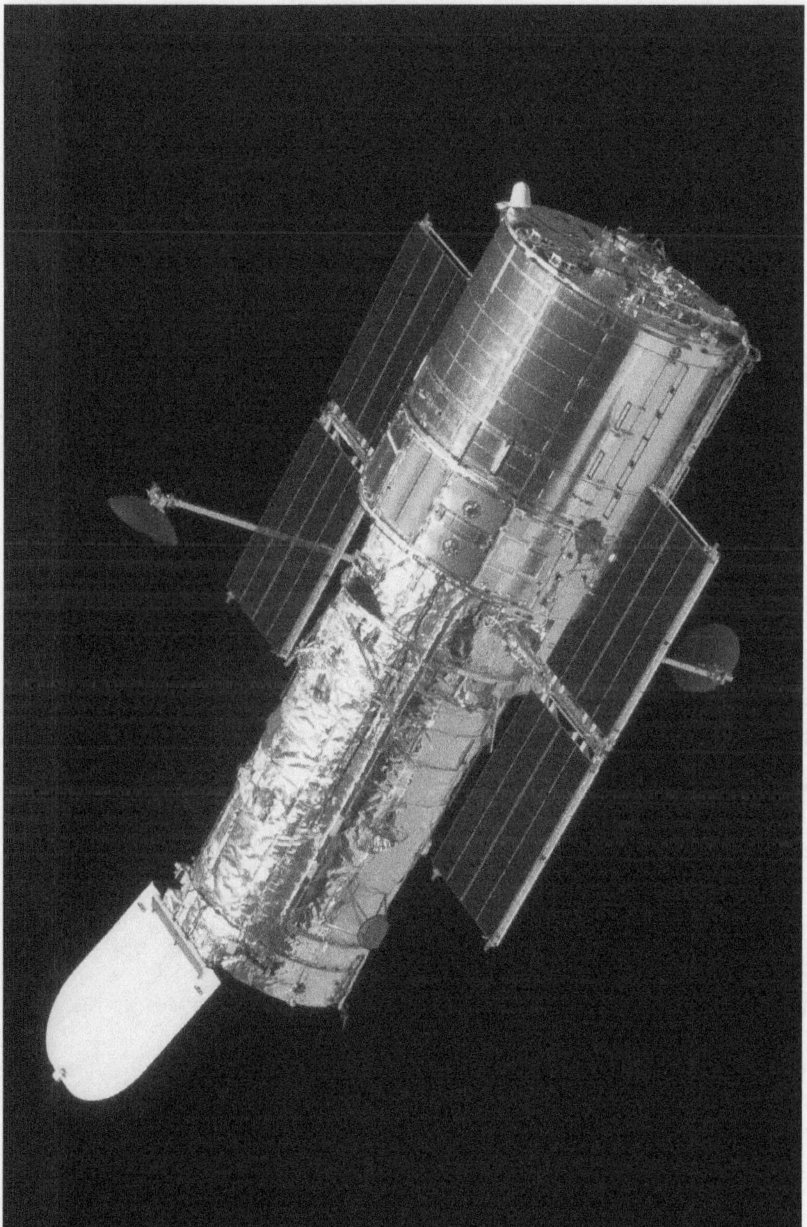

FIGURA 16. Telescópio Espacial Hubble.

FIGURA 17. Grande Colisor de Hádrons do Cern (2008).

em inglês, reforça essa tendência, apesar de algumas outras tentativas, como o projeto francês Quaero (2005).[71]

Outra grande tendência é a democratização do conhecimento, sobretudo no sentido do aumento do acesso de muitas pessoas em muitos lugares, seguindo os passos dos desenvolvimentos oitocentistas tratados mais acima, entre eles o surgimento de bibliotecas públicas e institutos de mecânica. As bibliotecas, com seus respectivos conteúdos, inclusive folhetos e livros raros, estão se tornando acessíveis a um maior número de leitores graças a instituições como o Google Book Search, projeto de digitalização de milhões de livros para torná-los disponíveis on-line.[72] Há avanços para tornar os arquivos mais acessíveis: um arquivo digital tem a possibilidade de se transformar em um "arquivo do povo", um "arquivo aberto" que forneça um serviço de informação para o público geral.[73] Os museus estão mais acessíveis do que nunca aos visitantes em cadeiras de rodas, e também se tornaram mais acessíveis intelectualmente ao público, graças a explicações e descrições dos objetos expostos mais completas do que as lacônicas etiquetas tradicionais (acima, p.294).

As bases ou bancos de dados aumentam a rapidez da pesquisa. São anteriores a este período – veja-se o Protein Data Bank (1971) –, mas proliferaram nos últimos vinte anos e aumentaram de tamanho. Vão desde o Legifrance, sobre a legislação francesa, até o Recenseamento da Vida Marinha ou o Levantamento Celeste Digital Sloan, que teria "coletado mais dados em suas primeiras semanas do que tudo o que se reuniu em toda a história da astronomia".[74] O Google Earth (2005) gera e disponibiliza imagens e informações de lugares em alta velocidade.

As "tendências monopolistas" do Google são preocupantes, como a privatização por meio de patentes de coisas que antes eram de domínio público; é a tendência do "feudalismo da informação" tratada em capítulo anterior.[75] Os buscadores geralmente são mais vantajosos para seus donos, através da publicidade, do que para os usuários. De todo modo, alguns projetos acadêmicos têm em certa medida bloqueado a monopolização, como o JSTOR (1995), um serviço de base americana sem fins lucrativos que disponibiliza periódicos acadêmicos na rede; o Projeto Gutenberg de disponiblizar monografias acadêmicas, lançado pela American Historical Association e pela Columbia University Press (1999); o History Ebook Project (1999), criado pelo American Council of Learned Societies, envolvendo dez editoras universitárias.[76]

Graças aos novos meios de comunicação, as universidades "abertas" ou à distância têm atingido um número de estudantes muito maior do que as universidades tradicionais jamais conseguiriam. Em 2000, o número de estudantes tinha aumentado para cerca de 2 milhões na Inglaterra e 14 milhões nos Estados Unidos, enquanto na China o Sistema de Universidade pela TV atingia sozinho 580 mil estudantes.[77] A rede tem incentivado a "ciência cidadã" – isto é, o uso de "voluntários leigos espalhados para coletar dados", por exemplo, para observar mudanças climáticas ou migrações de pássaros. Formou-se uma Aliança da Ciência Cidadã para incentivar esse tipo de projeto coletivo com base na internet.[78]

A internet também tem sido considerada uma força democrática (a "ciberdemocracia"), ao disponibilizar mais amplamente a informação política, além de ajudar os organizadores de movimentos políticos a ganhar adeptos e a organizar comícios e protestos via e-mail.[79] A blogagem permite que os indivíduos sejam ouvidos com mais facilidade do que usando meios tradicionais, como cartas aos jornais. A chamada blogosfera é uma nova forma de esfera pública.

Mas aqui também encontramos uma força em sentido contrário. Se os dissidentes foram os primeiros a descobrir as potencialidades da rede para suas finalidades, os governos, inclusive os regimes autoritários, não demoraram a alcançá-los. Alguns usam a rede para rastrear os dissidentes, outros promovem o uso da internet como entretenimento e uma espécie de ópio do povo.[80] Não surpreende encontrar tentativas de censura à internet, sendo o exemplo mais conhecido o projeto chinês do "Escudo Dourado" (2003), também chamado de "a Grande Firewall da China".

Os regimes autoritários certamente têm razão em ficar alarmados numa época em que antigos segredos de Estado, sobretudo, mas não exclusivamente, no antigo bloco comunista, passaram a ser de conhecimento público. A *glasnost* se transformou num lema oficial da Rússia de Gorbachov no final da década de 1980. Desde então, os arquivos da polícia secreta passaram a ser acessíveis, e agora as localizações dos campos de trabalho e de pesquisa nuclear aparecem nos mapas russos.

Em outros lugares, as exigências de maior transparência nas ações do governo têm sido mais e mais constantes. Muitos países aprovaram leis de liberdade da informação (na Inglaterra, em 2000). Os governos começaram a disponibilizar dados oficiais na internet, nos Estados Unidos (2009), por exemplo, ou na Inglaterra (2010), num website chamado data.gov.uk. Informações confidenciais, inclusive e-mails de ministros, têm vazado informalmente para a mídia, através de pessoas e organizações como o WikiLeaks (2007).

A democratização do conhecimento também atingiu as enciclopédias, notadamente a Wikipédia on-line, criada por Jimmy Wales em 2001.[81] O projeto original para o que se chamaria "Nupédia" era mais tradicional, com editores designando assuntos para determinados colaboradores. Mas os planos mudaram, e "qualquer um pode editar qualquer página em qualquer momento", alteração que está ligada ao espírito de compartilhamento e abertura da "cultura computacional" do MIT e de outras universidades.[82]

O novo projeto fez da Wikipédia o carro-chefe da ciência cidadã, na acepção ampla do termo "ciência", e um exemplo precípuo da tendência de "amadorização" – ou, mais exatamente, como vimos, de uma volta ao estudioso diletante. O preço da amadorização é um maior grau de imprecisão, mas não tanto quanto poderia se esperar. Um estudo publicado na *Nature* em 2005, baseado na avaliação de 42 artigos sobre temas científicos feita por especialistas, encontrou 162 erros na Wikipédia (corrigidos em poucos dias), enquanto a *Britânica* on-line apresentou 123 erros. É possível que esses artigos científicos deem uma impressão demasiado otimista quanto à fidedignidade da Wikipédia como um todo, mas, quando um historiador profissional conferiu 25 biografias de personagens da história americana, encontrou erros, e pequenos, apenas em quatro.[83]

A Wikipédia se diferencia das enciclopédias impressas em vários aspectos. É maior: em 2010, a Wikipédia contava com mais de 3,5 milhões de artigos em inglês e mais de 1 bilhão de palavras. Está disponível em maior número de línguas (pelo menos 25). Está em revisão ou reconstrução constante, à diferença dos intervalos de tempo entre as sucessivas edições da *Britânica*, da *Larousse*, da *Brockhaus* e das demais. A Wikipédia se distingue ainda mais por ser feita "a partir de baixo", isto é, por seus leitores (cerca de 200 mil deles, com o que o número de 140 colaboradores da *Enciclopédia* fica parecendo absurdamente reduzido). As buscas são mais rápidas ("wiki" significa "rápido" em havaiano).

Como ocorre tantas vezes, a inovação trouxe problemas: a interferência ou "vandalismo", por exemplo, para apagar ou inserir comentários desfavoráveis sobre indivíduos ou instituições ou para acrescentar propagandas. O projeto foi criticado como exemplo de culto acrítico ao amadorismo.[84] O próprio Jimmy Wales comentou "uma infeliz tendência de desrespeito pela história como disciplina profissional". Um dos primeiros colaboradores de Wales, Larry Sanger, começou a se sentir incomodado com a falta de "respeito pelo conhecimento especializado" (palavras suas) da Wikipédia e fundou um projeto rival, organizado de cima para baixo, o Citizendium (2006).[85] É difícil avaliar essas críticas – e escrever a história social da Wikipédia –, visto que os artigos são anônimos. Sabe-se que uma pequena minoria de colaboradores produziu uma proporção muito maior dos verbetes, e pode-se supor que muitos dos autores são do sexo masculino, norte-americanos, entusiastas de computador ou acadêmicos profissionais.

A Wikipédia também se caracteriza por algo que, apesar do perigo de antropomorfismo, podemos chamar de "autocrítica", representada pelos avisos sobre os riscos à saúde intelectual como "A neutralidade deste artigo é discutível" ou "Este artigo precisa de citações adicionais para corroboração. Por favor, ajude a melhorar este artigo acrescentando referências fidedignas. Materiais sem fonte podem ser questionados e removidos."[86] Sob esse aspecto, os editores das enciclopédias impressas poderiam pegar emprestada uma folha do e-book da Wiki.

A Wikipédia oferece um exemplo claro de outra tendência recente importante – a reflexividade. As discussões sobre a sociedade do conhecimento ressaltam "o aumento da capacidade da sociedade para agir sobre si mesma", a constante "revisão de práticas sociais à luz do conhecimento sobre essas práticas". "O que é específico no modo de desenvolvimento informacional é a ação do conhecimento sobre o próprio conhecimento como a principal fonte de produtividade."[87]

O gerenciamento da informação para o setor empresarial se tornou em si mesmo um segmento empresarial de sucesso. A "sociologia reflexiva" de Pierre Bourdieu, incentivando os sociólogos a perceber melhor a influência de suas posições sociais sobre a maneira de interpretar a sociedade, é característica de nossa época.[88] Os historiadores também têm adquirido consciência mais clara de seu lugar na história. Quanto aos cientistas, Tim Berners-Lee se referiu ao surgimento da informação sobre a informação como "o início do novo Iluminismo".[89]

Tem-se resgatado a ideia de Karl Mannheim de que o conhecimento é socialmente "situado".[90] Daí o aumento do interesse por iniciativas mais antigas, como a história da historiografia, a sociologia da sociologia, a antropologia, a geografia ou a história social da ciência, e até mesmo, principalmente na Alemanha, do próprio conhecimento em si (*Wissensoziologie, Wissenschaftsgeschichte* ou *Wissensgeschichte*).[91] A própria pesquisa tem se tornado objeto de pesquisa entre sociólogos e historiadores, bem como entre os assessores de pesquisas.

Esse aumento de interesse tem se manifestado de maneiras conhecidas, como a criação de cátedras acadêmicas, de cursos universitários, de periódicos, associações e outras entidades, como a Institution for the Study of Human Knowledge em Los Altos, Califórnia, fundada em 1969. Entre as revistas especializadas estão *Zeitschrift für Wissenschaftsforschung* (1981), *Science in Context* (1987), *History of the Human Sciences* (1988), *Knowledge Organization* (1993), *Knowledge and Society* (1998) e *Jahrbuch für eurapäische Wissenschaftskultur* (2005). Entre as associações encontram-se a Society for Social Studies of Science (1975) e a International Society for Knowledge Organization (1989). A organização do conhecimento costumava ficar a cargo de bibliotecários (e alguns raros filósofos), mas tem sido vista cada vez mais como uma disciplina autônoma, conhecida em francês como *sciences de l'information* e em alemão como *Informationwissenschaft*.

No começo deste livro, citei um interesse crescente pelas histórias do conhecimento. Aumenta o número de recrutas para a brigada da história do conhecimento. Em 1994, foi fundado o Max-Planck Institut für Wissenschaftsgeschichte em Berlim. Os historiadores econômicos, por exemplo, estudam o conhecimento como uma forma de capital.[92] O Conselho Europeu de Pesquisas financiou recentemente um projeto sobre o lugar do "conhecimento útil e confiável" na história global do progresso material. As expressões "culturas do conhecimento" ou "culturas do saber" (*Wissenskultur, Wissenschaftskultur*) têm sido usadas para descrever vários projetos acadêmicos – por exemplo, um em Oxford e outro em Frankfurt, este último com foco na "cultura do conhecimento e mudança social".[93] Inversamente, a Universidade de Augsburg mantém um projeto sobre as "culturas da ignorância" ou *Nichtwissenskulturen* (2005). Recentemente, na Universidade de Erfurt, foi instituída uma cátedra sobre as "culturas do conhecimento" do período inicial da Modernidade na Europa. Em suma, como o volume anterior, *Uma história social do conhecimento: de Gutenberg a Diderot*, o presente volume faz parte de uma tendência. Espero que a próxima geração dê andamento a esta investigação.

Notas

Introdução (p.9-17)

1. Drucker (1993), p.30.
2. Brown (1989); Ringer (1992); Cohn (1996).
3. Mannheim (1952); cf. Kettler et al. (1984).
4. Davenport e Prusak (1998), p.ix.
5. Sobre a exploração do Ártico, Bravo e Sörlin (2002).
6. Otterspeer (1989); Berkel et al. (1999); Jong (2004).
7. Pickstone (2000), p.21.
8. Blair (2010), p.1-10.
9. Cf. Konvitz (1987); Brown (1989); Waquet (2003, 2008).
10. Rueschemeyer e Skocpol (1996), p.3.
11. Znaniecki (1940); McNeely com Wolverton (2008); McNeely (2009); Thackray e Merton (1972), p.473.
12. Fabian (2000), p.25.
13. Hudson (1981); Kuklick (1993); Harley (2001); Lane (2001); cf. Ringer (2000).
14. Oleson e Voss (1979), p.440-55.
15. Knorr-Cetina (1999).
16. Citado *in* Young (2004), p.369.
17. Naisbitt e Aburdene (1990); Mittelstrass (1992); cf. Davenport e Prusak (1998), p.1-24.
18. Drucker (1993), p.41; cf. Messer-Davidow et al. (1993); Foucault (1997); Worsley (1997).
19. Burke (2000), p.18.
20. Ryle (1949); Thelen (2004).
21. Foucault (1997), p.8.
22. Furner e Supple (1990), p.46. Sobre a associação, Phillipson (2010), p.40, 129.
23. Raj (2007); Short (2009).

1. Colhendo conhecimentos (p.21-67)

1. Treverton (2001).
2. Fabian (2000), p.198.
3. Geertz (1973), p.15.
4. Raj (2007), p.20-1.
5. Ginzburg (1989).
6. Fabian (2000), esp. p.180-208.
7. Goetzmann (1959).
8. Hemming (1998), p.8.
9. Driver (2004).
10. Nicolson (1987); Ette et al. (2001); Rupke (2005).
11. Essner (1985), um estudo de 109 viajantes alemães à África no século XIX, identifica 32 cientistas; cf. Fabian (2000). Sobre Duveyrier, Heffernan (1989) e Trumbull (2009), p.56-64.
12. Cutright (1969); Moulton (1986-2001).
13. Short (2009), p.59-66.
14. Masterson e Brower (1948); Reinhartz (1994); Tammiksaar e Stone (2007).
15. Brower e Lazzerini (1997); Knight (1999).
16. Spary (2000).
17. Kury (1998).
18. Díez Torre et al. (1991), p.22n, 51, 131; cf. Pino (1988); Solano (1988); González Bueno e Rodriguez Noval (2000); Bleichmar (2008).
19. Citado *in* Fernández-Armesto (2006), p.381.
20. Citado *in* McCannon (1998), p.18.
21. Kunzig (2000).
22. Goetzman ([1986] 1995), p.4.
23. Pyne (2010).
24. Rasmussen (1990); Carhart (2007), p.27-68.
25. Godlewska (1988); Gillispie (1989); Laurens (1989).

26. Broc (1981); Bourguet et al. (1998), p.71-95, 97-116; Droulia e Mentzou (1993), p.81-90.
27. Citado *in* Cole (1985), p.287.
28. Malinowski (1922), p.xv.
29. Toulmin e Goodfield (1965); Rudwick (2005).
30. Richet (1999); Lewis (2000).
31. Glass (1973); Anderson (1988).
32. Rigaudias-Weiss (1936).
33. Allwood (1957).
34. Gillispie (1989), p.455; Spary (2000).
35. Stanton (1975), p.291.
36. Murray (1897).
37. Coombes (1994), fig.73.
38. Glob ([1969] 2004), p.18-36.
39. Mitchell (1991); Coombes (1994), p.85-108.
40. Cole (1985), p.123.
41. Ibid., p.2.
42. Boyle (1972).
43. Boyer (1973); Rudwick (2005), p.255n, 360; Pieters (no prelo).
44. Spary (2000), p.92.
45. Citado *in* St. Clair ([1967] 1998), p.63.
46. Penny (2002), p.71; cf. Coombes (1994), p.9-28.
47. Carrington (2003).
48. Citado *in* Penny (2002), p.110.
49. Marchand (2009), p.416-7.
50. Müntz (1894-96).
51. Larsen ([1994] 1996), p.262.
52. Marchand (2009), p.159.
53. Carrington (2003).
54. Cañizares-Esguerra (2001), p.170-203.
55. Pesce (1906).
56. Battles (2003), p.4, 8, 86.
57. Livingstone (2003), p.40-8.
58. Jardine et al. (1996), p.249-65; Rudwick (2005), p.41-4.
59. Stocking (1983); cf. Gupta e Ferguson (1997).
60. Stocking (1983).
61. Clifford (1982).
62. Stocking (1983).
63. Citado *in* Thompson (1996), p.566.
64. Rivers (1913); cf. Urry (1972); Stocking (1996), p.122-4.
65. Stocking (1983), p.70, 109; Young (2004), p.161-4.
66. Gooding et al. (1989), p.226-7.
67. Holmes (2008), p.55.
68. Urry (1972).
69. Payne (1951).
70. Malinowski (1922), p.7.
71. Crary (1990); Daston e Lunbeck (2011).
72. Foucault (1963).
73. Moore (1969); Moravia (1970), p.80-5, 223-38; Chappey (2002).
74. Holmes (2008), p.116.
75. Ginzburg (1989).
76. Madan (1920), p.70.
77. Oberschall (1965), p.60.
78. Summerfield (1985), p.441; Hubble (2006).
79. Becker e Clark (2001), p.169-95.
80. Foucault (1963); Urry (1990); Pratt (1992); Screech (1996).
81. Citado *in* Nord (1985), p.165.
82. Malinowski (1922), p.7-8.
83. Platt (1996), p.47.
84. Nord (1985).
85. Göhre (1891).
86. Clifford, *in* Stocking (1983), p.121-56.
87. Gerald Carr, citado *in* McNamara (2001), p.A-28.
88. Burke ([1978] 2009), cap.1.
89. Ó Giolláin (2000), p.132-43; Briody (2007).
90. Clifford, *in* Stocking (1983).
91. Labov (1966).
92. Mayhew (1851); cf. Thompson e Yeo (1971), p.54-64.
93. Zola (1986).
94. Citado *in* Bulmer et al. (1991), p.300.
95. Certeau (1975); Ozouf (1981).
96. Oberschall (1965), p.19.
97. Robinson (1982).
98. Pyenson (1993), p.17, 19.
99. Smith (1960).
100. Yorke (2007).
101. Clifford (1983); Bravo e Sörlin (2002), p.218-22.
102. Briody (2007).

103. Blair (2010).
104. Winchester (2003).
105. Hopkins (1992).
106. Citado *in* Dieckmann (1961), p.84.
107. Pesce (1906), p.34, divididos em dezenove arquivos.
108. Cit. a partir do anuário estatístico da Unesco, *in* Gibbons et al. (1994), p.94.
109. http://liswiki.org/wiki/History_of_the_card_catalog.

2. Analisando conhecimentos (p.68-111)

1. Marchand (2009), p.174.
2. Pickstone (2000), p.84; cf. Pickstone (2007).
3. Merton (1949); Gellner (1973), p.88-106.
4. Clarke (1973).
5. Foucault (1966); cf. Pratt (1977).
6. Pickstone (2000), p.30; cf. Daudin (1926a).
7. Daudin (1926a); Jardine et al. (1996), p.145-62; Koerner (1999).
8. Daudin (1926b); cf. Ritvo (1997).
9. Flint (1904); Tega (1984); Porter (2003), p.241-66.
10. Flint (1904), p.142-4; Dieckmann (1961), p.99; Darnton (1984), p.194-201.
11. Flint (1904), p.175-91, 227-38; Ellen e Reason (1979), p.167-93.
12. Wiege (1996), p.21-3, 74-5, 113-4; Levie (2006), p.54, 58, 67, 329.
13. Caplan e Torpey (2001), p.181s.
14. Levie (2006), p.98; Weinberger (2007), p.20.
15. Weinberger (2007), p.19, 78, 165, e passim.
16. Pope (1975); Parkinson (1999).
17. Cathcart (1994), p.30-57; Larsen (1994).
18. Chadwick (1958); Coe (1992).
19. Robinson (2002), p.110-1.
20. Kahn (1967), p.286.
21. Kahn (1967); Hinsley e Stripp (1993).
22. Daudin (1926b); Outram (1984).
23. Citado *in* Jokilehto (1999), p.155.
24. Nora (1986), p.613-49; Jokilehto (1999), p.137-56.
25. Larsen (1994), p.263.
26. Renfrew (1987); Clackson (2007); cf. Davies ([1992] 1998).
27. Sobre o paralelo, Timpanaro ([1963] 2003), p.73; cf. Pasquali ([1934] 1952).
28. Madan (1920), p.68-87.
29. Timpanaro ([1963] 2003).
30. Grafton (1990).
31. Gaskill (1991).
32. Meyerstein (1930), p.104-25.
33. Baines (1999), p.177-86.
34. Weiner (2003).
35. Kreuger (2007); Lopez (2008).
36. Grafton (1990), p.35.
37. Larsen (1994), p.166-76.
38. Gräslund (1974).
39. Frängsmyr (1976); Rossi ([1979] 1984); Rudwick (2005).
40. Trigger ([1989] 1996), p.187, 196.
41. Baillie (1995).
42. Lewis (2000).
43. Renfrew (1973).
44. Latour (1987).
45. Frängsmyr et al. (1990), p.315-42; Scott (1998), p.14.
46. Cannon (1978), p.75-80.
47. Gould ([1981] 1984); Kaluszynski (2001).
48. Murphy (1981).
49. Lazarsfeld (1961); Stigler (1986), p.161-220, esp. p.169-74; Hacking (1990), p.105-14.
50. Zande (2010).
51. Perrot e Woolf (1984); Bourguet (1988); Brian (1994).
52. Cullen (1975).
53. Kenny (1982).
54. Teng (1942-43); Montgomery (1965); Roach (1971); Hoskin e Macve (1986); MacLeod (1982, 1988); Clark (2006), p.93-140; Stray (2005); Whitley e Gläser (2007).
55. Desrosières (1993).
56. Tooze (2001), p.62-3, 137, 256.
57. Cortada (1993), p.44-63.
58. Kullmann (2004), p.63, 81, 113s., 120.
59. Ette et al. (2001), p.58; Rudwick (2005), p.75.

60. Ahmed (1978); Thompson (1996).
61. Huizinga ([1919] 1996), p.43-4.
62. Thompson e Yeo (1971), p.108-9.
63. Lepenies (1988), p.19-90.
64. Auerbach ([1947] 2003), p.447-55; Mitterand (1987), p.37-55; Kullmann (2004).
65. Lepenies (1988).
66. Cunha ([1902] 1944), p.89-90.
67. Geertz (1973), p.3-30.
68. Leach (1965).
69. Renfrew (1973); Binford (1978).
70. Mill (1843).
71. Gooding et al. (1989).
72. Coleman e Holmes (1988); Pickstone (2000), p.141-5.
73. Coles (1979); Morton e Williams (2010).
74. Popper (1945), p.349.
75. Zelený ([1962] 1980).
76. Wright (1971), p.4.
77. Lévi-Strauss ([1955] 1962), p.44.
78. Hughes (1959), esp. p.33-66.
79. Collingwood ([1946] 1993), p.214.
80. Marmor (1995).
81. Panofsky ([1939] 1962), p.3-32.
82. Ast (1808); Mannheim (1952), p.43-63; cf. Hart (1993).
83. Ricoeur (1965).
84. Collingwood ([1946] 1993), p.266-82, à p.281; cf. Ginzburg (1989).
85. Rudwick (2005); Hodder ([1986] 2003).
86. Wright (1971), p.8.
87. Godlewska (1988), p.38-87.
88. Burke (1991).
89. Beer (1983); Dear (1991).
90. Ricoeur (1983).
91. Lyotard ([1979] 1984); cf. Berkhofer (1995).
92. Revel (1996); Burke (2008b).
93. Stone (1979); cf. Burke (1991), p.233-48; Fox e Stromqvist (1998).
94. Delgado (1989); Brooks e Gewirtz (1996).
95. Brody (1987); Hunter (1991).
96. Franzosi (1998).
97. Weinberg (1993); Gribbin (1998).
98. Neumann e Morgenstern (1944).
99. Hacking (1990), p.1.
100. Merton (1949); Mills (1959).
101. Chadarevian (2002), p.136-60, à p. 136.
102. Watson (1968), p.83-5, 172-9, 194, 200, 206; Olby (1974); Chadarevian (2002), p.164-5.
103. Chadwick (1979); Lenhard et al. (2006).

3. Disseminando conhecimentos (p.112-40)

1. Hayek (1945); Sunstein (2006), p.9.
2. Citado *in* Brown e Duguid ([2000] 2002), p.123.
3. Citado *in* Halavais (2009), p.125.
4. William Guthrie, 1770, e William Young, 1790, citado *in* Sher (2006), p.1, 593.
5. Brown e Duguid ([2000] 2002).
6. Sobre "popularização" da ciência, Andries (2003); Lightman (2007), p.14-7.
7. Shinn e Whitley (1985), p.viii.
8. Irwin e Wynne (1996), p.152; Secord (2000), p.3, e passim.
9. Davenport e Prusak (1998), p.29-30.
10. Raj (2007), p.9, 13, 225.
11. Ibid., p.223.
12. Briggs e Burke ([2002] 2009), p.19, e passim.
13. Shinn e Whitley (1985); Bensaude-Vincent e Rasmussen (1997); Daum (1998); Kretschmann (2003).
14. Sobre a linguagem, Montgomery (1996), p.1-69.
15. Holmes (2008), p.xix.
16. *Oxford English Dictionary*, citado *in* Lightman (2007), p.11n; Bensaude-Vincent e Rasmussen (1997), p.13n.
17. Béguet (1990), p.20.
18. Harrison (1961).
19. Waquet (2003); Secord (2007).
20. Waquet (2003), p.97-100; Stray (2005), p.81, e passim; Clark (2006), p.93-140.
21. Cooter (1984), p.151-8.
22. Bakhtin ([1979] 1986).
23. Waquet (2003), p.100-12; Smith (1998), p.103-16; Clark (2006), p.141-82.

24. H.B. Adams, citado *in* Hawkins (1960), p.224.
25. Sobre os cartazes, Waquet (2003), p.125-9.
26. Béguet (1990), p.133.
27. Secord (2007).
28. Secord (1994).
29. Castells (1996), p.55; Russell (2010), p.192.
30. Waquet (2003), p.161, 295-317.
31. Inkster e Morrell (1983), p.91-119; Van Wyhe (2004), p.58.
32. Schaffer (1983); Fyfe e Lightman (2007), p.336-70.
33. O'Connor (2007), p.75, 80.
34. Sobre Davy, Holmes (2008), p.285-304; sobre o sensacionalismo, Lightman (2007), p.vii, 177; sobre Pepper, Secord (2002).
35. Exemplos anteriores citado *in* Kusamitsu (1980).
36. Citado *in* Auerbach (1999), p.105.
37. Citado *in* Physick (1982), p.35.
38. Montijn (1983); Rydell (1984); Aimone e Olmo (1990); Meyer (2006).
39. Mitchell (1991).
40. Penny e Bunzl (2003), p.127-55.
41. Forgan (1994).
42. Schwarcz (1988).
43. Mullan e Marvin (1987), p.68-88; Drayton (2000).
44. J.G. Wood, 1887, citado *in* Lightman (2007), p.196.
45. Penny (2002), p.141-51.
46. Boas, citado *in* Stocking (1985), p.101.
47. Irwin e Wynne (1996), p.152-71.
48. Cole (1985), p.110-18; Stocking (1985), p.77-81.
49. Kohn (1995), p.11.
50. Hawkins (1960), p.123.
51. Chandler e Cortada (2000), p.76.
52. Hansen (2007); Dauser (2008).
53. Holl (1999); Ette et al. (2001), p.279.
54. Mugglestone (2005), p.210.
55. Weber (1956), p.151-66; McNeely (2003).
56. Yates (1989), p.xv, 95-8; Chandler e Cortada (2000), p.110, 112.
57. Kenna (2008); Salmi-Niklander (2004).
58. Moureau (1993), p.143-65.
59. Feldbrugge (1975), p.18.
60. Fontana (1985), p.112-46.
61. Béguet (1990), p.31.
62. Ibid., p.84.
63. Lightman (2007), p.295-352; sobre a Alemanha, Shinn e Whitley (1985), p.209-27.
64. Russell (2010), p.70-4.
65. Ibid., p.190-201.
66. Números da Unesco, citado *in* Gibbons et al. (1994), p.94.
67. Jardine et al. (1996), p.145.
68. Rudwick (2005), p.141.
69. Secord (2000), p.18, 34.
70. Shinn e Whitley (1985), p.209-27; Daum (1998).
71. Lightman (2007), p.66, 175.
72. Béguet (1990), p.61.
73. Glasgow (2001).
74. Béguet (1990), p.26 (sobre a França, mas a tendência é mais geral).
75. Kohler (1991), p.287; cf. Bowler (2009), p.98-103.
76. Werskey (1978), p.165; cf. Bowler (2009), p.107-13.
77. Sobre a apresentação visual, Tufte (1983); Baigrie (1996).
78. Hacking (1990), p.18.
79. Rudwick (2008), p.166-7.
80. Tilling (1975).
81. Headrick (2000), p.124, 129.
82. Gilbert (1958); Tufte (1983), p.40.
83. Kolers et al. (1979), p.135.
84. Thompson (2005), p.394.

4. Empregando conhecimentos (p.141-74)

1. Foucault (1975, 1980).
2. Certeau (1980).
3. Rossi ([1960] 2000); Yates (1966).
4. Middleton (1885) aborda superficialmente um tema que merece um estudo mais aprofundado.

5. Frasca-Spada e Jardine (2000), p.402.
6. Miller (1969).
7. Higgs (2004), p.96.
8. Yates (1989), p.37.
9. Levie (2006).
10. Cravens et al. (1996), p.24.
11. Porter (1977); Gascoigne (1998).
12. Citado *in* Baber (1996), p.151.
13. Kuznets ([1955] 1965), p.61, 87, e passim.
14. Cf. Inkster (2006).
15. Citado *in* Kevles ([1977] 1995), p.47.
16. Citado *in* Abelson (1996), p.28.
17. Citado *in* Kevles ([1977] 1995), p.248.
18. Citado *in* Werskey (1978), p.144, 173.
19. Citado *in* Johnson (1990), p.153.
20. Bush (1945).
21. Stokes (1997).
22. Mokyr (2002), p.28-77.
23. Glamann (2003); Conot (1979), p.133.
24. Porter (1997), p.449-50.
25. Reich (1985).
26. Johnson (1990), p.154-5.
27. Shiva (1997); Drahos (2002), p.2, 15, 45, 51, 201, e passim; Johns (2010).
28. Chandler e Cortada (2000), p.82, 86.
29. Citado *in* Chandler (1977), p.102; cf. Chandler e Cortada (2000), p.83-5.
30. Chandler (1977).
31. Nelson (1980).
32. Ibid., p.131-6; Price (1999).
33. Nelson (1980), p.179.
34. Converse (1986), p.89, 112.
35. Dandeker (1990), p.63.
36. Nonaka (2005).
37. Foss (2007); Foss e Michailova (2009).
38. Stewart (1997), p.x.
39. Davenport e Prusak (1998), p.114-22; Frappaolo (2006).
40. Nonaka e Takeuchi (1995).
41. Keegan (2003), p.3-6, 26-65, 184-220.
42. Godlewska e Smith (1994), p.41.
43. Citado *in* Livingstone (1992), p.241.
44. Pearton (1982), p.230.
45. Price (2008), p.8-14; Boas citado à p.12.
46. Sobre o lado alemão, Simon (1947); Schramm (1974). Sobre o "campus", Winks (1987), p.441; cf. Katz (1989). Os jovens historiadores incluíam Felix Gilbert e Carl Schorske.
47. Winks (1987); cf. Barnes (2006).
48. Price (2008), p.91-116, 172-7.
49. Cravens (2004), p.67-77.
50. Scott (1998), p.2.
51. Caplan e Torpey (2001), p.57.
52. Emerson (1968), esp. p.57-99.
53. Andrew e Gordievsky (1990), p.4.
54. Ibid., p.19.
55. Childs e Popplewell (1996).
56. Andrew e Gordievsky (1990), p.173-4, 255-7, 260-1, 312-3, 322-5.
57. Richelson (1999).
58. Macrakis (2010).
59. Bernard (1991), p.201-21.
60. Monas (1961); Bernard (1991), p.128, 149-50.
61. Childs e Popplewell (1996).
62. Jeffreys-Jones (2007), p.11, 72, 160, 204, 228.
63. Ibid., p.185, 236.
64. Gould ([1981] 1984); Kaluszynski (2001).
65. Caplan e Torpey (2001), p.164s., 184s.
66. Citado *in* Kevles ([1977] 1995), p.270.
67. Torpey (2000), p.57-110; Piazza (2004).
68. Rueschemeyer e Skocpol (1996), p.3, 5, 90-113, 117s.
69. Heclo (1974), p.43.
70. Rueschemeyer e Skocpol (1996), p.233-63.
71. Ketelaar (2003).
72. Pearton (1982); Hevia (1998); Higgs (2004).
73. Leclerc (1979), p.83.
74. Bourguet (1988), p.98; cf. Perrot e Woolf (1984); Woolf (1989).
75. Patriarca (1996), p.7.
76. Monas (1961), p.103; Matthews (1993).
77. Caplan e Torpey (2001), p.83-100.
78. Tooze (2001), p.24.
79. Aly e Roth ([1984] 2004), p.2, 121.
80. Torpey (2000), p.111s; cf. Caplan e Torpey (2001).
81. Gambi (1992); Godlewska e Smith (1994); Marshall (1998), p.231-52.

82. Marshall (1970), p.189.
83. Sobre a "legibilidade", Scott (1998), passim.
84. Andrews ([1975] 2002), p.119-26; Carter (1987); O'Cadhla (2007). A peça de Friel sofreu críticas por ter anacronismos: Bullock (2000).
85. Hewitt (2010), p.44, 49, 99, 110s., 127, 150, 171.
86. Hinsley (1981).
87. Knight (1999).
88. Bell et al. (1995), p.80-92.
89. Droulia e Mentzou (1993); Bourguet et al. (1998), p.71-95; Trumbull (2009).
90. Cohn (1996), p.7; cf. Bayly (1996); Edney (1997).
91. Cohn (1996), p.8; Dirks (2001), p.48-50, 198-228, 207-12.
92. Citado *in* Dirks (2001), p.48.
93. Sibeud (2002), p.9-17, 121-52.
94. Sobre o caso holandês, Otterspeer (1989), p.187-203; Ellen (2006).
95. Sheets-Pyenson (1988); MacKenzie (2009).
96. Arnold (1988).
97. Citado *in* Coombes (1994), p.109.
98. Kuklick (1993), p.182-241; Young (2004), p.376.
99. Winkelmann (1966); Asad (1973); Stocking (1991); Kuklick (1993); Goody (1995).
100. Citado *in* Veysey (1965), p.149.
101. Citado *in* Crick (1960), p.19.
102. Citado *in* Diamond (1992), p.10.
103. Ibid., p.55.
104. Chomsky, in Schiffrin (1997), p.181.
105. Szanton (2002), p.148-52.
106. Saunders (1999), p.135.
107. Mene (2010), p.54.
108. Redlich (1957), p.35.
109. Citado *in* Stone et al. (1998), p.28.
110. Sobre o IK, Tooze (2001), esp. p.103-48.
111. Stone et al. (1998); Stone e Denham (2004).
112. Brougham, citado *in* Rueschemeyer e Skocpol (1996), p.181; cf. Goldman (2002). Sobre ASSA, Calhoun (2007), p.74-7; sobre VSP, Rueschemeyer e Skocpol (1996), p.117-62.
113. Andrew e Dilks (1984), p.13.
114. Shapin (2008), p.146-7, 152-6, 160.
115. Gibbons et al. (1994); Slaughter e Leslie (1997); Bok (2003); Shapin (2008).
116. Veblen (1918), p.78-9.
117. Vucinich (1956), p.13-4.
118. Ibid., p.56; Graham (1967), p.49.
119. Johnson (1990), p.9.

5. Perdendo conhecimentos (p.177-202)

1. Fabian (2000), p.10; Wax (2008), p.3.
2. Proctor e Schiebinger (2008), p.24.
3. Estudos mais antigos incluem Moore e Tumin (1949), Goody (1968) e Smithson (1989). Entre os estudos recentes, ver Böscher et al. (2004); Galison (2004); Wehling (2006); Brüsemeister e Eubel (2008).
4. Wallis (1979); cf. Porter (2003), p.485-507.
5. Crystal (2000).
6. Citado *in* Horgan (1996), p.229.
7. Burke (2008a).
8. Harris (1998).
9. Mokyr (2002), p.37n.
10. Paul (1985), p.205.
11. Drahos (2002); Shapin (2008).
12. Fung et al. (2007), p.9-10; Proctor e Schiebinger (2008), p.11-8, 37-54, 90, 267-80.
13. Andrew e Dilks (1984), p.5.
14. Godlewska (1988); Bourguet et al. (1998), p.108.
15. Jacob (2007), p.1.226-49.
16. Stark (2009).
17. Cooter (1984), p.39-40.
18. Rueschemeyer e Skocpol (1996), p.246.
19. Tooze (2001), p.209, 216-17. Sobre a Grã-Bretanha, Bulmer (1979), p.132-57.
20. Bulmer (1979), p.141-2.
21. Vincent (1998).
22. Engerman (2009), p.9.
23. Mugglestone (2005), p.82.
24. Sobre a Nasa, Borgman (2007), p.137; Brown e Duguid ([2000] 2002), p.201.
25. Citado *in* Jeffreys-Jones (2007), p.232.

26. Stanton (1975), p.292, 296, 302, 323.
27. Penny (2002), p.183, 193-4.
28. Kransdorff (1999); Delong (2004).
29. Coles (1979), p.6s.
30. Crystal (2000), p.14-9.
31. Raven (2004).
32. Renfrew e Bahn ([1991] 2008), p.571; Larsen ([1994] 1996), p.24, 115, 156, 234.
33. Hochschild (1998), p.294.
34. Stebelski (1964).
35. Quatremère de Quincy (1989), p.44, 48, 192, 239; cf. Schneider (1910), p.166, 182, 184n; Maleuvre (1999).
36. Cole (1985).
37. Kidd (1989), p.104.
38. Foss e Michailova (2009), p.83.
39. Burke (2000); Blair (2010).
40. Galera Gomez (1981); Handler (2000); Frigessi (2003).
41. Gottfried (1990), p.1-4; Mouffe (1999), p.1-2.
42. Foucault (1969); cf. Wehling (2006); Rupnow et al. (2008).
43. Citado *in* Moore (2008), p.25.
44. Yeo (2001), p.90-1; Blair (2010), p.5.
45. Yeo (2001), p.68, 186.
46. Hughes (1951-53).
47. Baker (2008).
48. Dogan e Pahre (1990), p.45-6.
49. Shillingsburg (2006), p.151-4.
50. Foucault (1997), p.9; Rupnow et al. (2008), p.7.
51. Bynum e Porter (1987), p.1-3.
52. Sobre a "pseudociência", Rupnow et al. (2008), p.24.
53. Gieryn (1983), p.781; cf. Gieryn (1995).
54. Bivins (2000), p.153, 159, 176, 186.
55. Penny e Bunzl (2003), p.47-85.
56. Thomas (1971), p.283-385; Curry (1989).
57. Curry (1992), p.61-108; 125-8.
58. Ibid., p.138, 145, 151-2.
59. Oppenheim (1985), p.159-97.
60. Curry (1992), p.168.
61. Cooter (1984), p.120; cf. Giustino (1975); Van Wyhe (2004).
62. Van Wyhe (2004), p.17.
63. Cooter (1984), p.4.
64. Ibid., p.2; Davies (1955), p.11, 157.
65. Cooter (1984), p.28s., 90.
66. Shapin (1975), p.231.
67. Oppenheim (1985), p.208; Cooter (1984), p.256.
68. Weinberger (2007), p.48.
69. Cooter (1984), p. 258-60.
70. Wallis (1979), p.237-71; Oppenheim (1985); Rupnow et al. (2008), p.100-26.
71. Sobre a Itália, Gallini (1983); Cazzaniga (2010), p.521-46.
72. Stepan (1982), enfocando a Grã-Bretanha, sugere as datas 1800-1960.
73. Pearson a Galton, 1907, citado *in* Kevles ([1985] 1995), p.57; cf. Mackenzie (1976).
74. Pearson, 1909, citado *in* Kevles ([1985] 1995), p.104.
75. Adams (1990), p.170.
76. Weindling (1985); Weingart (1989); Turda e Weindling (2007).
77. Stocking ([1968] 1982), p.195-233.
78. Werskey (1978); Stepan (1982), p.147s., 153.
79. Proctor (1988).
80. Rupnow et al. (2008), p.241.
81. Kohn (1995), p.7; cf. Hammer (2001).
82. Barkan (1992); Kohn (1995).
83. O biólogo molecular Robert Sinsheimer, citado *in* Kevles ([1985] 1995), p.267.
84. Rupnow et al. (2008), p.241-50.
85. Jeggle (1988); Fischer (1990).

6. Dividindo conhecimentos (p.203-32)

1. Price (1963), p.8; Crane (1972), p.13n.
2. Citado *in* Hufbauer (1982), p.41.
3. Ziman (1995), p.99-115.
4. Weber (1956), p.311-39.
5. Collini (1991), p.109-50.
6. Montgomery (1996), p.7.
7. Polanyi (1958), p.216.
8. Oleson e Voss (1979), p.3-18, à p.4; cf. Stichweh (1977, 1984, 1992).

9. Oleson e Voss (1979), p.3-18, à p.6.
10. De Terra (1955); Rupke (2005).
11. Cantor (2004); Robinson (2005). Sobre um "último homem" posterior, Warren (1998).
12. Yeo (1993), p.57.
13. Carta a Joseph Cottle, 1797.
14. Citado *in* Yeo (2001), p.249; cf. Yeo (1993), p.58.
15. Hill (1964), p.3-48.
16. Snow ([1959] 1993). Entre as várias discussões estão Lepenies (1988); Kreuzer (1987); Olcese (2004); Eldelin (2006); Halfmann e Rohbeck (2007); Ortolano (2009).
17. Snow ([1959] 1993), p.3, 9, 11, 14-5.
18. Roos (1977); Lepenies (1988), p.164-71.
19. Lepenies (1988).
20. Stichweh (1977).
21. Citado *in* Becher (2001), p.66.
22. Holmes (2008), p.393.
23. Fox (1980); Chaline (1995), p.32.
24. Augello e Guidi (2001).
25. Boockman et al. (1972), p.1-44.
26. Hufbauer (1982), p.62-82, 93; cf. Stieg (1986).
27. Abbott (2001), p.68n.
28. Forbes (1978), p.115-25.
29. Kevles ([1977] 1995), p.26, 78, 202, 275.
30. Backhouse e Fontaine (2010), p.18.
31. Jencks e Riesman (1968), p.523; cf. Peckhaus e Thiel (1999).
32. Thompson (2005), p.177.
33. Whewell, 1834, citado *in* Smith e Agar (1998), p.184.
34. Cf. Hagstrom (1965), p.192-3; Elias (1982), p.62.
35. Smith (1998), p.103-16; Clark (2006), p.141-82.
36. McClelle (1980), p.281, 285; Oberschall (1965), p.13.
37. Ash (1980); cf. Ben-David e Collins (1966).
38. Geiger (1986), p.16, 37.
39. Citado *in* Graff (1987), p.57.
40. Thelen (2004), p.35.
41. Clark (2006), p.183-238.
42. Veysey (1965), p.321; Abbott (2001), p.122.
43. Graham (1967, 1975).
44. Thackray e Merton (1972), 474.
45. Lenoir (1997), 76; Mucchielli (1998), p.527.
46. Hagstrom (1965), p.215.
47. Perkin (1989); Cocks e Jarausch (1990); Malatesta (1995).
48. MacLeod (1988), p.256.
49. MacLeod (1988), p.19, 49, 90, 116.
50. Evans (2001).
51. Sabato (1981).
52. Milne (2008).
53. Bourdieu (1975).
54. Citado *in* Yeo (2001), p.140, e Smith e Agar (1998), p.184.
55. Diderot, carta, 16 de dezembro de 1748; cf. Gelfe (1976).
56. Gelfe (1976), p.511.
57. Huerkamp (1985), p.177-85; Rosen (1944); Gelfe (1976), p.511.
58. Ganz (1997).
59. Ziman (1987), p.6.
60. Rosen (1944), p.59-63.
61. Pascal (1962).
62. Darwin ([1876] 1958).
63. Sherif e Sherif (1969), p.328-48.
64. Ziman (1987).
65. Sampson (1962), p.204. O autor da tese, Denis Bethell, veio a se tornar um insigne medievalista.
66. Gombrich (1970).
67. Reisch (1994).
68. Gallie (1960); Daiches (1964).
69. Chomsky (1997), p.2-11.
70. Citado *in* Yeo (1993).
71. Kogan (1958), p.168; Turi (2002), p.57.
72. Mugglestone (2005), p.17.
73. Price (1963), p.87-9.
74. Ziman (1987), p.23-4; Smith et al. (1989); Szöllösi-Janze e Trischler (1990); Galison e Hevly (1992); Shapin (2008), p.169-78.
75. Weinberg (1961).
76. Price (1963), p.3; cf. Szöllösi-Janze e Trischler (1990); Galison e Hevly (1992).
77. Morrell (1972).
78. Schaffer (1988).

79. Todes (2002).
80. Johnson (1990), p.34.
81. Ó Giolláin (2000), p.135; Briody (2007).
82. Vucinich (1956), p.13-4.
83. Citado *in* Mucchielli (1998), p.213.
84. Cole e Crandall (1964).

7. Geografias do conhecimento (p.235-72)

1. Mannheim (1952).
2. Crampton e Elden (2007).
3. Livingstone (2003); Agnew (2007).
4. Golinski ([1998] 2005); Livingstone (2003).
5. Clifford e Marcus (1986).
6. Böröcz (1997); Connell (2007), p.34; Burke e Pallares-Burke (2008), p.191-2.
7. Chakrabarty (2000).
8. Certeau (1975), p.65.
9. Compare Said (1978) e Irwin (2006).
10. Foucault (1963); Crampton e Elden (2007), p.151.
11. Latour e Woolgar (1979); Kohler (2008).
12. Kohler (1982), p.50.
13. Ibid., p.45-6, 69.
14. Smith e Agar (1998).
15. Dierig et al. (2003).
16. Kuklick (1980); Bulmer (1984); Lindner ([1990] 1996).
17. Johns (1998), p.178-9, 553-5; Clark (2000).
18. Fleming e Bailyn (1969), p.631.
19. Hall e Preston (1988), p.124-37.
20. Chaline (1995), p.38, 160.
21. Josephson (1997), p.xiii, 3.
22. Harwood (1987); Geison e Holmes (1993), p.30-49; Barth et al. (2005); Macrakis (2010).
23. Helmholtz (1893), p.24; cf. Meinecke ([1907] 1970).
24. Berger et al. (1999); Berger e Lorenz (2008); Baár (2010).
25. Sagredo e Gazmuri (2005), p.xxxix.
26. Weber (1976).
27. Patriarca (1996), p.8; Hooson (1994), p.117.
28. Ganz (1973); Müller (1974).
29. Spiering (1999).
30. Kamusella (2009).
31. Poulot (1997).
32. Hamilakis (2007), p.81.
33. Díaz-Andreu e Champion (1996), p.33.
34. Sklenář (1983); Trigger ([1989] 1996), p.248-61; Díaz-Andreu e Champion (1996), p.123, 166, e passim.
35. Díaz-Andreu e Champion (1996), p.176, 203.
36. Driessen (1993), p.147.
37. Ó Giolláin (2000).
38. Bravo e Sörlin (2002), p.76.
39. Jensen (1992); Bohman (1997); Jong (2004).
40. Miller (1969), p.117, 134, 275.
41. Kamusella (2009), p.407.
42. Turi (2002), p.18, e passim.
43. Larsen (1994), p.67, 95, 310.
44. Harnack, citado *in* Marchand (2009), p.421.
45. Rocke (2001), p.292, e passim.
46. MacLeod (2001), p.109.
47. Bravo e Sörlin (2002), p.101.
48. Citado *in* Holmes (2008), p.103.
49. Pyenson (1989) p.65-6.
50. Hufbauer (1982), p.2, e passim.
51. Venner, citado *in* Beer (1960); cf. Pinkney e Ropp (1964), p.37-51; Frängsmyr et al. (1990), p.95-119.
52. Felsch (2010), p.63.
53. Citado *in* Cadbury (2000), p.93-4, 168.
54. Olby (1966).
55. Ben-David (1970).
56. Spary (2000), p.9n22.
57. Citado *in* Pyenson (2002), p.244.
58. Citado *in* Gizycki (1973), p.485-6.
59. Wiegand (1999), p.669-70.
60. Veysey (1965), p.130.
61. Citado *in* Allen (2001), p.93.
62. Citado *in* Hawkins (1960), p.207.
63. Pyenson (1989), p.139-246; Pyenson (2002), p.241-5.
64. Harris (1998), p.218.
65. Easton et al. (1991), p.46.
66. Marie Jahoda, in Fleming e Bailyn (1969), p.420.

67. Maiguashca (2011).
68. Merton (1968).
69. Ette et al. (2001), p.170-6.
70. Ouvi Braudel fazer esse comentário em seu discurso de encerramento numa conferência em sua homenagem em Binghamton, Nova York, em 1977.
71. Bartholomew (1989), p.5.
72. Raj (2007), p.11.
73. Cole e Cole (1973).
74. Ben-David (1970), p.175.
75. Darnton (1995).
76. Horowitz (1967), p.296; cf. Alatas (2003); Fan (2004), p.4, 89, 138.
77. Connell (2007), p.50.
78. Mignolo (2009), p.159.
79. Pratt (1992); Fan (2004); Raj (2007).
80. Marshall (1970), p.1-44; Almond (1988), p.7-32; cf. Goodwin (1994), p.307-31.
81. Campbell (1980), p.2-6, 21-8, 31-52, 55-60, 76-81; Goodwin (1994), p.277-306; Zander (2007); Rupnow et al. (2008), p.77-99. Sobre a Russia, Rosenthal (1997).
82. Kuklick e Kohler (1996), p.44-65.
83. Cohen (1974), p.58-61.
84. Ares Queija e Gruzinski (1997); Schaffer et al. (2009).
85. Adorno (1986), prefácio.
86. Mignolo (2000), p.12-14.
87. Sato (1991); Iggers et al. (2008), p.137-43.
88. Trigger ([1989] 1996), p.262-6, 277.
89. Burke e Pallares-Burke (2008).
90. Young (2001).
91. Guha e Spivak (1988), p.37-44.
92. Guha e Spivak (1988); Mallon (1994).
93. Ziman ([1974] 1981), p.259.
94. Harris (1998).
95. Fleming e Bailyn (1969); Timms e Hughes (2003).
96. Sobre o Institute of Social Research, Jay (1973); sobre o Instituto Warburg, Scazzieri e Simili (2008), p.151-60.
97. Kamen (2007), p.260-321.
98. Ash e Söllner (1996); cf. Hoch (1985).
99. Citado *in* Kettler et al. (1984), p.118-9; cf. Timms e Hughes (2003), p.205.
100. Carlebach et al. (1991), p.255-74; Timms e Hughes (2003), p.52.
101. Dilly (1979); Beyrodt (1991), p.313-33.
102. Citado *in* Timms e Hughes (2003), p.42.
103. Hoch (1985).
104. Jackman e Borden (1983), esp. p.111-20.
105. Merton (1972).
106. Crawford et al. (1992).
107. Fumian (2003).
108. Kopf (1969), p.243-52.
109. Baber (1996), p.226-8.
110. Kopf (1969); Raj (2007), p.159-80, esp. p.161-2.
111. Kopf (1969), p.6, 47, 147.
112. Ibid., p.154, 179-80, 254.
113. Ibid., p.180-3; Dalrymple (2006), p.58-84, citação à p.61.
114. Toynbee (1953), p.25, 55.
115. Abu-Lughod (1963), p.158.
116. Crabbs (1984), p.67-86; Iggers et al. (2008), p.88-91.
117. Elman (2006), p.127.
118. Citado *in* Wright (1998), p.659.
119. Wright (2000), p.100-27.
120. Schwartz (1964).
121. Schwinges (2001), p.299.
122. Cheng (1991).
123. Elman (2006), p.198; cf. Buck (1981).
124. Ibid., p.109, 210-1.
125. Howland (2001a, 2001b).
126. Citado *in* Bartholomew (1989), p.68.
127. Ibid., p.76.
128. Schwinges (2001), p.321.
129. Spaulding (1967), p.48-9, 54-5; Teno (1942-43).
130. Wright (2000), p.200.
131. Howland (2001a, 2001b, 2005).
132. Howland (2001a), p.2.
133. Schwab ([1950] 1984); Halbfass ([1981] 1988).
134. Marshall (1970).
135. Toynbee (1934-61), vol.10, p.143.

8. Sociologias do conhecimento (p.273-308)

1. Pearton (1982); Böhme e Stehr (1986); Neef (1998); Sörlin e Vessuri (2007).
2. Price (1963); Bunge e Shea (1979), p.29-41; Johnson (1990); Szöllösi-Janze e Trischler (1990); Ritter (1992).
3. Nonaka e Takeuchi (1995).
4. Raj (2007), p.98, 121, 153, 156.
5. Shapin (2008), p.100.
6. Borscheid (1976); Cahan (1989); Vierhaus e Brocke (1990), p.657-72.
7. MacLeod (1971); Alter ([1982] 1987), p.38.
8. Otterspeer (1989); Wilson e Cayley (1995), p.95.
9. Marchand (2009), p.353.
10. Lautman e Lécuyer (1998).
11. Fosdick (1952); Oleson e Voss (1979), p.313-41; Lagemann ([1989] 1992); Berghahn (2001).
12. Mazon (1988).
13. Saunders (1999), p.245.
14. Citado *in* Reich (1985), p.193.
15. Porter (1997), p.449-50.
16. Slaughter e Leslie (1997).
17. Gibbons e Wittrock (1985); Etzkowitz e Leydesdorff (1997); Geiger (2004).
18. Geiger (1993), p.318.
19. Furner (1975) p.229-59.
20. Mazon (1988), p.123, 127, 158.
21. Thompson (1970).
22. Cornford (1908); cf. Bailey (1977).
23. Gemelli (1998), p.91, 137-64.
24. Tooze (2001), p.61.
25. Wagner (1990); Wagner et al. (1991).
26. Fernández-Armesto (2006), p.305.
27. Gilpin (1968); Rueschemeyer e Skocpol (1996), p.104-7.
28. Vucinich (1956); Graham (1967); Kasack (1974).
29. Kocka e Mayntz (1998), p.435-60; Kocka (2002).
30. Sobre os clássicos, Stray (2010).
31. Alter ([1982] 1987); Gascoigne (1998).
32. Alter ([1982] 1987), p.66; Fleming (1998); Daunton (2005).
33. Citado *in* Daunton (2005), p.20, e Alter ([1982] 1987), p.72.
34. MacLeod (1971); Turner (1980); Alter ([1982] 1987), p.76-118; Deacon et al. (2001), p.49-55.
35. MacLeod (1975), p.356.
36. Graham (1967), p.49. Sobre o contexto político, Kojevnikov (2008).
37. Vucinich (1956), p.67, 88.
38. Soyfer (1994).
39. Clarke e Holquist (1984).
40. Mazour-Matusevich e Korros (2010), p.11-40.
41. Aigner (1971); Fischer (1990), p.191-2.
42. Brentjes (1992), p.8, 83.
43. Burleigh ([1988] 2002); Haar (2000).
44. Schönwälder (1992, 1996); Berger et al. (1999), p.176-88.
45. Emmerich (1968), p.155-7; Kater (1974).
46. Bausinger (1965); Emmerich (1968); Gerndt (1987); Jeggle (1988).
47. Emmerich (1968), p.14-7.
48. Brocke (1991), p.18.
49. Burckhardt (1975); Johnson (1990); Schafft (2004), p.46-7.
50. Brocke (1980). Sobre Göttingen, cf. Rupke (2002).
51. Brocke (1991), p.307-36; Marchand (2009), p.304; Chickering (1993), p.85-7.
52. Fox (1973), p.444.
53. Gilpin (1968), p.151-87; Nye (1975); Claval (1998), p.228.
54. Verger (1986), p.375.
55. Citado *in* Béguet (1990), p.92.
56. Citado *in* Lagemann ([1989] 1992), p.42.
57. Kevles ([1977] 1995), p.341.
58. Hughes (2002).
59. Schiffrin (1997), p.2.
60. Shweder (2010), p.5.
61. Edwards (1996), p.115-25; Cravens (2004), p.5.
62. Castells 1996, p.6; cf. Edwards (1996), p.123-4, 264-73.
63. Pyne (2010), p.322.
64. Turner e Turner (1990), p.134.

65. Berger (1995); Szanton (2002); Lockman (2004); Feres (2005).
66. Szanton (2002), p.vii.
67. Horowitz (1967), p.4, 285.
68. Citado *in* Horowitz (1967), p.6-7, 71, 283, 296.
69. Irwin (1995).
70. Morrell e Thackray (1981); Levine (1986).
71. Robinson (2002).
72. Exemplos ingleses in Lightman (2007), p.39-94.
73. Clifford (1982); cf. Stocking (1996), p.17-34; Etherington (2005), p.238-60.
74. Kohler (1991), p.16.
75. Charle (1990).
76. Masseau (1994).
77. O'Connor (2007), p.227.
78. Citado *in* Miller (1969), p.136.
79. Citado *in* Physick (1982), p.13.
80. Miller (1969), 139.
81. Penny (2002), p.141-51.
82. Coombes (1994), p.123.
83. A bibliografia secundária sempre crescente sobre esse tema inclui Feyl ([1981] 1999); Rossiter (1982); Abir-Am e Outram (1987); Schiebinger (1989); Bonta (1991); Huerkamp (1996); Shteir (1996); Bellamy et al. (2000); Krais (2000); Gianquitto (2007).
84. Nye (2003), p.62-3.
85. Weisz (1983), p.245; Cocks e Jarausch (1990), p.270-88; Valkova (2008), p.160.
86. Sobre as mulheres nas universidades britânicas, Dyhouse (1995).
87. Lightman (2007).
88. Oreskes (1996).
89. Rossiter (1993).
90. Feyl ([1981] 1999), p.199-214; Maddox (2002).
91. Sobre Kober, Robinson (2002), p.60-72.
92. Valkova (2008), p.142-3.
93. Merton (1973), p.439n; Rossiter (1993).
94. Palmer (1965), 148.
95. Shteir (1996).
96. Berg (1992, 1996).
97. Díaz-Andreu e Stig Sørensen (1998).
98. Gacs et al. (1988); Kuklick (2008), p.277-92.
99. Calhoun (2007), 112; cf. Deegan (1988); Bulmer et al. (1991), p.111-47.
100. Hannan e Freeman (1989), p.66-90.
101. Burke (2000).
102. Halsey (2004), p.99-104.
103. Jackman e Borden (1983), p.113.
104. Hawkins (1960), p.4.
105. Veysey (1965), p.164.
106. Hawkins (1960), p.90, 115, 213, 237.
107. Craig (1984), p.44, 227-30; Schwinges (2001), p.376, 378.
108. Craig (1984), p.80, 230, 232.
109. Gallie (1960).
110. Daiches (1964).
111. Lautman e Lécuyer (1998), p.262.
112. Gallie (1960), p.106; Craig (1984), p.70.
113. Veysey (1965), p.164.
114. Johnson (1990), p.47.
115. Gibbons et al. (1994).
116. Harvey (1987); Collins (1998), p.64s.
117. Sobre a Escola de Frankfurt, Jay (1973); Wiggershaus ([1986] 1995).
118. Rupke (2005), p.69.
119. Discussões gerais em Snizek (1979), p.211-33; Harvey (1987); Geison e Holmes (1993); Platt (1996), p.230-9; Steiner (2003). O conhecimento tácito é enfatizado por Geison e Holmes (1993), p.11, e Olesko (1993), p.17.
120. Morrell (1972).
121. Harvey (1987), p.245.
122. Sobre mestres e discípulos, Steiner (2003); Waquet (2008).
123. Crane (1972).
124. Citado *in* Geison e Holmes (1993), p.24.
125. Citado *in* Fleming e Bailyn (1969), p.179.
126. Makari (2008), p.255, 260, 267-9, 480, 485.
127. Harvey (1987), p.255-9.
128. Stray (2007).
129. Burke (1990).
130. Devo esta expressão, baseada em "fortes equívocos de leitura", de Harold Bloom, ao editor de *Common Knowledge*, Jeffrey Pearl.

9. Cronologias do conhecimento (p.309-44)

1. Fried e Süssmann (2001), p.7-20.
2. Hobart e Schiffman (1998); Chandler e Cortada (2000); Vogel (2004); Wright (2007), p.39.
3. Mokyr (2002).
4. Hannan e Freeman (1989).
5. Sobre as caixas de sapatos, Darnton (2009), p.60.
6. Tapscott (1998).
7. Wiener (1948), p.12.
8. Shenk (1997); cf. *The Economist*, 25 de fevereiro de 2010; Wurman (1989, 2001).
9. Weinberger (2007), p.16.
10. Greenberger (1971), p.41.
11. Shenk (1997), p.15, 17.
12. Collins (1998), p.xvii; Wurman (2001).
13. Burke (2001); Blair (2010).
14. Anuários estatísticos da Unesco, citado *in* Thompson (2005), p.47; Darnton (2009), p.xiv.
15. Uma visão geral em Chadwick (1977); Burke (1979); Gorski (2000).
16. Clark e Kaiser (2003).
17. Goldstein (1987), p.4-5, 273.
18. Mannheim (1952), p.276-320.
19. Kuhn (1962); Oexle (2007).
20. Hall e Preston (1988).
21. Gourlie (1953), p.147.
22. Hannaway (1972); Brian (1994).
23. Puerto (1988), p.41, 66s.
24. McClelland (1980).
25. Shafer (1958).
26. Fischer (1988); Dhombres (1989); Gillispie (2004).
27. Kuhn (1961); Holmes (2008), p.xvi; cf. Cunningham e Jardine (1990); Breidbach e Ziche (2001).
28. Goetzmann ([1986] 1995).
29. Meinecke ([1936] 1972); Toulmin e Goodfield (1965); Lowenthal (1985).
30. Chateaubriand, citado *in* Hartog (2003), p.92.
31. Koselleck ([1979] 1985).
32. Schwab ([1950] 1984); Halbfass ([1981] 1988).
33. Burke ([1978] 2009), cap.1.
34. Montgomery (1996), p.364.
35. Dilly (1979); Beyrodt (1991).
36. Hall e Preston (1988), p.19, 39-54.
37. Chandler (1977); Yates (1989).
38. Reingold e Rothenberg (1987).
39. Hughes (1959); cf. Bruch et al. (1989); Burrow (2000).
40. Daston e Galison (2007).
41. Novick (1988).
42. Merton (1949); Kettler et al. (1984).
43. George E. Hale, citado *in* Lagemann ([1989] 1992), p.33.
44. Szölösi-Janze (2004), p.303-4.
45. Torpey (2000).
46. Berger e Lorenz (2010), p.404-14.
47. Hall e Preston (1988), p.19, 57-8, 73-83.
48. Mokyr (1998).
49. Mokyr (2002), p.105-12.
50. Szöllösi-Janze e Trischler (1990), p.13.
51. Hall e Preston (1988), p.19, 151-261.
52. Pyne (2010).
53. Grmek (1999).
54. Finkelstein (1989), p.219-32; Kaplinsky e Cooper (1989); Greenwood (1996).
55. Machlup (1962).
56. Galison e Hevly (1992), p.351-3; Hall (1998), p.426-8.
57. Drucker (1969); Arrow ([1973] 1984); Bell (1973); Porat (1977); e uma infinidade de autores posteriores; cf. Rubin e Huber (1986).
58. Stone et al. (1998).
59. Young (2001).
60. Hall e Preston (1988), p.284-8; Edwards (1996), esp. p.260s.; Hafner e Lyon (1998); Rosenzweig (1998).
61. *The Economist*, 25 de fevereiro de 2010.
62. Nonaka e Takeuchi (1995).
63. McNeely (2009).
64. Ritzer (1993) não abordou o conhecimento, ao qual o conceito foi aplicado

in Hayes e Wynyard (2002); cf. Wouters (2006); Whitley e Gläser (2007).

65. Dutton (2007).

66. Darnton (2008, 2009); Grafton (2009a); Grafton (2009b), p.288-326.

67. Crawford et al. (1992), p.4.

68. Smith et al. (1989).

69. Swaan (2001), p.41-59.

70. Hannerz (2010), p.113-30.

71. Jeanneney (2005). Ironicamente, esse livro tem circulação muito maior em sua tradução em inglês do que no original francês.

72. Darnton (2009), p.3-20, 43-58; Grafton (2009b), p.299-307.

73. Ketelaar (2003).

74. www.legifrance.gouv.fr; *The Economist*, 27 de fevereiro de 2010, matéria especial, p.3; Snelgrove (2010).

75. Drahos (2002); Darnton (2009), p.33, 44-8; cf. Shiva (1997).

76. Thompson (2005), p.356-60; Darnton (2009), p.79-102.

77. Brown e Duguid ([2000] 2002), p.25.

78. Allen (2001), p.368-9; Irwin (1995).

79. Stehr (2008); Noveck (2009); Veld (2010).

80. Morozov (2010).

81. Weinberger (2007), p.97-100, 134-43; Baker (2008); Lih (2009); cf. Wikipédia sobre si mesma: http://en.wikipedia.org/wiki/Wikipedia (último acesso em 10 jan 2011).

82. Lih (2009), p.14, 24.

83. Carr (2006); Rosenzweig (2006), p.128; Dalby (2009), p.56-8. Sobre a Wikipédia em termos mais gerais, Rosenzweig (2006); Baker (2008); Runciman (2009).

84. Keen ([2007] 2008), p.37-46.

85. Citado *in* Lih (2009), p.190, e Rosenzweig (2006), 141; cf. Keen ([2007] 2008), p.185-9.

86. Wikipédia, "Stalin", consulta em 5 out 2009.

87. Böhme e Stehr (1986), p.20; Giddens (1990), p.40; Castells (1996), p.17; cf. Beck et al. (1994).

88. Bourdieu e Wacquant (1992).

89. Citado *in* Tapscott (1998), p.33.

90. Haraway (1988); cf. Mannheim (1952).

91. Latour e Woolgar (1979); Mendelsohn e Elkanah (1981), p.1-76; Latour (1987); Livingstone (2003).

92. Landes (1998).

93. Cf. Arnold e Dressel (2004).

Referências bibliográficas

Abbott, A. (2001). *Chaos of Disciplines*. Chicago.

Abelson, D.E. (1996). *American Think Tanks and their Role in US Foreign Policy*. Basingstoke.

Abir-Am, P. e D. Outram (orgs., 1987). *Uneasy Careers and Intimate Lives: Women in Science, 1789-1979*. New Brunswick, NJ.

Abu-Lughod, I. (1963). *The Arab Rediscovery of Europe: A Study in Cultural Encounters*. Princeton, NJ.

Adams, M.B. (org., 1990). *The Wellborn Science: Eugenics in Germany, France, Brazil and Russia*. Nova York.

Adorno, R. (1986). *Guaman Poma: Writing and Resistance in Colonial Peru*. Austin, TX.

Agnew, J. (2007). "Know-Where: Geographies of Knowledge of World Politics", *International Political Sociology* 1, p.138-48.

Ahmed, L. (1978). *Edward W. Lane*. Londres.

Aigner, D. (1971). "Die indizierung 'schädlichen und unerwünschten Schrifttums' im Dritten Reich", *Archiv für Geschichte des Buchwesens* 11, p.933-1.034.

Aimone, L. e C. Olmo (1990). *Le esposizioni universali, 1851-1900*. Turim.

Alatas, S.F. (2003). "Academic Dependency and the Global Division of Labour in the Social Sciences", *Current Sociology* 51, p.599-614.

Allen, D.E. (2001). *Naturalists and Society: The Culture of Natural History in Britain, 1700-1900*. Aldershot.

Allwood, M.S. (1957). *Eilert Sundt: A Pioneer in Sociology and Social Anthropology*. Oslo.

Almond, P. (1988). *The British Discovery of Buddhism*. Cambridge.

Alter, P. ([1982] 1987). *The Reluctant Patron: Science and the State in Britain, 1850-1920*. ed. ing. Oxford.

Aly, G. e K.H. Roth ([1984] 2004). *The Nazi Census: Identification and Control in the Third Reich*. ed. ing. Filadélfia.

Anderson, M.J. (1988). *The American Census: A Social History*. New Haven, CT.

Andrew, C.M. e D. Dilks (orgs., 1984). *The Missing Dimension: Governments and Intelligence Communities in the Twentieth Century*. Londres.

Andrew, C.M. e O. Gordievsky (1990). *KGB: The Inside Story of its Foreign Operations from Lenin to Gorbachev*. Londres.

Andrews, J.H. ([1975] 2002). *A Paper Landscape: The Ordnance Survey in Nineteenth-century Ireland*. 2ª ed., Dublin.

Andries, L. (org., 2003). *Le Partage des savoirs, 18e-19e siècles*. Lyon.

Ares Queija, B. e S. Gruzinski (orgs., 1997). *Entre dos mundos: fronteras culturales y agentes mediadores*. Sevilha.

Arnold, D. (org., 1988). *Imperial Medicine and Indigenous Societies*. Manchester.

Arnold, M. e G. Dressel (orgs., 2004). *Wissenschaftskulturen, Experimentalkulturen, Gelehrtenkulturen*. Viena.

Arrow, K.J. ([1973] 1984). "Information and Economic Behaviour", reed. in *Collected Papers of Kenneth J. Arrow*, 4, Oxford, p.136-52.

Asad, T. (1973). *Anthropology and the Colonial Encounter*. Ithaca, NY.

Ash, M.G. (1980). "Academic Politics in the History of Science: Experimental Psychology in Germany, 1879-1941", *Central European History* 13, p.255-86.

______ e A. Söllner (orgs., 1996). *Forced Migration and Scientific Change: Emigré German-Speaking Scientists and Scholars after 1933*. Washington, DC, e Cambridge.

Ast, F. (1808). *Grundlinien der Grammatik, Hermeneutik und Kritik*. Landshut.

Auerbach, E. ([1947] 2003). *Mimesis: The Representation of Reality in Western Literature*. nova ed. Ingl., Princeton, NJ.

Auerbach, J.A. (1999). *The Great Exhibition of 1851: A Nation on Display*. New Haven, CT.

Augello, M. e M.E.L. Guidi (orgs., 2001) *The Spread of Political Economy and the Professionalization of Economists: Economic Societies in Europe, America and Japan in the Nineteenth Century*. Londres.

Baár, M. (2010). *Historians and Nationalism: East-Central Europe in the Nineteenth Century*. Oxford.

Baber, Z. (1996). *The Science of Empire: Scientific Knowledge, Civilizationand Colonial Rule in India*. Albany, NY.

Backhouse, R.E. e P. Fontaine (orgs., 2010). *The History of the Social Sciences since 1945*. Cambridge.

Baigrie, B.S. (org., 1996). *Picturing Knowledge*. Toronto.

Bailey, F.G. (1977). *Morality and Expediency: The Folklore of Academic Politics*. Oxford.

Baillie, M.G.L. (1995). *A Slice through Time: Dendrochronology and Precision Dating*. Londres.

Baines, P. (1999). *The House of Forgery in 18th-Century Britain*. Londres.

Baker, N. (2008). "The Charms of Wikipedia", *New York Review of Books*, 20 mar.

Bakhtin, M. ([1979] 1986). *Speech Genres and Other Late Essays*. ed. amer., Austin, TX.

Barkan, E. (1992). *The Retreat of Scientific Racism: Changing Concepts of Race in Britain and the United States between the World Wars*. Cambridge.

Barnes, T.J. (2006). "Geographical Intelligence: American Geographers and Research and Analysis in the Office of Strategic Services 1941-1945", *Journal of Historical Geography* 32, p.149-68.

Barth, F., A. Gingrich, R. Parkin e S. Silverman (2005). *One Discipline, Four Ways: British, German, French and American Anthropology*. Chicago.

Bartholomew, J.R. (1989). *The Formation of Science in Japan: Building a Research Tradition*. New Haven, CT.

Battles, M. (2003). *Library: An Unquiet History*. Londres.

Bausinger, H. (1965). "Volksideologie und Volksforschung: Zur nationalsozialistischen Volkskunde", *Zeitschrift für Volkskunde* 61, p.177-204.

Bayly, C.A. (1996). *Empire and Information: Intelligence Gathering and Social Communication in India, 1780-1870*. Cambridge.

Becher, T. (2001). *Academic Tribes and Territories: Intellectual Enquiry and the Cultures of Disciplines*. Milton Keynes.

Beck, U., A. Giddens e S. Lash (orgs., 1994). *Reflexive Modernization: Politics, Tradition and Aesthetics in the Modern Social Order*. Cambridge.

Becker, P. e W. Clark (orgs., 2001). *Little Tools of Knowledge: Historical Essays on Academic and Bureaucratic Practices*. Ann Arbor.

Beer, G. de (org., 1960). *The Sciences Were Never at War*. Londres.

Beer, G. (1983). *Darwin's Plots: Evolutionary Narrative in Darwin, George Eliot and Nineteenth-Century Fiction*. Cambridge.

Béguet, B. (org., (1990). *La Science pour tous: sur la vulgarisation scientifique en France, de 1850 à 1914*. Paris.

Bell, D. (1973). *The Coming of Post-Industrial Society: A Venture in Social Forecasting*. Nova York.

Bell, M., R. Butlin e M. Heffernan (orgs., 1995). *Geography and Imperialism, 1820-1940*. Manchester.

Bellamy, J., A. Laurence e G. Perry (orgs., 2000). *Women, Scholarship and Criticism: Gender and Knowledge, c1790-1900*. Manchester.

Ben-David, J. (1970). "The Rise and Decline of France as a Scientific Centre", *Minerva* 8, p.160-79.

______ e R. Collins (1966). "Social Factors in the Origin of a New Science: The Case of Psychology", *American Sociological Review* 31, p.451-65.

Bensaude-Vincent, B. e A. Rasmussen (orgs., 1997). *La Science populaire dans la presse et l'édition: XIXe et XXe siècles*. Paris.

Berg, M. (1992). "The First Women Economic Historians", *Economic History Review* 45, p.308-29.

______ (1996). *A Woman in History: Eileen Power, 1889-1940*. Cambridge.

Berger, M T. (1995). *Under Northern Eyes: Latin American Studies and US Hegemony in the Americas, 1898-1990*. Bloomington, IN.

Berger, S. e C. Lorenz (orgs., 2008). *The Contested Nation: Ethnicity, Class, Religion and Gender in National Histories*. Basingstoke.

______ (orgs., 2010). *Nationalizing the Past: Historians as Nation Builders in Modern Europe*. Basingstoke.

Berger, S., M. Donovan e K. Passmore (orgs., 1999). *Writing National Histories: Western Europe since 1800*. Londres.

Berghahn, V. R. (2001). *America and the Intellectual Cold Wars in Europe*. Princeton, NJ.

Berkel, K. van, A. van Helden e L. Palm (orgs., 1999). *A History of Science in the Netherlands*. Leiden.

Berkhofer, Robert F. (1995). *Beyond the Great Story: History as Text and Discourse*. Cambridge, MA.

Bernard, P.P. (1991). *From the Enlightenment to the Police State: The Public Life of Johann Anton Pergen*. Urbana, IL.

Beyrodt, W. (1991). *Kunst und Kunsttheorie*. Wiesbaden.

Binford, L.R. (1978). *Nunamiut Ethnoarchaeology*. Nova York.

Bivins, R. (2000). *Acupuncture, Expertise and Cross-Cultural Medicine*. Basingstoke.

Blair, A. (2010). *Too Much to Know: Managing Scholarly Information before the Modern Age*. Cambridge, MA.

Bleichmar, D. (org., 2008). *Science in the Spanish and Portuguese Empires, 1500-1800*. Stanford, CA.

Bohman, S. (1997). *Historia, museer och nationalism*. Estocolmo.

Böhme, G. e N. Stehr (orgs., 1986). *The Knowledge Society*. Dordrecht.

Bok, D. (2003). *Universities in the Marketplace: The Commercialization of Higher Education*. Princeton, NJ.

Bonta, A.M. (1991). *Women in the Field: America's Pioneering Women Naturalists*. College Station, TX.

Boockman, H. et al. (1972). *Geschichtswissenschaft und Vereinswesen im 19 Jahrhundert*. Göttingen.

Borgman, C.L. (2007). *Scholarship in the Digital Age: Information, Infrastructure and the Internet*. Cambridge, MA.

Böröcz, J. (1997). "Sociology is Elsewhere", *Budapest Review of Books* 7, p.118-23.

Borscheid, P. (1976). *Naturwissenschaft, Staat und Industrie in Baden 1848-1914*. Stuttgart.

Böscher, S., M. Schneider e A. Lerf (orgs., 2004). *Handeln trotz Nichtwissen: Vom Umgang mit Chaos und Risiko in Politik, Industrie und Wissenschaft*. Frankfurt.

Bourdieu, P. (1975). "Le Champ scientifique", reed. in *Actes de la recherche en sciences sociales* 2 (1976), p.88-104, ed. ingl., "The Specificity of the Scientific Field", *Social Science Information* 14, p.19-47.

______ e L. Wacquant (1992). *An Invitation to Reflexive Sociology*. Cambridge.

Bourguet, M.-N. (1988). *Déchiffrer la France: la statistique départementale à l'époque napoléonienne*. Paris.

______ B. Lepetit, D. Nordman e M. Sinarellis (orgs., 1998). *L'Invention scientifique de la Méditerranée*. Paris.

Bowler, P.J. (2009). *Science for All: The Popularization of Science in Early Twentieth-Century Britain*. Chicago.

Boyer, F. (1973). "Le MHN et l'Europe des sciences sous la Convention", *Revue d'histoire des sciences* 26, p.251-7.

Boyle, L. (1972). *A Survey of the Vatican Archives*. Toronto.

Bravo, M. e S. Sörlin (orgs., 2002). *Narrating the Arctic: A Cultural History of Nordic Scientific Practices*. Canton, MA.

Breidbach, O. e P. Ziche (orgs., 2001). *Naturwissenschaften um 1800: Wissenschaftskultur in Jena-Weimar*. Weimar.

Brentjes, B. (org., 1992). *Wissenschaft unter dem NS Regime*. Berlim.

Brian, E. (1994). *La Mesure de l'état: adminstrateurs et géomètres au 18e siècle*. Paris.

Briggs, A. e P. Burke ([2002] 2009). *A Social History of the Media from Gutenberg to the Internet*. 3ª ed., Cambridge. [Ed.bras.: *Uma história social da mídia: de Gutenberg à Internet*, Rio de Janeiro, Zahar, 2004.]

Briody, M. (2007). *The Irish Folklore Commission, 1935-70: History, Ideology, Methods*. Helsinque.

Broc, N. (1981). "Les Grandes Missions scientifiques françaises au 19e siècle", *Revue d'histoire des sciences* 34, p.319-58.

Brocke, B. vom (1980). *Hochschul- und Wissenschaftspolitik in Preussen und im Deutschen Kaiserreich 1882-1907: Das "System Althoff"*. Stuttgart.

______ (org., 1991). *Wissenschaftsgeschichte und Wissenschaftspolitik im Industriezeitalter: Das "System Althoff" in historischer Perspektive*. Hildesheim.

Brody, H. (1987). *Stories of Sickness*. Londres.

Brooks, P. e P. Gewirtz (1996). *Law's Stories: Narrative and Rhetoric in the Law*. New Haven, CT.

Brower, D. e E. Lazzerini (orgs., 1997). *Russia's Orient: Imperial Borderlands and Peoples, 1700-1917*. Bloomington, IN.

Brown, J.S. e P. Duguid ([2000] 2002). *The Social Life of Information*. Ed. rev., Boston.

Brown, R.D. (1989). *Knowledge is Power: The Diffusion of Information in Early America, 1700-1865*. Nova York.

Bruch, R. vom, F.W. Graf e G. Hübinger (orgs., 1989). *Kultur und Kulturwissenschaften um 1900: Krise der Moderne und Glaube an die Wissenschaft*. Stuttgart.

Brüsemeister, T. e K.-D. Eubel (orgs., 2008). *Evaluation, Wissen und Nichtwissen*. Wiesbaden.

Buck, P. (1981). "Science and Modern Chinese Culture", in E. Mendelsohn e Y. Elkanah (orgs.), *Sciences and Cultures*. Dordrecht, p.133-60.

Bullock, K. (2000). "Possessing Wor(l)ds: Brian Friel's Translations and the Ordnance Survey", *New Hibernia Review* 4:2, p.98-115.

Bulmer, M. (org., 1979). *Censuses, Surveys and Privacy*. Londres.

______ (1984). *The Chicago School of Sociology*. Chicago.

______, K. Bales e K. Sklar (orgs., 1991). *The Social Survey in Historical Perspective, 1880-1940*. Cambridge.

Bunge, M. e W.R. Shea (orgs., 1979). *Rutherford and Physics at the Turn of the Century*. Nova York.

Burckhardt, L. (1975). *Wissenschaftspolitik im wilhelminischen Deutschland*. Göttingen.

Burke, P. ([1978] 2009). *Popular Culture in Early Modern Europe*. 3ª ed., Basingstoke.

______ (1979). "Religion and Secularization", *New Cambridge Modern History* vol.13, p.293-317.

______ (1990). *The French Historical Revolution*. Cambridge.

______ (org.,1991). *New Perspectives on Historical Writing*. Cambridge.

______ (2000). *A Social History of Knowledge from Gutenberg to Diderot*. Cambridge.

______ (2001). "Gutenberg bewältigen: Die Informationsexplosion im frühneuzeitlichen Europa", *Jahrbuch für Europäische Geschichte* 2, p.237-48.

______ (2008a). "Paradigms Lost: From Göttingen to Berlin", *Common Knowledge* 14, p.244-57.

______ (2008b). "The Invention of Micro-History", *Rivista di storia economica* 24, p.259-73.

______ e M.L.G. Pallares-Burke (2008). *Gilberto Freyre: Social Theory in the Tropics*. Oxford.

Burleigh, M. ([1988] 2002). *Germany turns Eastwards: A Study of Ostforschung in the Third Reich*. Reed. Londres.

Burrow, J.W. (2000). *The Crisis of Reason: European Thought 1848-1914*. Londres.

Bush, V. (1945). *Science, the Endless Frontier*. Washington, DC.

Bynum, W.F. e R. Porter (orgs., 1987). *Medical Fringe and Medical Orthodoxy, 1750-1850*. Londres.

Cadbury, D. (2000). *The Dinosaur Hunters*. Londres.

Cahan, D. (1989). *An Institute for an Empire: the Physikalisch-Technische Reichsanstalt, 1871-1918*. Cambridge.

Calhoun, C. (org., 2007). *Sociology in America: A History*. Chicago.

Campbell, B. (1980). *Ancient Wisdom Revived*. Berkeley, CA.

Cañizares-Esguerra, J. (2001). *How to Write the History of the New World: Histories, Epistemologies and Identities in the 18th-Century Atlantic World*. Stanford, CA.

Cannon, S.F. (1978). *Science in Culture: The Early Victorian Period*. Nova York.

Cantor, G. (2004). "Thomas Young", *Oxford Dictionary of National Biography* vol.60. Oxford, p.945-9.

Caplan, J. e J. Torpey (orgs., 2001). *Documenting Individual Identity*. Princeton, NJ.

Carhart, M. (2007). *The Science of Culture in Enlightenment Germany*. Cambridge, MA.

Carlebach, J., G. Hirschfeld, A. Newman, A. Paucker e P. Pulzer (orgs., 1991) *Second Chance: Two Centuries of German-Speaking Jews in the United Kingdom*. Tübingen.

Carr, N. (2006). "*Nature*'s Flawed Study of Wikipedia's Quality", www.roughtype.com/archives/2006/02/community_and_h.php.

Carrington, M. (2003). "Officers, Gentlemen and Thieves: The Looting of Monasteries during the 1903/4 Younghusbe Mission to Tibet", *Modern Asian Studies* 37, p.81-109.

Carter, P. (1987). *The Road to Botany Bay*. Londres.

Castells, M. (1996). *The Rise of the Network Society*. Oxford.

Cathcart, K. J. (org., 1994). *The Edward Hincks Lectures*. Dublin.

Cazzaniga, G.M. (org., 2010). *Storia d'Italia: annali*, vol.25. Turim.

Certeau, M. de (1975). *L'Écriture de l'histoire*. Paris.

______ (1980). *L'Invention du quotidien*. Paris.

Chadarevian, S. de (2002). *Designs for Life: Molecular Biology after World War II*. Cambridge.

Chadwick, A.J. (1979). "Settlement Simulation", in C. Renfrew e K.L. Cooke (orgs.), *Transformations: Mathematical Approaches to Culture Change*. Nova York.

Chadwick, J. (1958). *The Decipherment of Linear B*. Cambridge.

Chadwick, W.O. (1977). *The Secularization of the European Mind in the 19th Century*. Cambridge.

Chakrabarty, D. (2000). *Provincializing Europe*. Chicago.

Chaline, J.-P. (1995). *Sociabilité et érudition: les sociétés savantes en France*. Paris.

Chandler, A.D. (1977). *The Visible Hand: The Managerial Revolution in American Business*. Cambridge, MA.

______ e J. W. Cortada (orgs., 2000). *A Nation Transformed by Information*. Nova York.
Chappey, J.-L. (2002). *La Société des observateurs de l'homme (1799-1804): des anthropologues au temps de Bonaparte*. Paris.
Charle, C. (1990). *Naissance des "intellectuels" 1880-1900*. Paris.
Cheng, H. (1991). "The Impact of American Librarianship on Chinese Librarianship (1840-1949)", *Libraries and Culture* 26, p.374-87.
Chickering, R. (1993). *Karl Lamprecht: A German Academic Life*. Atlantic Highlands, NJ.
Childs, D. e R. Popplewell (1996). *The Stasi*. Londres.
Chomsky, N. (org., 1997). *The Cold War and the University*. Nova York.
Clackson, J. (2007). *Indo-European Linguistics*. Cambridge.
Clark, C. e W. Kaiser (orgs., 2003). *Culture Wars: Secular-Catholic Conflict in Nineteenth-Century Europe*. Cambridge.
Clark, P. (2000). *British Clubs and Societies 1580-1800*. Oxford.
Clark, W. (2006). *Academic Charisma and the Origins of the Research University*. Chicago.
Clarke, D.L. (1973). "Archaeology: The Loss of Innocence", *Antiquity* 47, p.6-18.
Clarke, K. e M. Holquist (1984). *Mikhail Bakhtin*. Cambridge, MA.
Claval, P. (1998), *Histoire de la géographie française de 1870 à nos jours*. Paris.
Clifford, J. (1982). *Person and Myth: Maurice Leenhardt in the Melanesian World*. Berkeley, CA.
______ e G.E. Marcus (orgs., 1986). *Writing Culture: The Poetics and Politics of Ethnography*. Berkeley, CA.
Cocks, G. e K. Jarausch (1990). *German Professions, 1800-1950*. Londres.
Coe, M. (1992). *Breaking the Maya Code*. Londres.
Cohen, P.A. (1974). *Between Tradition and Modernity: Wang T'ao and Reform in Late Ch'ing China*. Cambridge, MA.
Cohn, B.S. (1996). *Colonialism and its Forms of Knowledge*. Princeton, NJ.
Cole, A.H. e R. Crandall (1964). "The International Scientific Committee on Price History", *Journal of Economic History* 24, p.381-8.
Cole, D. (1985). *Captured Heritage: The Scramble for Northwest Coast Artifacts*. Seattle.
Cole, J.R. e S. Cole (1973). *Social Stratification in Science*. Chicago.
Coleman, W. e F.L. Holmes (orgs., 1988). *The Investigative Enterprise: Experimental Physiology in 19th-Century Medicine*. Berkeley, CA.
Coles, J.M. (1979). *Experimental Archaeology*. Nova York.
Collingwood, R.G. ([1946] 1993). *The Idea of History*. Ed. rev., Oxford.
Collini, S. (1991). *Public Moralists: Political Thought and Intellectual Life in Britain 1850-1930*. Oxford.
Collins, R. (1998). *The Sociology of Philosophies: A Global Theory of Intellectual Change*. Cambridge, MA.
Connell, R. (2007). *Southern Theory: The Global Dynamics of Knowledge in Social Science*. Cambridge.
Conot, R.E. (1979). *A Streak of Luck*. Nova York.
Converse, J.M. (1986). *Survey Research in the United States: Roots and Emergence 1890-1960*. Berkeley, CA.

Coombes, A.E. (1994). *Reinventing Africa: Museums, Material Culture and Popular Imagination in Late Victorian and Edwardian England*. New Haven, CT.

Cooter, R. (1984). *The Cultural Meaning of Popular Science: Phrenology and the Organization of Consent in 19th-Century Britain*. Cambridge.

Cornford, F.M. (1908). *Microcosmographia Academica: Being a Guide for the Young Academic Politician*. Cambridge.

Cortada, J.W. (1993). *Before the Computer*. Princeton, NJ.

Crabbs, J.A. (1984). *The Writing of History in Nineteenth-Century Egypt*. Cairo e Detroit.

Craig, J.E. (1984). *Scholarship and Nation Building: The Universities of Strasbourg and Alsatian Society, 1870-1939*. Chicago.

Crampton, J.W. e S. Elden (orgs., 2007). *Space, Knowledge and Power: Foucault and Geography*. Basingstoke.

Crane, D. (1972). *Invisible Colleges: Diffusion of Knowledge in Scientific Communities*. Chicago.

Crary, J. (1990). *Techniques of the Observer: On Visions of Modernity in the Nineteenth Century*. Cambridge, MA.

Cravens, H. (org., 2004). *The Social Sciences go to Washington: The Politics of Knowledge in the Postmodern Era*. New Brunswick, NJ.

______, A. I. Marcus e D. M. Katzman (orgs., 1996), *Technical Knowledge in American Culture*. Tuscaloosa, AL.

Crawford, E., T. Shinn e S. Sörlin (orgs., 1992). *Denationalizing Science*. Dordrecht.

Crick, B. (1960), *The American Science of Politics*. Londres.

Crystal, D. (2000). *Language Death*. Cambridge.

Cullen, M.J. (1975). *The Statistical Movement in Early Victorian Britain*. Londres.

Cunha, E. da ([1902] 1944). *Rebellion in the Backlands*. ed. amer., Nova York.

Cunningham, A. e N. Jardine (orgs., 1990). *Romanticism and the Sciences*. Cambridge.

Curry, P. (1989). *Prophecy and Power: Astrology in Early Modern England*. Cambridge.

______ (1992). *A Confusion of Prophets: Victorian and Edwardian Astrology*. Londres.

Cutright, P.R. (1969). *Lewis and Clark: Pioneering Naturalists*. Urbana, IL.

Daiches, D. (org., 1964). *The Idea of a New University: An Experiment in Sussex*. Londres.

Dalby, A. (2009). *The World and Wikipedia*. Draycott, Somerset.

Dalrymple, W. (2006). *The Last Mughal: The Fall of a Dynasty, Delhi 1857*. Londres.

Dandeker, D. (1990). *Surveillance, Power and Modernity: Bureaucracy and Discipline from 1700 to the Present Day*. Cambridge.

Darnton, R. (1984). *The Great Cat Massacre*. Nova York.

______ (1995). *The Forbidden Bestsellers of Pre-Revolutionary France*. Nova York.

______ (2008). "The Library in a New Age", *New York Review of Books*, 12 jun.

______ (2009). *The Case for Books: Past, Present and Future*. Londres.

Darwin, C. ([1876] 1958). *Autobiography*. Ed. rev., Londres.

Daston, L. e P. Galison (2007). *Objectivity*. Nova York.

______ e E. Lunbeck (2011). *Histories of Scientific Observation*. Chicago.

Daudin, H. (1926a). *De Linné à Jussieu: méthodes de la classification et idée de série en botanique et en zoologie (1740-1790)*. Paris.

______. (1926b). *Cuvier et Lamarck: les classes zoologiques et l'idée de série animale (1790-1830)*. Paris.

Daum, A. W. (1998). *Wissenschaftspopularisierung im 19 Jahrhundert: bürgerliche Kultur, naturwissenschaftliche Bildung und die deutsche Öffentlichkeit, 1848-1914*. Munique.

Daunton, M. (org., 2005). *The Organization of Knowledge in Victorian Britain*. Oxford.

Dauser, R. (org., 2008). *Wissen im Netz: Botanik und Pflanzentransfer in europäischen Korrespondenznetzen des 18. Jahrhunderts*. Berlim.

Davenport, T.H. e L. Prusak (1998). *Working Knowledge: How Organizations Manage What They Know*. Boston.

Davies, A.M. ([1992] 1998). *Nineteenth-Century Linguistics*. ed. ingl., Londres.

Davies, J.D. (1955). *Phrenology, Fad and Science: A 19th-Century American Crusade*. New Haven, CT.

Deacon, M., T. Rice e C. Summerhayes (orgs., 2001). *Understanding the Oceans: A Century of Ocean Exploration*. Londres.

Dear, P. (1991). "Narratives, Anecdotes and Experiments", in Dear (org.), *The Literary Structure of Scientific Argument*. Philadelphia, p.135-63.

Deegan, M. J. (1988). *Jane Addams and the Men of the Chicago School, 1892-1918*. New Brunswick, NJ.

Delgado, R. (1989). "A Plea for Narrative", *Michigan Law Review* 87, p.2.411-41.

Delong, D.W. (2004). *Lost Knowledge: Confronting the Threat of an Aging Workforce*. Oxford.

Desrosières, A. (1993). *La Politique des grands nombres: histoire de la raison statistique*. Paris.

De Terra, H. (1955). *Humboldt*. Nova York.

Dhombres, N. (1989). *Les Savants en revolution, 1789-1799*. Paris.

Diamond, S. (1992). *Compromised Campus: The Collaboration of Universities with the Intelligence Community, 1945-55*. Nova York.

Díaz-Andreu, M. e T. Champion (orgs., 1996). *Nationalism and Archaeology in Europe*. Londres.

Díaz-Andreu, M. e M.L. Stig Sørensen (orgs., 1998). *Excavating Women*. Londres.

Dieckmann, H. (1961). "The Concept of Knowledge in the *Encyclopédie*", in Dieckmann, *Essays in Comparative Literature*. St Louis, MO, p.73-107.

Dierig, S., J. Lachmund e J. A. Mendelsohn (orgs., 2003). *Science and the City*. Chicago.

Díez Torre, A., et al. (1991). *La ciencia española en ultramar*. Madri.

Dilly, H. (1979). *Kunstgeschichte als Institution*. Frankfurt.

Dirks, N.B. (2001). *Castes of Mind: Colonialism and the Making of Modern India*. Princeton, NJ.

Dogan, M. e R. Pahre (1990). *Creative Marginality: Innovation at the Intersections of Social Sciences*. Boulder, CO.

Drahos, P. (2002). *Information Feudalism: Who Owns the Knowledge Economy?* Londres.

Drayton, R. (2000). *Nature's Government: Science, Imperial Britain and the Improvement of the World*. New Haven, CT.

Driessen, H. (org., 1993). *The Politics of Ethnographic Reading and Writing: Confrontations of Western and Indigenous Views*. Saarbrücken.

Driver, F. (2004). "Travel, Exploration and Knowledge in the 19th Century", *Transactions of the Royal Historical Society* 14, p.73-92.

Droulia, L. e V. Mentzou (orgs., 1993). *Vers l'Orient par la Grèce*. Paris e Athens.

Drucker, P.F. (1969). *The Age of Discontinuity: Guidelines to our Changing Society*. Londres.

______ (1993). *Post-Capitalist Society*. Oxford.

Dutton, W.H. (2007). "The Fifth Estate - Through the Network of Networks", www.ox.ac.uk/media/news_stories/2007/071016.html.

Dyhouse, C. (1995). *No Distinction of Sex? Women in British Universities, 1870-1939*. Londres.

Easton, D., J. Gunnell e L. Graziano (orgs., 1991). *The Development of Political Science*. Londres.

Edney, M. (1997). *Mapping an Empire: The Geographic Construction of British India, 1765-1843*. Chicago.

Edwards, P.N. (1996). *The Closed World: Computers and the Politics of Discourse in Cold War America*. Cambridge, MA.

Eldelin, E. (2006). *"De två kulturerna" flyttar hemifrån: C. P. Snows begrepp i svensk idédebatt, 1959-2005*. Estocolmo.

Elias, N. (1982). "Scientific Establishments", in Elias, H. Martins e R. Whitley (orgs.), *Scientific Establishments and Hierarchies*. Dordrecht, p.3-69.

Ellen, R.Y. (2006). "The Development of Anthropology and Colonial Policy in the Netherlands: 1800-1960", *Journal of the History of the Behavioral Sciences* 12, p.303-24.

______ e D. Reason (orgs., 1979). *Systems of Classification and the Anthropology of Knowledge*. Nova York.

Elman, B.A. (2006). *A Cultural History of Modern Science in China*. Cambridge, MA.

Emerson, D.E. (1968). *Metternich and the Political Police: Security and Subversion in the Hapsburg Monarchy (1815-1830)*. The Hague.

Emmerich, W. (1968). *Germanistisches Volkstumsideologie: Genese und Kritik der Volksforschung im Dritten Reich*. Tübingen.

Engerman, D.C. (2009). *Know your Enemy: The Rise and Fall of America's Soviet Experts*. Oxford.

Essner, C. (1985). *Deutsche Afrikareisende im 19. Jahrhundert*. Stuttgart.

Etherington, N. (org., 2005). *Missions and Empire*. Oxford.

Ette, O., U. Hermanns, B.M. Scherer e C. Suckow (orgs., 2001). *Alexander von Humboldt: Aufbruch in die Moderne*. Berlim.

Etzkowitz, H. e L. Leydesdorff (orgs., 1997). *Universities and the Global Knowledge Economy: A Triple Helix of University-Industry-Government Relations*. Londres.

Evans, R.J. (2001). *Lying about Hitler: History, Holocaust and the David Irving Trial*. Nova York.

Fabian, J. (2000). *Out of our Minds: Reason and Madness in the Exploration of Central Africa*. Berkeley, CA.

Fan, F.T. (2004). *British Naturalists in Qing China: Science, Empire and Cultural Encounter*. Cambridge, MA.

Feldbrugge, F.J.M. (1975). *Samizdat and Political Dissent in the Soviet Union*. Leiden.
Felsch, P. (2010). *Wie August Petermann den Nordpol erfand*. Munique.
Feres, J. (2005). *A história do conceito de "Latin America" nos Estados Unidos*. Bauru, São Paulo.
Fernández-Armesto, F. (2006). *Pathfinders: A Global History of Exploration*. Oxford.
Feyl, R. ([1981] 1999). *Der lautlose Aufbruch: Frauen in der Wissenschaft*. 2ª ed., Colônia.
Finkelstein, J. (org., 1989). *Windows on a New World*. Nova York.
Fischer, H. (1990). *Völkerkunde im Nationalsozialismus*. Berlim.
Fischer, J. (1988). *Napoleon und die Naturwissenschaften*. Wiesbaden.
Fleming, D. e B. Bailyn (orgs., 1969). *The Intellectual Migration: Europe e America, 1930-1960*. Cambridge, MA.
Fleming, F. (1998). *Barrow's Boys*. Londres.
Flint, R. (1904). *Philosophy as Scientia Scientiarum and a History of the Classification of the Sciences*. Londres.
Fontana, B.M. (1985). *Rethinking the Politics of Commercial Society: The Edinburgh Review, 1802-1832*. Cambridge.
Forbes, E.G.A. (org., 1978). *Human Implications of Scientific Advance*. Edimburgo.
Forgan, S. (1994). "The Architecture of Display: Museums, Universities and Objects in 19th-Century Britain", *History of Science* 32, p.139-62.
Fosdick, R.B. (1952). *The Story of the Rockefeller Foundation*. Londres.
Foss, N.J. (2007). *The Emerging Knowledge Governance Approach: Challenges e Characteristics*. Oslo.
______ e S. Michailova (orgs., 2009). *Knowledge Governance: Processes e Paradigms*. Oxford.
Foucault, M. (1963). *Naissance de la clinique: une archéologie du regard medical*. Paris.
______ (1966). *Les Mots et les choses*. Paris.
______ (1969). *L'Archéologie du savoir*. Paris.
______ (1975). *Surveiller et punir*. Paris.
______ (1980). *Power/Knowledge: Selected Interviews and Other Writings, 1972-1977*. Brighton.
______ (1997). *Il faut défendre la société*. Paris.
Fox, J. e S. Stromqvist (orgs., 1998). *Contesting the Master Narrative: Essays in Social History*. Londres.
Fox, R. (1973). "Scientific Enterprise and the Patronage of Research in France, 1800-1870", *Minerva* 11, p.442-73.
______ (1980). "Learning, Politics and Polite Culture in Provincial France: The *sociétés savantes* in the Nineteenth Century", *Historical Reflections* 7, p.543-64.
Frängsmyr, T. (1976) *Upptäckten av istiden*. Estocolmo.
______, J.H. Heilbron e R.H. Rider. (orgs., 1990) *The Quantifying Spirit in the Eighteenth Century*. Londres.
Franzosi, R. (1998). "Narrative Analysis: Or Why (and How) Sociologists Should Be Interested in Narrative", *Annual Review of Sociology* 24, p.517-54.
Frappaolo, C. (2006). *Knowledge Management*. Londres.
Frasca-Spada, M. e N. Jardine (orgs., 2000). *Books and the Sciences in History*. Cambridge.

Fried, J. e J. Süssmann (orgs., 2001). *Revolutionen des Wissens: Von der Steinzeit bis zur Moderne*. Munique.

Frigessi, D. (2003). *Cesare Lombroso*. Turim.

Fumian, C. (2003). *Verso una società planetaria*. Roma.

Fung, A., M. Graham e D. Weil (2007). *Full Disclosure: The Perils and Promise of Transparency*. Cambridge.

Furner, M.O. (1975). *Advocacy and Objectivity: A Crisis in the Professionalization of American Social Science, 1865-1905*. Lexington, KY.

______ e B. Supple (orgs., 1990). *The State and Economic Knowledge*. Cambridge.

Fyfe, A. e B. Lightman (orgs., 2007). *Science in the Marketplace: 19th-Century Sites and Experiences*. Chicago.

Gacs, U., A. Khan, J. McIntyre e R. Weinberg (orgs., 1988). *Women Anthropologists: A Biographical Dictionary*. Nova York.

Galera Gomez, A. (1981). *Ciencia y delincuencia: el determinismo antropológico en la Españ a del siglo XIX*. Sevilha.

Galison, P. (2004). "Removing Knowledge", *Critical Inquiry* 31, p.229-43.

______ e B. Hevly (orgs., 1992). *Big Science: The Growth of Large-Scale Research*. Stanford, CA.

Gallie, W.B. (1960). *A New University: A. D. Lindsay and the Keele Experiment*. Londres.

Gallini, C. (1983). *Magnetismo and ipnotismo nell'800 italiano*. Milão.

Gambi, L. (1992). *Geografia and imperialismo in Italia*. Bolonha.

Ganz, D. (1997). "Latin Paleography since Bischoff", www.kcl.ac.uk/content/1/c6/04/42/91/inaugural-lecture-1997.pdf

Ganz, P. (1973). *Jacob Grimm's Conception of German Studies*. Oxford.

Gascoigne, J. (1998). *Science in the Service of Empire: Joseph Banks, the British State and the Uses of Science in the Age of Revolution*. Cambridge.

Gaskill, H. (org., 1991). *Ossian Revisited*. Edimburgo.

Geertz, C. (1973). *The Interpretation of Cultures*. Nova York.

Geiger, R.L. (1986). *To Advance Knowledge: The Growth of American Research Universities, 1900-1940*. Nova York.

______ (1993). *Research and Relevant Knowledge: American Research Universities since World War II*. Nova York.

______ (2004). *Knowledge and Money: Research Universities and the Paradox of the Marketplace*. Stanford, CA.

______ e F.L. Holmes (orgs., 1993). *Research Schools: Historical Reappraisals*. Chicago.

Gelfand, T. (1976). "The Origins of a Modern Concept of Medical Specialization", *Bulletin of the History of Medicine* 50, p.511-35.

Gellner, E. (1973). *Cause and Meaning in the Social Sciences*. Londres.

Gemelli, G. (org., 1998). *The Ford Foundation and Europe (1950s-1970s)*. Bruxelas.

Gerndt, H. (org., 1987). *Volkskunde und Nationalsozialismus*. Munique.

Gianquitto, T. (2007). *"Good Observers of Nature": American Women and the Scientific Study of the Natural World, 1820-1885*. Athens, GA.

Gibbons, M. e B. Wittrock (orgs., 1985). *Science as a Commodity: Threats to the Open Community of Scholars*. Londres.

Gibbons, M., C. Limoges, H. Nowotny, S. Schwartzman, P. Scott e M. Trow (1994). *The New Production of Knowledge*. Londres.

Giddens, A. (1990). *The Consequences of Modernity*. Cambridge.

Gieryn, T.F. (1983). "Boundary-Work and the Demarcation of Science from Non-Science: Strains and Interests in Professional Ideologies of Scientists", *American Sociological Review* 48, p.781-95.

Gieryn, T.F. (1995). "Boundaries of Science", in S. Jasanoff et al. (orgs.). *Handbook of Science and Technology Studies*. Thouse Oaks, CA: p.115-39.

Gilbert, E.W. (1958). "Pioneer Maps of Health and Disease in England", *Geographical Journal* 124, p.172-83.

Gillispie, C.G. (1989). "Scientific Aspects of the French Egyptian Expedition", *Proceedings of the American Philosophical Society* 133, p.447-74.

______ (2004). *Science and Polity in France: The Revolutionary and Napoleonic Years*. Princeton, NJ.

Gilpin, R. (1968). *France in the Age of the Scientific State*. Princeton, NJ.

Ginzburg, C. (1989). *Clues, Myths, and the Historical Method*. ed. ingl., Baltimore.

Giustino, D. de (1975). *Conquest of Mind: Phrenology and Victorian Social Thought*. Londres.

Gizycki, R. von (1973). "Centre and Periphery in the International Scientific Community: Germany, France and Great Britain in the Nineteenth Century", *Minerva* 11, p.474-94.

Glamann, K. (2003). *The Carlsberg Foundation: The Early Years*. Copenhague.

Glasgow, E. (2001). "Origins of the Home University Library", *Library Review* 50, p.95-8.

Glass, D.V. (1973). *Numbering the People: the 18th Century Population Controversy and the Development of Census and Vital Statistics in Britain*. Farnborough.

Glob, P.U. ([1969] 2004). *The Bog People: Iron Age Man Preserved*. Nova ed., Nova York.

Godlewska, A. (1988). "The Napoleonic Survey of Egypt: A Masterpiece of Cartographic Compilation and Early Nineteenth-Century Fieldwork", *Cartographica* 25, p.1-171.

______ e N. Smith (orgs., 1994). *Geography and Empire*. Oxford.

Goetzmann, W.H. (1959). *Army Exploration in the American West, 1803-1863*. New Haven, CT.

______ ([1986] 1995). *New Lands, New Men: America and the Second Great Age of Discovery*. 2ª ed., Austin, TX.

Göhre, P. ([1891] 1895). *Three Months in a Workshop*. ed. ingl., Londres.

Goldman, L. (2002). *Science, Reform and Politics in Victorian Britain: The Social Science Association 1857-1886*. Cambridge.

Goldstein, J. (1987). *Console and Classify: the French Psychiatric Profession in the 19th Century*. Cambridge.

Golinski, J. ([1998] 2005). *Making Natural Knowledge*. 2ª ed., Cambridge.

Gombrich, E.H. (1970). *Aby Warburg: An Intellectual Biography*. Londres.

González Bueno, A. e R. Rodriguez Noval (2000). *Plantas americanas para la España ilustrada*. Madri.

Gooding, D., T. Pinch e S. Schaffer (orgs., 1989). *The Uses of Experiment*. Cambridge.

Goodwin, J. (1994). *The Theosophical Enlightenment*. Albany, NY.

Goody, J. (org., 1968). *Literacy in Traditional Societies*. Cambridge.

______ (1995). *The Expansive Moment: Anthropology in Britain and Africa, 1918-1970*. Cambridge.

Gorski, P.S. (2000). "Historicizing the Secularization Debate: Church, State and Society in Early Modern Europe", *American Sociological Review* 65, p.138-67.

Gottfried, P. (1990). *Carl Schmitt: Politics and Theory*. Nova York.

Gould, S.J. ([1981] 1984). *The Mismeasure of Man*. Ed. rev., Harmondsworth.

Gourlie, N. (1953). *The Prince of Botanists: Carl Linnaeus*. Londres.

Graff, G. (1987). *Professing Literature: An Institutional History*. Chicago.

Grafton, A. (1990). *Forgers and Critics*. Londres.

______ (2009a). "Apocalypse in the Stacks? The Research Library in the Age of Google", *Daedalus*, inverno, p.87-98.

______ (2009b). *Worlds Made by Words*. Cambridge, MA.

Graham, L.R. (1967). *The Soviet Academy of Sciences and the Communist Party, 1927-1932*. Princeton, NJ.

______ (1975). "The Formation of Soviet Research Institutes", *Social Studies of Science* 5, p.303-29.

Gräslund, B. (1974). *Relativ datering: om kronologisk metod i nordisk arkeologi*. Upsala.

Greenberger, M. (org., 1971). *Computers, Communication, and the Public Interest*. Baltimore.

Greenwood, J. (1996). *The Third Industrial Revolution*. Rochester, NY.

Gribbin, J. (1998). *In Search of Susy*. Londres.

Grmek, M.D. (1999). "La Troisième Revolution scientifique", *Revue médicale de la Suisse romande* 119, p.955-9.

Guha, R. e G. Spivak (orgs., 1988). *Selected Subaltern Studies*. Délhi.

Gupta, A. e J. Ferguson (orgs., 1997). *Anthropological Locations: Boundaries and Grounds of a Field Science*. Berkeley, CA.

Haar, I. (2000). *Historiker im Nationalsozialismus: deutsche Geschichtswissenschaft und der "Volkstumskampf" im Osten*. Göttingen.

Hacking, I. (1990). *The Taming of Chance*. Cambridge.

Hafner, K. e A. Lyon (1998). *Where the Wizards Stay up Late: The Origins of the Internet*. Nova York.

Hagstrom, W.O. (1965). *The Scientific Community*. Nova York.

Halavais, A. (2009). *Search Engine Society*. Cambridge.

Halbfass, W. ([1981] 1988). *India and Europe*. ed. ingl., Londres.

Halfmann, J. e J. Rohbeck (orgs., 2007). *Zwei Kulturen der Wissenschaft, Revisited*. Göttingen.

Hall, P. (1998). *Cities in Civilization*. Londres.

______ e P. Preston (1988). *The Carrier Wave: New Information Technology e the Geography of Innovation, 1846-2003*. Boston.

Halsey, A.H. (2004). *A History of Sociology in Britain*. Oxford.

Hamilakis, Y. (2007). *The Nation and its Ruins: Antiquity, Archaeology and National Imagination in Greece*. Oxford.

Hammer, O. (2001). *Claiming Knowledge: Strategies of Epistemology from Theosophy to the New Age*. Leiden.

Handler, R. (org., 2000). *Excluded Ancestors, Inventible Traditions: Essays Towards a More Inclusive History of Anthropology*. Madison.

Hannan, M.T. e J. Freeman (1989). *Organizational Ecology*. Cambridge, MA.

Hannaway, C.C. (1972). "The Société Royale de Médecine and Epidemics in the Ancien Régime", *Bulletin of the History of Medicine* 46, p.257-73.

Hannerz, U. (2010). *Anthropology's World: Life in a Twenty-First Century Discipline*. Londres.

Hansen, L. (org., 2007). *The Linnaeus Apostles*. Londres.

Haraway, D. (1988). "Situated Knowledge", *Feminist Studies* 14, p.575-99.

Harley, J.B. (2001). *The New Nature of Maps: Essays in the History of Cartography*. Baltimore.

Harris, J.R. (1998). *Industrial Espionage and Technology Transfer: Britain and France in the Eighteenth Century*. Aldershot.

Harrison, J.F.C. (1961). *Learning and Living, 1790-1860: A Study in the History of the Adult Education Movement*. Londres.

Hart, J. (1993). "Erwin Panofsky and Karl Mannheim: A Dialogue on Interpretation", *Critical Inquiry* 19, p.534-66.

Hartog, F. (2003). *Régimes d'historicité*. Paris.

Harvey, L. (1987). "The Nature of "Schools" in the Sociology of Knowledge: The Case of the Chicago School", *Sociological Review* 35, p.245-78.

Harwood, J. (1987). "National Styles in Science", *Isis* 78, p.390-414.

Hawkins, H. (1960). *Pioneer: A History of the Johns Hopkins University, 1874-89*. Ithaca, NY.

Hayek, F.A. (1945). "The Use of Knowledge in Society", *American Economic Review* 35, p.519-30.

Hayes, D. e R. Wynyard (orgs., 2002). *The McDonaldization of Higher Education*. Westport, CT.

Headrick, D.R. (2000). *When Information Came of Age: Technologies of Knowledge in the Age of Reason and Revolution, 1700-1850*. Nova York.

Heclo, H. (1974). *Modern Social Politics in Britain and Sweden*. New Haven, CT.

Heffernan, M. (1989). "The Limits of Utopia: Henri Duveyrier and the Exploration of the Sahara in the Nineteenth Century", *Geographical Journal* 155, p.349-52.

Helmholtz, H. von (1893). *Popular Lectures on Scientific Subjects*. Nova ed., Londres.

Hemming, J. (1998). *The Golden Age of Discovery*. Londres.

Hevia, J. L. (1998). "The Archive State and the Fear of Pollution from the Opium Wars to Fu-Manchu", *Cultural Studies* 12, p.234-54.

Hewitt, R. (2010). *Map of a Nation: A Biography of the Ordnance Survey*. Londres.

Higgs, E. (2004). *The Information State in England: The Central Collection of Information on Citizens, 1500-2000*. Basingstoke.

Hill, K. (org., 1964). *The Management of Scientists*. Boston.
Hinsley, C.M. (1981). *Savages and Scientists: The Smithsonian Institution and the Development of American Anthropology 1846-1910*. Washington, DC.
Hinsley, F.H. e A. Stripp (orgs., 1993). *Codebreakers: The Inside Story of Bletchley Park*. Oxford.
Hobart, M.E. e Z. Schiffman (1998). *Information Ages: Literacy, Numeracy and the Computer Revolution*. Baltimore.
Hoch, P.K. (1985). "Migration and the Generation of New Scientific Ideas", *Minerva* 25, p.209-37.
Hochschild, A. (1998). *King Leopold's Ghost: A Story of Greed, Terror and Heroism in Colonial Africa*. Boston.
Hodder, I. ([1986] 2003). *Reading the Past: Current Approaches to Interpretation in Archaeology*. 3ª ed., Cambridge.
Holl, F. (org., 1999). *Alexander von Humboldt: Netzwerke des Wissens*. Berlim [catálogo de exposição].
Holmes, R. (2008). *The Age of Wonder*. Londres.
Hooson, D. (org., 1994). *Geography and National Identity*. Oxford.
Hopkins, J. (1992). "The 1791 French Cataloging Code and the Origins of the Card Catalogue", *Libraries and Culture* 27, p.378-404.
Horgan, J. (1996). *The End of Science: Facing the Limits of Knowledge in the Twilight of the Scientific Age*. Londres.
Horowitz, I.L. (org., 1967). *The Rise and Fall of Project Camelot: Studies in the Relationship between Social Science and Practical Politics*. Cambridge, MA.
Hoskin, K.W. e R.H. Macve (1986). "Accounting and the Examination: A Genealogy of Disciplinary Power", *Accounting, Organizations and Society* 11, p.105-36.
Howland, D.R. (2001a). *Translating the West*. Honolulu.
______ (2001b). "Translating Liberty in 19th-Century Japan", *Journal of the History of Ideas* 62, p.161-81.
______ (2005). *Personal Liberty and Public Good: The Introduction of John Stuart Mill to Japan and China*. Toronto.
Hubble, N. (2006). *Mass-Observation and Everyday Life*. Nova York.
Hudson, K. (1981). *A Social History of Archaeology*. Londres.
Huerkamp, C. (1985). *Der Aufstieg der Ärzte im 19. Jahrhundert*. Göttingen.
______ (1996). *Bildungsbürgerinnen: Frauen im Studium und in akademischen Berufen, 1900-1945*. Göttingen.
Hufbauer, K. (1982). *The Formation of the German Chemical Community (1720-1795)*. Berkeley, CA.
Hughes, A. (1951-3). "Science in English Encyclopaedias, 1704-1875", *Annals of Science* 7, p.340-70; 8, p.323-67; 9, p.233-64.
Hughes, H.S. (1959). *Consciousness and Society: the reorientation of European social thought, 1890-1930*. Nova York.
Hughes, J. (2002). *The Manhattan Project: Big Science and the Atom Bomb*. Cambridge.

Huizinga, J. ([1919] 1996). *Autumn of the Middle Ages*. ed. ingl., Chicago.

Hunter, K. (1991). *Doctor's Stories: The Narrative Structure of Medical Knowledge*. Princeton, NJ.

Iggers, G.G., E. Wang e S. Mukherjee (2008). *A Global History of Modern Historiography*. Londres.

Inkster, I. (2006). "Potentially Global: "Useful and Reliable Knowledge" and Material Progress in Europe, 1474-1914", *International History Review* 28, p.237-86.

Inkster, I. e J. Morrell (orgs., 1983). *Metropolis and Province: Studies in British Culture, 1780-1950*. Filadélfia.

Irwin, A. (1995). *Citizen Science: A Study of People, Expertise and Sustainable Development*. Londres.

______ e B. Wynne (orgs., 1996). *Misunderstanding Science? The Public Reconstruction of Science and Technology*. Cambridge.

Irwin, R. (2006). *For Lust of Knowing: The Orientalists and their Enemies*. Londres.

Jackman, J. e C.M. Borden (orgs., 1983). *The Muses Flee Hitler: Cultural Transfer and Adaptation, 1930-45*. Washington, DC.

Jacob, C. (org., 2007). *Les Lieux de savoir*. Paris.

Jardine, N., J. Secord e E. Spary (orgs., 1996). *Cultures of Natural History*. Cambridge.

Jay, M. (1973). *The Dialectical Imagination: A History of the Frankfurt School e the Institute of Social Research, 1923-1950*. Boston.

Jeanneney, J.N. ([2005] 2008). *Google and the Myth of Universal Knowledge*. ed. amer. ampliada, Chicago.

Jeffreys-Jones, R. (2007). *The FBI*. New Haven, CT.

Jeggle, U. (1988). "L'Ethnologie dans l'Allemagne nazie", *Ethnologie française* 18, p.114-19.

Jencks, C. e D. Riesman (1968). *The Academic Revolution*. Nova York.

Jensen, J. (1992). *Thomsens Museum: historien om nationalmuseet*. Copenhague.

Johns, A. (1998). *The Nature of the Book: Print and Knowledge in the Making*. Chicago.

______ (2010). *Piracy: The Intellectual Property Wars from Gutenberg to Gates*. Chicago.

Johnson, J.A. (1990). *The Kaiser's Chemists: Science and Modernization in Imperial Germany*. Chapel Hill, NC.

Jokilehto, J. (1999). *A History of Architectural Conservation*. Oxford.

Jong, A. de (2004). *De dirigenten van de herinnering: musealisering en nationalisering van de volkscultuur in Nederle 1815-1940*. Amsterdã.

Josephson, P.R. (1997). *New Atlantis Revisited: Akademgorodok, the Siberian City of Science*. Princeton, NJ.

Kahn, D. (1967). *The Code-Breakers: The Story of Secret Writing*. Nova York.

Kaluszynski, M. (2001). *La République à l'épreuve du crime, 1880-1920*. Paris.

Kamen, H. (2007). *The Disinherited: The Exiles who Created Spanish Culture*. Londres.

Kamusella, T. (2009). *The Politics of Language and Nationalism in Modern Central Europe*. Basingstoke.

Kaplinsky, R. e C. Cooper (orgs., 1989). *Technology and Development in the Third Industrial Revolution*. Londres.

Kasack, W. (1974). *Die Akademien der Wissenschaften der sowjetischen Unionsrepubliken*. Bonn.

Kater, M. (1974). *Das Ahnenerbe der SS 1935-45: Ein Beitrag zur Kulturpolitk des Dritten Reiches*. Stuttgart.

Katz, B.M. (1989). *Foreign Intelligence: Research and Analysis in the Office of Strategic Services, 1942-5*. Cambridge, MA.

Keegan, J. (2003). *Intelligence in War: Knowledge of the Enemy from Napoleon to Al-Qaeda*. Londres.

Keen, A. ([2007] 2008). *The Cult of the Amateur: How Today's Internet is Killing our Culture and Assaulting our Economy*. Ed. rev., Londres.

Kenna, M.E. (2008). "Conformity, Humour and Parody: Handwritten Newspapers from an Exiles' Commune, 1938-45", *Modern Greek Studies* 26, p.115-57.

Kenny, A. (1982). *The Computation of Style: An Introduction to Statistics for Students of Literature and the Humanities*. Oxford.

Ketelaar, E. (2003). "Being Digital in People's Archives", *Archives and Manuscripts* 31, p.8-22.

Kettler, D., V. Meja e N. Stehr (1984) *Karl Mannheim*. Chichester.

Kevles, D.J. ([1977] 1995). *The Physicists: The History of a Scientific Community in Modern America*. 2ª ed., Cambridge, MA.

______ ([1985] 1995). *In the Name of Eugenics: Genetics and the Uses of Human Heredity*. 2ª ed., Cambridge, MA.

Kidd, D. (1989). "The History of the Early Modern European Collections in the British Museum", *Journal of the History of Collections* 1, p.103-7.

Knight, N. (1999). "Science, Empire and Nationality: Ethnography in the Russian Geographical Society, 1845-1855", in Jane Burbank e David L. Ransel (orgs.), *Imperial Russia*. Bloomington, IN.

Knorr-Cetina, K. (1999). *Epistemic Cultures: How the Sciences Make Knowledge*. Nova York.

Kocka, J. (org., 2002). *Die Berliner Akademien der Wissenschaften im geteilten Deutschland, 1945-1990*. Berlim.

______ e R. Mayntz (orgs., 1998). *Wissenschaft und Wiedervereinigung*. Berlim.

Koerner, L. (1999). *Linnaeus: Nature and Nation*. Cambridge, MA.

Kogan, H. (1958). *The Great EB: The Story of the Encyclopaedia Britannica*. Chicago.

Kohler, R.E. (1982). *From Medical Chemistry to Biochemistry: The Making of a Biomedical Discipline*. Cambridge.

______ (1991). *Partners in Science: Foundations and Natural Scientists, 1900-45*. Chicago.

______ (2008). "Lab History", *Isis* 99, p.761-8.

Kohn, M. (1995). *The Race Gallery: The Return of Racial Science*. Londres.

Kojevnikov, A. (2008). "The Phenomenon of Soviet Science", *Osiris* 23, p.115-35.

Kolers, P.A., M.E. Wrolstad e H. Bouma (orgs., 1979). *The Processing of Visible Language*, vol.1. Nova York.

Konvitz, J.W. (1987). *Cartography in France, 1660-1848: Science, Engineering, e Statecraft*. Chicago.

Kopf, D. (1969). *British Orientalism and the Bengal Renaissance: The Dynamics of Indian Modernization, 1773-1835*. Berkeley, CA.

Koselleck, R. ([1979] 1985). *Futures Past: On the Semantics of Historical Time*. Ed. amer. Cambridge, MA.

Krais, B. (org., 2000). *Wissenschaftskultur und Geschlechtordnung*. Frankfurt.

Kransdorff, A. (1999). *Corporate Amnesia: Keeping Know-How in the Company*. Oxford.

Kretschmann, C. (org., 2003). *Wissenspopularisierung*. Berlim.

Kreuger, F.H. (2007). *A New Vermeer: Life and Work of Han van Meegeren*. Rijswijk.

Kreuzer, H. (org., 1987). *Die zwei Kulturen*. Munique.

Kuhn, T.S. (1961). "The Function of Measurement in Modern Physical Science", *Isis* 52, p.161-90.

______ (1962) *The Structure of Scientific Revolutions*. Chicago.

Kuklick, H. (1980). "Chicago Sociology and Urban Planning Policy: Sociological Theory as Occupational Ideology", *Theory and Society* 9, p.821-45.

______ (1993). *The Savage Within: The Social History of British Anthropology, 1885-1945*. Cambridge.

______ (org., 2008). *A New History of Anthropology*. Oxford.

______ e R.E. Kohler (orgs., 1996). *Science in the Field*. Chicago.

Kullmann, D. (2004). *Description: Theorie und Praxis der Beschreibung im französischen Roman von Chateaubrie bis Zola*. Heidelberg.

Kunzig, R. (2000). *Mapping the Deep: The Extraordinary Story of Ocean Science*. Nova York.

Kury, L. (1998). "Les Instructions de voyage dans les expéditions scientifiques françaises, 1750-1830", *Revue d'histoire des sciences* 51, p.65-91.

Kusamitsu, T. (1980). "Great Exhibitions before 1851", *History Workshop Journal* 9, p.70-89.

Kuznets, S. ([1955] 1965). "Toward a Theory of Economic Growth", reed. in Kuznets, *Economic Growth and Structure*, Nova York, p.1-81.

Labov, W. (1966). *The Social Stratification of English in New York City*. Washington, DC.

Lagemann, E.C. ([1989] 1992). *The Politics of Knowledge: The Carnegie Corporation, Philanthropy and Public Policy*. 2ª ed., Chicago.

Landes, D.S. (1998). *The Wealth and Poverty of Nations: Why Some are So Rich and Some So Poor*. Londres.

Lane, J. (2001). *A Social History of Medicine: Health, Healing and Disease in England, 1750-1950*. Londres.

Larsen, M.T. ([1994] 1996). *The Conquest of Assyria: Excavations in an Antique Land, 1840-1860*. Ed. ingl., Londres.

Latour, B. (1987). *Science in Action*. Cambridge, MA.

______ e S. Woolgar. (1979) *Laboratory Life*. Beverly Hills, CA.

Laurens, H. (1989). *L'Expédition d'Égypte: 1798-1801*. Paris.

Lautman, J. e B.-P. Lécuyer (orgs., 1998). *Paul Lazarsfeld (1901-1976)*. Paris.

Lazarsfeld, P. (1961). "Quantification in Sociology", *Isis* 52, p.277-333.

Leach, E. (1965). "Frazer and Malinowski", *Encounter* 25: 5, p.24-36.

Leclerc, G. (1979). *L'Observation de l'homme: une histoire des enquêtes sociales*. Paris.

Lenhard, J., G. Küpper e T. Shinn (orgs., 2006). *Simulation: The Pragmatic Construction of Reality*. Dordrecht.

Lenoir, T. (1997). *Instituting Science*. Stanford, CA.

Lepenies, W. (1988). *Between Literature and Science: The Rise of Sociology*. Cambridge.

Levie, F. (2006). *L'Homme qui voulait classer le monde: Paul Otlet et le mundaneum*. Brussels.

Levine, P. (1986). *The Amateur and the Professional: Antiquarians, Historians e Archaeologists in Victorian England*. Londres.

Lévi-Strauss, C. ([1955] 1962). *Tristes tropiques*. 2ª ed., Paris.

Lewis, C. (2000). *The Dating Game*. Cambridge.

Lightman, B. (2007). *Victorian Popularizers of Science: Designing Nature for New Audiences*. Chicago.

Lih, A. (2009). *The Wikipedia Revolution: How a Bunch of Nobodies Created the World's Greatest Encyclopaedia*. Londres.

Lindner, R. ([1990] 1996). *The Reportage of Urban Culture: Robert Park and the Chicago School*. Ed. ingl., Cambridge.

Livingstone, D.N. (1992). *The Geographical Tradition*. Londres.

______ (2003). *Putting Science in its Place: Geographies of Scientific Knowledge*. Chicago.

Lockman, Z. (2004). *Contending Visions of the Middle East: The History and Politics of Orientalism*. Cambridge.

Lopez, J. (2008). *The Man who Made Vermeers*. Nova York.

Lowenthal, D. (1985). *The Past is a Foreign Country*. Cambridge.

Lyotard, J.F. ([1979] 1984). *The Postmodern Condition: A Report on Knowledge*. Ed. amer., Manchester.

McCannon, J. (1998). *Red Arctic: Polar Exploration and the Myth of the North in the Soviet Union, 1932-1939*. Nova York.

McClelland, C.E. (1980). *State, Society and University in Germany, 1700-1914*. Cambridge.

Machlup, F. (1962). *The Production and Distribution of Knowledge in the United States*. Princeton, NJ.

MacKenzie, D.A. (1976). "Eugenics in Britain", *Social Studies of Science* 6, p.499-532.

MacKenzie, J.M. (2009). *Museums and Empire*. Manchester.

MacLeod, R.M. (1971). "The Support of Victorian Science", *Minerva* 4, p.197-230.

______ (1975). "Scientific Advice for British India", *Modern Asian Studies* 9, p.343-84.

______ (org., 1982). *Days of Judgement: Science, Examinations and the Organization of Knowledge in Late Victorian England*. Driffield.

______ (org., 1988). *Government and Expertise: Specialists, Administrators and Professionals, 1860-1919*. Cambridge.

______ (org., 2001). *Nature and Empire: Science and the Colonial Enterprise*. Chicago.

McNamara, B. (2001). *Into the Final Frontier: The Human Exploration of Space*. Orlando, FL.

McNeely, I.F. (2003). *The Emancipation of Writing: German Civil Society in the Making, 1790s-1820s*. Berkeley, CA.

______ (2009). "Current Trends in Knowledge Production: An Historical-Institutional Analysis", *Prometheus* 27, p.335-55.

______ com L. Wolverton (2008). *Reinventing Knowledge: From Alexandria to the Internet*. Nova York.

Macrakis, K. (2010). "Technophilic Hubris and Espionage Styles during the Cold War", *Isis* 101, p.378-85.

Madan, F. (1920). *Books in Manuscript*. Oxford.

Maddox, B. (2002). *Rosalind Franklin: The Dark Lady of DNA*. Londres.

Maiguashca, J. (2011). "Historians in Spanish South America: Cross-References between Centre and Periphery", *Oxford History of Historical Writing*, vol.4. Oxford.

Makari, G. (2008). *Revolution in Mind: The Creation of Psychoanalysis*. Londres.

Malatesta, M. (org., 1995). *Society and the Professions in Italy 1860-1914*. Cambridge.

Maleuvre, D. (1999). *Museum Memories: History, Technology, Art*. Stanford, CA.

Malinowski, B. (1922). *Argonauts of the Western Pacific*. Londres.

Mallon, F.E. (1994) "The Promise and Dilemma of Subaltern Studies: Perspectives from Latin American History", *American Historical Review* 99, p.1.491-515.

Mannheim, K. (1952). *Essays in the Sociology of Knowledge*. Londres.

Marchand, S.L. (2009). *German Orientalism in the Age of Empire*. Cambridge.

Marmor, A. (org., 1995). *Law and Interpretation: Essays in Legal Philosophy*. Oxford.

Marshall, P.J. (1970). *The British Discovery of Hinduism in the Eighteenth Century*. Cambridge.

______ (org., 1998). *Oxford History of the British Empire*, vol.2: *The Eighteenth Century*. Oxford.

Masseau, D. (1994). *L'Invention de l'intellectuel dans l'Europe du 18e siècle*. Paris.

Masterson, J.R. e H. Brower (1948). *Bering's Successors, 1745-1780: Contributions of Peter Simon Pallas to the History of Russian Exploration toward Alaska*. Seattle.

Matthews, M. (1993). *The Passport Society: Controlling Movement in Russia and the USSR*. Boulder, CO.

Mayhew, H. (1851). *Londres Labour and the Londres Poor*. Londres.

Mazon, B. (1988). *Aux origines de l'EHESS: le rôle du mécénat américain (1920-60)*. Paris.

Mazour-Matusevich, Y. e A. S. Korros (orgs., 2010). *Saluting Aron Gurevich*. Leiden.

Meinecke, F. ([1907] 1970). *Cosmopolitanism and the National State*. ed. ingl., Princeton, NJ.

______ ([1936] 1972). *Historism: the Rise of a New Historical Outlook*. ed. ingl., Londres.

Menand, L. (2010). *The Marketplace of Ideas: Reform and Resistance in the American University*. Nova York.

Mendelsohn, E. e Y. Elkanah (orgs., 1981). *Sciences and Cultures*. Dordrecht.

Merton, R.K. ([1949] 1957). *Social Theory and Social Structure*. 2ª ed., Glencoe, IL.

______ (1968). "The Matthew Effect in Science", *Science* 159, p.56-63.

______ (1972). "Insiders and Outsiders: A Chapter in the Sociology of Knowledge", *American Journal of Sociology* 78, p.9-47.

______ (1973). *The Sociology of Science*. Chicago.

Messer-Davidow, E., D.R. Shumway e D. Sylvan (orgs., 1993). *Knowledges: Historical and Critical Studies in Disciplinarity*. Charlottesville, VA.

Meyer, J. (2006). *Great Exhibitions, Londres-New York-Paris-Philadelphia, 1851-1900*. Londres.

Meyerstein, E.H.W. (1930). *A Life of Thomas Chatterton*. Londres.

Middleton, A.E. (1885). *All about Mnemonics*. Londres.

Mignolo, W. (2000). *Local Histories/Global Designs: Coloniality, Subaltern Knowledges and Border Thinking*. Princeton, NJ.

______ (2009). "Epistemic Disobedience, Independent Thought and Decolonial Freedom", *Theory, Culture and Society* 26: 7/8, p.159-81.

Mill, J.S. (1843). *A System of Logic*. Londres.

Miller, E. (1969). *Prince of Librarians: The Life and Times of Antonio Panizzi of the British Museum*. Londres.

Mills, C.W. (1959). *The Sociological Imagination*. Nova York.

Milne, D. (2008). *America's Rasputin: Walt Rostow and the Vietnam War*. Nova York.

Mitchell, T. (1991). *Colonizing Egypt*. Cambridge.

Mittelstrass, J. (1992). *Leonardo Welt*. Berlim.

Mitterand, H. (1987). *Le Regard et le signe: poétique du roman réaliste et naturaliste*. Paris.

Mokyr, J. (1998). "The Second Industrial Revolution, 1870-1914", www.faculty.econ.northwestern.edu/faculty/mokyr/castronovo.pdf.

______ (2002). *The Gifts of Athena: Historical Origins of the Knowledge Economy*. Princeton, NJ.

Monas, S. (1961). *The Third Section: Police and Society under Nicholas I*. Cambridge, MA.

Montgomery, R.J. (1965). *Examinations: An Account of their Evolution as Administrative Devices in England*. Londres.

Montgomery, S.L. (1996). *The Scientific Voice*. Nova York.

Montijn, I. (1983). *Kermis van Koophandel*. Bussum.

Moore, F.C.T. (1969). "Introduction" to J. M. Dégerando, *Observation of Savage Peoples*. Londres.

Moore, L.J. (2008). *Restoring Order: The École des Chartes and the Organization of Libraries and Archives in France, 1820-1870*. Duluth, MN.

Moore, W.E. e M.E. Tumin (1949). "Some Social Functions of Ignorance", *American Sociological Review* 14, p.787-95.

Moravia, S. (1970). *La scienza dell'uomo nel settecento*. Bari.

Morozov, E. (2010). *The Net Delusion: How Not to Liberate the World*. Londres.

Morrell, J.B. (1972). "The Chemist Breeders: The Research Schools of Liebig and Thomson", *Ambix* 19, p.1-46.

Morrell, J. e A. Thackray (1981). *Gentlemen of Science: Early Years of the British Association for the Advancement of Science*. Oxford.

Morton, R.B. e K.C. Williams (2010). *Experimental Political Science and the Study of Causality*. Cambridge.

Mouffe, C. (org., 1999). *The Challenge of Carl Schmitt*. Londres.

Moulton, G.E. (org., 1986-2001). *The Journals of the Lewis and Clark Expedition*. Lincoln, NE.

Moureau, F. (org., 1993). *De bonne main: la communication manuscrite au 18e siècle*. Paris e Oxford.

Mucchielli, L. (1998). *La Découverte du social: naissance de la sociologie en France, 1870-1914*. Paris.

Mugglestone, L. (2005). *Lost for Words: The Hidden History of the OED*. New Haven, CT.

Mullan, B. e G. Marvin (1987). *Zoo Culture*. Londres.

Müller, J.J. (org., 1974). *Germanistik und deutsche Nation, 1806-48*. Stuttgart.

Müntz, E. (1894-6). "Les Annexations de collections d'art', *Revue d'histoire diplomatique* 8, p.481-97; 9, p.375-93; 10, p.481-508.

Murphy, T.D. (1981) "Medical Knowledge and Statistical Methods in Early 19th-Century France", *Medical History* 25, p.301-19.

Murray, J. (org., 1897). *Challenger Expedition Reports*, vol.1. Londres.

Naisbitt, J. e P. Aburdene (1990). *Megatrends 2000: The Next Ten Years – Major Changes in your Life and World*. Londres.

Neef, D. (org., 1998). *The Knowledge Economy*. Boston.

Nelson, D. (1980). *Frederick W. Taylor and the Rise of Scientific Management*. Madison.

Neumann, J. von e O. Morgenstern (1944). *Theory of Games and Economic Behaviour*. Princeton, NJ.

Nicolson, M. (1987). "Alexander von Humboldt", *History of Science* 25, p.167-94.

Nonaka, I. (org., 2005). *Knowledge Management: Critical Perspectives on Business and Management*, 3 vols. Londres.

Nonaka, I. e H. Takeuchi (1995). *The Knowledge Creating Company*. Nova York.

Nora, P. (org., 1986). *La Nation*. Paris.

Nord, D.E. (1985). *The Apprenticeship of Beatrice Webb*. Basingstoke.

Noveck, B.S. (2009). *Wiki Government*. Washington, DC.

Novick, P. (1988). *That Noble Dream: The "Objectivity Question" and the American Historical Profession*. Cambridge.

Nye, N.J. (1975). "Science and Socialism: The Case of Jean Perrin in the Third Republic", *French Historical Studies* 9, p.141-69.

______ (org., 2003). *Cambridge History of Science*, vol.5. Cambridge.

Oberschall, A. (1965). *Empirical Social Research in Germany, 1848-1914*. Haia.

O'Cadhla, S. (2007). *Civilizing Ireland: Ordnance Survey 1824-42*. Dublin.

O'Connor, R. (2007). *The Earth on Show: Fossils and the Poetics of Popular Science, 1802-56*. Chicago.

Oexle, O.G. (org., 2007). *Krise des Historismus – Krise der Wirklichkeit: Wissenschaft, Kunst und Literatur, 1880-1932*. Göttingen.

Ó Giolláin, D. (2000). Locating Irish Folklore: Tradition, Modernity, Identity. Cork.

Olby, R.C. (1966). *Origins of Mendelism*. Londres.

______ (1974). *The Path to the Double Helix*. Londres.

Olcese, G. (org., 2004). *Cultura scientifica e cultura umanistica: contrasto o integrazione?* Gênova.

Olesko, K.M. (1993). "Tacit Knowledge and School Formation", *Osiris* 8, p.16-29.

Oleson, A. e J. Voss (orgs., 1979). *The Organization of Knowledge in Modern America, 1860-1922*. Baltimore.

Oppenheim, J. (1985). *The Other World: Spiritualism and Psychical Research in England, 1850-1914*. Cambridge.

Oreskes, N. (1996). "Objectivity or Heroism? On the Invisibility of Women in Science", *Osiris* 11, p.87-116.

Ortolano, G. (2009). *The Two Cultures Controversy: Science, Literature and Cultural Politics in Postwar Britain*. Cambridge.

Otterspeer, W. (org., 1989). *Oriental Connections 1850-1950*. Leiden.

Outram, D. (1984). *Georges Cuvier: Vocation, Science and Authority in Post-Revolutionary France*. Manchester.

Ozouf, M. (1981). "L'Invention de l'ethnographie française: le questionnaire de l'Académie celtique", *Annales: économies, sociétés, civilisations* 36, p.210-30.

Palmer, D.J. (1965). *The Rise of English Studies*. Londres.

Panofsky, E. ([1939] 1962). *Studies in Iconology*. Reed. Nova York.

Parkinson, R. (1999). *Cracking Codes: The Rosetta Stone and Decipherment*. Londres.

Pascal, R. (1962). "*Bildung* and the Division of Labour", in *German Studies Presented to W. H. Bruford*. Londres, p.14-28.

Pasquali, G. ([1934] 1952). *Storia della tradizione e critica del testo*. 2ª ed., Florença.

Patriarca, S. (1996). *Numbers and Nationhood: Writing Statistics in 19th-Century Italy*. Cambridge.

Paul, H.W. (1985). *From Knowledge to Power: The Rise of the Scientific Empire in France 1860-1939*. Cambridge.

Payne, S.L. (1951). *The Art of Asking Questions*. Princeton, NJ.

Pearton, M. (1982). *The Knowledgeable State: Diplomacy, War and Technology since 1830*. Londres.

Peckhaus, V. e C. Thiel (orgs., 1999). *Disziplinen im Kontext: Perspektiven der Disziplingeschichtsschreibung*. Munique.

Penny, H.G. (2002). *Objects of Culture: Ethnology and Ethnographic Museums in Imperial Germany*. Chapel Hill, NC.

______ e M. Bunzl (orgs., 2003). *Worldly Provincialism: German Anthropology in the Age of Empire*. Ann Arbor, MI.

Perkin, H. (1989). *The Rise of Professional Society: Engle since 1880*. Londres.

Perrot, J.-C. e S. Woolf (1984). *State and Statistics in France, 1789-1815*. Nova York.

Pesce, A. (1906). *Notizie sugli archivi di stato*. Roma.

Phillipson, N. (2010). *Adam Smith: An Enlightened Life*. Londres.

Physick, J.F. (1982). *The Victoria and Albert Museum: The History of its Building*. Oxford.

Piazza, P. (2004). *Histoire de la carte nationale d'identité* . Paris.

Pickstone, J.V. (2000). *Ways of Knowing: A New History of Science, Technology e Medicine*. Manchester.

______ (2007). "Working Knowledges before and after c.1800", *Isis* 98, p.489-516.

Pieters, F. (no prelo). *Natural History Spoils in the Low Countries in 1794/95*.

Pinkney, D.H. e T. Ropp (orgs., 1964) *Festschrift for Theodore Artz*. Durham, NC.

Pino, F. del (org., 1988). *Ciencia y contexto histórico nacional en las expediciones ilustradas a América*. Madri.

Platt, J. (1996). *A History of Sociological Research Methods in America, 1920-1960*. Cambridge.

Polanyi, M. (1958). *Personal Knowledge*. Chicago.

Pope, M. ([1975] 1999). *The Story of Decipherment from Egyptian Hieroglyphs to Maya Script*. 2ª ed., Londres.

Popper, K. (1945). *The Open Society and its Enemies*. Londres.

Porat, M. (1977). *The Information Economy: Definition and Measurement*. Washington, DC.

Porter, R. (1977). *The Making of Geology: Earth Science in Britain, 1660-1815*. Cambridge.

______ (1997). *The Greatest Benefit to Mankind*. Londres.

______ (org., 2003). *Eighteenth-Century Science*. Cambridge.

Poulot, D. (1997). *Musée, nation, patrimoine 1789-1815*. Paris.

Pratt, M.L. (1992). *Imperial Eyes: Travel Writing and Transculturation*. Londres.

Pratt, V. (1977). "Foucault and the History of Classification Theory", *Studies in the History and Philosophy of Science* 8, p.163-71.

Price, B. (1999). "Frank Gilbreth", *American National Biography*, vol.9, p.12-3.

Price, D.H. (2008). *Anthropological Intelligence: The Deployment and Neglect of American Anthropology in the Second World War*. Durham, NC.

Price, D.J. de Solla (1963). *Little Science, Big Science*. Nova York.

Proctor, R.N. (1988). *Racial Hygiene: Medicine under the Nazis*. Cambridge, MA.

______ e L. Schiebinger (orgs., 2008). *Agnotology: The Making and Unmaking of Ignorance*. Stanford, CA.

Puerto, J. (1988). *La ilusion quebrada: botanica, sanidad y politica cientifica en la España ilustrada*. Barcelona.

Pyenson, L. (1989). *Empire of Reason: Exact Sciences in Indonesia, 1840-1940*. Leiden.

Pyenson, L. (1993). *Civilizing Mission: Exact Sciences and French Overseas Expansion, 1830-1940*. Baltimore.

______ (2002). "Uses of Cultural History: Karl Lamprecht in Argentina", *Proceedings of the American Philosophical Society* 143, p.235-55.

Pyne, S.J. (2010). *Voyager: Seeking Newer Worlds in the Third Great Age of Discovery*. Nova York.

Quatremère de Quincy, A.-C. (1989). *Lettres à Miranda sur le dé placement des monuments de l'art de l'Italie*. Paris.

Raj, K. (2007). *Relocating Modern Science: Circulation and the Construction of Knowledge in South Asia and Europe, 1650-1900*. Londres.

Rasmussen, S. (org., 1990). *Den arabiske rejse 1761-67*. Copenhagen.

Raven, J. (org., 2004). *Lost Libraries: The Destruction of Great Book Collections since Antiquity*. Basingstoke.

Redlich, F. (1957). "Academic Education for Business: Its Development and the Contribution of Ignaz Jastrow", *Business History Review* 31, p.35-91.

Reich, L.S. (1985). *The Making of American Industrial Research: Science and Business at GE and Bell, 1876-1926*. Cambridge.

Reingold, N. e M. Rothenberg (orgs., 1987). *Scientific Colonialism: A Cross-Cultural Comparison*. Washington, DC.

Reinhartz, D. (1994). "In the Service of Catherine the Great: The Siberian Explorations and Map of Sir Samuel Bentham", *Terrae Incognitae* 26, p.49-60.

Reisch, G.A. (1994). "Planning Science: Otto Neurath and the International Encyclopaedia of Unified Science", *British Journal for the Advancement of Science* 27, p.153-75.

Renfrew, C. (1973). *Before Civilisation: The Radiocarbon Revolution and Prehistoric Europe*. Londres.

______ (1987). *Archaeology and Language: The Puzzle of Indo-European Origins*. Londres.

______ e P. Bahn ([1991] 2008). *Archaeology: Theories, Methods and Practice*. 5ª ed., Londres.

Revel, J. (org., 1996). *Jeux d'échelles: la micro-analyse à l'expérience*. Paris.

Richelson, J.T. (1999). *America's Space Sentinels: DSP Satellites and National Security*. Lawrence, KS.

Richet, P. (1999). *L'Age du monde: à la découverte de l'immensité du temps*. Paris.

Ricoeur, P. (1965). *Freud and Philosophy*. Ed. ingl., Londres.

______ (1983). *Temps et récit*, 3 vols. Paris.

Rigaudias-Weiss, H. (1936). *Les Enquêtes ouvrières en France entre 1830 et 1848*. Paris.

Ringer, F.K. (1992). *Fields of Knowledge: French Academic Culture in Comparative Perspective, 1890-1920*. Cambridge.

______ (2000). *Toward a Social History of Knowledge: Collected Essays*. Nova York.

Ritter, G.A. (1992). *Grossforschung und Staat in Deutschland*. Munique.

Ritvo, H. (1997). *The Platypus and the Mermaid and Other Figments of the Classifying Imagination*. Cambridge, MA.

Ritzer, G. (1993). *The McDonaldization of Society*. Thouse Oaks, CA.

Rivers, W.H.R. (1913). *Reports upon the Science of Anthropology*. Washington, DC.

Roach, J. (1971). *Public Examinations in England, 1850-1900*. Cambridge.

Robinson, A. (2002). *The Man who Deciphered Linear B: The Story of Michael Ventris*. Londres.

______ (2005). *The Last Man who Knew Everything: Thomas Young*. Nova York.

Robinson, A.H. (1982). *Early Thematic Mapping in the History of Cartography*. Chicago.

Rocke, A. (2001). *Nationalizing Science: Adolphe Wurtz and the Battle for French Chemistry*. Cambridge, MA.

Roos, D.A. (1977). "Thomas Henry Huxley and Matthew Arnold", *Modern Philology* 74, p.316-24.

Rosen, G. (1944). *The Specialization of Medicine with Particular Reference to Opthalmology*. Nova York.

Rosenthal, B. (org., 1997). *The Occult in Russian and Soviet Culture*. Ithaca, NY.

Rosenzweig, R. (1998). "Wizards, Bureaucrats, Warriors and Hackers: Writing the History of the Internet", *American Historical Review* 103, p.1.530-52.

______ (2006). "Can History be Open Source? Wikipedia and the Future of the Past", *Journal of American History* 93, p.117-46.

Rossi, P. ([1960] 2000). *Logic and the Art of Memory*. Ed. amer., Chicago.

______ ([1979] 1984). *The Dark Abyss of Time: The History of the Earth and the History of Nations from Hooke to Vico*. ed. amer., Chicago.
Rossiter, M.W. (1982). *Women Scientists in America*. Baltimore.
______ (1993). "The Matthew/Matilda Effect in Science", *Social Studies of Science* 23, p.325-41.
Rubin, M.R. e M. T. Huber (1986). *The Knowledge Industry in the United States, 1960-1980*. New Haven, CT.
Rudwick, M.J. (2005). *Bursting the Limits of Time: The Reconstruction of Geohistory in the Age of Revolution*. Chicago.
______ (2008). *Worlds before Adam: The Reconstruction of Geohistory in the Age of Reform*. Chicago.
Rueschemeyer, D. e T. Skocpol (orgs., 1996). *States, Social Knowledge and the Origins of Modern Social Policy*. Princeton, NJ.
Runciman, D. (2009). "Like Boiling a Frog", *Londres Review of Books*, 28 mai.
Rupke, N.A. (org., 2002). *Göttingen and the Development of the Natural Sciences*. Göttingen.
______ (2005). *Alexander von Humboldt: A Metabiography*. Frankfurt.
Rupnow, D., V. Lipphardt, J. Thiel e C. Wessely (orgs., 2008). *Pseudowissenschaft – Konzeptionen von Nichtwissenschaftlichkeit in der Wissenschaftsgeschichte*. Frankfurt.
Russell, N. (2010). *Communicating Science: Professional, Popular, Literary*. Cambridge.
Rydell, R.W. (1984). *All the World's a Fair: Visions of Empire at the American International Expositions, 1876-1916*. Chicago.
Ryle, G. (1949). *The Concept of Mind*. Londres.
Sabato, L.J. (1981). *The Rise of Political Consultants*. Nova York.
Sagredo, R. e C. Gazmuri (orgs., 2005). *Historia de la vida privada en Chile*. Santiago.
Said, E. (1978). *Orientalism*. Londres.
St. Clair, W. ([1967] 1998). *Lord Elgin and the Marbles*. 3ª ed., Oxford.
Salmi-Niklander, K. (2004). "Manuscripts and Broadsheets: Narrative Genres and the Communication Circuit among Working-Class Youth in Early 20th-Century Finland", *Folklore* 33, p.109-26.
Sampson, A. (1962). *Anatomy of Britain*. Londres.
Sato, M. (1991). "Historiographical Encounters: The Chinese and Western Traditions in Turn-of-the-Century Japan", *Storia della storiografia* 19, p.13-21.
Saunders, F.S. (1999). *Who Paid the Piper? The CIA and the Cultural Cold War*. Londres.
Scazzieri, R. e R. Simili (orgs., 2008). *The Migration of Ideas*. Sagamore Beach, MA.
Schaffer, S. (1983). "Natural Philosophy and Public Spectacle in the Eighteenth Century", *History of Science* 21, p.1-43.
______ (1988). "Astronomers Mark Time: Discipline and the Personal Equation", *Science in Context* 2, p.115-45.
Schaffer, S., L. Roberts, K. Raj e J. Delbourgo (orgs., 2009). *The Brokered World: Go-Betweens and Global Intelligence, 1770-1820*. Sagamore Beach, MA.
Schafft, G.E. (2004). *From Racism to Genocide: Anthropology in the Third Reich*. Urbana, IL.

Schiebinger, L. (1989). *The Mind has no Sex? Women in the Origins of Modern Science*. Cambridge, MA.

Schiffrin, A. (org., 1997). *The Cold War and the University*. Nova York.

Schneider, R. (1910). *Quatremère de Quincy et son intervention dans les arts*. Paris.

Schönwälder, K. (1992). *Historiker und Politik: Geschichtswissenschaft im Nationalsozialismus*. Frankfurt.

______ (1996). "The Fascination of Power: Historical Scholarship in Nazi Germany", *History Workshop Journal* 42, p.19-40.

Schramm, W. von ([1974] 1983). *Geheimdienst im zweiten Weltkrieg*. 4ª ed., Munique.

Schwab, R. ([1950] 1984). *The Oriental Renaissance: Europe's Rediscovery of India and the East, 1680-1880*. Ed. ingl., Nova York.

Schwarcz, L.M. (1988). *A era dos museus no Brasil (1870-1930)*. São Paulo.

Schwartz, B. (1964). *In Search of Wealth and Power: Yen Fu and the West*. Cambridge, MA.

Schwinges, R.C. (org., 2001). *Humb830oldt International: Der Export des deutschen Universitätsmodells im 19. und 20. Jahrhundert*. Basileia.

Scott, J.C. (1998). *Seeing Like a State*. New Haven, CT.

Screech, T. (1996). *The Western Scientific Gaze and Popular Imagery in Later Edo Japan*. Cambridge.

Secord, A. (1994). "Science in the Pub: Artisan Botanists in Early 19th-Century Lancashire", *History of Science* 32, p.269-315.

Secord, J.A. (2000). *Victorian Sensation: The Extraordinary Publication, Reception, and Secret Authorship of "Vestiges of the Natural History of Creation"*. Chicago.

______ (2002). "Quick and Magical Shaper of Science", *Science* 297, p.1.648-9.

______ (2007). "How Scientific Conversation became Shop Talk", *Transactions of the Royal Historical Society* 17, p.129-56.

Shafer, R.J. (1958). *The Economic Societies in the Spanish World (1763-1821)*. Syracuse, NY.

Shapin, S. (1975). "Phrenological Knowledge and the Social Structure of Early Nineteenth-Century Edinburgh", *Annals of Science* 32, p.219-43.

______ (2008). *The Scientific Life: A Moral History of a Late Modern Vocation*. Chicago.

Sheets-Pyenson, S. (1988). *Cathedrals of Science: The Development of Colonial Natural History Museums*. Montreal.

Shenk, D.W. (1997). *Data Smog: Surviving the Information Glut*. Londres.

Sher, R.B. (2006). *The Enlightenment and the Book*. Chicago.

Sherif, M. e C.W. Sherif (orgs., 1969). *Interdisciplinary Relationships in the Social Sciences*. Chicago.

Shillingsburg, P.L. (2006). *From Gutenberg to Google: Electronic Representations of Literary Texts*. Cambridge.

Shinn, T. e R. Whitley (orgs., 1985). *Expository Science: Forms and Functions of Popularisation*. Dordrecht.

Shiva, V. (1997). *Biopiracy: The Plunder of Nature and Knowledge*. Cambridge, MA.

Short, J.R. (2009). *Cartographic Encounters: Indigenous Peoples and the Exploration of the New World*. Londres.

Shteir, A.B. (1996). *Cultivating Women, Cultivating Science*. Baltimore.
Shweder, R.A. (2010). "Intellectuals and "Humanity as a Whole", *Common Knowledge* 16, p.1-6.
Sibeud, E. (2002). *Une science impériale pour l'Afrique? La Construction des savoirs africanistes en France, 1878-1930*. Paris.
Simon, L.E. (1947). *German Research in World War II*. Nova York.
Sklenář, K. (1983). *Archaeology in Central Europe*. Leicester.
Slaughter, S. e L.L. Leslie (1997). *Academic Capitalism: Politics, Policies e the Entrepreneurial University*. Baltimore.
Smith, B. ([1960] 1985). *European Vision and the South Pacific*. 2ª ed., New Haven, CT.
Smith, B.G. (1998). *The Gender of History: Men, Women and Historical Practice*. Cambridge, MA.
Smith, C. e J. Agar (orgs., 1998). *Making Space for Science: Territorial Themes in the Shaping of Knowledge*. Basingstoke.
Smith, R.W., P. Hanle e R.H. Kargon (1989). *The Space Telescope: A Study of NASA, Science, Technology, and Politics*. Cambridge.
Smithson, M. (1989). *Ignorance and Uncertainty: Emerging Paradigms*. Nova York.
Snelgrove, P.V.R. (2010). *Discoveries of the Census of Marine Life*. Cambridge.
Snizek, W.E. (org., 1979). *Contemporary Issues in Theory and Research*. Westport, CT.
Snow, C.P. ([1959] 1993). *The Two Cultures and the Scientific Revolution*, ed. S. Collini. Cambridge.
Solano, F. de (1988). "Viajes, comisiones y expediciones científicas españolas a ultramar durante el siglo XVIII", *Cuadernos hispanoamericanos* 2, p.146-56.
Sörlin, S. e H. Vessuri (2007). *Knowledge Society v Knowledge Economy*. Aldershot.
Soyfer, V. (1994). *Lysenko and the Tragedy of Soviet Science*. New Brunswick, NJ.
Spary, E. (2000). *Utopia's Garden: French Natural History from Old Regime to Revolution*. Londres.
Spaulding, R.M. (1967). *Imperial Japan's Higher Civil Service Examinations*. Princeton, NJ.
Spiering, M. (org., 1999). *Nation Building and Writing Literary History*. Amsterdam.
Stanton, W.R. (1975). *The Great US Exploring Expedition of 1838-42*. Berkeley, CA.
Stark, G.D. (2009). *Banned in Berlin: Literary Censorship in Imperial Germany, 1871-1918*. Nova York.
Stebelski, A. (1964). *The Fate of Polish Archives during World War II*. Varsóvia.
Stehr, N. (1994). *Knowledge Societies*. Londres.
______ (org., 2008). *Knowledge and Democracy: A 21st-Century Perspective*. New Brunswick, NJ.
Steiner, G. (2003). *Lessons of the Masters*. Londres.
Stepan, N.L. (1982). *The Idea of Race in Science: Great Britain, 1800-1960*. Londres.
Stewart, T.A. (1997). *Intellectual Capital: The New Wealth of Organizations*. Londres.
Stichweh, R. (1977). *Ausdifferenzierung der Wissenschaft: Eine Analyse am deutschen Beispiel*. Bielefeld.
______ (1984). *Zur Entstehung des modernen Systems wissenschaftlicher Disziplinen: Physik in Deutschland, 1740-1890*. Frankfurt.

Stichweh, R. (1992). "The Sociology of Scientific Disciplines", *Science in Context* 5, p.3-16.
Stieg, M. (1986). *The Origin and Development of Scholarly Historical Periodicals*. Albany, NY.
Stigler, S.M. (1986). *The History of Statistics: The Measurement of Uncertainty*. Londres.
Stocking, G.W. ([1968] 1982). *Race, Culture and Evolution: Essays in the History of Anthropology*. 2ª ed., Chicago.
______ (org., 1983). *Observers Observed: Essays on Ethnographic Fieldwork*. Madison.
______ (org., 1985). *Objects and Others*. Madison.
______ (org., 1991). *Colonial Situations: Essays on the Contextualization of Ethnographic Knowledge*. Madison.
______ (1996). *After Tylor: British Social Anthropology 1888-1951*. Londres.
Stokes, D.E. (1997). *Pasteur's Quadrant: Basic Science and Technological Innovation*. Washington, DC.
Stone, D. e A. Denham (orgs., 2004). *Think Tank Traditions: Policy Research and the Politics of Ideas*. Manchester.
______, A. Denham e M. Garnett (orgs., 1998). *Think Tanks across Nations*. Manchester.
Stone, L. (1979). "The Revival of Narrative", *Past and Present* 85, p.3-24.
Stray, C. (2005). "From Oral to Written Examinations: Cambridge, Oxford and Dublin 1700-1914", *History of Universities* 20, p.76-129.
______ (2007). "The Rise and Fall of Porsoniasm", *Cambridge Classical Journal* 53, p.40-71.
______ (2010). "The Absent Academy: The Organisation of Classical Scholarship in Nineteenth-Century England", *Hyperboreus* 17.
Summerfield, P. (1985). "Mass-Observation: Social Research or Social Movement?" *Journal of Contemporary History* 20, p.439-52.
Sunstein, C.R. (2006). *Infotopia: How Many Minds Produce Knowledge*. Oxford.
Swaan, A. de (2001). *Words of the World: The Global Language System*. Cambridge.
Szanton, D.L. (2002). *The Politics of Knowledge: Area Studies and the Disciplines*. Berkeley, CA.
Szöllösi-Janze, M. (2004). "Wissengesellschaft in Deutschland", *Geschichte und Gesellschaft* 30, p.277-313.
______ e H. Trischler (orgs., 1990). *Grossforschung in Deutschland*. Frankfurt.
Tammiksaar, E. e I.R. Stone (2007). "Alexander von Middendorff and his Expedition to Siberia (1842-1845)", *Polar Record* 43, p.193-216.
Tapscott, D. (1998). *Growing up Digital: The Rise of the Net Generation*. Nova York.
Tega, W. (1984). *Arbor scientiarum*. Bolonha.
Teng, S.-Y. (1942-3). "Chinese Influence on the Western Examination System", *Harvard Journal of Asiatic Studies* 7, p.267-312.
Thackray, A. e R. Merton (1972). "On Discipline-Building", *Isis* 63, p.473-95.
Thelen, K. (2004). *How Institutions Evolve: The Political Economy of Skills in Germany, Britain, the United States and Japan*. Cambridge.
Thomas, K.V. (1971). *Religion and the Decline of Magic*. Londres.
Thompson, E.P. (org., 1970). *Warwick University Limited: Industry, Management and the Universities*. Harmondsworth.

______ e E. Yeo (orgs., 1971). *The Unknown Mayhew*. Londres.

Thompson, J. (1996). "Edward William Lane's *Description of Egypt*", *International Journal of Middle East Studies* 28, p.565-83.

Thompson, J.B. (2005). *Books in the Digital Age: The Transformation of Academic and Higher Education Publishing in Britain and the United States*. Cambridge.

Tilling, L. (1975). "Early Experimental Graphs", *British Journal for the History of Science* 8, p.193-213.

Timms, E. e J. Hughes (orgs., 2003). *Intellectual Migration and Cultural Transformation*. Viena e Nova York.

Timpanaro, S. ([1963] 2003). *La genesi del metodo del Lachmann*. Ed. rev., Turim.

Todes, D.P. (2002). *Pavlov's Physiological Factory*. Baltimore.

Tooze, J.A. (2001). *Statistics and the German State, 1900-1945: The Making of Modern Economic Knowledge*. Cambridge.

Torpey, J. (2000). *The Invention of the Passport*. Cambridge.

Toulmin, S. e J. Goodfield (1965). *The Discovery of Time*. Nova York.

Toynbee, A.J. (1934-61). *A Study of History*, 12 vols. Londres.

______ (1953). *The World and the West*. Londres.

Treverton, G.F. (2001). *Reshaping National Intelligence for the Age of Information*. Cambridge, MA.

Trigger, B. ([1989] 1996). *A History of Archaeological Thought*. 2ª ed., Cambridge.

Trumbull, G.R. (2009). *An Empire of Facts: Colonial Power, Cultural Knowledge and Islam in Algeria, 1870-1914*. Cambridge.

Tufte, E.R. (1983). *The Visual Display of Quantitative Information*. Cheshire, CT.

Turda, M. e P.J. Weindling (orgs., 2007). *Blood and Homeland: Eugenics e Racial Nationalism in Central and Southeast Europe, 1900-1940*. Budapeste.

Turi, G. (2002). *Il mecenate, il filosofo e il gesuita: l'Enciclopedia italiana, specchio della nazione*. Bolonha.

Turner, R.S. (1980). "The *Bildungsbürgertum* and the Learned Professions", *Histoire Sociale/Social History* 8, p.105-35.

Turner, S.P. e J.H. Turner (1990). *The Impossible Science: An Institutional Analysis of American Sociology*. Nova York.

Urry, J. (1972). "*Notes and Queries on Anthropology* and the Development of Field Methods in British Anthropology, 1870-1920", *Proceedings of the Royal Anthropological Institute*, p.45-72.

______ (1990). *The Tourist Gaze: Leisure and Travel in Contemporary Societies*. Londres.

Valkova, O. (2008). "The Conquest of Science: Women and Science in Russia, 1860-1940", *Osiris* 23, p.136-65.

Van Wyhe, J. (2004). *Phrenology and the Origins of Victorian Scientific Naturalism*. Aldershot.

Veblen, T. (1918). *The Higher Learning in America: A Memorandum on the Conduct of Universities by Business Men*. Nova York.

Veld, R.J. in 't (org., 2010). *Knowledge Democracy*. Heidelberg.

Verger, J. (org., 1986). *Histoire des universités en France*. Paris.

Veysey, L. (1965). *The Emergence of the American University*. Chicago.

Vierhaus, R. e B. vom Brocke (orgs., 1990). *Forschung im Spannungsfeld von Politik und Gesellschaft*. Stuttgart.

Vincent, D. (1998). *The Culture of Secrecy: Britain, 1832-1998*. Oxford.

Vogel, J. (2004). "Von der Wissenschafts- zur Wissensgeschichte: Für eine Historisierung der 'Wissensgesellschaft'", *Geschichte und Gesellschaft* 30, p.639-60.

Vucinich, A. (1956). *The Soviet Academy of Sciences*. Stanford, CA.

Wagner, P. (1990). *Sozialwissenschaften und Staat: Frankreich, Italien, Deutschle 1870-1980*. Frankfurt.

______, C.H. Weiss, B. Wittrock e H. Wollmann (orgs., 1991). *Social Sciences and Modern States*. Cambridge.

Wallis, R. (org., 1979). *On the Margins of Science: The Social Construction of Rejected Knowledge*. Keele.

Waquet, F. (2003). *Parler comme un livre*. Paris.

______ (2008). *Les Enfants de Socrate: filiation intellectuelle et transmission du savoir, XVIIe-XXIe siècle*. Paris.

Warren, L. (1998). *Joseph Leidy: The Last Man who Knew Everything*. New Haven, CT.

Watson, J.D. (1968). *The Double Helix*. Londres.

Wax, D.M. (org., 2008). *Anthropology at the Dawn of the Cold War: The Influence of Foundations, McCarthyism, and the CIA*. Ann Arbor, MI.

Weber, E. (1976). *Peasants into Frenchmen: The Modernization of Rural France, 1870-1914*. Stanford, CA.

Weber, M. (1956). *Soziologie*, ed. J. Winckelmann. Stuttgart.

Wehling, P. (2006). *Im Schatten des Wissens? Perspektiven der Soziologie des Nichtwissens*. Constance.

Weinberg, A.M. (1961). "Impact of Large-Scale Science on the United States", *Science* 134, p.161-4.

Weinberg, S. (1993). *Dreams of a Final Theory*. Londres.

Weinberger, D. (2007). *Everything is Miscellaneous: The Power of the New Digital Disorder*. Nova York.

Weindling, P.J. (1985). "Weimar Eugenics", *Annals of Science* 42, p.303-18.

Weiner, J.S. (2003). *The Piltdown Forgery: The Classic Account of the Most Famous and Successful Hoax in Science*. Oxford.

Weingart, P. (1989). "German Eugenics between Science and Politics", *Osiris* 5, p.260-82.

Weisz, G. (1983). *The Emergence of Modern Universities in France, 1863-1914*. Princeton, NJ.

Werskey, G. (1978). *The Visible College*. Londres.

Whitley, R. e J. Gläser (orgs., 2007). *The Changing Governance of the Sciences: The Advent of Research Evaluation Systems*. Dordrecht.

Wiegand, H.E. (org., 1999). *Sprache und Sprachen in der Wissenschaft*. Berlim.

Wiegand, W.A. (1996). *Irrepressible Reformer: A Biography of Melvil Dewey*. Chicago.

Wiener, N. (1948). *Cybernetics; or, Control and Communication in the Animal e the Machine*. 2ª ed., Cambridge, MA.

Wiggershaus, R. ([1986] 1995). *The Frankfurt School*. Ed. ingl., Cambridge.
Wilson, M. e J. Cayley (orgs., 1995). *Europe Studies China*. Londres.
Winchester, S. (2003). *The Meaning of Everything: The Story of the OED*. Oxford.
Winkelmann, I. (1966). *Die bürgerliche Ethnographie im Dienste der Kolonialpolitik des deutschen Reiches (1870-1918)*. Berlim.
Winks, R. (1987). *Cloak and Gown: Scholars in America's Secret War*. Londres.
Woolf, S.J. (1989). "Statistics and the Modern State", *Comparative Studies in Society and History* 31, p.588-603.
Worsley, P. (1997). *Knowledges: What Different Peoples Make of the World*. Londres.
Wouters, P. (2006). "Aux origines de la scientométrie: la naissance du Science Citation Index", *Actes de la recherche en science sociale* 164, p.11-21.
Wright, A. (2007). *Glut: Mastering Information through the Ages*. Washington, DC.
Wright, D. (1998). "The Translation of Modern Western Science in Nineteenth-Century China", *Isis* 89, p.653-73.
______ (2000). *Translating Science: The Transmission of Western Chemistry into Late Imperial China, 1840-1900*. Leiden.
Wright, G.H. von (1971). *Explanation and Understanding*. Londres.
Wurman, R.S. (1989). *Information Anxiety*. Nova York.
______ (2001). *Information Anxiety 2*. Nova York.
Yates, F.A. (1966). *The Art of Memory*. Londres.
Yates, J. (1989). *Control through Communication: The Rise of System in American Management*. Baltimore.
Yeo, R. (1993). *Defining Science: William Whewell, Natural Knowledge, and Public Debate in Early Victorian Britain*. Cambridge.
______ (2001). *Encyclopaedic Visions: Scientific Dictionaries and Enlightenment Culture*. Cambridge.
Yorke, M. (2007). *To War with Paper & Brush*. Upper Denby, Huddersfield.
Young, M. W. (2004). *Malinowski: Odyssey of an Anthropologist, 1884-1920*. New Haven, CT.
Young, R.J.C. (2001). *Postcolonialism: An Historical Introduction*. Oxford.
Zande, J. van der (2010). "*Statistik* and History in the German Enlightenment", *Journal of the History of Ideas* 71, p.411-32.
Zander, H. (2007). *Anthroposophie in Deutschland*. Göttingen.
Zelený, J. ([1962] 1980). *The Logic of Marx*. Ed. ingl., Oxford.
Ziman, J.M. ([1974] 1981). "Ideas Move Around inside People", reed. in Ziman, *Puzzles, Problems and Enigmas*. Cambridge, p.259-72.
______ (1987). *Knowing Everything about Nothing: Specialization and Change in Scientific Careers*. Cambridge.
______ (1995). *Of One Mind: The Collectivization of Science*. Woodbury, NY.
Znaniecki, F. (1940). *The Social Role of the Man of Knowledge*. Nova York.
Zola, E. (1986). *Carnets d'enquêtes: une ethnographie inédite de la France*, ed. H. Mitterand. Paris.

Agradecimentos

Desta vez, meus maiores agradecimentos são institucionais: em especial ao Emmanuel College, Cambridge, onde realizo a maior parte do meu trabalho, e ao Birkbeck College, Londres, onde estive como professor visitante no Instituto de Humanidades no outono de 2010, o que me permitiu apresentar algumas ideias deste livro antes da publicação. Também agradeço aos convites para palestras sobre vários aspectos desse vasto tema em Bruxelas, Groningen, Montreal, Nova York, Sheffield, Sussex e Trøndheim, e aos organizadores do seminário do Crassh (The Center for Research in the Arts, Social Sciences and Humanities) sobre "A organização do conhecimento na Inglaterra vitoriana", realizado em Cambridge em 2002.

Agradeço também a Asa Briggs e minha esposa Maria Lúcia, com os quais trabalhei em projetos que incluíam os séculos XIX e XX, facilitando meu avanço além do período moderno inicial. Maria Lúcia e meu velho amigo Chris Stray leram o texto e fizeram diversas sugestões valiosas. E Filippo de Vivo, Axel Körner, Jenny Platt e Hannu Salmi, pelo incentivo, por ideias e referências.

Índice remissivo

ESTA OBRA FOI COMPOSTA POR LETRA E IMAGEM EM DANTE PRO E IMPRESSA
EM PROCESSO SOB DEMANDA PELA UM LIVRO SOBRE PAPEL OFFWHITE
PARA A EDITORA SCHWARCZ A PARTIR DE 2025